极化 SAR 土地资源调查监测技术与应用

尤淑撑　行敏锋　何彬彬　魏　海　著

科学出版社
北京

内 容 简 介

本书系统地介绍了 SAR 技术在土地资源业务调查中的应用。主要内容包括 SAR 卫星的现状和发展趋势以及 SAR 数据的应用进展现状，土地资源调查业务对 SAR 数据的要求，SAR 图像的增强技术，极化分解与纹理参数提取技术，土地质量参数反演方法，土地利用信息提取方法，SAR 土地利用变化检测，建筑物提取与三维重建等。最后，从多个方面分析了 SAR 的典型应用案例。

本书可供从事 SAR 图像处理、土地利用变化检测的研究人员参考使用，也可作为高等院校遥感和地理信息系统等相关专业研究生和高年级本科生的教学参考书。

图书在版编目(CIP)数据

极化 SAR 土地资源调查监测技术与应用 / 尤淑撑等著. — 北京：科学出版社，2018.7
ISBN 978-7-03-058294-2

Ⅰ. ①极… Ⅱ. ①尤… Ⅲ. ①遥感图象-数字图象处理-应用-土地资源-资源调查 Ⅳ. ①F301-39

中国版本图书馆 CIP 数据核字 (2018) 第 158557 号

责任编辑：李小锐 / 责任校对：韩雨舟
责任印制：罗 科 / 封面设计：墨创文化

科学出版社 出版
北京东黄城根北街16号
邮政编码：100717
http://www.sciencep.com

成都锦瑞印刷有限责任公司 印刷
科学出版社发行 各地新华书店经销
*
2018 年 7 月第 一 版　开本：787×1092 1/16
2018 年 7 月第一次印刷　印张：15 1/4
字数：298 千字

定价：128.00 元
(如有印装质量问题，我社负责调换)

前　言

全国土地资源信息是制定国民经济发展规划、计划及宏观决策的重要依据,也是国家可持续发展的需要。及时准确地掌握全国土地利用/土地覆盖变化情况,开展土地利用调查,既可为国土管理部门加强国土资源管理、切实保护耕地提供数据支持,也可为科学研究工作提供基础材料。中国在土地资源遥感调查与监测在技术方法和监测技术体系方面取得了很大进展,基本实现了遥感监测技术在国土资源管理中的产业化应用。但对于中国南方多雨、多云地区,光学遥感在土地调查方面受到了限制。SAR 遥感技术具有全天时、全天候、不受气候影响、具有一定穿透能力等优势,将会对光学遥感形成补充,在土地利用调查中发挥重要作用。

本书是作者在主持国家国际科技合作专项"国家耕地资源动态监管系统核心技术引进与合作研究项目(2012DFA20930)"、"十二五"民用航天科研工程先期攻关项目"高分极化 SAR 土地业务应用潜力评价和新增建设用地提取技术"、"基于高轨 SAR 数据的土地资源调查监测技术"、国家重点研究计划"星载新体制 SAR 综合环境监测技术(2017YFB0502700)"等研究课题的基础上,总结提升并参考相关研究撰写而成。

本书共分 9 章,第 1 章绪论,主要简述 SAR 卫星的现状及发展趋势,以及 SAR 数据的应用进展；第 2 章阐述 SAR 卫星数据在土地资源调查中的作用,以及土地资源调查监测对 SAR 数据的要求；第 3 章针对 SAR 图像的增强,介绍 SAR 滤波及 SAR 图像与光学图像的融合；第 4 章以极化特征矩阵为基础,探讨极化分解与纹理参数提取的方法；第 5 章针对植被生物量、土壤水分等土地质量主要参数,介绍其反演方法；第 6 章研究基于最大似然准则和 SVM 的土地利用信息提取方法；第 7 章以图像差异为基础,研究 SAR 土地利用变化检测方法；第 8 章介绍建筑物提取与三维重建；第 9 章从 SAR 分类、单时相 L-SAR 数据的建设用地提取、多时相 L-SAR 数据的新增建设用地提取三个方面分析 SAR 典型案例的应用。

本书历时多年完成,凝聚了课题组多位成员的辛勤工作。在此感谢高延利、张建平、李宪文、张晓玲、刘顺喜、宋海荣、陆颖、戴建旺、何宇华、刘爱霞、王忠武、郑佳佳、蔡勇、张辉、马晶、吴田等。

由于著者水平有限,书中难免有疏漏之处,恳请前辈及同仁批评指正。

著　者
2018 年 7 月

目 录

第1章 绪论 ·· 1
  1.1 SAR卫星的现状及发展趋势 ··· 1
    1.1.1 SAR卫星的现状 ·· 1
    1.1.2 SAR卫星的发展趋势 ··· 6
  1.2 SAR数据的应用及发展 ·· 8
  参考文献 ·· 10

第2章 SAR数据土地资源调查监测应用需求 ······························· 11
  2.1 SAR卫星数据在土地资源调查监测中的地位与作用 ······················· 11
  2.2 土地资源调查监测对SAR数据的要求 ··· 11
    2.2.1 波段设置要求 ··· 11
    2.2.2 极化设置要求 ··· 12
    2.2.3 空间分辨率设置要求 ··· 13
    2.2.4 入射角设置要求 ··· 13
    2.2.5 扫描幅宽设置要求 ·· 13
    2.2.6 土地行业应用对地面系统要求 ·· 14
  参考文献 ·· 15

第3章 SAR数据处理 ··· 16
  3.1 SAR图像斑点噪声抑制 ·· 16
    3.1.1 滤波方法 ·· 18
    3.1.2 滤波实验结果 ··· 24
  3.2 SAR图像与光学图像融合 ··· 57
    3.2.1 基于HSV变换的图像融合 ··· 57
    3.2.2 基于Brovey变换的图像融合 ·· 59
    3.2.3 基于PCA变换的图像融合 ··· 60
    3.2.4 基于Gram-Schmidt变换的图像融合 ····································· 61
    3.2.5 基于Curvelet变换的图像融合 ·· 62
  参考文献 ·· 64

第 4 章　SAR 特征提取 ··· 65
4.1　极化特征矩阵 ··· 65
4.2　极化分解 ··· 68
4.2.1　Cloude 分解 ··· 68
4.2.2　Holm 分解 ··· 70
4.2.3　Van Zyl 分解 ·· 72
4.2.4　SPOEC 分解 ·· 74
4.2.5　Freeman 分解 ··· 76
4.3　纹理特征提取 ··· 77
4.3.1　灰度共生矩阵 ·· 77
4.3.2　纹理特征提取 ·· 78
参考文献 ·· 82

第 5 章　SAR 土地质量主要参数反演 ··· 84
5.1　草原草本植被生物量反演 ··· 84
5.1.1　植被散射模型 ·· 85
5.1.2　草本植被散射模型 ·· 89
5.1.3　草本植被生物量估算方法 ··· 92
5.1.4　结果与讨论 ··· 93
5.2　草原混合植被生物量反演 ··· 99
5.2.1　混合植被散射模型 ·· 99
5.2.2　混合植被生物量估算方法 ·· 102
5.2.3　混合植被后向散射模拟 ··· 102
5.2.4　生物量估算结果 ·· 105
5.3　草原土壤水分反演 ·· 110
5.3.1　土壤散射模型 ··· 111
5.3.2　植被对土壤水分反演的影响 ··· 118
5.3.3　后向散射模拟 ··· 120
5.3.4　土壤水分估算结果 ··· 124
参考文献 ··· 127

第 6 章　土地利用信息提取 ··· 135
6.1　基于最大似然准则的 SAR 土地利用信息提取 ··· 135
6.1.1　基于最大似然准则的监督分类 ·· 135
6.1.2　基于[S]矩阵的最大似然准则分类 ·· 137

  6.1.3 基于[C]或[T]矩阵的 Wishart 分类 ··· 138
  6.1.4 H/α-Wishart 非监督分类 ·· 140
 6.2 基于 SVM 的土地利用信息提取 ·· 149
  6.2.1 SVM 分类器 ·· 149
  6.2.2 基于 SVM 的土地利用信息提取结果 ······································· 151
 参考文献 ··· 160

第 7 章 土地利用变化检测 ··· 161
 7.1 变化检测方法 ·· 161
 7.2 生成灰度差异图 ··· 162
 7.3 生成纹理差异图 ··· 164
 7.4 基于主成分变换的纹理差异图 ·· 164
 7.5 变化区域检测 ·· 166
 7.6 变化动态指数 ·· 169
 参考文献 ··· 170

第 8 章 建筑物提取与三维重建 ··· 171
 8.1 建筑物提取 ··· 171
  8.1.1 分割尺度参数确定 ·· 172
  8.1.2 多尺度分割 ·· 173
  8.1.3 基于 SVM 的建筑物提取 ··· 174
 8.2 建筑物三维重建 ··· 176
  8.2.1 基于 InSAR 技术的 DSM 生成 ·· 178
  8.2.2 基于 Landsat 数据的建筑物足印提取 ····································· 180
  8.2.3 面向对象的建筑物三维重构 ··· 183
  8.2.4 重建结果分析 ··· 185
 参考文献 ··· 189

第 9 章 典型案例应用 ··· 190
 9.1 单极化、双极化与全极化 SAR 的分类 ·· 190
  9.1.1 分类特征提取与分析 ·· 190
  9.1.2 分类流程 ··· 192
  9.1.3 实验结果与分析 ·· 192
  9.1.4 分析与结论 ·· 196
 9.2 基于单时相 L-SAR 数据的建设用地提取 ·· 200
  9.2.1 基于单时相 L-SAR 数据的建设用地提取(幅度) ······················· 205

	9.2.2 基于单时相 L-SAR 数据的建设用地提取(幅度+纹理)	210
	9.2.3 基于单时相 L-SAR 数据的建设用地提取(幅度+分解参数)	214
	9.2.4 基于单时相 L-SAR 数据的建设用地提取(幅度+DSM)	220
	9.2.5 基于单时相 L-SAR 数据的建设用地提取(幅度+纹理+分解参数)	222
9.3	基于多时相的新增建设用地提取	224
	9.3.1 基于多时相 L-SAR 数据的新增建设用地提取(幅度)	225
	9.3.2 基于多时相 L-SAR 数据的新增建设用地提取(幅度+纹理)	226
	9.3.3 基于多时相 L-SAR 数据的新增建设用地提取(幅度+分解参数)	230
	9.3.4 基于多时相 L-SAR 数据的新增建设用地提取(幅度+DSM)	231
	9.3.5 基于多时相 L-SAR 数据的新增建设用地提取(幅度+纹理+极化熵)	232
参考文献		233

第1章 绪　　论

1.1　SAR卫星的现状及发展趋势

合成孔径雷达(synthetic aperture radar，SAR)是一种高分辨率有源微波遥感成像系统，能够全天时、全天候地对目标大面积成像，对于全天候地形测绘、海洋洋流及极地冰山的跟踪观察、灾情预报、资源勘探和军事侦察都有重要意义，已经逐步发展为国际雷达领域、遥感领域及众多学科的热点研究课题之一(张澄波，1989)。

1.1.1　SAR卫星的现状

自1978年美国成功发射了第一颗星载SAR卫星Seasat-1以来，许多国家都陆续开展星载SAR技术研究(Townsend，1980)。尤其是近10年来，随着世界各国对多元空间信息的日益重视，星载SAR越来越成为对地观测领域的研究热点，美国、俄罗斯、加拿大、以色列、日本等国先后发射了面向不同应用需求的SAR成像雷达卫星，星载SAR技术的发展推动力已不仅仅依靠单项技术突破，而转变为依靠概念体制的推陈换代(李春升等，2016)。

纵观星载SAR技术的发展历程，其经历了早期的孕育期(1970~1990年)、成长期(1990~2000年)到目前的蓬勃期(2000年至今)，整个发展趋势已经从传统的单项技术突破转变为概念体制的更新，各种面向不同应用需求的先进星载SAR系统不断出现，呈现出工作模式多样化、分辨能力精细化、空间布局层次化的特点(李春升等，2016)。

美国是最早开发和应用SAR技术的国家，陆续发射了SIR系列(Jordan et al.，1995；Evans et al.，1997)、"长曲棍球"系列(孙佳，2007)、"FIA"系列(杨海燕等，2009)等雷达卫星，积累了丰富的研制和应用经验。

SIR-A是一部HH极化L波段合成孔径雷达(SAR)，以光学记录方式成像。它是构成NASA(OSTA-1)的一个组成部分，主要目的是让人们更多地获取地表信息，并作为地球观测的科学平台。SIR-B也是一部HH极化L波段合成孔径雷达(SAR)，它是构成NASA(OSTA-3)的一个组成部分。SIR-C/X-SAR(Stofan et al.，1995)是在SIR-A、SIR-B的基础上发展起来的，引入了很多新技术，于1994年4月由美国NASA利用航天飞机将其送上太空，是20世纪90年代最先进的航天雷达系统，主要表现在：①它是运行在地球轨道高度上的第一部多波段同时成像雷达，共有3个波段，由美国研制L和C波段SAR，德国、意大利研制X波段SAR；②它是运行在地球轨道高度上的第一部高分辨率 4 种极化（HH、HV、VH 和 VV）同时成像的雷达（X-SAR 只有 VV 极化）；③它采用相控阵天线，其下视角和测绘带都可在大范围内改变。该系统可随航天飞机进行多次飞行，主要应用于环境监视和资源勘探等（王振力和钟海，2016）。

航天飞机雷达地形测量任务（Shuttle Radar Topography Mission, SRTM）（Belz et al., 2006）是由美国宇航局（NASA）、国防部国家测绘局（NIMA）和德国宇航中心（DLR）共同承担的测量任务。SRTM 采用的主雷达天线由 C 波段天线（可接收和发射波长为 5.6 cm 的雷达信号）、X 波段天线（可接收和发射波长为 3 cm 的雷达信号）和 1 台计算天线位置数据的姿态与轨道测定电子仪（AODA）组成。SRTM 的主要目标是收集干涉雷达数据，生成几乎可以覆盖全球的数字高程模（DEM）（此模型覆盖-56°～+60°纬度的地球表面）。SRTM 数据的应用领域十分广泛，如地质学、地球物理学、地震研究、火山监控及遥感图像数据的配准、土木工程、飞行模拟器、导弹与武器制导、演习及战场管理等（王振力和钟海，2016）。

"长曲棍球"（Lacrosse）卫星是当今世界上技术非常先进的美国军用雷达成像侦察卫星。迄今为止，美国共发射了五颗"长曲棍球"卫星，Lacrosse-1（于 1988 年 12 月发射）、Lacrosse-2（于 1991 年 3 月发射）、Lacrosse-3（于 1997 年 10 月发射）、Lacrosse-4（于 2000 年 8 月发射）、Lacrosse-5（于 2005 年 4 月发射），其中 Lacrosse-1 已经退役。由于星载合成孔径雷达采用大型相控阵抛物面天线（直径 9～14 m，X、L 两个频段，双极化方式），所以长曲棍球卫星地面分辨率可以达到 1 m（标准模式）、3 m（宽扫模式）和 0.3 m（精扫模式）。在宽扫模式下，其地面覆盖面积可达几百平方千米。目前，"长曲棍球"卫星已成为美国卫星侦察情报的主要来源，它不仅能够跟踪舰船和装甲车辆的活动，监视机动或弹道导弹的动向，而且能发现伪装的武器和识别假目标，甚至能穿透干燥的地表，发现藏在地下数米深处的设施（王振力和钟海，2016）。

"Discover II"（发现者 II）卫星是由美国空军（U.S. Air Force）、美国国防部高级研究计划署（DARPA）和国家情报局（NRO）联合开发的 SAR 卫星系统（刘志刚等，2011）。Discover II 能够提高对战场的监测和侦察能力，可以通过多星协作实现对全球地面目标的精确监控，实现高距离分辨率地面动目标检测（HRR-GMTI）、合成孔径雷达成像和获得高分辨率数字地形高程数据（DTED）（王振力和钟海，2016）。

美国宇航局（NASA/JPL）一项轻型 SAR 技术研究计划（Light SAR），目标是利用先进技术来降低 SAR 的成本、提高 SAR 数据的质量。在设计上确定为双频（L, X）、L 波段四极化、高分辨率（优于 3 m）的 SAR 系统。满足商业和科学等用户需求，最终目标为设计、发射和操作地球轨道 SAR 小卫星系统，其主要用途为监测自然灾害、炭周期，测量冰川/冰原平衡，测量海岸线，监测海洋对大气的影响，同时引导下一代商业远程数据的扩展（王振力和钟海，2016）。

合成孔径雷达除了开展对地观测研究之外，也是研究其他星球的重要工具之一。1989 年，美国 NASA 开展了第一项星球雷达任务，即 Magellan 雷达观测金星计划。1996 年，美国 NASA、欧洲空间局（European Space Agency）、意大利空间局（Italian Space Agency）共同开展了第二项星球雷达任务——卡西尼（Cassini）计划。Cassini 上搭载的雷达工作于 Ku 波段，HH 极化，距离向分辨率为 400～1600 m，方位向为 600～2100 m，其主要目的是探测土星环结构与相关性质、土星卫星组成与地质历史、土星大气组成结构与性质、土星磁场结构与性质、土星之泰坦卫星表面云雾组成与性质。

美国 NASA 的首颗土壤水分探测卫星 SMAP，是继欧洲局 SMOS 之后全球第二颗专注于土壤水分观测的卫星，于 2015 年 1 月 31 日从范登堡空军基地成功发射。SMAP 搭载 L 波段的雷达和辐射计，能够探测到地表 5 cm 深度，具有穿透云和中等程度植被冠层覆盖的能力，SMAP 将产生至今为止最高分辨率和最高精度的土壤水分卫星产品(王振力和钟海，2016)。

近年来，以德国、意大利为首的欧盟各国开始向天基侦察领域进军，并在天基 SAR 发展中走出一条不同于美国的发展路线。

ERS-1 和 ERS-2 由欧洲局分别于 1991 年和 1995 年发射。ERS-1/2 携带多种有效载荷，包括侧视合成孔径雷达和风向散射计等装置。由于卫星采用了先进的微波遥感技术来获取全天候与全天时的图像，所以比起传统的光学遥感图像，它有着独特的优势。ERS-2 卫星借助其优于预期的运行状况和不可多得的多学科、多用途特点，使得该卫星具有独一无二的科学价值。ERS 系列卫星是民用卫星，主要用途是对陆地、海洋、冰川、海岸线成像(庞之浩和常明媚，2003)。

ENVISAT-1 是由欧空局于 2002 年在阿里亚纳 5 号火箭发射的一颗先进的太阳同步极轨地球环境监测卫星。ENVISAT-1 上所搭载的 ASAR 是基于 ERS-1/2 主动微波仪（AMI）建造的，它继承了 ERS-1/2 AMI 中的成像模式和波模式，增强了在工作模式上的功能，具有多极化、多入射角、大幅宽等新的特性。ENVISAT-1 上仍装载了 ERS 上的海洋遥感器，其技术性能有所改进，探测能力也会增强。除上述以外，ENVISAT-1 还具有探测海洋水色环境和海岸带的能力，如叶绿素浓度、泥沙含量、有色可溶有机物及海洋污染和海岸形成过程等，而 ERS 卫星则不具备这种能力。

欧洲局的 Sentinel-1 是其 GMES（Global Monitoring for Environment and Security）计划的重要组成部分，为极轨 SAR 业务化应用系统。它工作于 C 波段，采用双星工作模式。Sentinel-1 保持了欧洲局 ERS-1/2、ENVISAT-1 的 C 波段星载 SAR 数据的连续性。

德国的 SAR-Lupe 军事雷达卫星，是欧洲高分辨率天基成像雷达的首次应用。该系统独特的设计概念包括 5 颗卫星的星座，分布在 3 个不同的轨道上。在轨道上只要有 2 颗卫星就能保证该系统正常工作，之所以要发射 5 颗卫星，主要是为预防卫星在轨道上发生故障。SAR-Lupe 是目前世界上重量最小的雷达成像侦察卫星，其装备有星间通信链路，以加快成像指令从一颗卫星向另一颗卫星的传递速度，缩短图像获取的延迟时间。利用这些卫星上的星间通信链路，欧盟军事终端用户能够在成像指令发出后 11 小时内接收到卫星对全球任一地点拍摄的图像数据。SAR-Lupe 卫星使用 X 波段雷达系统，可以穿透黑暗和云层，提供分辨率优于 1 m 的图像。

Terra SAR-X 是德国新一代的高分辨率雷达成像卫星(Pitz and Miller，2010)，于 2007 年在俄罗斯拜科努尔发射场成功发射，它也是世界上第一颗商用分辨率达到 1 m 的雷达卫星。Terra SAR-X 雷达卫星具有多极化、多入射角和精确的姿态和轨道控制能力，采用 3 cm 的 X 波段合成孔径雷达，可进行干涉测量和动态目标的检测。从技术角度来说，Terra SAR-X 是对已经成功实施的 SIR-C、SRTM 等项目的良好延续，同时采用了可裁减能力的 Astro Bus 平台、体装方式的 3 节砷化镓太阳能电池、全冗余设计的有效载荷部件等新技术。因此,Terra SAR-X 的成功实施,标志着德国对地观测技术水平达到了崭新的高度。

德国 Tan DEM-X 卫星于 2010 年 6 月 22 日由俄罗斯一枚运载火箭成功发射升空。这颗卫星是 Terra SAR-X 的"姊妹"卫星,重 1.3 t,飞行高度为 514 km。同年 10 月 14 日,Tan DEM-X 被移近至与 Terra SAR-X 相距 350 m 的距离。通过一颗卫星发射信号,两颗卫星同时接收实现了干涉观测能力,开始执行为期 3 年的 3D 地球数字模型绘制任务,主要用于水文学、地质学、海洋学等领域(王振力和钟海,2016)。

由意大利自行研制的、耗费约 9 亿欧元的军民两用 Cosmo-skymed 卫星是一个新的地球观测系统,它是基于 4 颗雷达卫星的星座,每颗卫星运行在高度为 619.6 km 的太阳同步轨道上。该星座与成熟的地面设备将全天时、全天候地监测地球表面,最高分辨率为 1 m,扫描带宽为 10 km,且可以利用不同入射角的 2 颗雷达测量数据干涉形成三维立体图像,具备雷达干涉测量地形的能力(王振力和钟海,2016)。

加拿大是最早发展星载 SAR 的国家之一,早在 1976 年,加拿大就启动了"雷达卫星"(Radarsat)计划。作为最为成功的商用 SAR 系列卫星,在 1995 年 11 月成功发射并运营了 Radarsat-1 卫星后,于 2007 年 12 月 14 日再次成功地发射了 Radarsat-2 卫星。Radarsat-2 是由 CAS(Canadian Space Agency)和 MDA(Mac Donald, Dettwiler and Associates Ltd)联合出资开发的星载合成孔径雷达系统。Radarsat-2 是加拿大继 Radarsat-1 之后的新一代商用合成孔径雷达卫星。为了保持数据的连续性,Radarsat-2 继承了 Radarsat-1 所有的工作模式,并在原有的基础上增加了多极化成像、3 m 分辨率成像、双边(dual-channel)成像和 MODEX(moving object detection experiment)。Radarsat-2 与 Radarsat-1 拥有相同的轨道,但是比 Radarsat-1 滞后 30 min,这是为了获得两星干涉数据。Radarsat-2 的用途是给用户提供全极化方式的高分辨率的星载合成孔径雷达图像,在地形测绘、环境监测、海洋和冰川的观测等方面都有很高的实用价值(刘新和曹晓庆,2008)。

俄罗斯也是最早发展星载 SAR 技术的国家之一,早在 20 世纪 80 年代就已经发射了民用遥感雷达卫星 Almaz。但近年来,俄罗斯在星载 SAR 领域发展相对缓慢,新型 SAR 卫星系统相对较少。

俄罗斯于 1991 年发射的 Almaz-1 卫星是一种潜艇探测卫星,可以观察到潜艇在水下产生的尾流。该卫星在服役 17 个月后,由于缺少燃料坠入太平洋。Almaz-1B 卫星是俄罗斯于 1998 年发射的,用于海洋和陆地探测,在轨工作 2 年,卫星上搭载 3 种 SAR 载荷:SAR-10(波长 9.6 cm、分辨率 5~40 m、带宽 25~300 km);SAR-70(波长 7 cm、分辨率 15~60 m、带宽 100~150 km)和 SAR-10(波长 3.6 cm、分辨率 5~7 m)。

Arkon-2 多功能雷达卫星主要用于获取地面固定和移动目标以及海面目标,监视地表、海面等。该卫星拥有独特的三波段雷达。它的分米波段观测系统可以在地面丛林中寻找目标。雷达的 70 cm 波长可以在干燥的土地之下识别伪装或地下目标。Arkon-2 卫星还可提供详细的、质量最好的区域图片,其测量范围是 10 km×10 km(分辨率达 1 m);除此之外,它也可提供 500 km 范围内的全景图片(分辨率为 50 m)。

Kondor-E 是由俄罗斯 NPO Mash 负责研发的一颗小型 S 波段雷达卫星,采用轻型 6 m

可折叠的抛物面天线，重量仅为 800 kg(国外类似卫星重达 2～3 t)，且费用比国外类似卫星减少 4～5 倍。卫星轨道为极轨，高度为 800 km。其多功能雷达可提供卫星两侧各 500 km 范围内的高分辨率图像，还能提供 30 幅数字地图模拟图像。

日本在 L 波段星载 SAR 研究方面获得了很多成果。JERS-1 卫星于 1992 年在 Tanegashima 空间中心被发射升空，其主要用于地质研究、农林业应用、海洋观测、地理测绘、环境灾害监测等。该卫星载有两个完全匹配的对地观测载荷：有源 SAR 和无源多光谱成像仪。1998 年 10 月 11 日 JERS-1 发生故障，使得该卫星终止了寿命。因此，JERS-1 总共在轨工作了 6 年半。

日本于 2006 年发射了一颗 ALOS(advanced land observing satellite)卫星，是 JERS-1 与 ADEOS 的后继星，采用了先进的陆地观测技术，能够获取全球高分辨率陆地观测数据，主要用于环境观测、灾害检测和资源调查等(沈强等，2012)。ALOS 卫星携带 3 个传感器：全色立体测图传感器(PRISM)，主要用于数字高程测绘和立体测图；新型可见光和近红外辐射计(AVNIR-2)，主要用于精确的土地覆盖观测；相阵型 L 波段合成孔径雷达(PALSAR)，主要用于实现全天候的陆地观测。PALSAR 是一种主动式微波传感器，该传感器具有高分辨率(幅宽为 40～70 km)、扫描式合成孔径雷达(幅宽为 250～350 km)、极化三种观测模式。它不受云层、天气和昼夜的影响，可全天候对地进行观测，其性能比 JERS-1 卫星所携带的 SAR 传感器更优越。

日本的 ALOS-2 卫星于 2014 年 5 月 24 日搭载 H-IIA 火箭被送入预定轨道，发射取得成功。ALOS-2 卫星是 ALOS 卫星的后续计划(Suzuki et al., 2009)，配备了全球领先的 L 波段 SAR 传感器，能够克服恶劣天气的影响，并拥有较强的植被穿透能力。相对于上一代 ALOS 卫星，其拍摄范围提高了 3 倍，雷达传感器的拍摄模式也有显著增加，可以获取 1～100 m 多种不同分辨率图像。相对于其他波段的 SAR，L 波段能更准确地观测到陆地的变化，其主要用于对地球陆地区域进行观测，并能及时监测一些自然灾害，例如洪水和滑坡、暴风雨或者飓风等。

2008 年 1 月，TecSAR 卫星的成功发射标志着以色列跻身于世界卫星研制强国之列。2008 年 1 月 31 日得到了第一幅 SAR 图像。该卫星重量达 300 kg，其中包括 100 kg 的合成孔径雷达有效载荷。TecSAR 的雷达有效载荷能够在白天、夜晚及全天候条件下提供高分辨率图像(最高可以辨别地面 10 cm 范围的图像)，并能在 24 h 内提供双倍数量的可用情报，可在多种模式下工作，并且其天线非常敏捷，可以很快地从一个目标调整至另一个目标。

RISAT-2 是印度首颗 X 波段雷达成像(SAR)卫星，隶属于印度空间研究组织(IRSO)，于 2009 年由 PSLV-CA12（即"极地运载火箭"）火箭搭载，从印度斯里哈里科塔发射升空。RISAT-2 因为其外形以及技术参数酷似 2008 年由印度发射升空的以色列 TecSAR 卫星，所以外界通常认为 RISAT-2 为 TecSAR 的印度版。在 RISAT-2 之后，RISAT-1 于 2012 年 4 月成功发射。RISAT 卫星主要目标是对农业、林业、土壤和地质以及海岸线监测等实现全天时、全天候观测，其中 RISAT-2 可全天候监视我国西南地区的导弹和卫星发射情况。

韩国多用途卫星 5 号（KOMPSAT-5）于 2013 年 8 月在俄罗斯亚斯内发射场由"第聂

伯"火箭成功发射。该卫星是韩国第四颗多用途卫星,也是第一颗使用合成孔径雷达的卫星,它可以用来对地表农作物生长状况、地下资源探测等进行远距离观测及拍摄,并向韩国科技部门提供多种科学数据信息。

1.1.2 SAR 卫星的发展趋势

纵观国外天基雷达的发展过程和世界各国天基雷达的发展动态可以看出,天基雷达从开始的单波段、单极化、固定入射角、单工作模式,逐渐向多波段、多极化、多入射角和多工作模式方向发展,天线也经历了固定波束视角、机械扫描、一维电扫描及二维相控阵的发展过程。天基雷达的发展将具有如下特点(孙佳,2007):

(1) 小型化成为星载合成孔径雷达发展的主要趋势。随着战场环境的日益变化,大卫星逐步暴露出一些弊端,主要体现在造价高昂、维护不便、应急发射困难、战术保障和快速反应能力有限等。随着航天技术的发展,特别是轻型天线技术、集成电路技术和固态电子器件技术等的发展,卫星的重量和体积大大降低,使性能高、体积小、重量轻和成本低的小星载合成孔径雷达卫星研制成为可能。集成电路和固态电子器件降低了中央电子设备的重量和体积,以可展开折叠网状天线技术和轻型相控阵天线技术为主的轻型天线技术发展大大降低了天线的重量,大幅度降低了卫星有效载荷的重量,从而降低了卫星整体重量;另外,高效率太阳能技术和电池技术的发展也相对降低了能源系统的重量,小卫星系统及其组网技术的发展改变了卫星的工作及使用模式,缩短了卫星系统有效载荷的工作时间,也降低了对能源系统的要求,进一步降低了卫星的重量和体积。与大卫星相比,小卫星的战场生存能力和快速反应能力要强得多,并已经发挥了一些作用。SAR 卫星应用的效费比明显提高,SAR 卫星的研制费用大幅降低,SAR 卫星在军事和经济上的应用越来越重要,越来越普及,研制 SAR 卫星的国家越来越多,天基 SAR 已经不再是少数大国的专利。

(2) 性能技术指标不断提高。高性能指标的图像始终是系统设计和研制的最终目的,高分辨率的 SAR 图像在军事上具有极其重要的应用价值,追求更高的分辨率一直是研制部门努力的方向。更高的分辨率意味着更精确的目标分辨和识别能力、更准确的情报和更精确的地形数据。近几年来,小 SAR 卫星的发展非常迅速,各国纷纷开展小卫星项目的研究,但并没有放弃获得更高分辨率的研制工作。美国在大力规划和发展小 SAR 卫星的同时,一直在提高 SAR 的图像分辨率。"长曲棍球 1"、"长曲棍球 3"和"长曲棍球 5"卫星的 SAR 图像分辨率就分别上了 2 个台阶,分别达到 1 m、0.5 m 和 0.3 m。除了分辨率指标外,其他的图像质量指标也同样重要。SAR 卫星的图像质量指标在不断提高,SAR 图像的目标定位精度越来越高。从 SAR 图像的定位原理讲,SAR 图像的定位精度可做到与卫星的轨道精度在同一量级。定位精度与卫星姿态无关,从这一点讲,SAR 卫星图像的定位精度优于可见光传感器卫星图像的定位精度。随着 SAR 图像在目标识别和民用应用越来越广,对 SAR 图像的定量遥感要求也越来越高,如今对 SAR 图像不仅要求有高的空间分辨率,而且要求有高的辐射精度。

(3) 多功能、多模式是未来星载 SAR 的主要特征。1978 年美国发射的载有 SAR 的海洋卫星(Seasat-A)为 L 波段、固定入射角、单一的 HH 极化,现在在轨或正研制的 SAR

卫星(或其他航天平台的 SAR)很少仅固定入射角和单一极化。今天的天基 SAR，特别是星载 SAR 正向着多模式、多频、多极化和可变视角波束，并具有地面运动目标显示和地面高程测量功能方向发展。多模式成像主要有条带、扫描(scanSAR)、聚束(spotlight)3 种工作模式。扫描工作模式要求波束在距离向的快速扫描，一般采用电扫描的方式。通过改变雷达收发的极化方式，可获得 HH、VV、HV 和 VH(H 为水平极化，V 为垂直极化)不同极化的图像。不同频率下目标的散射特性不同，同时获取目标的多频信息，有助于目标分类与识别。欧洲的 Terra-SAR 包含 X 波段与 L 波段两个频段，L 频段的穿透性强。天基星载合成孔径雷达可通过立体像对方式或干涉 SAR(InSAR)的方式获得地面的高程信息。美国航天飞机 STRM 项目在 11 天左右获得了全球 80%陆地的高程数据，高程精度在几米的量级。利用相位中心重置等方法可获得地面目标运动的信息，从而实现地面运动目标显示，快速提供地面运动目标的信息，这一特点在军事上具有极其重大的应用价值，可大大提高获取地面运动目标情报的时效性。

(4) 雷达与可见光卫星的多星组网是主要的使用模式。采取星座或星队侦察方式可有效提高时间分辨率，多星组网提高侦察情报的时效性，即提高时间分辨率，将航天侦察的"盲区"降至最低。与可见光卫星配合使用能弥补可见光成像受气候条件限制的不足，并发挥 SAR 具有的一定的穿透能力，揭露伪装的特点，使各种侦察卫星优势互补。美国在伊拉克战争中就利用 3 颗"锁眼"可见光侦察卫星和 2 颗长曲棍球雷达成像侦察卫星组成的航天侦察网。美国人形象地将所有在轨的"锁眼"和"长曲棍球"成像侦察卫星统称为"卫星舰队"(satellite fleet)。德国的 SAR-Lupe 项目是一个由 5 颗小 SAR 卫星组成的军事专用卫星系统。COSMO-SkyMed 是意大利航天局的一个低轨道、军民两用的地球观测星座，由 4 颗在工作 X 波段的小星载合成孔径雷达成像卫星组成。根据意大利和法国在 2001 年 1 月底签署的 ORFEO 联合地球观测协议，意大利的 COSMO-SkyMed 雷达成像星座和法国的"昂星团"光学成像星座将共同组成 ORFEO 军民两用高分辨率地球观测系统，两国将共享该系统的图像数据，而且两国国防部将在制定卫星成像任务计划方面享有优先权。按协议规定，意大利还取得了法国"太阳神 2"军事侦察卫星和 SPOT-5 民用资源卫星的图像数据使用权。随着航天技术的不断进步和雷达卫星的小型化，其成本将大幅度降低，雷达卫星与可见光卫星多星组网获取动态情报将成为一种主要的应用模式。

(5) 分布 SAR 成为一种很有发展潜力的星载合成孔径雷达。分布 SAR 并不是简单的卫星组网，它是利用 2 颗或多颗轨道具有相互关系的卫星配合工作，一颗卫星发射多颗卫星接收，或多颗卫星发射多颗卫星接收，实现单颗卫星不能实现的功能，或获得单颗卫星不能达到的技术指标。如实现干涉 SAR 成像、地面运动目标显示、增加成像带宽、提高 SAR 图像分辨率等。

(6) 星载合成孔径雷达的干扰与反干扰成为电子战的重要内容。星载合成孔径雷达成像卫星作为军事侦察卫星系统，必然会受到人为的电磁干扰影响。所以，研究军事侦察卫星系统的抗干扰能力，对提高星载合成孔径雷达的生存能力和增强其受干扰时的应用效果等具有重大的实用价值，深入研究 SAR 的抗干扰技术具有深远的战略意义。美国空军早已注意到星载合成孔径雷达在日趋密集和复杂的电磁干扰环境下能否有效工作的问题，已经开始研制能够对付目前和未来威胁的抗干扰技术。星载合成孔径雷达的干扰与反干扰已成为电子战的重要内容。前者通过使用电磁干扰使对方的星载合成孔径雷达不能正常工作或者性能降低，后者采用抗干扰技术保证在电子对抗环境下己方星载合成孔径雷达正常工作。对星载合成孔径雷达实施干扰，大致可分为对有效载荷的干扰、数传链路的干扰和对卫星平台的干扰(包括对遥测遥控的干扰)。根据星载合成孔径雷达的特点，探讨星载合成孔径雷达系统可采取的抗干扰措施，结合现有星载合成孔径雷达系统的一般结构，可在星上或地面采取不同的抗干扰措施。一般来讲，抗干扰就是利用干扰信号和有用信号的不同特性，将干扰信号去除或降低，同时保留有用信号。通常可根据信号的频率特性、空间特性、时间特性、极化特性、编码特性等将干扰信号和有用信号区分开来，从而将干扰信号抑制掉。

(7) 军用和民用卫星的界线越来越不明显。星载合成孔径雷达在商业民用和军事侦察上都具有比较大的应用价值，ERS-1/2 和 Radarsat-1 等都是以民用为主的星载合成孔径雷达，而美国的"长曲棍球"雷达卫星、德国的 SAR-Lupe 雷达卫星则是军用侦察卫星，商业民用和军事侦察应用对雷达卫星的技术指标的要求侧重有所不同。一般来讲，商业民用要求雷达卫星具有宽的测绘带宽和高精度的辐射定标，并具有中等分辨率的图像(一般低于 5 m)。军事侦察在强调测绘带宽的同时，更强调高分辨率，分辨率一直是军事侦察最关键的技术指标，军用侦察卫星的图像分辨率一般应优于 1 m，相关国家在提高分辨率方面投入了大量的人力物力，不断改进分辨率指标。随着卫星技术的提高，工作模式增多，卫星的功能和技术指标也不断提高，有些卫星虽然是商业民用卫星，但也具有较大的军事应用价值，如加拿大的 Radarsat-2 卫星，精细模式达到了 3 m 分辨率，具有一定的军事侦察能力。

随着科学技术的不断进步，天基雷达的技术水平和功能在不断提高，天基雷达在追求工作性能技术指标的同时，向着小型化、多模式、多星配合工作的方向发展，在军事应用上开始重视战时的生存能力，提供卫星适应战时复杂电磁环境的能力。随着技术的进步和普及，研制成本不断降低，参与研制天基雷达的国家也越来越多。

1.2 SAR 数据的应用及发展

合成孔径雷达(synthetic aperture radar，SAR)在资源调查、灾害监测和国防建设中具有重要意义，一直受到世界各国政府的高度重视。1967 年，巴拿马首次启动使用雷达系统制作大范围地形图工程，引发了全球性雷达技术应用。20 世纪 70 年代开始，一系列大范围的雷达制图项目启动，并取得了显著效果(Curlander, 1982；汪长城和廖明生, 2009)。

从现有研究来看，SAR 一直被用于居民地检测、人口估计、土地利用与土地变化制图等(Floyd M Herderson et al., 1998)。

由于构成居民地的几何形状、材料特性、类型和在水平方向及垂直方向上的分布结构，使得它在成像雷达影像上的信号特别突出，所以成像雷达特别适合于这一应用。回顾已有的研究结果表明，具有 1000 人以上的居民区，在雷达影像上都是可见的而不受地形和雷达波长的影响。一些文献则论述了居民地与其他地形特征产生混淆的一些情况，产生这类错误的原因在很大程度上与雷达系统参数和地面目标的变化以及它们周围环境的相互作用有关(Floyd M Herderson et al., 1998)。基于机载影像进行的研究在数量上要少些,但仍表明居民地检测是很有前途的。早期的用 K 波段影像对新英格兰的一些镇进行研究发现,它可识别 8000 人以上的居民地,精度已达到了 80%,但居民地规模越小,其精度就越低。X 波段 HH 影像在检测加拿大、美国、德国以及尼日利亚的居民地时显示了其功能的一致性。加拿大对 C 波段影像的广泛研究显示,在 C 波段上,城区与其他地形特征有明显的区别。

20 世纪 50 年代中期,当利比里亚的居民区单元通过航片来计数时,遥感影像便首次用于人口估计。居民地单元数乘上每单元的居住人口数便得到了人口估计数。自此以后,各种遥感系统都曾被用于获取人口信息。用居民地大小来估计人口的理论基础是描述土地面积和人口数之间关系的异速生长模型。居民地的建筑面积应与人口数的 n 次幂成正比。起初便采用这种关系利用公布的人口数来计算建筑面积,但该过程很容易反过来从已知的土地面积得到人口数。从影像上很容易算得建筑面积,再从已有的人口数据或采样调查上也很容易确定系数和指数。到目前为止,所完成的基于雷达的人口研究清楚地表明了其在这方面应用中的潜力。Sabol 是第一位用雷达影像来量测居民地面积并把它与人口数相联系的研究者,他从机载影像的 K 波段上量测到了美国的 19 个城市地区分段。他后来的工作集中在卫生影像 SAR 数据的研究上。Harris 运用突尼斯的 SAR-A 数据得到了用线性回归在 0.01 显著水平上的 R^2 值为 0.91。Lo 则用了美国 5 个地区的 SAR-A 数据并采用了线性回归和异速增长模型两种方法进行研究。前一方法中有两个地区的相关系数都是 0.98,不过该模型所形成的人口与面积之间的关系随着研究区域的变化而有所不同。Lo 还对中国地区的 SAR-A 数据进行了实验,他把检测到的居民地划分为 4 类,并把它们与中国的人口统计数据联系起来,得出的结论是,小至 1000~2000 的人口数都能精确确定。到目前为止的研究(尽管数量上有限)已表明了雷达影像在统计人口数据方面的能力,这对于世界上那些还没有统计人口分布与增长数据或用传统统计方法比较受限制的国家和地区来说,显得尤为重要(Floyd M Herderson et al., 1998)。

通过对居民地进行检测以及对人口进行分析,间接地区分了机载或星载成像雷达系统上城区与非城区土地覆盖类型。其他一些研究工作则把城市土地作为普通的土地利用/土地覆盖制图来对待,同时也尽力绘制出城市体现活动的某些特别类型。全国土地资源信息是制订国民经济发展规划、计划及宏观决策的重要依据,也是国家可持续发展的需要。及时准确地掌握全国土地利用/土地覆盖变化情况,开展土地利用调查,既是国土管理部门加强国土资源管理、切实保护耕地的必要前提,也可为科学研究工作提供基础材料。土地利用动态监测是新一轮土地利用调查计划中的一项重要内容,其目的是建立和完善全国土地利用动态监测体系,实现对全国土地利用状况的有效监测,及时、准确地掌握土地利用状况。由于常规手段难以直接快速获取反映土地资源的现状、分布和变化特征的数据信息,也难以从整体上把握国内土地资源,特别是耕地、林地、湿地等重要资源的数量、空间分布和动态变化。遥感作为一种快速、宏观的资源调查技术手段,近几十年来在土地利用/土地覆盖变化调查与研究中的作用得到了公认(崔书珍和周金国,2008)。目前,中国的土地资源遥感调查与监测在技术方法和监测技术体系方面取得了很大进展,基本实现了遥感监测技术在国土资源管理中的产业化应用。但对于中国广阔的东南山区、西南云贵山区，使用一般的遥感手段，由于多雨、云雾及地面复杂地貌的影响，再加上图像判读精度较低，野外调查困难，很难及时准确地掌握土地的利用状况。新一代SAR遥感技术具有全天候、不受气候影响、有一定穿透能力等优点，将会在新一轮的土地利用调查中发挥重要作用。

参 考 文 献

Belz J E, Rodriguez E, Morris C S, 2006. A global assessment of the SRTM performance[J]. Photogrammetric Engineering & Remote Sensing, 72: 249-260.

Curlander J C, 1982. Location of spaceborne SAR imagery[J]. IEEE Transactions on Geoscience & Remote Sensing, GE-20: 359-364.

Evans D L, Plaut J J, Stofan E R, 1997. Overview of the spaceborne imaging radar-C/X-band synthetic aperture radar（SIR-C/X-SAR）missions[J]. Remote Sensing of Environment, 59: 135-140.

Floyd M. Herderson, 1998. SAR影像在居民地检测、人口估计以及城区土地利用类型分析中的应用状况报告[J]. 方勇，陈虹，译. 遥感技术与应用, 13: 59-65.

Jordan R L, Huneycutt B L, Werner M, 1995. The SIR-C/X-SAR synthetic aperture radar system[J]. IEEE Transactions on Geoscience & Remote Sensing, 33: 829-839.

Pitz W, Miller D, 2010. The TerraSAR-X Satellite[J]. IEEE Transactions on Geoscience & Remote Sensing, 48: 615-622.

Stofan E R, Evans D L, Schmullius C, et al., 1995. Overview of results of spaceborne imaging radar-C, X-band synthetic aperture radar（SIR-C/X-SAR）[J]. IEEE Transactions on Geoscience & Remote Sensing, 33: 817-828.

Suzuki S, Osawa Y, Hatooka Y, et al., 2009. Overview of Japan's advanced land observing satellite-2 mission[J]. Proceedings of SPIE-The International Society for Optical Engineering, 7474: 22.

Townsend W, 1980. An initial assessment of the performance achieved by the Seasat-1 radar altimeter[J]. IEEE Journal of Oceanic Engineering, 5: 80-92.

崔书珍，周金国，2008. SAR遥感技术在土地利用调查中的应用现状分析[J]. 地矿测绘, 24: 4-5.

李春升，王伟杰，王鹏波，等, 2016. 星载SAR技术的现状与发展趋势[J]. 电子与信息学报, 38: 229-240.

刘新，曹晓庆，2008. 基于RADARSAT的三峡库区水体表面积提取方法研究[J]. 环境影响评价, 1: 17-20.

刘志刚，张伟，陈振，2011. 星载合成孔径雷达技术进展与趋势分析[C]. 西安: 第二炮兵工程大学.

庞之浩，常明媚，2003. 欧洲ERS系列遥感卫星发展简况[J]. 航天器工程, 96-96.

沈强，乔学军，金银龙，等, 2012. ALOS PALSAR雷达影像InSAR数据处理中的基线和地形误差分析[J]. 大地测量与地球动力学, 32: 1-6.

孙佳，2007. 国外合成孔径雷达卫星发展趋势分析[J]. 装备学院学报, 18: 67-70.

汪长城，廖明生，2009. 一种多孔径SAR图像目标检测方法[J]. 武汉大学学报(信息科学版), 34: 32-35.

王振力，钟海，2016. 国外先进星载SAR卫星的发展现状及应用[J]. 国防科技, 37: 19-24.

杨海燕，安雪滢，郑伟，2009. 美国"未来成像体系结构"关键技术及失败原因分析[J]. 航天器工程, 18: 90-94.

张澄波，1989. 综合孔径雷达原理、系统分析与应用[M]. 北京: 科学出版社.

第 2 章 SAR 数据土地资源调查监测应用需求

2.1 SAR 卫星数据在土地资源调查监测中的地位与作用

土地利用调查是对地观测数据的重要应用之一。遥感影像土地利用检测是利用同一地区不同时期的遥感影像进行比较分析,通过变化检测算法定量地分析和确定出地表变化的特征(SINGH, 2010)。土地利用/土地覆盖(land use and land cover, LULC)变化是全球变化的重要组成部分,是环境、林业、农业、水文、生态等方面变化的一个关键因素,也是资源可持续利用和环境保护中进行科学管理和决策的重要依据。随着遥感技术的飞速发展,越来越多的遥感数据已被应用于土地利用/土地覆盖变化检测中(Fisher and Pathirana, 1993; Foody, 2001; Zhang et al., 2009; Prakasam, 2010)。由于 SAR 技术具有全天候、全天时、穿透性以及覆盖面积大等独特的成像特点,即使在恶劣的天气条件下,也可以方便地获得同一地区不同时间段的影像,有效地克服光学影像的缺陷,尤其对传统光学传感器成像困难地区显得尤为重要,因此, SAR 影像已成为一种非常重要的土地利用检测数据源。

雷达接收的是发射能量的后向散射部分。不同波长的雷达波与地物的相互作用后果是不同的。从发射天线发出的电磁波可以有不同的波长、不同的侧视角和不同的极化模式及脉宽变化,地面目标与入射的电磁波相互作用产生的后向散射能量中,既有体散射能量也有表面散射能量,天线接收的后向散射电磁波强度、相位、极化既与天线发射的模式有关,也与设定的接收模式有关。从地面物质来讲,地面及地表物质回波强度与地物的介电常数、雷达波长以及地面微起伏(粗糙度)等因素有关。由于合成孔径侧视雷达图像独特的成像机理、几何特征以及影响图像的因素太多,导致了图像解译的难度。相对可见光和红外遥感应用而言,雷达遥感信息应用进展较慢、应用经验较少,特别是雷达遥感图像在铁路、公路工程地质中应用更为少见。但是蕴含在图像中的工程地质信息又是其他遥感方式所不能提供的,尤其在崇山峻岭、高海拔、密林等地区,雷达遥感技术的优势更为显著。

2.2 土地资源调查监测对 SAR 数据的要求

2.2.1 波段设置要求

由于各种地物对不同波长的微波信号响应不同,多波段雷达可以提供丰富的地物信息。不同波段的电磁波与地面目标相互作用的影响主要是通过两条途径，即等效表面粗糙度和电磁波穿透目标的能力。对同一地物，若波长不同，则其有效粗糙度不同，从而地物的散射特性不同。从电磁波穿透目标能力的角度来看，波长不同，目标的复介电常数也不同，这样就会影响到地物目标反射能力的大小和电磁波穿透力的大小。一般来说，复介电常数大的地物，对电磁波的反射率大，穿透力小(何科峰，2004)。

从土地利用调查和监测的角度分析，L 波段同 C、S 和 X 波段相比具有明显的优势。SAR 是一种主动微波遥感传感器，不同波长的 SAR 信号对地表的探测深度不同，获取的地表有效信息也存在差异。微波到达地物后，只与那些大小与自己波长相当的物体组分发生作用。例如 L 波段 SAR 由于波长长，足以穿透树冠，与枝干及地表发生作用，所以它能看到森林蓄积量或生物量的主体，故 L 波段能用于森林蓄积和生物量的估测。而且波长越长，就越能估测高的蓄积量或生物量。L 波段 SAR 还比较适合湿地监测，特别是具有植被覆盖的湿地探测，具有光学无法比拟的优势。所以 L 波段 SAR 能够区分主要土地/覆被类型，对农作物区分能力强，适合土地和农业应用。

2.2.2　极化设置要求

极化描述的是电磁波的矢量性质，它主要与传播电场矢量的方向有关。极化研究中常常提到的 H 极化和 V 极化分别是指电场矢量始终在水平方向、垂直方向摆动这两种特殊情况。对于全极化雷达系统，最简单也最常用的四种极化方式是 HH、HV、VH 和 VV。但是相同的地物类型在 HH、HV、VV 极化下的表现差异很大，比如植被对于 HV 要敏感许多。同时，不同的 HH、HV、VV 数据构成的干涉图像对的相干性也与地物类型密切相关，因此应选择最适合针对土地利用调查和监测的极化通道。

从土地分类角度来看，HH 和 VV 双极化模式适于水稻的识别；HH 和 HV 双极化模式适合森林的识别；精细的土地利用分类需要多时相数据支持；泛洪区和湿地监测、林地变化采用 HH 或 VV 单极化效果较佳；植被制图需要多极化数据，HH 或 VV 极化可满足主要土地利用类型识别；洪水区森林监测采用 HH 极化方式最敏感，VV 极化也可以使用；HV 交叉极化更适合于砍伐地的识别。因此可以说不同极化方向会导致目标对电磁波的不同响应，使雷达回波强度不同，并影响到对不同方位信息的表现能力，利用不用极化方式的差异，可以更好地观测和确定目标的特性和结果，提高地物目标的识别能力和分类精度。

综上，全极化 SAR 较单极化 SAR 能够提供更多的地物信息，因此在数据选择上优先考虑的是全极化 SAR 数据，对地物的识别十分重要。但是考虑到同时获取全极化数据和大幅宽数据比较困难，应至少获取双极化数据且包含 HV 极化。因为对大多数地物目标而言，HH 极化方式下可获得最强的回波信号，后向散射之间有较大差异或对比度，因此推荐的双极化模式为 HH 和 HV，但是仍然需要多时相数据支持，才有可能获取较好的分类结果。

2.2.3 空间分辨率设置要求

雷达影像空间分辨率决定了采样单元空间分布的范围和距离。空间分辨率反映到土地利用和新增建设用地上，决定了可以观测到的最小地物的大小，即需要满足对新增建设用地的监测。JERS-1 数据的空间分辨率为 18 m，ALOS PALSAR 数据的空间分辨率在 7~100 m 可调节，而 ALOS-2 PALSAR-2 数据的空间分辨率在 1~95 m 可调整。高空间分辨率 SAR 能够提供更为细致的地物信息，增强了 SAR 传感器获取地物信息的能力。高空间分辨率主要是考虑 SAR 图像的斑点噪声以及在实际数据处理中需要进行多视处理，实际实验中应用的 SAR 图像的分辨率会降低。因此，为了在不同时空尺度上对土地利用进行监测，L-SAR 的空间分辨率应在 5~30 m 可调节。

2.2.4 入射角设置要求

入射角的差异直接决定了雷达入射波到达地表的距离。固定入射角的雷达卫星成像，所获得的只是某个入射角度上的地物信息，信息量明显不足。如果入射角可调节，就能够进行不同角度观测以提供不同入射角度的地物方向谱信息。相同的地物类型在不同的入射角照射下，呈现不同的特征，通常认为较大的入射角有利于土地利用类型的识别。在入射角较小的情况下，雷达看到更多的是林隙间地面土壤、林下植被和地表粗糙度的信息，因此容易与裸地和低矮植被类型混淆。随着入射角的增大，雷达看到更多的树冠结构组分，体散射的贡献增加，更加有利于森林与非森林的识别以及森林类型之间的识别。因此选取大小合适入射角的 SAR 数据对于实现土地利用和新增建设用地具有重要的应用价值。JERS-1 的入射角固定为 38°，ALOS PALSAR 的入射角在 8°~60° 可调节，ALOS-2 PALSAR-2 的入射角在 8°~70° 可调节。为发挥 SAR 数据的多角度特性，参考国外同类卫星的入射角范围，推荐 L-SAR 的入射角在 20°~50° 可调节。

2.2.5 扫描幅宽设置要求

对地观测卫星的扫描幅宽是遥感应用的重要指标，它影响着遥感应用的各个方面。其幅宽的决定因素首先是应用技术的需求，其次是工程技术条件。从土地应用的角度来说，一般情况下，成像宽度越宽，则实用性越强，相对来说，需要的技术条件越高。在土地利用自动化业务实现时，覆盖宽度大可减少景与景之间的拼接工作，同时也减少遥感应用时遇到的时差和色差等问题。但是在遥感应用上，分辨率要高，覆盖宽度要广，这是技术上相互制约的两个方面。JERS-1 的观测带宽 75 km，ALOS PALSAR 的幅宽在 20~350 km 可调节，而最新的 ALOS-2 PALSAR-2 的幅宽在 25~490 km 可调节。因此从应用需求和技术难度综合考虑，推荐的观测幅宽需要在 20~350 km 可调节。

综上所述，对卫星载荷相关参数设置有以下建议：①优先考虑全极化 SAR 数据，但考虑到同时获取全极化数据和大幅宽数据比较困难，应至少获取双极化数据且包含 HV 极化。②为了在不同时空尺度上对土地利用进行监测，L-SAR 的空间分辨率应在 5~30 m 可调节。③为了发挥 SAR 数据的多角度特性，参考国外同类卫星的入射角范围，推荐 L-SAR 的入射角在 20°~50°可调节。从应用需求和技术难度考虑，推荐观测幅宽需要在 20~350 km 可调节。

2.2.6 土地行业应用对地面系统要求

遥感卫星地面接收系统是地面应用系统的重要组成部分，主要完成对卫星下传的遥感数据进行接收和预处理。对地面数据处理和产品生产有以下要求。

单视复数产品要求：单视复数产品通常简称为 SLC（single look complex）产品，该产品记录了复数信息，数据文件比较大。ALOS PALSAR 和 ALOS-2 PALSAR-2 的 Level 1.1 的单视复数数据是经过距离向和方位向压缩的斜距产品，其分辨率为斜距方向分辨率。由于是斜距数据，影像产品的方位向和距离向的分辨率不一致，如果不进行进一步处理，用户很难理解该数据。单幅单极化 SAR 影像，其相位是没有应用价值的，一般用户不需要获取该数据类型。但对于多极化和全极化数据，或用于干涉测量的单极化数据，应该获取 SLC 数据，因为相位信息对这些应用是非常重要的。处理器在生产数据时，将进一步做定标处理的参数都提供在元数据文件中，用户可以自己完成辐射定标处理。但这增加了用户的处理难度，用户自己定标不当反而会引起辐射误差。因此建议以定性解译为应用目标的用户不获取该类型的数据。

精确地距产品要求：精确地距产品通常称为 PRI，一般都做过了多视化处理，按地距存储。ALOS-2 PALSAR-2 的 Level 1.5 级别产品坐标从斜距方向转换成地距方向，进行了地物投影。该产品经过了斜距到地距的转换和多视化处理，方位向和距离向的分辨率相差不大，影像导入系统后比较容易被理解。若用户不需要 SAR 数据的相位信息，可以订购该类型产品数据。处理器在生产该数据产品时，已经为该数据的进一步辐射定标和几何校正处理准备好了各种处理参数，存贮在元数据文件中。

地球椭球地理编码产品要求：地球椭球地理编码 GEC 产品，产品只利用卫星轨道信息，并将地表抽象为一个没有地形变化的椭球面，将 SAR 影像投影到该椭球面上，因此得到的影像是一幅经过系统几何校正处理的影像，由于没有利用当地的任何控制点信息，所以定位精度依赖于卫星轨道定轨精度，定位误差可能在十几米，也可能在几百米。由于难以掌握生产 GEC 产品处理过程的逆过程，这种数据产品无法再用于正射校正处理。因此若用户不需要进行高精度的正射校正处理，可以获取该类型的影像，否则一定要获取 PRI 和 SLC 类型的数据。

增强的地理编码产品要求：增强的地理编码 EEC 产品，只是在 GEC 过程中直接利用 DEM 提供的高程进行定位，比 GEC 产品的定位精度高出很多。这种数据产品基于地面处理系统收藏的 DEM。比如德国的 DLR 建立了全球的 DEM 数据库，但对于我国区域他们保存的 DEM 一般没有用户的精度高。

参 考 文 献

Fisher P, Pathirana S, 1993. The ordering of multitemporal fuzzy landâ—cover information derived from landsat MSS data[J]. Geocarto International, 8(3): 5-14.

Foody G M, 2001. Monitoring the magnitude of land-cover change around the southern limits of the Sahara[J]. Photogrammetric Engineering & Remote Sensing, 67(7): 841-848.

Prakasam C, 2010. Land use and land cover change detection through remote sensing approach: a case study of Kodaikanal Taluk, Tamil Nadu[J]. International Journal of Geomatics & Geosciences, (2): 150-158.

SINGH A, 2010. Review article digital change detection techniques using remotely-sensed data[J]. International Journal of Remote Sensing, 10: 989-1003.

Zhang J X, Liu Z J, Sun X X, 2009. Changing landscape in the three gorges reservoir area of Yangtze River from 1977 to 2005: land use/land cover, vegetation cover changes estimated using multi-source satellite data[J]. International Journal of Applied Earth Observation & Geoinformation, 11: 403-412.

何科峰, 2004. SAR 图像相干斑抑制技术研究[D]. 西安: 西北工业大学.

第 3 章　SAR 数据处理

合成孔径雷达具有全天时、全天候、多波段、多极化等特点，已经成为获取地球表面信息的重要来源。雷达回波受系统性能指标和目标散射与几何特性的影响，辐射校准后的 SAR 图像是目标特征的综合反映。相干斑点是包括 SAR 系统在内的所有基于相干原理的成像系统所固有的原理性缺陷，其成因需从雷达的成像原理和回波信号的统计特性来分析。斑点噪声的存在降低了 SAR 图像的质量，使得 SAR 图像的辐射分辨率变差，同时降低了 SAR 图像的空间分辨率，从而严重影响了对 SAR 图像的理解与应用，因此对 SAR 图像进行增强处理是一个重要的研究课题。本书主要从两个方面对 SAR 图像进行增强处理，一方面采用适合于 SAR 图像的滤波方法对斑点噪声进行滤除，另一方面采用 SAR 图像与光学图像融合实现对 SAR 图像的增强。

3.1　SAR 图像斑点噪声抑制

相干斑滤除的首要目标是在去除斑点噪声的同时不丢失原始数据的信息。理想的相干斑滤波器应能自适应地平滑相干斑噪声，同时保持边缘特征以及边界线的清晰度，保留微小但可辨识的细节，例如线性特征和单一散射目标。SAR 图像的相干斑噪声模型为乘性模型，而经典的数字滤波方法都是基于加性噪声模型的，所以在滤波前需要将乘性模型转换为加性模型，即对原 SAR 图像进行对数变换。SAR 图像的数值经过对数变换后，相干斑近似为独立的加性高斯白噪声，然而该方法会引起偏差，并抹除强散射目标，不能应用在 SAR 图像斑点噪声抑制领域。这是由于将数据取对数后求平均，再求反对数的结果与直接对数据求取平均的结果不同。SAR 数据的动态范围比较大，取对数后数据范围被压缩，强信号相比弱信号被更多地压缩。在对数域中计算的局部均值和局部方差并不能对应原始数据的局部均值和局部方差。对数的使用对强回波的抑制比对弱回波的抑制更为严重。由于单极化 SAR 图像的相干斑统计特性可以由瑞利分布较好地描述，而极化 SAR 数据协方差或相干矩阵的统计特性可以采用复 Wishart 分布较好地描述，所以在设计 SAR 图像相干斑滤波算法时需要充分考虑数据的统计特性。

早期常用的极化 SAR 滤波器有极化白化滤波器、最优加权滤波器和极化矢量滤波等，它们都是利用各通道间的极化相关信息进行数据融合来达到相干斑抑制的目的。后续的很多滤波算法都是在上述算法基础上的修正和改进，这类算法的优点是在抑制相干斑的同时可以保持图像的分辨率，缺陷是因引入不同极化通道之间的串扰而破坏了原始数据的极化散射特性，影响后续极化 SAR 数据的应用。另一类滤波方法主要是通过借鉴数字图像降噪方法来限制SAR数据相干斑噪声，包含基于均值滤波的Boxcar滤波、基于Lee滤波的精制极化Lee滤波以及Sigma滤波。针对如何在去除图像噪声的同时最大限度地保留边缘等细节特征这一难题，研究者们提出了多种边缘保持滤波算法，主要有各向异性扩散法、非局部均值法和双边滤波法等。各向异性扩散法需要求解偏微分方程且在某些给定初始值问题上的病态性会导致处理过程的不稳定，对具有高梯度值脉冲噪声的图像降噪效果不理想。非局部均值法特别适用于处理纹理或结构信息具有很强规律性的图像，但逐像元计算相似度造成该方法计算量大，很难满足实时应用的要求。相比以上两种边缘保持滤波算法，双边滤波是一种结合了空域滤波和值域滤波的非线性滤波算法，具有非迭代、局部和简单等特性，广泛应用于图像处理与分析中，缺点是难以确定合适的滤波参数(肖世忱等，2015)。

设计极化SAR相干斑滤波器需要遵循如下准则：①为保留滤波前数据的极化特征，极化协方差矩阵或者相干矩阵的每个元素需要采用类似于多视处理的方式，选取相同的邻近像素，同等程度地进行滤波。Lopez-Martinez提出对非对角线元素采取与对角线元素不同的滤波方法，可能导致相关系数大于1，不能保持相关项的期望值。②为避免滤波后引入极化通道间的串扰，协方差矩阵或者相干矩阵的每一元素应在空间域内独立地进行滤波。③为了保持散射特征、边缘清晰度和单一散射目标特征，滤波器应能自适应地选取或加权邻近的像素。遵循上述滤波准则的比较有效的滤波器有：改进的Lee极化SAR相干斑滤波器、Vasile等基于区域生长技术的极化SAR相干斑滤波器、基于散射模型的极化SAR相干斑滤波器等。

本章将分别采用均值滤波(Boxcar滤波)、精制极化Lee滤波和双边滤波方法对单极化、双极化和全极化的ALOS PALSAR数据进行滤波处理，并以均值、方差、等效视数和滤波前后极化熵和散射角的相关性等定量评价三类滤波方法的性能。具体的实验步骤如下：①对单极化SAR数据提取强度信息，对双极化和全极化SAR数据提取极化协方差矩阵[C]；②分别采用均值滤波、精制极化Lee滤波和双边滤波方法对单极化、双极化和全极化SAR数据进行滤波处理；③采用滤波前后图像的均值、方差、等效视数和滤波前后极化熵和散射角的相关性对比分析不同的滤波算法；④通过修改不同滤波算法的配置参数，分析不同滤波参数的选择对SAR图像滤波效果的差异。详细的实验步骤参见图3.1。

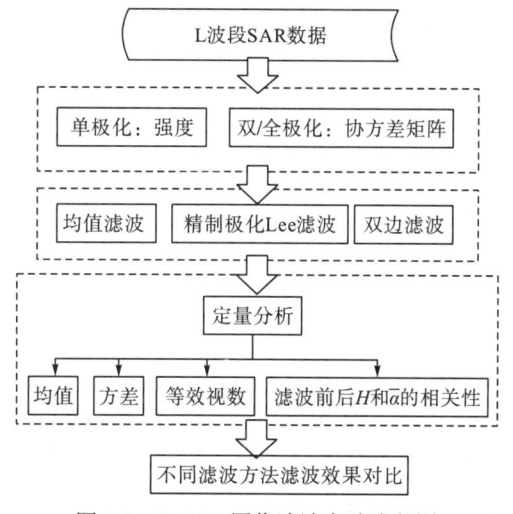

图3.1 L-SAR图像滤波实验流程图

3.1.1 滤波方法

1. 均值滤波

均值滤波器又称为邻域平均算法,是一种直接在空间域上进行平滑处理的技术,其对抑制高斯噪声有很好的效果。假设图像是由许多灰度值恒定的小块组成,那么相邻像素间存在很高的空间相关性,而噪声则是统计独立的(李俊峰,2013)。该算法的基本思想是用几个邻域像素灰度的平均值来代替中心像素的灰度值,实现图像的平滑。

$$f(x,y) = \frac{1}{M \times N} \sum_{i=1}^{M} \sum_{j=1}^{N} g(i,j) \tag{3.1}$$

其中,f 是滤波平滑后的像元灰度值;g 是平滑窗口内各个像元的原始灰度值;$M \times N$ 表示滑动窗口的大小。如果运用均值滤波算法对极化 SAR 图像进行处理,那么不再是对所在滑动窗口内的像元灰度值进行平均计算,而是采用极化均值滤波对极化协方差矩阵[C]中的各个元素分别进行滤波处理,然后对[C]进行非相干平均,其表达式为

$$\langle C \rangle = \langle C_{i,j} \rangle_{MN} = \frac{1}{M \times N} \sum_{i=1}^{M} \sum_{j=1}^{N} C_{i,j} \tag{3.2}$$

其中,$\langle \cdot \rangle$ 表示非相干平均运算;i 和 j 代表窗口内第 i 行和第 j 列像元的极化协方差矩阵[C]或极化相干矩阵[T];$M \times N$ 表示滑动窗口大小。

均值滤波算法运算简单且可以保持 SAR 图像的均值,能有效地对均匀区域进行降斑,但是其不足之处在于不加区别地平均非均匀媒质的像素,导致空间分辨率降低,尤其对于异质性比较高的区域更为显著。从图像处理的角度来看,均值滤波会模糊边缘、单一散射强点目标和亮线特征,例如建筑和道路。这是均值滤波算法存在的固然缺陷,而且只能改善,不能彻底改变。均值滤波的平滑处理效果与所用的滑动窗宽大小有关,而且随着掩膜的窗宽增大,图像的模糊程度增大。均值滤波采用相同权值进行平滑处理,使得该算法存在盲目性,而这种盲目性的结果则表现为对脉冲噪声的敏感性。这样,当采用相同的权值对含有噪声的图像进行均值滤波时,如果被处理区域含有脉冲噪声污染的像素点,那么这个像素点会在很大程度上影响滤波效果,并且它还会通过此时的均值运算把影响扩散到其周围其他的像素点(董小红,2008)。同时采用相同权值的均值滤波算法没有充分利用像素间的相关性和位置信息。

2. 精制极化 Lee 滤波

精制极化 Lee 滤波是从 Lee 滤波的基础上发展起来的,Lee 滤波的一个最基本假设是样本像素的均值和方差等于局部邻域窗口内所有像素的均值和方差。对于待滤波像素,它的一个邻域是均质的,也就是说,其邻域窗口内的像素数值是均质的,然后利用局部窗口内的统计特性,用最小均方准则 MMSE,得到最终的滤波结果。事实上,对于图像的边缘和纹理等,局部邻域均质的假设是不成立的,如果仍然按照局部邻域均质来处理,就会将一些杂点带入统计的计算,使得滤波权值计算不准确,导致最终滤波后的边缘不

第 3 章　SAR 数据处理

流畅，点目标不清晰。为了克服以上缺陷，引入边缘方向窗口来缓解边缘和目标模糊的情况，精制极化 Lee 滤波流程图如图 3.2 所示。

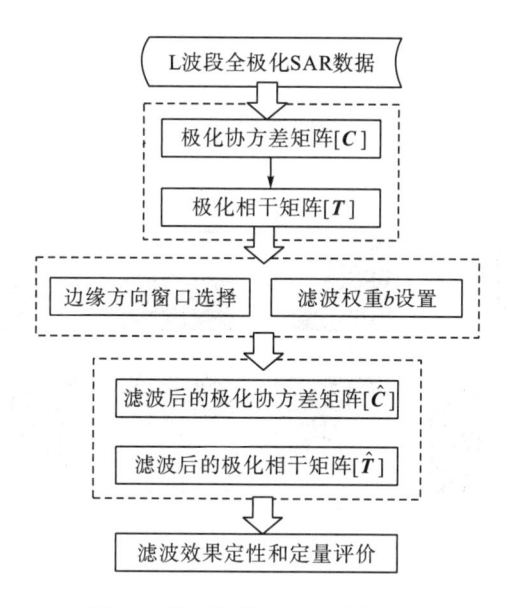

图 3.2　精制极化 Lee 滤波流程图

假设乘性模型为

$$y = xv \tag{3.3}$$

其中，y 为观测像元值，即含有噪声的数据；x 为无噪声的像元值；v 是具有均值为 1 且方差为 σ_v^2 的噪声。乘性噪声的标准差与均值比值为常数，而该特点的直观描述为：强（亮）后向散射区域的相干斑噪声较高，弱（暗）后向散射区域的相干斑噪声较低。这样可以根据线性最小均方准则 LMMSE 推导出一个滤波器公式：

$$\hat{x} = \overline{y} + b(y - \overline{y}) \tag{3.4}$$

其中，$\hat{x}$ 为滤波后的像元值；$\overline{y}$ 是局部均值；b 是具有 0~1 的权函数，可以通过下式计算：

$$b = \frac{\mathrm{var}(x)}{\mathrm{var}(y)}, \mathrm{var}(x) = \frac{\mathrm{var}(y) - \overline{y}^2 \sigma_v^2}{1 + \sigma_v^2} \tag{3.5}$$

其中，var 表示方差。由于总能量 Span 图像是 HH、HV 和 VV 强度图像的加权和，所以具有较低的噪声水平，并且在 HH、HV 和 VV 图像中表现出的各种特征都会出现在 Span 图像中，所以利用 Span 图像来选择边缘方向窗口以及滤波权重 b。极化 SAR 的总能量 Span 图像是将各个极化通道的强度图像直接进行非相干叠加，可得到一定的相干斑抑制效果，使极化 SAR 图像在视觉上有较为明显的改善。主要有以下三种特点：①对图像的边缘信息和纹理结构有小的保留；②具有极化旋转不变性；③总功率图像具有明显的降噪效果。

相干斑滤波的基本原则是选取与窗口中心像素具有相似散射特性的邻近像素进行滤

波处理。为了使滤波后图像保持边缘清晰度,一个简单且计算量小的方法是采用方法域边缘方向相同的非正方形局部窗。用这四个边缘模版中的最大值决定边缘方向,然后从如图 3.3 所示的 8 个边缘方向窗口选择一个边缘方向窗口,对中心像元进行滤波,其中只有白色的像元才卷入权值的计算。边界对齐窗包含了与中心像素具有近似辐射特性的像素,因此用它进行滤波可以获得更好的滤波效果。若采用正方形窗,其包含的像素可能对应不同的散射媒质,用于滤波会导致图像的模糊。

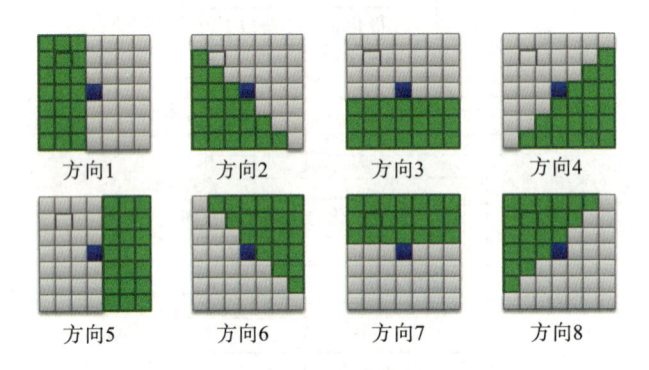

方向1　　方向2　　方向3　　方向4

方向5　　方向6　　方向7　　方向8

图 3.3　8 个边缘方向窗口

选择何种边界对齐窗进行滤波取决于边缘的方向。计算边缘方向的步骤如下:首先将 7×7 窗口分成 9 个 3×3 子窗口,然后计算各 3×3 子窗口的均值,形成 3×3 阵列。计算均值是为了消除噪声对准确计算边缘方向的影响。7×7 窗口中 3×3 阵列的使用能够增大与中心像素接近的那些像素的加权值。对于 9×9 或者更大的窗口,使用非重叠的 3×3 子窗口的效果更佳。接着通过 4 种简单的模板来确定边缘的方向。4 个边缘模板的形式见图 3.4。

$$\begin{bmatrix} -1 & 0 & 1 \\ -1 & 0 & 1 \\ -1 & 0 & 1 \end{bmatrix}, \begin{bmatrix} 0 & 1 & 1 \\ -1 & 0 & 1 \\ -1 & -1 & 0 \end{bmatrix}, \begin{bmatrix} 1 & 1 & 1 \\ 0 & 0 & 0 \\ -1 & -1 & -1 \end{bmatrix}, \begin{bmatrix} 1 & 1 & 0 \\ 1 & 0 & -1 \\ 0 & -1 & -1 \end{bmatrix}$$

图 3.4　4 个边缘模板

需要注意的是,由于 Sobel 等其他边缘算子在检测含噪声的边缘方向时不够可靠,所以应避免使用。边缘方向是根据 4 个边缘模板与 3×3 阵列对应元素乘积的和的最大绝对值确定。由于每一边缘方向各对应两个方向相反的边界对齐窗,所以应进一步根据 3×3 阵列的中心值和边缘方向上两个值的接近乘积确定边界对齐窗。如图 3.5 所示,均值 m31 比 m13 更接近 m22,所以选择图中的第 5 个窗口。当确定了边界对齐窗以后,利用该窗内的像素计算局部均值和局部标准差,进行最小均方误差滤波(吴月珍,2014)。

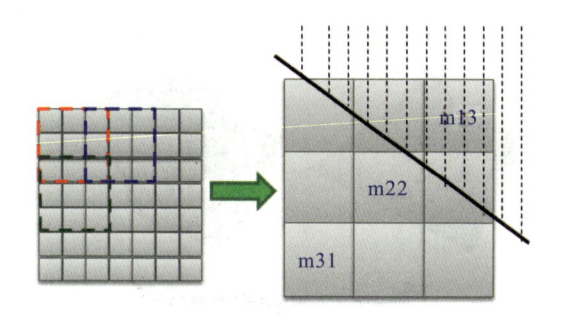

图 3.5　方向性窗口选择示意图

将上述方法应用到极化 SAR 数据中，提出了精制极化 Lee 滤波，它解决了极化 SAR 数据滤波的两个问题。第一，采用 Span 数据来计算权值 b，因为 Span 数据中包含了几乎全部的极化信息，用它来计算权值 b 不会导致最终结果的极化信息丢失；第二，协方差矩阵的每一个元素都平等滤波，防止引入串扰以及最后结果的失真。使用相同的加权值 b 和相同的边界对齐窗口对协方差矩阵[C]的各个元素独立地同等地滤波。因此，滤波后的协方差矩阵为

$$[\hat{C}] = [\bar{C}] + b([C] - [\bar{C}]) \tag{3.6}$$

计算权值 b 时，不需要计算协方差矩阵[C]各个元素的方差，只需要计算 Span 的方差，因此该滤波器计算量较小。加权值由乘性噪声模型得到，但[C]的非对角线元素具有加性噪声和乘性噪声的组合特征。针对加性噪声的最小均方误差滤波器，除了权值的计算方法不同外，与针对乘性噪声的最小均方误差滤波器具有相同的形式。为保持不同极化之间的相关性，需要采用与对角线元素相同的滤波方法对非对角线元素进行同等的滤波，否则不同极化之间的相关系数将会改变，严重时其值可能大于 1。对双极化 SAR 进行滤波处理时，针对的是 2×2 的极化协方差矩阵，且采用 Span 来计算权值，对单极化 SAR 数据进行滤波处理时，针对的是强度图，且直接采用强度图来计算权值。

增强的 Lee 滤波以一种类似于多视处理的方式对极化协方差矩阵[C]中的所有元素进行独立处理，通过设置不同的边缘检测方法，保证了对极化信息的保持。合适的噪声方差对滤波效果至关重要：①若值太大，会导致滤波过度，若太小则图像得不到充分滤波；②在多视处理中，由于邻近像素存在空间相关性，空间平均计算的方差值高于通过独立像素计算的值；③为获得最好的滤波效果，最好是利用 Span 图来确定噪声的方差。

3. 双边滤波

双边滤波是一种具有边缘保持性能的非线性、非迭代的滤波器，它以高斯滤波器为基础，通过空域邻近度高斯核函数(空间高低核)与值域相似度高低核函数(亮度高斯核)相乘来构造双边滤波器，用对邻域像素进行加权所得到的平均像素值来代替当前像素值，从而实现 SAR 图像滤波的目的(蒋辉，2014)。其滤波原理如图 3.6 所示。

空间权重　　　　　范围权重

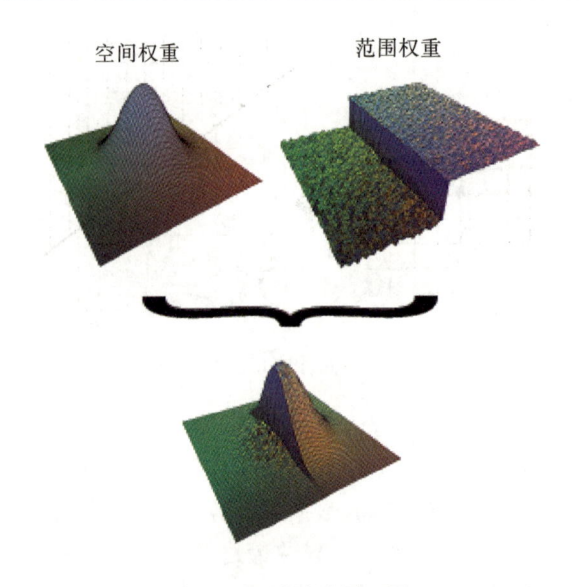

图 3.6　双边滤波原理图

双边滤波器在充分保护边缘的前提下对输入图像进行平滑处理。滤波后每个像素的灰度值都等于其邻域像素的加权平均，邻域像素的加权系数等于空间邻近度因子与灰度相似度因子的乘积。这样确保了只有空间距离近、灰度值差异不大的邻域像素对中心像素点的滤波结果有比较大的影响(李俊峰, 2013)。

区域滤波器的定义如下：

$$h(x) = k_d^{-1}(x) \int_{-\infty}^{+\infty} \int_{-\infty}^{+\infty} f(\xi) c(\xi, x) d\xi \tag{3.7}$$

其中，f 和 h 分别表示输入图像和输出图像；函数 $c(\xi, x)$ 用于测量中心像素点 x 与其邻域内像素点的几何距离。其中，$k_d(x)$ 为归一化因子，即

$$k_d(x) = \int_{-\infty}^{+\infty} \int_{-\infty}^{+\infty} c(\xi, x) d\xi \tag{3.8}$$

亲近函数 $c(\xi, x)$ 由空间距离的向量差 $\xi - x$ 决定，如果选择的区域滤波器具有移不变性，那么 $k_d(x)$ 为一个常数。

值域滤波器的定义如下：

$$h(x) = k_r^{-1}(x) \int_{-\infty}^{+\infty} \int_{-\infty}^{+\infty} f(\xi) s[f(\xi), f(x)] d\xi \tag{3.9}$$

其中，$s[f(\xi), f(x)]$ 是测量中心点像素值和其邻域内其他点像素值的相似度函数，即像素值之间的差值函数。其中归一化因子 $k_r(x)$ 为

$$k_r(x) = \int_{-\infty}^{+\infty} \int_{-\infty}^{+\infty} s[f(\xi), f(x)] d\xi \tag{3.10}$$

相似函数 $s(\xi, x)$ 由中心像素值和其邻域像素值的差值 $f(\xi) - f(x)$ 决定。

双边滤波器(结合区域滤波器和值域滤波器)为

$$h(x) = k^{-1}(x) \int_{-\infty}^{+\infty} \int_{-\infty}^{+\infty} f(\xi) c(\xi, x) s[f(\xi), f(x)] d\xi \tag{3.11}$$

归一化因子为

$$k(x)=\int_{-\infty}^{+\infty}\int_{-\infty}^{+\infty}c(\xi,x)s\left[f(\xi),f(x)\right]\mathrm{d}\xi \qquad (3.12)$$

经过双边滤波后，中心像素点 x 的像素值 $f(x)$ 由 $h(x)$ 取代。$h(x)$ 由中心像素点 x 附近相似像素值的加权平均值求得。在平滑的小邻域内，相邻的像素之间彼此是相似的，此时归一化因子 $k(x)$ 接近于 1。双边滤波器是一个局部滤波器，像素间灰度值的均值相差很小，弱相关的像素值之间的差异是由噪声引起的。归一化因子 $k(x)$ 确保选择区域内所有像素的权重之和为 1。

一个简单的常见的双边滤波器便是高斯滤波器，其亲近函数 $c(\xi,x)$ 和相似函数 $s\left[f(\xi),f(x)\right]$ 都是它们欧式距离的高斯函数：

$$c(\xi,x)=\exp\left(-\frac{\left(\|\xi-x\|\right)^2}{2\sigma_\mathrm{d}^2}\right) \qquad (3.13)$$

$$s\left[f(\xi),f(x)\right]=\exp\left(-\frac{\left[\|f(\xi)-f(x)\|\right]^2}{2\sigma_\mathrm{r}^2}\right) \qquad (3.14)$$

其中，σ_d 和 σ_r 分别表示亲近函数高斯核与相似函数高斯核的标准差；$\|\cdot\|$ 表示欧式距离。

为了将上述双边滤波算法应用到极化 SAR 数据，需要将像素间灰度距离转化为协方差矩阵[C]或者极化相干矩阵[T]之间的距离，其中极化协方差矩阵的加权和可以表示为

$$\hat{\sum}(x_0)=\sum_{x_i\in\omega}\omega_i\sum(x_i) \qquad (3.15)$$

从上述表达式可以看出，将上述权值采用矩阵之间的距离来表达。采用极化协方差矩阵之间的距离来代替欧几里得矩阵得到的权值表达式为

$$\omega_i(x_i)=\frac{f_s\left(\|x_i-x_0\|_2\right)f_r\left\{d\left[\sum(x_i),\sum(x_0)\right]\right\}}{\sum_{x_i\in\omega}f_s\left(\|x_i-x_0\|_2\right)f_r\left\{d\left[\sum(x_i),\sum(x_0)\right]\right\}} \qquad (3.16)$$

在本实验中采用对称的 Kullback-Leibler 距离(简称 KL 距离)来表示极化协方差矩阵之间的距离。KL 距离是统计独立性的最佳测度，它的物理意义在于衡量两个概率分布的距离。KL 距离可以判定两个像素之间的相似性。在含有噪声的 SAR 图像中，每个像素点都受到噪声的污染，所以认为它是一个随机变量，一对像素点服从一定的概率分布。KL 距离可以计算这两个随机变量的概率分布的距离，如果两个像素点服从相同参数的同一概率分布(即它们相似)，那么 KL 距离较小。其中 KL 距离是用来概率分布来表征差异的：

$$D_\mathrm{kl}(P_1\|P_2)=\int_{-\infty}^{+\infty}p_1(x)\ln\frac{p_1(x)}{p_2(x)}\mathrm{d}x \qquad (3.17)$$

上述表达是不对称的，对称的 KL 距离可以表示为

$$d_\mathrm{kl}(P_1\|P_2)=\frac{1}{2}\left[D_\mathrm{kl}(P_1\|P_2)+D_\mathrm{kl}(P_2\|P_1)\right] \qquad (3.18)$$

在一般情况下，假设 $d_\mathrm{kl}(P_1\|P_2)=d_\mathrm{kl}(P_2\|P_1)$。因此针对正态分布 $N_1(0,\Sigma_1)$ 和 $N_2(0,\Sigma_2)$ 的矩阵之间的距离用协方差矩阵可以表示为

$$d_{kl}(\Sigma_1, \Sigma_2) = \frac{1}{2}\mathrm{Tr}(\Sigma_1^{-1}\Sigma_2 + \Sigma_2^{-1}\Sigma_1) - d \tag{3.19}$$

其中，d 表示多元位密度函数的维数。如果协方差被正确估计，那么该距离可以用来计算双边滤波算法中的权值。

双边滤波器的两个参数 σ_s 和 σ_r 表示保持图像特征的大小和对比度，直接决定着图像整体的平滑程度，所以它们也可称为滤波宽度。通过调节两个参数，可在图像特征过分模糊（过平滑）与平滑图像中由于噪声和细纹所引起的过多的不希望突变量（欠平滑）之间取得折中（严汇莹，2016）。滤波宽度越大，高斯滤波器的频带就越宽，平滑程度就越大；当两个参数的值接近零时，双边滤波器不会对输入图像产生任何平滑效果。参数 σ_r 控制着双边滤波器的"包边"能力，σ_r 的变化比 σ_s 更能影响图像的细节边缘，当参数 σ_r 不断增大时，灰度相似度因子的函数曲线也不断变宽、变平坦，并趋于直线，双边滤波器近似等于高斯滤波器。随着 σ_s 逐渐增大，图像更多的纹理特征被平滑掉，在 σ_r 取值较小的前提下，双边滤波器可以既实现有效的高斯平滑又确保对图像轮廓的严格保护。所以与原高斯滤波算法中的掩膜权值系数保持不变不同，双边滤波器的加权系数是根据像素点的空间距离和灰度值之差在不断地动态调整（李俊峰，2013）。加权系数不仅随着中心滤波点与其领域点之间的图像平面距离的增加而减小，而且随着中心滤波点与其领域点之间的灰度值差的增大而减小。结果显示，双边滤波器在平滑图像的同时能保持图像的边缘细节，解决了高斯滤波模糊图像的问题。

双边滤波器是非线性去噪算法，能够保留图像边缘，平滑地对图像进行滤波。它结合了区域位置相似性和灰度值相似性这两个距离函数，即值域滤波器和区域滤波器，因此双边滤波器具有算法简单、非迭代以及局部自适应的特性（王陈，2014）。双边滤波器由区域滤波器的内核和值域滤波器的内核结合而成，其基本原理包括：①滤波像素点的邻近像素的加权平均；②滤波像素点的邻近像素的灰度差异。同经典高斯滤波一样，它利用了局部加权平均原理，不同之处在于双边滤波不仅考虑了像素间的距离因素，也考虑了像素间灰度值因素，更符合人眼视觉习惯，即双边滤波器的加权系数由两部分组成，一部分由像素间的空间距离之差确定，可称之为空间邻近度因子（空间域滤波核函数）；另一部分由像素间的灰度值之差确定，可称之为灰度相似度因子（灰度滤波核函数）（李俊峰，2013）。

双边滤波器属于非线性滤波器在图像变化平缓的区域，一定邻域内所有像素灰度值非常近似，这时双边滤波器相当于低通滤波器，它通过求平均值来消除那些由噪声造成的相关度较弱的像素值之差；而在图像变化剧烈的区域，灰度值相似度因子对于边缘同侧的像素点趋近于 1，对边缘异侧的像素点趋近于 0，这样滤波器用边缘点邻域内灰度相似的像素点的灰度平均值代替原灰度。灰度相似度因子的这种特性使双边滤波器在去除噪声的同时能够保护图像边缘不模糊受损，这就是双边滤波器"保边"的原理（张培，2014）。

3.1.2 滤波实验结果

本实验选择中国四川省成都市区域和自贡市区域的 ALOS PALSAR 的单极化和双极化数据，日本钏路 Kushiro 区域的 ALOS PALSAR 的全极化数据，以及成都市区域的

ALOS-2 PALSAR-2 全极化数据。实验数据的基本信息见表 3.1 和表 3.2。同时 3 个研究区域对应的 Google Earth 图分别如图 3.7~图 3.10 所示，研究区域均包含丰富的地物类型：建筑、森林、水体、道路等。在整幅图像中分别选择部分区域进行滤波实验。在图 3.7 和图 3.8 中，红色表示 HH/HV 双极化的 ALOS PALSAR 数据，蓝色表示 HH 极化的 ALOS PALSAR 数据。图 3.9 表示全极化的 ALOS PALSAR 数据的覆盖范围。图 3.10 表示全极化的 ALOS-2 PALSAR-2 数据的覆盖范围。图 3.7~图 3.9 中黄色区域表示截取部分的研究区域。

图 3.7　中国四川省成都市区域的 Google Earth 图

图 3.8　中国四川省自贡市区域的 Google Earth 图

图 3.9　日本钏路 Kushiro 区域的 Google Earth 图

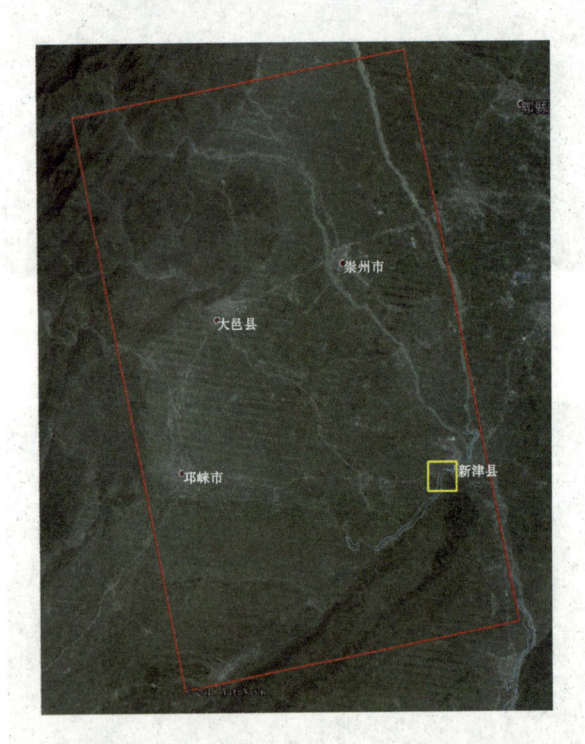

图 3.10　ALOS-2 PALSAR-2 数据在中国四川省成都市区域的 Google Earth 图

从图 3.7～图 3.10 可以看出，研究区域内地物覆盖类型非常丰富，点、线、边缘等细节信息较多，这些因素给 SAR 影像处理解译带来很大困难，反过来又利于评价滤波算法在噪声抑制、细节信息保持等方面的优劣。对双极化和全极化的 ALOS PALSAR 数据采用 PolSARPro 软件处理，提取数据的极化协方差矩阵[*C*]，对单极化 SAR 数据采用 NEST

软件提取后向散射强度图。

表 3.1 ALOS PALSAR 数据参数列表

ALOS PALSAR 数据列表	研究区域	获取时间	极化方式	入射角度/(°)	距离向间距/m	方位向间距/m
ALPSRP157040570	中国四川省自贡市	2009-01-03	HH	38.58	4.68	3.19
ALPSRP163750570	中国四川省自贡市	2009-02-19	HH	38.59	4.68	3.18
ALPSRP076520570	中国四川省自贡市	2007-07-02	HH+HV	38.56	9.37	3.19
ALPSRP083230570	中国四川省自贡市	2007-08-17	HH+HV	38.55	9.37	3.19
ALPSRP159520600	中国四川省成都市	2009-01-20	HH	38.56	4.68	4.68
ALPSRP166230600	中国四川省成都市	2009-03-08	HH	38.56	3.19	3.19
ALPSRP186360600	中国四川省成都市	2009-07-24	HH+HV	38.53	9.37	3.19
ALPSRP193070600	中国四川省成都市	2009-09-08	HH+HV	38.53	9.37	3.18
ALPSRP170150860	日本钏路 Kushiro	2009-04-04	HH+HV+VH+VV	23.83	9.37	3.56
ALPSRP176860860	日本钏路 Kushiro	2009-05-20	HH+HV+VH+VV	23.75	9.37	3.56

表 3.2 ALOS-2 PALSAR-2 数据参数列表

ALOS-2 PALSAR-2 数据列表	研究区域	获取时间	极化方式	入射角度/(°)	距离向间距/m	方位向间距/m
ALOS2044740600	中国四川省成都市	2015-03-22	HH+HV+VH+VV	30.4	6	6

1. SAR 图像的噪声统计特性

SAR 的回波是一个复变量,均匀区域的单极化 SAR 回波是一个复多元高斯随机变量,也就是说,其实部和虚部的幅值均服从高斯分布,并且其均值为零。由于均匀区域的纹理因子为常数,所以其回波的统计特性实际上就是相干斑的统计特性(何科峰,2004)。但是并非所有的雷达专业人士都认为相干斑具有乘性噪声特性,部分专家认为相干斑是一种散射现象,而不是乘性噪声。从图像处理的角度,为方便设计相干斑滤波、目标探测和 SAR 图像分类算法,相干斑在统计意义上可以用乘性模型进行描述。单视/多视 SAR 幅度/强度图像的瑞利相干斑模型计算的标准差与均值比值为常数,可以证实相干斑具有乘性噪声的特性(林洪彬,2014)。相干斑的乘性噪声模型可以通过 SAR 图像中均匀区域数据的标准差-均值散点图进行验证。

下面以 ALOS PALSAR 全极化数据 ALPSRP170150860、ALPSRP176860860,以及 ALOS-2 PALSAR-2 全极化数据为例,并利用 5×5 非重叠窗口计算的标准差-均值的散点图进行说明。从图 3.11~图 3.14 中可以看出强度图$|HH|^2$、$|HV|^2$ 和 $|VV|^2$ 表现出典型的乘性噪声特征,元素 $HHHV^*$、$HHVV^*$ 和 $HVVV^*$ 的实部和虚部并不是典型的乘性噪声,而是乘性噪声和加性噪声的组合,两者比例取决于 HH、HV 和 VV 相关系数的大小。因此对于极化滤波来说,应对极化协方差矩阵或极化相干矩阵中所有元素进行噪声抑制,然而只

有矩阵的主对角项才能满足乘性噪声模型,而包含噪声的次对角线元素既不能用乘性质模型又不能用加性模型表示(图 3.11~图 3.14)。

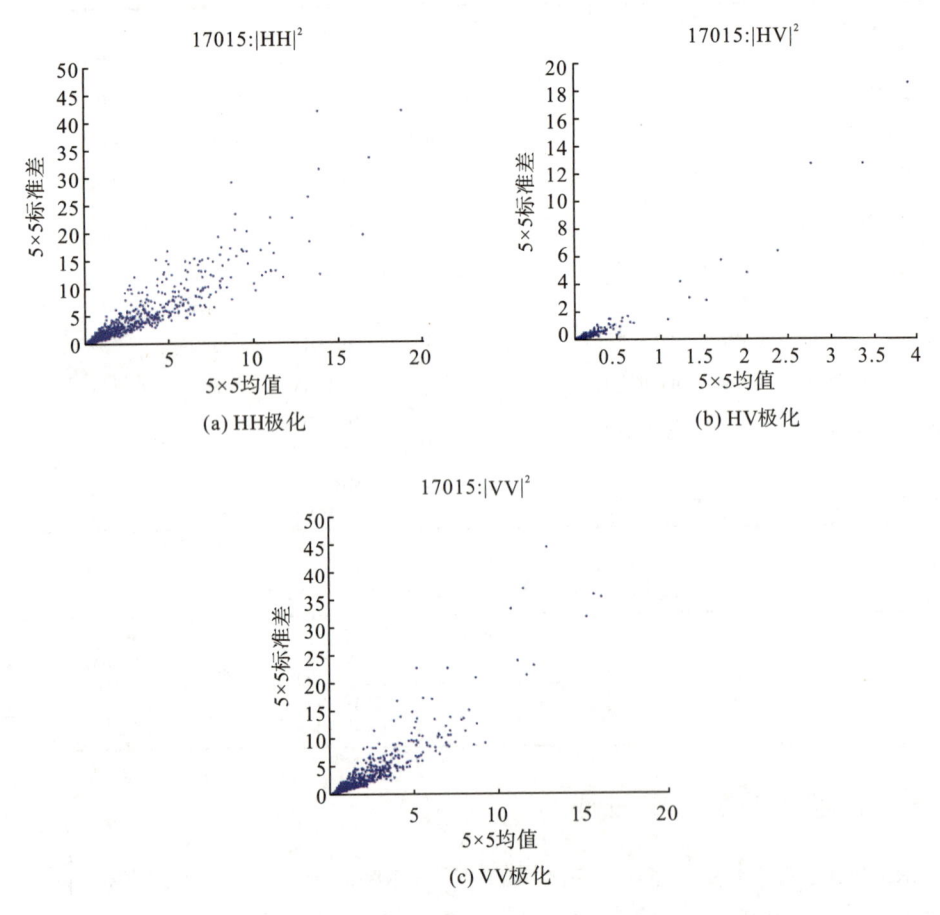

(a) HH极化

(b) HV极化

(c) VV极化

图 3.11 ALPSRP170150860 强度 $|HH|^2$、$|HV|^2$ 和 $|VV|^2$ 的标准差-均值散点图

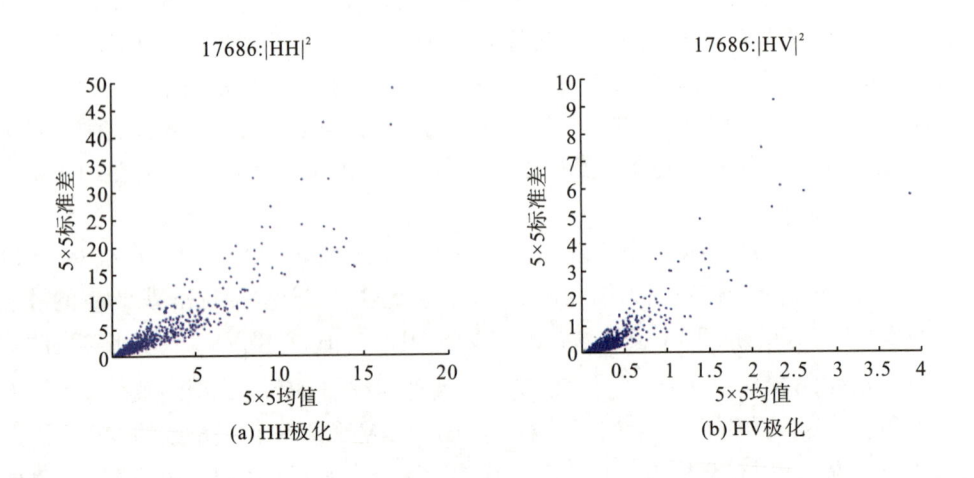

(a) HH极化

(b) HV极化

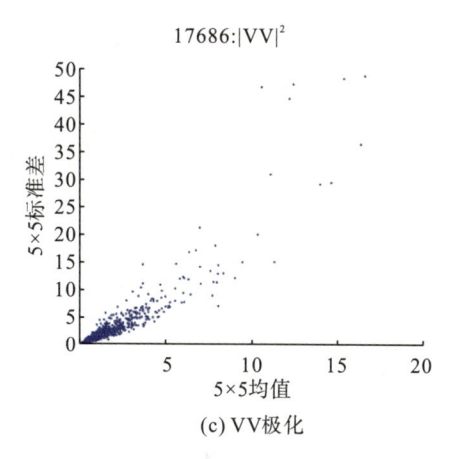

(c) VV极化

图 3.12 ALPSRP176860860 强度 $|HH|^2$、$|HV|^2$ 和 $|VV|^2$ 的标准差-均值散点图

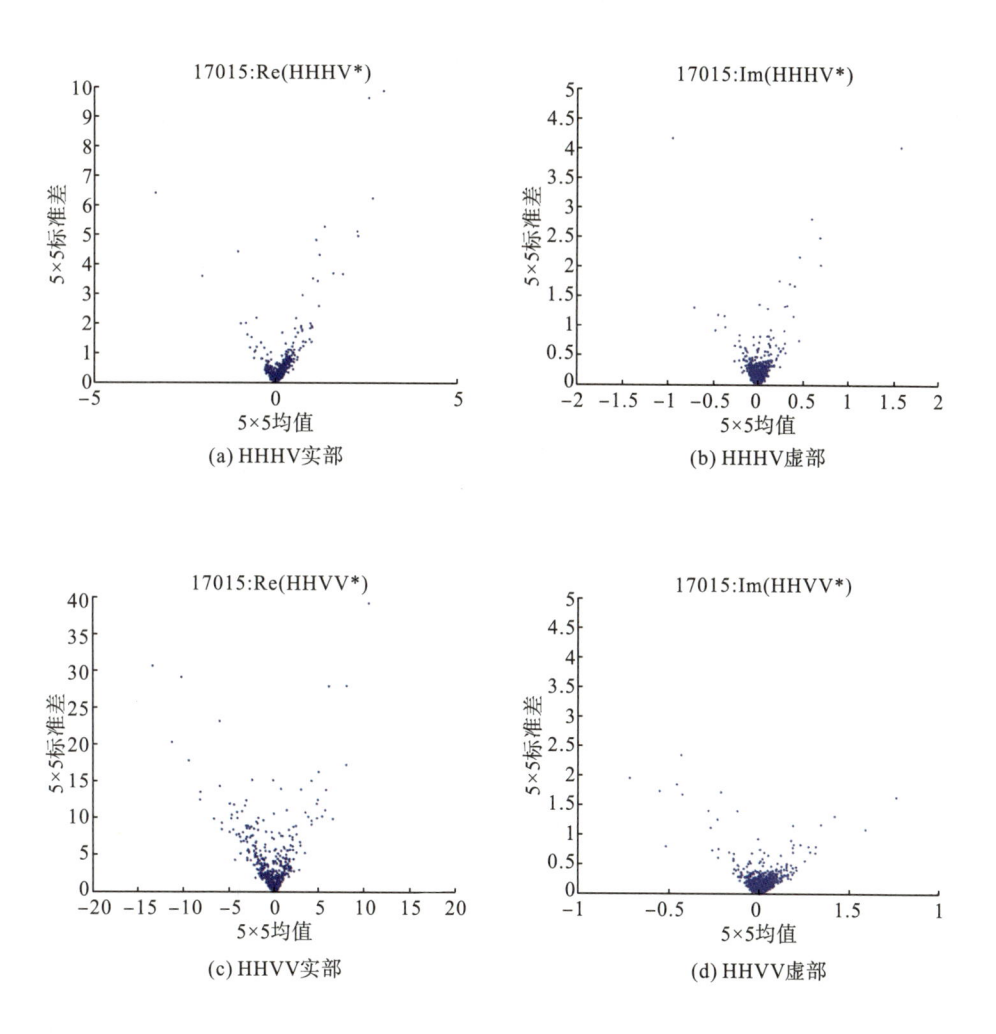

(a) HHHV实部

(b) HHHV虚部

(c) HHVV实部

(d) HHVV虚部

(e) HVVV实部   (f) HVVV虚部

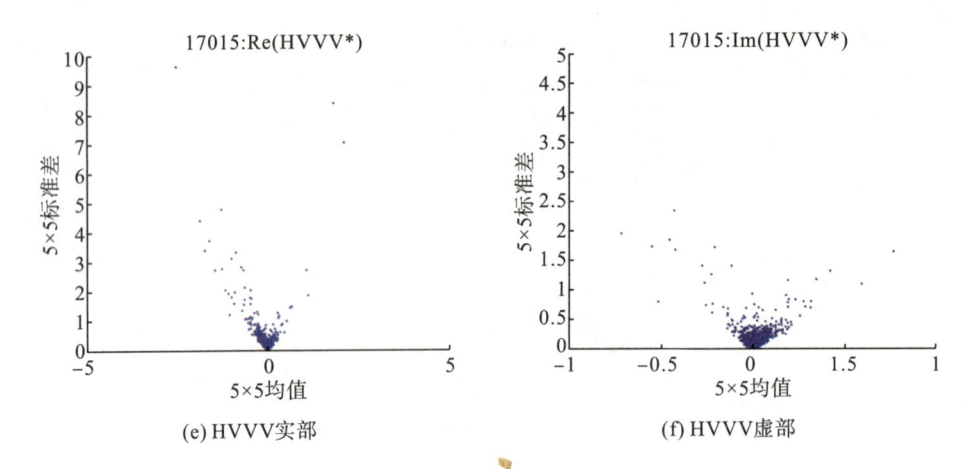

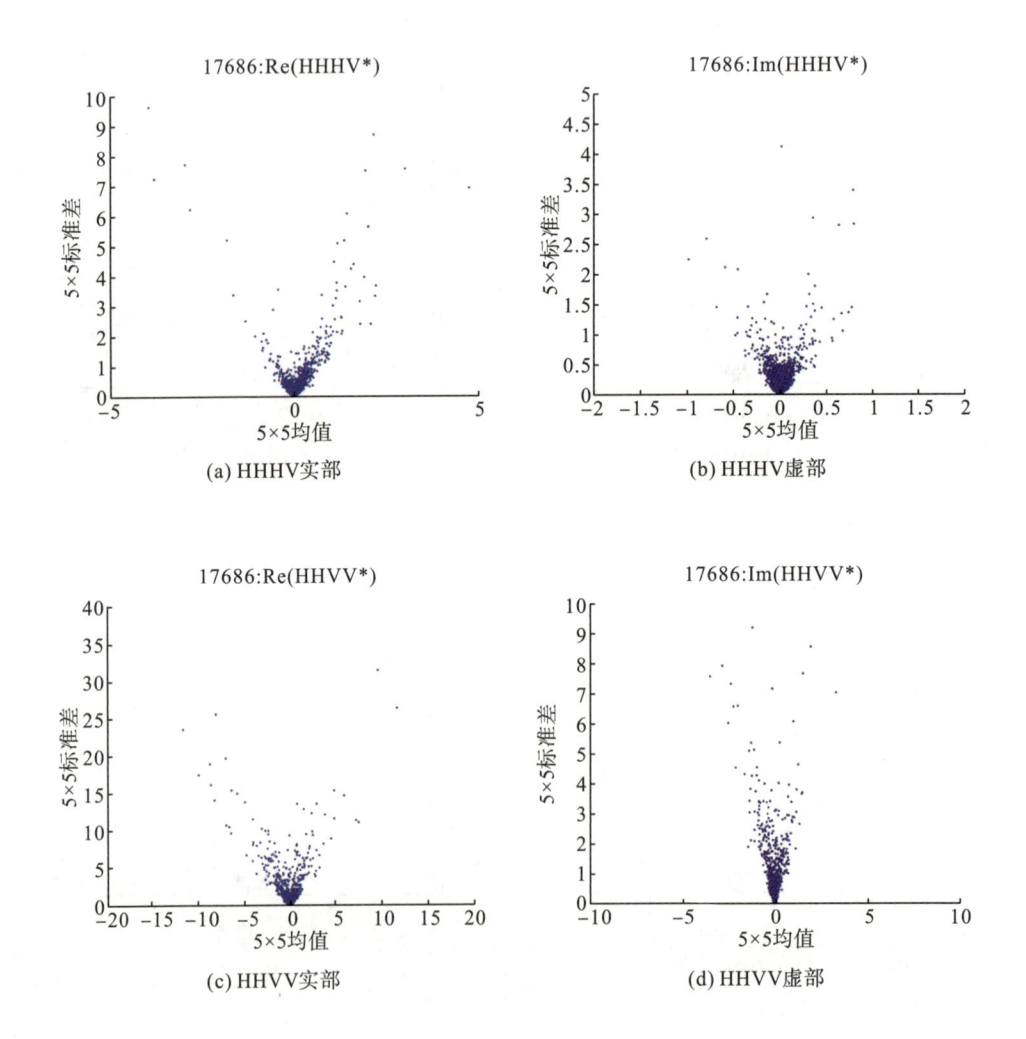

图 3.13 ALPSRP170150860 元素 HHHV*、HHVV* 和 HVVV* 实部和虚部的标准差-均值散点图

(a) HHHV实部   (b) HHHV虚部

(c) HHVV实部   (d) HHVV虚部

第 3 章　SAR 数据处理

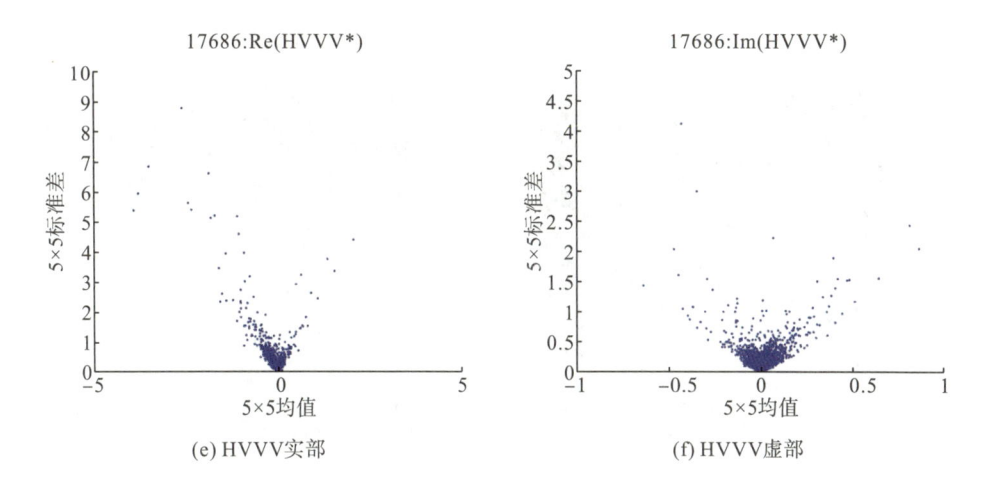

(e) HVVV 实部

(f) HVVV 虚部

图 3.14　ALPSRP176860860 元素 HHHV*、HHVV* 和 HVVV* 实部和虚部的标准差-均值散点图

2. 均值滤波结果

根据均值滤波方法，分别对单极化、双极化和全极化的 ALOS PALSAR 数据，以及全极化的 ALOS-2 PALSAR-2 数据进行均值滤波处理。对于均值滤波算法而言，一个重要的参数就是滤波窗口，不同的 SAR 数据需要的滤波窗口大小往往是不同的。因此，在进行滤波实验之前，我们应该清楚如何设置滤波窗口大小才算合理。在选择窗口大小时，为了在噪声抑制和细节信息保持两方面取得平衡，往往将窗口设置为比图像中点、线等目标的尺寸略大，此时既可以在同质区域达到较好的噪声抑制效果，又能保证点、线等目标不会被模糊得太严重。本实验采用非重叠的 5×5 窗口分别对单极化、双极化和全极化 ALOS PALSAR 数据，以及全极化的 ALOS-2 PALSAR-2 数据 ALOS2044740600 进行均值滤波，得到的滤波结果如图 3.15～图 3.18 所示。为了节省篇幅，只给出 HH 极化滤波前后的结果图。

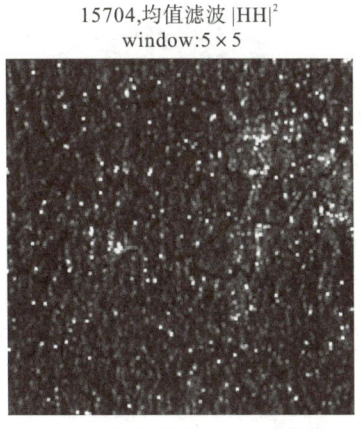

(a) ALPSRP157040570 HH 极化

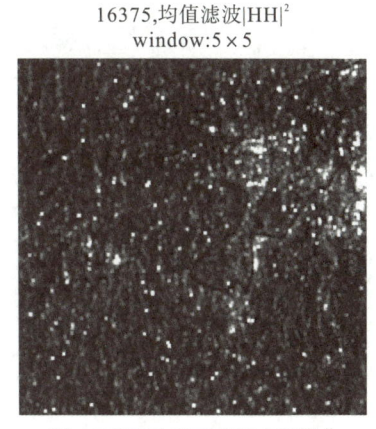

(b) ALPSRP163750570 HH 极化

15952,均值滤波|HH|^2
window:5 × 5

16623,均值滤波|HH|^2
window:5 × 5

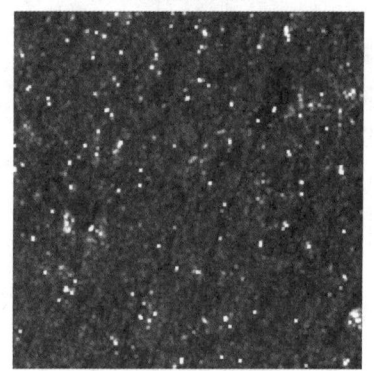

(c) ALPSRP159520600 HH 极化

(b) ALPSRP166230600 HH 极化

图 3.15　5×5 均值滤波结果图——ALOS PALSAR 单极化数据

06752,均值滤波|HH|^2
window:5 × 5

08323,均值滤波|HH|^2
window:5 × 5

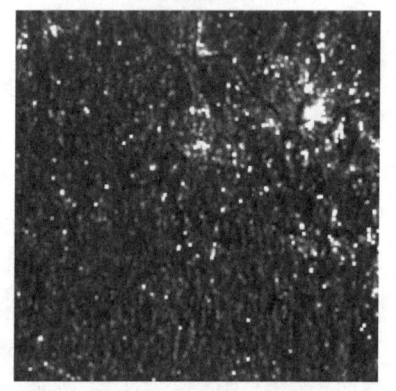

(a) ALPSRP076520570 HH 极化

(b) ALPSRP083230570 HH 极化

18636,均值滤波|HH|^2
window:5 × 5

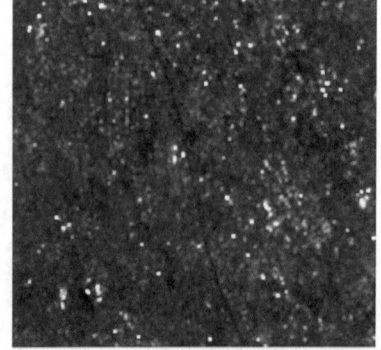

19307,均值滤波|HH|^2
window:5 × 5

(c) ALPSRP186360600 HH极化

(d) ALPSRP193070600 HH极化

图 3.16　5×5 均值滤波结果图——ALOS PALSAR 双极化数据

第 3 章 SAR 数据处理

(a) ALPSRP170150860 HH极化

(b) ALPSRP176860860 HH极化

图 3.17 5×5 均值滤波结果图——ALOS PALSAR 全极化数据

(a) HH极化

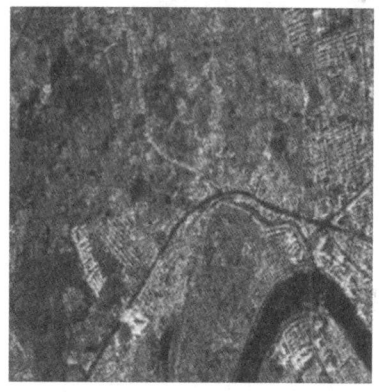

(b) HV极化

(c) VH极化

(d) VV极化

图 3.18 5×5 均值滤波结果图——ALOS-2 PALSAR-2 全极化数据 ALOS2044740600

从目视角度分析均值滤波结果图,经均值滤波后的图像均变得模糊,且不加区别地平均非均值媒质的像素,导致图像的空间分辨率降低。在建筑或者道路等强散射点区域,图像变得异常模糊,使得目标的散射特性改变。表 3.3 给出了滤波效果定量评价指标,从结果可以看出,均值滤波器可以很好地保持原始影像的均值,通过滤波处理影像的方差减小、等效视数都增大均说明斑块得到了很好的抑制。同时采用滤波前后的极化熵 H 和散射角 α 的相似性说明,该滤波方法对于极化信息的保持能力不强,丢失了原始数据的极化信息。均值滤波方法会导致点、点目标变得模糊,并且滤波结果中会出现明显的方块效应。

表 3.3 5×5 均值滤波前后对比——HH 极化

L-SAR 数据列表	滤波前 均值	滤波前 方差	滤波前 等效视数	滤波后 均值	滤波后 方差	滤波后 等效视数	H 相似性 R	H 相似性 RMSE	α 相似性 R	α 相似性 RMSE
ALPSRP157040570	0.18	0.88	0.07	0.18	0.06	1.18	—	—	—	—
ALPSRP163750570	0.19	1.87	0.14	0.19	0.18	3.00	—	—	—	—
ALPSRP159520600	0.19	0.91	0.01	0.19	0.06	0.37	—	—	—	—
ALPSRP166230600	0.20	1.23	0.26	0.20	0.08	3.61	—	—	—	—
ALPSRP076520570	0.23	0.72	0.28	0.23	0.12	1.93	0.41	0.16	0.41	9.49
ALPSRP083230570	0.21	0.76	0.28	0.20	0.12	5.59	0.21	0.11	0.24	4.96
ALPSRP186360600	0.22	0.30	0.93	0.22	0.03	4.48	0.41	0.22	0.45	11.04
ALPSRP193070600	0.19	0.24	0.95	0.19	0.03	3.64	0.55	0.15	0.55	8.69
ALPSRP170150860	0.40	13.30	0.29	0.40	2.23	2.17	0.17	0.29	0.22	12.65
ALPSRP176860860	0.38	13.15	0.09	0.38	2.08	1.20	0.19	0.30	0.22	12.25
ALOS2044740600-HH	90.99	3920.7	6.93	90.69	1431.7	37.93	—	—	—	—
ALOS2044740600-HV	95.06	3833.6	3.02	94.77	1229.4	19.23	—	—	—	—
ALOS2044740600-VH	95.23	3858.2	3.08	94.57	870.8	54.23	—	—	—	—
ALOS2044740600-VV	91.68	3708.0	5.66	91.38	1199.4	23.34	—	—	—	—

为了进一步分析滤波窗口选择对滤波效果的影响,下面以 ALOS PALSAR 的 ALPSRP083230570 和 ALPSRP170150860 数据及 ALOS-2 PALSAR-2 的数据 ALOS2044740600 为例,分别采用不同的滤波窗口(3,5,7,9,11)对图像进行均值滤波处理。

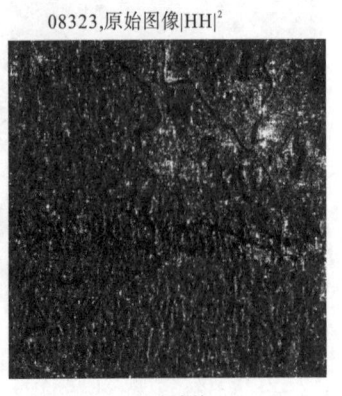

(a) 滤波前

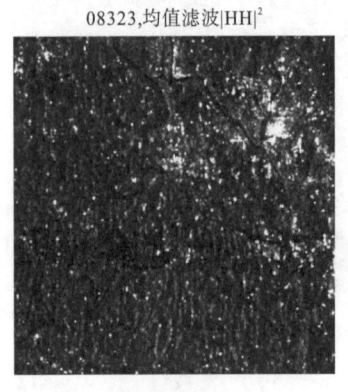

(b) 3×3 窗口

第 3 章 SAR 数据处理

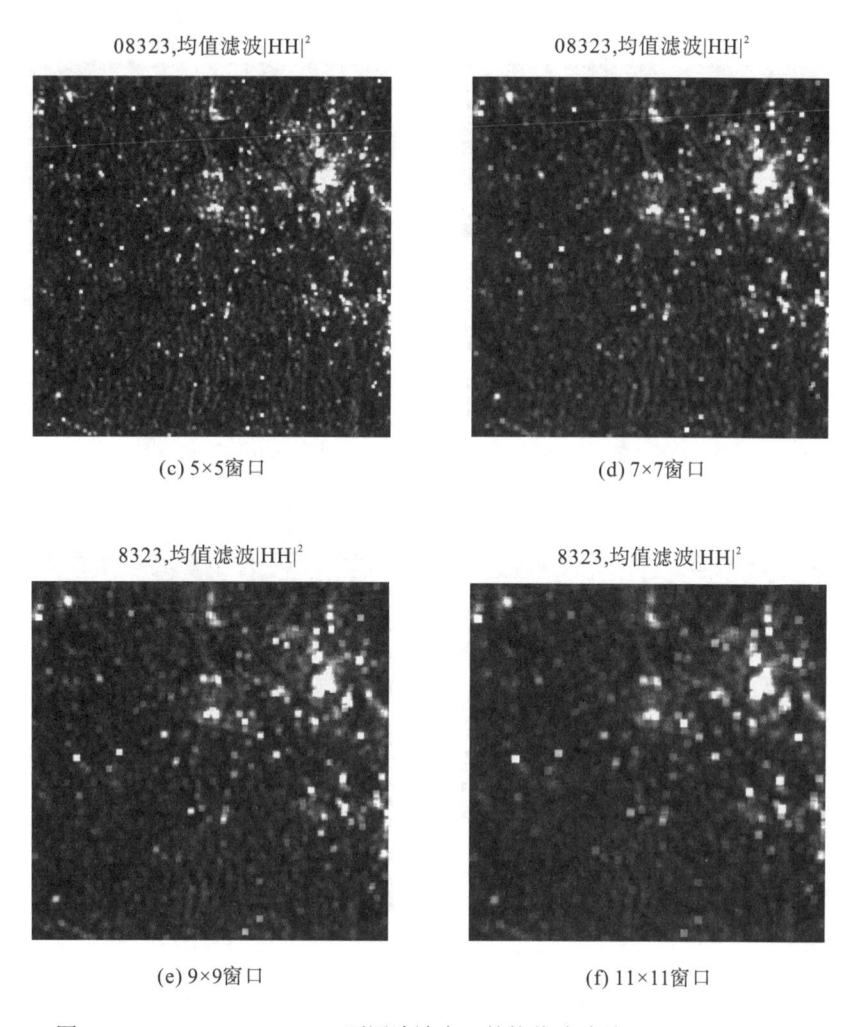

(c) 5×5窗口

(d) 7×7窗口

(e) 9×9窗口

(f) 11×11窗口

图 3.19 ALPSRP083230570 不同滤波窗口的均值滤波结果图——HH 极化

(a) 滤波前

(b) 3×3窗口

(c) 5×5窗口

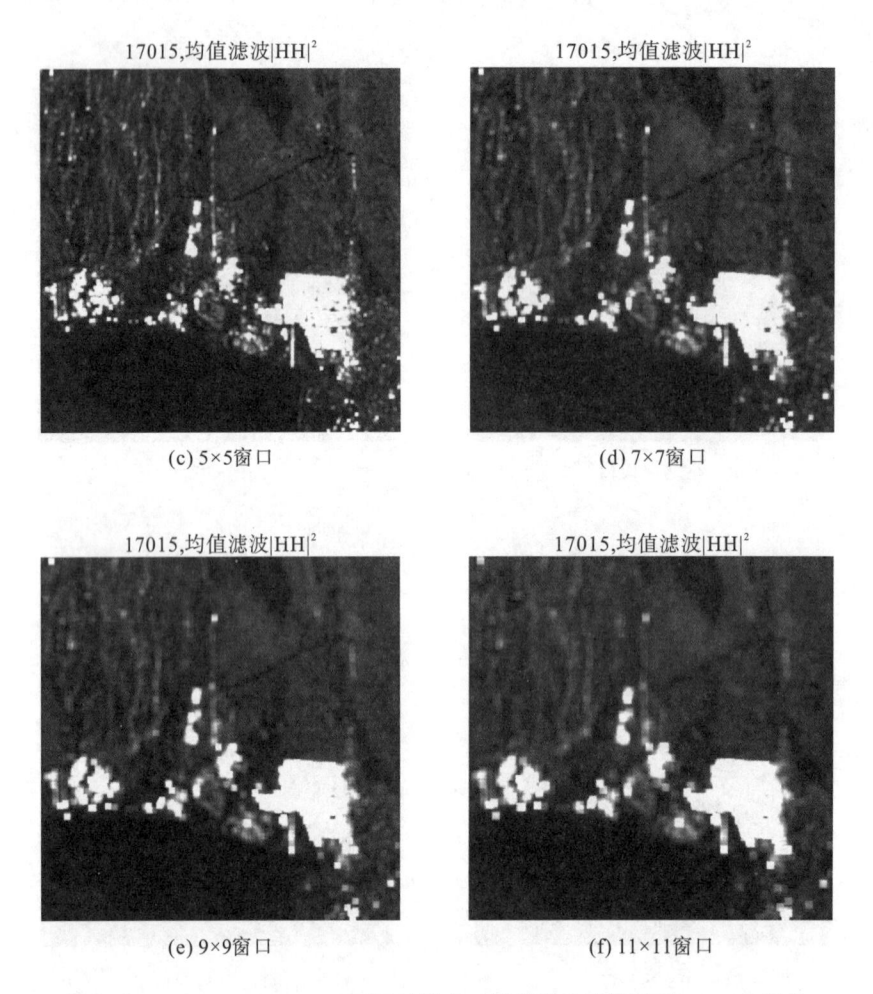

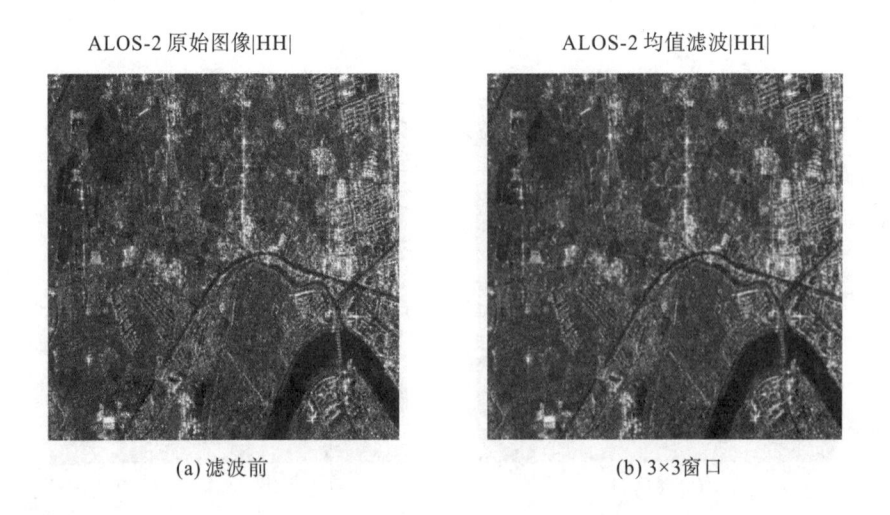

(d) 7×7窗口

(e) 9×9窗口

(f) 11×11窗口

图3.20 ALPSRP170150860不同滤波窗口的均值滤波结果图——HH极化

ALOS-2原始图像|HH|

ALOS-2均值滤波|HH|

(a) 滤波前

(b) 3×3窗口

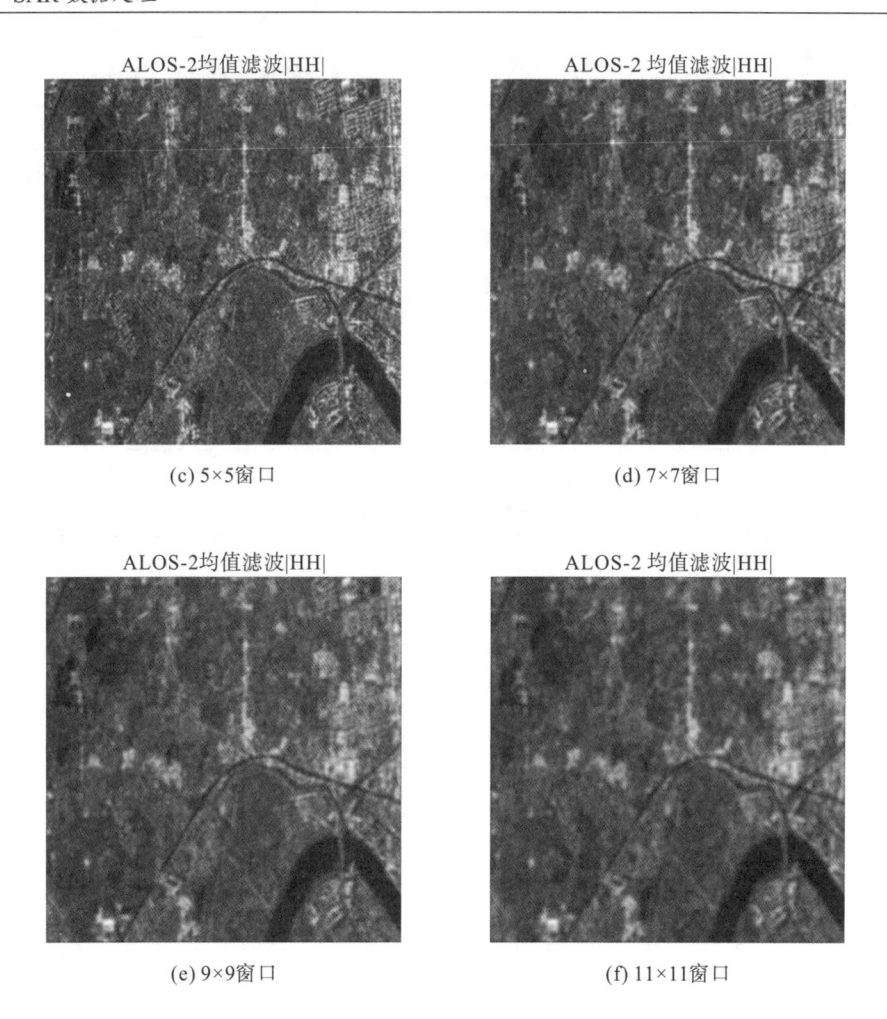

ALOS-2均值滤波|HH| ALOS-2均值滤波|HH|

(c) 5×5窗口　　　　　　　　(d) 7×7窗口

ALOS-2均值滤波|HH| ALOS-2均值滤波|HH|

(e) 9×9窗口　　　　　　　　(f) 11×11窗口

图 3.21　ALOS2044740600 不同滤波窗口的均值滤波结果图——HH 极化

从图 3.19～图 3.21 可以看出，随着滤波窗口的增大，图像变得越来越模糊，而部分强散射点、边缘等均被破坏。从定量角度分析，方差逐渐减小，等效视数逐渐增大，极化信息的保持效果变差(表 3.4～表 3.6 所示)。这是因为选择窗口越大，均值滤波对图像的平滑效果也越大，在增强平坦区域相干斑抑制效果的同时，会模糊图像的边缘和细节，且随着窗口的增大，图像的边缘损失也变大，当窗口太大时，还会出现过度平滑现象。一般说来，如果选择的窗口太小，则使用的样本点太少，对局部区域统计特性估计的误差将比较大，相干斑不能得到很好的抑制，但这时保留图像边缘和细节的能力却较强；如果窗口太大，虽然取得了较好的相干斑抑制效果，但对细节信息损失较大。由此可知，抑制相干斑和保持图像细节是一对矛盾，只有选择合适的窗口大小，才能获得较好的相干斑抑制效果。

表 3.4 ALPSRP083230570 滤波窗口选择对均值滤波结果的影响——HH 极化

滤波窗口大小	滤波前 均值	滤波前 方差	滤波前 等效视数	滤波后 均值	滤波后 方差	滤波后 等效视数	H 相似性 R	H 相似性 RMSE	α 相似性 R	α 相似性 RMSE
3×3	0.21	0.76	0.28	0.20	0.20	2.23	0.34	0.11	0.36	4.42
5×5	0.21	0.76	0.28	0.20	0.12	5.59	0.21	0.11	0.24	4.96
7×7	0.21	0.76	0.28	0.20	0.08	8.03	0.19	0.11	0.21	5.21
9×9	0.21	0.76	0.28	0.20	0.07	14.33	0.21	0.11	0.20	5.34
11×11	0.21	0.76	0.28	0.20	0.05	34.76	0.22	0.11	0.17	5.43

表 3.5 ALPSRP170150860 滤波窗口选择对均值滤波结果的影响——HH 极化

滤波窗口大小	滤波前 均值	滤波前 方差	滤波前 等效视数	滤波后 均值	滤波后 方差	滤波后 等效视数	H 相似性 R	H 相似性 RMSE	α 相似性 R	α 相似性 RMSE
3×3	0.40	13.30	0.50	0.40	3.95	1.26	0.23	0.26	0.27	12.73
5×5	0.40	13.30	0.50	0.40	2.23	2.17	0.17	0.29	0.22	12.65
7×7	0.40	13.30	0.50	0.40	1.60	3.45	0.13	0.30	0.16	12.73
9×9	0.40	13.30	0.50	0.40	1.30	5.24	0.14	0.31	0.13	12.79
11×11	0.40	13.30	0.50	0.40	1.14	7.44	0.15	0.32	0.14	12.71

表 3.6 ALOS2044740600 滤波窗口选择对均值滤波结果的影响——HH 极化

滤波窗口大小	滤波前 均值	滤波前 方差	滤波前 等效视数	滤波后 均值	滤波后 方差	滤波后 等效视数
3×3	90.99	3920.7	6.93	90.82	1841.6	23.41
5×5	90.99	3920.7	6.93	90.69	1431.7	37.93
7×7	90.99	3920.7	6.93	90.57	1233.2	50.54
9×9	90.99	3920.7	6.93	90.44	1110.5	62.50
11×11	90.99	3920.7	6.93	90.32	1024.5	76.22

3. 精制极化 Lee 滤波结果

对于精制极化 Lee 滤波方法而言，重要的滤波器参数就是噪声方差，不同图像所对应的噪声方差也是存在差异的，如何选取最优的方差参数也是该滤波器面临的难题。本实验采用方差 σ_v^2 为 0.16 的精制极化 Lee 滤波器分别对单极化、双极化和全极化 ALOS PALSAR 数据进行处理。由于总功率 Span 图像是 HH、HV 和 VV 强度图像的加权和，并且包含在 HH、HV 和 VV 图像中出现的各种特征，所以具有较低的噪声水平，可用来选择边缘方向窗口及滤波权重。对于单极化数据而言，直接采用 HH 极化的强度；而对于双极化而言，采用 HH 和 HV 极化的强度之和。精制极化 Lee 滤波结果如图 3.22～图 3.25 所示。

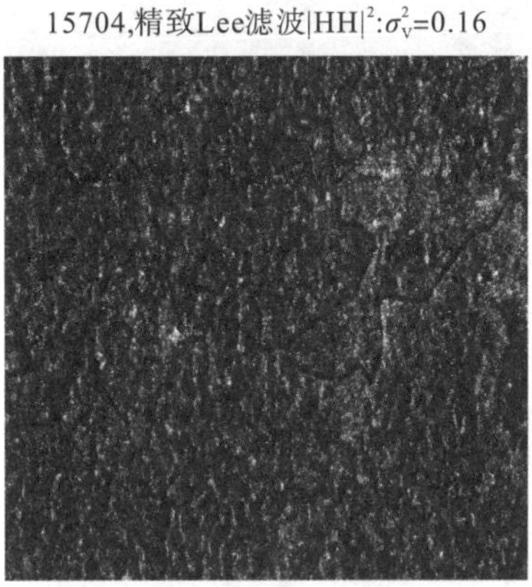

15704,精致Lee滤波|HH$|^2$:σ_v^2=0.16

16375,精致Lee滤波|HH$|^2$:σ_v^2=0.16

(a) ALPSRP157040570 HH极化

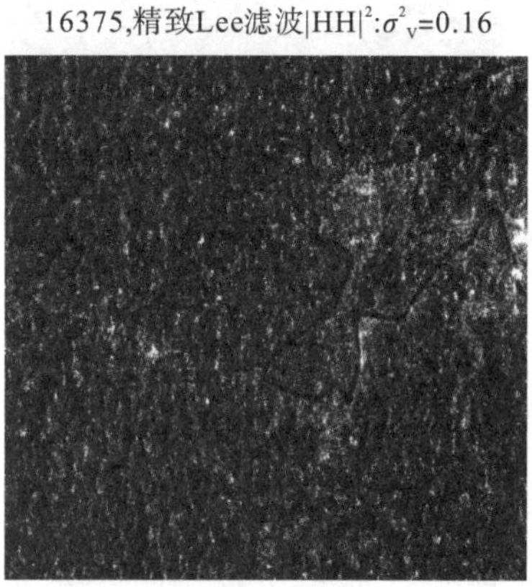

(b) ALPSRP163750570 HH极化

15952,精致Lee滤波|HH$|^2$:σ_v^2=0.16

16623,精致Lee滤波|HH$|^2$:σ_v^2=0.16

(c) ALPSRP159520600 HH极化

(d) ALPSRP166230600 HH极化

图 3.22　精制极化 Lee 滤波 $\sigma_v^2 = 0.16$ 结果图——ALOS PALSAR 单极化数据

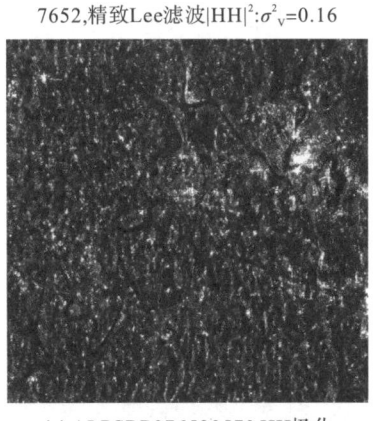

7652,精致Lee滤波|HH$|^2$:σ_v^2=0.16

8323,精致Lee滤波|HH$|^2$:σ_v^2=0.16

(a) ALPSRP076520570 HH极化

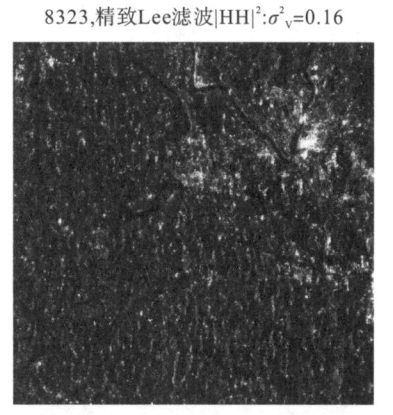

(b) ALPSRP083230570 HH极化

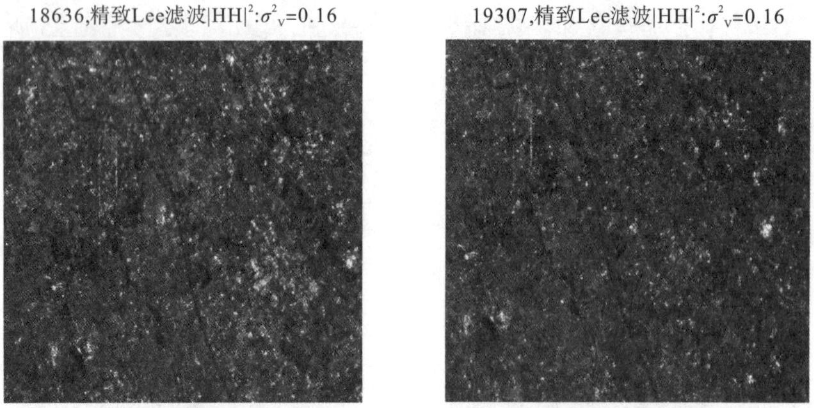

18636,精致Lee滤波$|HH|^2:\sigma^2_v=0.16$ 19307,精致Lee滤波$|HH|^2:\sigma^2_v=0.16$

(c) ALPSRP186360600 HH极化   (d) ALPSRP193070600 HH极化

图 3.23　精制极化 Lee 滤波 $\sigma^2_v = 0.16$ 结果图——ALOS PALSAR 双极化数据

17015,精致Lee滤波$|HH|^2:\sigma^2_v=0.16$ 17686,精致Lee滤波$|HH|^2:\sigma^2_v=0.16$

(a) ALPSRP170150860 HH极化   (b) ALPSRP176860860 HH极化

图 3.24　精制极化 Lee 滤波 $\sigma^2_v = 0.16$ 结果图——ALOS PALSAR 全极化数据

ALOS-2精致Lee滤波$|HH|$ $\sigma^2_v=0.25$ ALOS-2精致Lee滤波$|HV|$ $\sigma^2_v=0.25$

(a) HH极化   (b) HV极化

第 3 章　SAR 数据处理

ALOS-2 精致Lee滤波|VH|　　　　　　　ALOS-2 精致Lee滤波|VV|
$\sigma_v^2=0.25$　　　　　　　　　　　　　　$\sigma_v^2=0.25$

(c) VH极化　　　　　　　　　　　　　　(d) VV极化

图 3.25　Lee 滤波 $\sigma_v^2 = 0.25$ 结果图——ALOS-2 PALSAR-2 全极化数据 ALOS2044740600

从图 3.22～图 3.25 可以看出，针对同一地区的 SAR 图像，双极化比单极化数据的滤波效果好，这是因为双极化采用的是波段强度之和来选择权值，而单极化则采用强度数值来选择权值。从图上也可以看出，该滤波算法对亮线和边缘目标的保持效果较好，但是对暗线的保持效果很差，并且滤波后同质区域出现明显的扇贝效应，在暗线中心有虚假亮线。从表 3.7 中滤波前后的定量指标可以发现，滤波前后的极化熵 H 和散射角 α 的相似性较好，说明精制极化 Lee 算法可以很好地保持极化信息。

表 3.7　精制极化 Lee 滤波（$\sigma_v^2 = 0.16$）结果对比——HH 极化

L-SAR 数据列表	滤波前 均值	滤波前 方差	滤波前 等效视数	滤波后 均值	滤波后 方差	滤波后 等效视数	H 相似性 R	H 相似性 RMSE	α 相似性 R	α 相似性 RMSE
ALPSRP157040570	0.18	0.78	0.07	0.18	0.57	0.09	—	—	—	—
ALPSRP163750570	0.19	1.87	0.14	0.19	1.38	0.20	—	—	—	—
ALPSRP159520600	0.19	0.91	0.01	0.19	0.67	0.02	—	—	—	—
ALPSRP166230600	0.20	1.23	0.26	0.20	0.91	0.34	—	—	—	—
ALPSRP076520570	0.23	0.72	0.28	0.23	0.52	0.38	0.86	0.09	0.87	5.57
ALPSRP083230570	0.21	0.76	0.28	0.20	0.55	0.37	0.86	0.07	0.77	3.17
ALPSRP186360600	0.22	0.30	0.93	0.22	0.21	1.64	0.84	0.14	0.90	6.07
ALPSRP193070600	0.19	0.24	0.95	0.18	0.17	1.51	0.89	0.09	0.93	4.80
ALPSRP170150860	0.40	13.30	0.50	0.39	9.80	0.78	0.78	0.19	0.93	5.70
ALPSRP176860860	0.38	13.15	0.09	0.37	9.69	0.12	0.82	0.20	0.93	5.43
ALOS2044740600-HH	90.99	3920.7	6.93	90.80	2728.7	12.49	—	—	—	—
ALOS2044740600-HV	95.06	3833.6	3.02	94.90	2550.1	5.19	—	—	—	—
ALOS2044740600-VH	95.23	3858.2	3.08	95.07	2569.9	5.27	—	—	—	—
ALOS2044740600-VV	91.68	3708.0	5.66	91.50	2499.0	9.35	—	—	—	—

为了进一步分析不同的噪声方差对滤波效果的影响,同样以 ALOS PALSAR 数据 ALPSRP083230570 和 ALPSRP170150860,以及 ALOS-2 PALSAR-2 全极化数据 ALOS2044740600 为例,分别采用不同的噪声方差(0.09,0.16,0.25,0.36,0.49)对 SAR 图像进行处理(图 3.26~图 3.28)。

(a) 滤波前

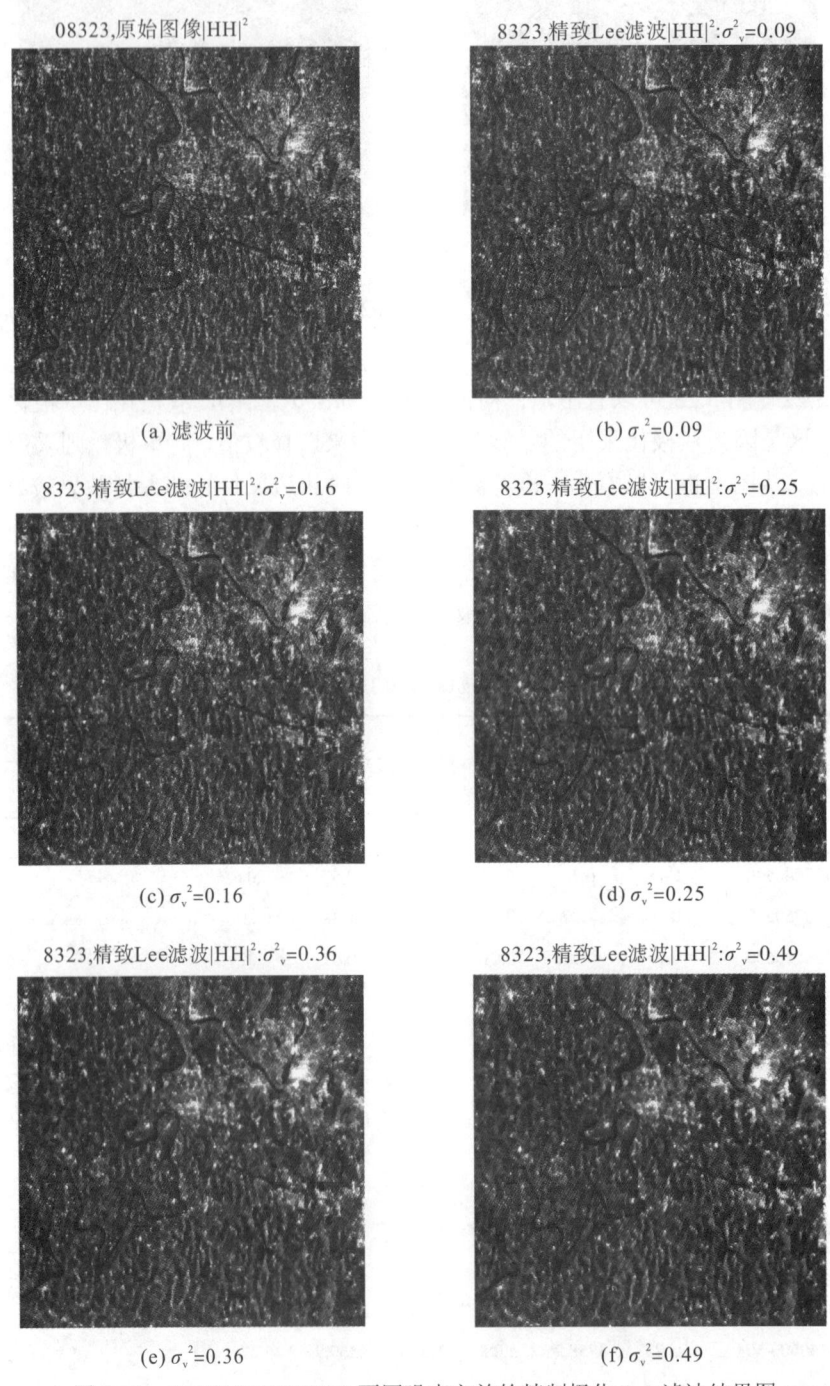

(b) $\sigma_v^2=0.09$

(c) $\sigma_v^2=0.16$

(d) $\sigma_v^2=0.25$

(e) $\sigma_v^2=0.36$

(f) $\sigma_v^2=0.49$

图 3.26　ALPSRP083230570 不同噪声方差的精制极化 Lee 滤波结果图

(a) 滤波前

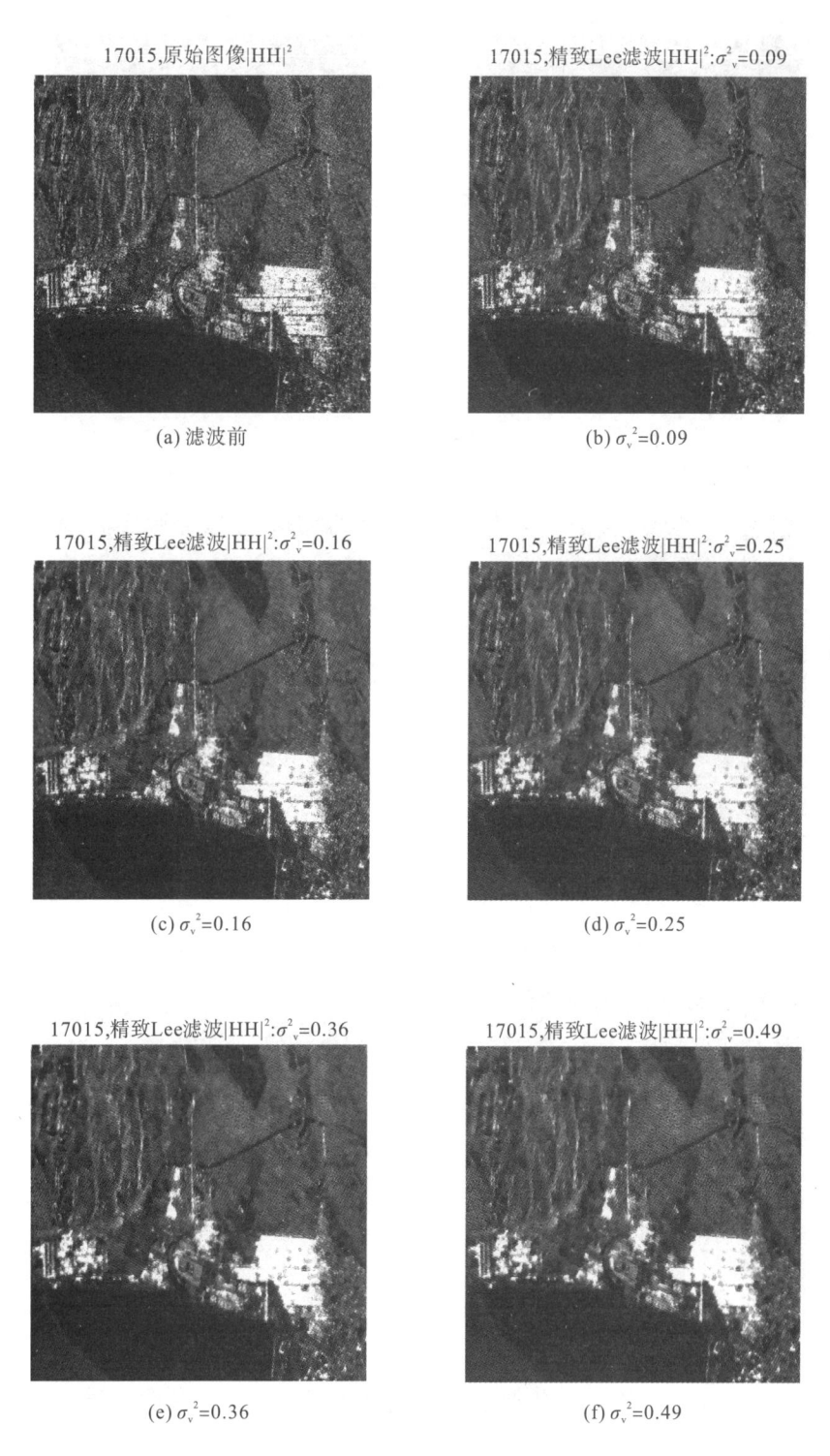

(b) $\sigma_v^2=0.09$

(c) $\sigma_v^2=0.16$

(d) $\sigma_v^2=0.25$

(e) $\sigma_v^2=0.36$

(f) $\sigma_v^2=0.49$

图 3.27　ALPSRP170150860 不同噪声方差的精制极化 Lee 滤波结果图

ALOS-2 原始图像|HH|

(a) 滤波前

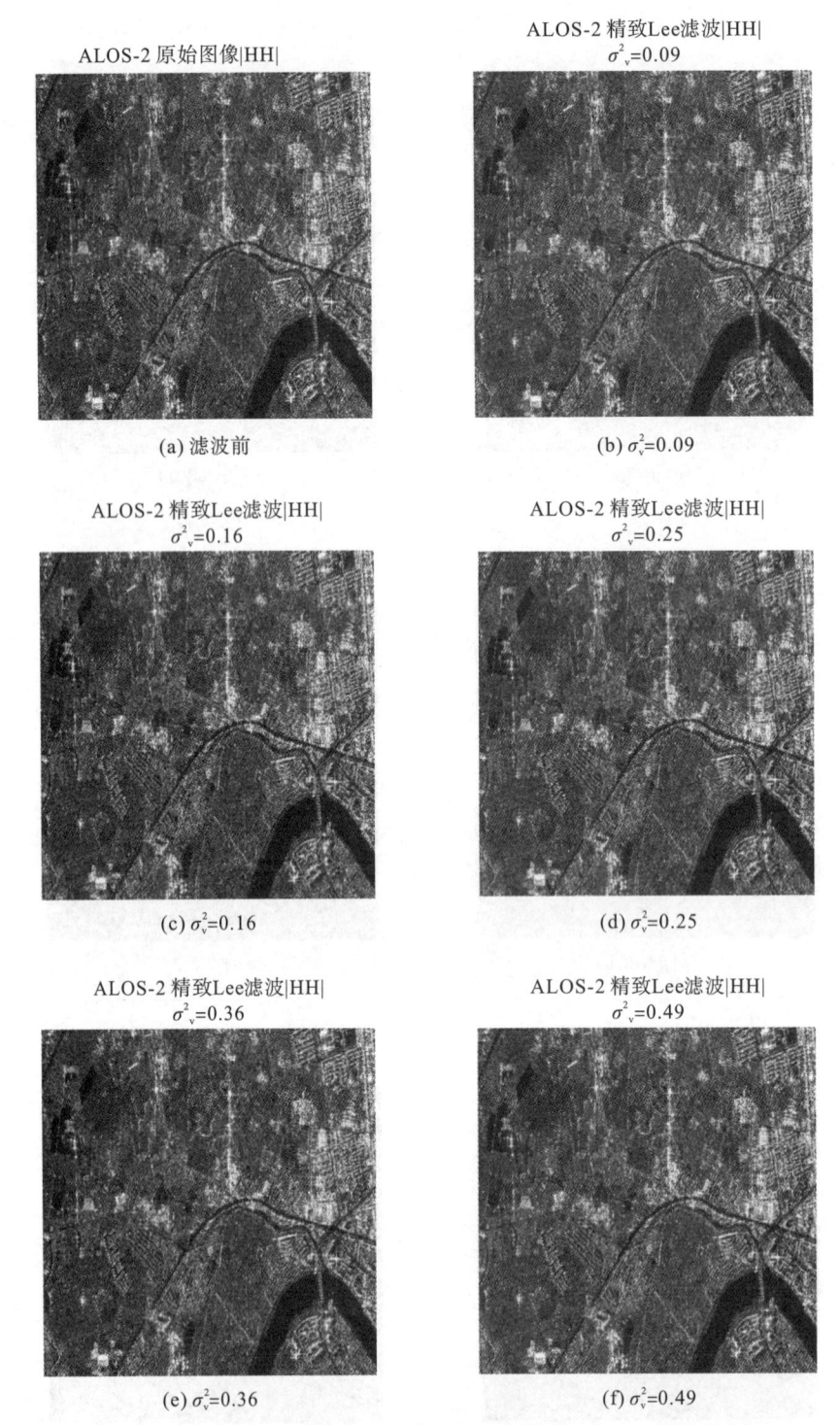

ALOS-2 精致Lee滤波|HH| $\sigma_v^2=0.09$

(b) $\sigma_v^2=0.09$

ALOS-2 精致Lee滤波|HH| $\sigma_v^2=0.16$

(c) $\sigma_v^2=0.16$

ALOS-2 精致Lee滤波|HH| $\sigma_v^2=0.25$

(d) $\sigma_v^2=0.25$

ALOS-2 精致Lee滤波|HH| $\sigma_v^2=0.36$

(e) $\sigma_v^2=0.36$

ALOS-2 精致Lee滤波|HH| $\sigma_v^2=0.49$

(f) $\sigma_v^2=0.49$

图 3.28　ALOS2044740600 不同噪声方差的精制极化 Lee 滤波结果图

从视觉效果上看,在噪声方差较小时,目视效果最好。随着噪声方差的增大,边缘信息保持能力变差,并且图像变得越来越模糊,造成了对图像的过度滤波。从定量分析结果来看，随着噪声方差的增大，滤波前后极化熵 H 和散射角 α 之间的相关性变差，说明对极化信息的保持能力变差(见表 3.8～表 3.10)。

表 3.8 ALPSRP083230570 噪声方差选择对均值滤波结果的影响对比分析——HH 极化

滤波窗口大小 σ_v^2	滤波前			滤波后			H 相似性		α 相似性	
	均值	方差	等效视数	均值	方差	等效视数	R	RMSE	R	RMSE
0.09	0.21	0.76	0.28	0.20	0.63	0.33	0.92	0.05	0.85	2.58
0.16	0.21	0.76	0.28	0.20	0.55	0.37	0.86	0.07	0.77	3.17
0.25	0.21	0.76	0.28	0.20	0.47	0.43	0.80	0.08	0.69	3.60
0.36	0.21	0.76	0.28	0.20	0.40	0.51	0.73	0.08	0.62	3.93
0.49	0.21	0.76	0.28	0.19	0.33	0.62	0.65	0.09	0.54	4.18

表 3.9 ALPSRP170150860 噪声方差选择对均值滤波结果的影响对比分析——HH 极化

滤波窗口大小 σ_v^2	滤波前			滤波后			H 相似性		α 相似性	
	均值	方差	等效视数	均值	方差	等效视数	R	RMSE	R	RMSE
0.09	0.40	13.30	0.50	0.39	11.13	0.65	0.85	0.15	0.97	4.15
0.16	0.40	13.30	0.50	0.39	9.80	0.78	0.78	0.19	0.93	5.70
0.25	0.40	13.30	0.50	0.38	8.44	0.97	0.70	0.22	0.88	7.12
0.36	0.40	13.30	0.50	0.38	7.16	1.23	0.61	0.25	0.80	8.49
0.49	0.40	13.30	0.50	0.38	6.03	1.57	0.52	0.27	0.67	9.84

表 3.10 ALOS2044740600 噪声方差选择对均值滤波结果的影响对比分析——HH 极化

滤波窗口大小 σ_v^2	滤波前			滤波后		
	均值	方差	等效视数	均值	方差	等效视数
0.09	90.99	3920.7	6.93	90.80	3159.4	10.09
0.16	90.99	3920.7	6.93	90.79	2916.9	11.36
0.25	90.99	3920.7	6.93	90.80	2728.7	12.49
0.36	90.99	3920.7	6.93	90.82	2582.2	13.50
0.49	90.99	3920.7	6.93	90.85	2466.1	14.42

4. 双边滤波结果及分析

双边滤波器同时会受两个参数的影响，即滤波半径和亲近函数高斯核的方差。本实验首先采用 $w=2$，$\sigma_d^2=0.16$ 的双边滤波器对 SAR 图像进行滤波处理。

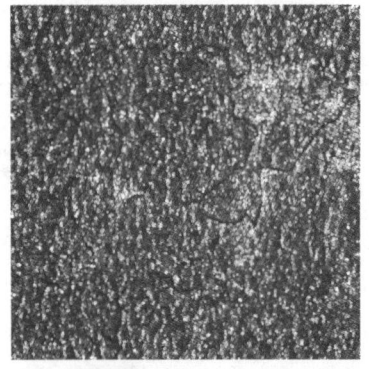

(a) ALPSRP157040570 HH极化 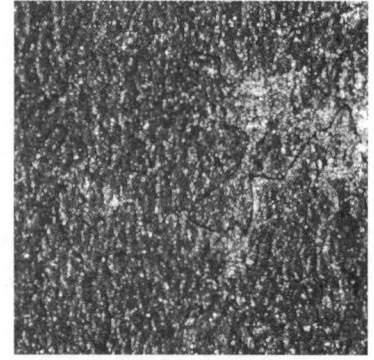 (b) ALPSRP163750570 HH极化

(c) ALPSRP159520600 HH极化 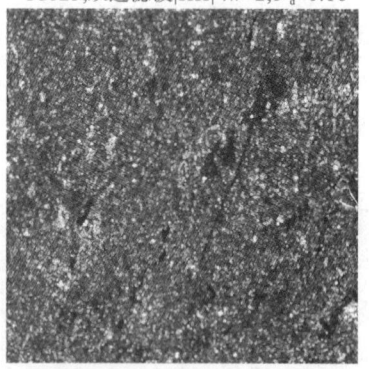 (d) ALPSRP166230600 HH极化

图 3.29　双边滤波结果图 ($w = 2, \sigma_d^2 = 0.16$)——ALOS PALSAR 单极化数据

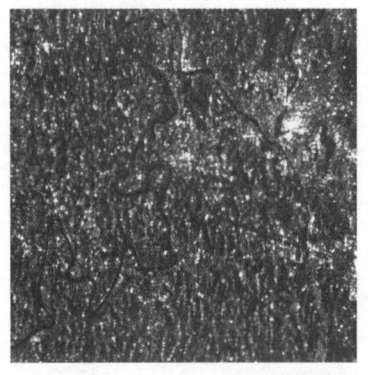

(a) ALPSRP076520570 HH极化 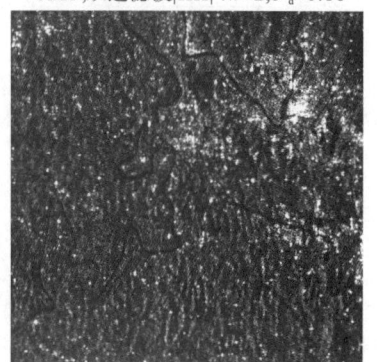 (b) ALPSRP083230570 HH极化

18636,双边滤波|HH|^2:$w=2, \sigma_d^2=0.16$ 19307,双边滤波|HH|^2:$w=2, \sigma_d^2=0.16$

(c) ALPSRP186360600 HH极化    (d) ALPSRP193070600 HH极化

图 3.30 双边滤波结果图 ($w=2, \sigma_d^2=0.16$)——ALOS PALSAR 双极化数据

17015,双边滤波|HH|^2:$w=2, \sigma_d^2=0.16$ 17686,双边滤波|HH|^2:$w=2, \sigma_d^2=0.16$

(a) ALPSRP170150860 HH极化    (b) ALPSRP176860860 HH极化

图 3.31 双边滤波结果图 ($w=2, \sigma_d^2=0.16$)——ALOS PALSAR 全极化数据

ALOS-2 双边滤波|HH| $w=2, \sigma_d^2=0.16$ ALOS-2 双边滤波|VH| $w=2, \sigma_d^2=0.16$

(a) HH极化 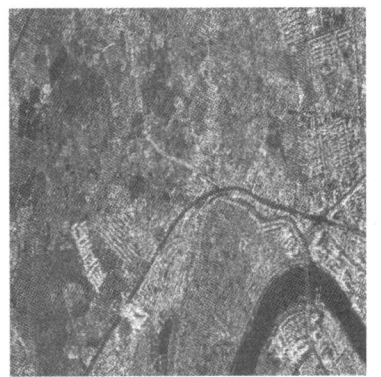   (b) HV极化

ALOS-2双边滤波|VH| $w=2, \sigma_d^2=0.16$	ALOS-2双边滤波|VH| $w=2, \sigma_d^2=0.16$
(c) VH极化	(d) VV极化

图 3.32　双边滤波结果图（$w=2, \sigma_d^2=0.16$）——ALOS-2 PALSAR-2 全极化数据 ALOS2044740600

从图 3.29~图 3.32 可以看出，针对相同的研究区域，双极化 SAR 数据的滤波效果优于单极化数据，这是因为对于权值的计算，采用二阶的协方差矩阵来替代强度值。同时可以看出该滤波算法对于图像边缘细节的保持效果较好，考虑了像素间的距离及灰度间的因素，滤波后的图像更符合人眼视觉习惯。从表 3.11 的定量评价指标可以看出，该滤波算法对于极化信息的保持效果比精制极化 Lee 滤波算法要差，但是优于均值滤波算法。

表 3.11　HH 波段均值滤波（$w=2, \sigma_d^2=0.16$）结果对比

L-SAR 数据列表	滤波前 均值	滤波前 方差	滤波前 等效视数	滤波后 均值	滤波后 方差	滤波后 等效视数	H 相似性 R	H 相似性 RMSE	α 相似性 R	α 相似性 RMSE
ALPSRP157040570	0.18	0.78	0.07	0.53	4.88	0.18	—	—	—	—
ALPSRP163750570	0.19	1.87	0.14	0.56	11.12	0.29	—	—	—	—
ALPSRP159520600	0.19	0.91	0.01	0.45	7.03	0.05	—	—	—	—
ALPSRP166230600	0.20	1.23	0.26	0.48	8.17	0.57	—	—	—	—
ALPSRP076520570	0.23	0.72	0.28	0.24	0.40	0.69	0.68	0.13	0.72	6.69
ALPSRP083230570	0.21	0.76	0.28	0.21	0.46	1.10	0.65	0.09	0.60	3.80
ALPSRP186360600	0.22	0.30	0.93	0.22	0.22	1.71	0.71	0.17	0.76	7.23
ALPSRP193070600	0.19	0.24	0.95	0.19	0.24	1.62	0.84	0.10	0.78	5.92
ALPSRP170150860	0.40	13.30	0.50	0.43	11.08	1.19	0.21	0.24	0.32	12.85
ALPSRP176860860	0.38	13.15	0.09	0.41	9.51	0.14	0.32	0.25	0.39	11.83
ALOS2044740600-HH	90.99	3920.7	6.93	90.98	3886.7	6.95	—	—	—	—
ALOS2044740600-HV	95.06	3833.6	3.02	95.06	3799.6	3.04	—	—	—	—
ALOS2044740600-VH	95.23	3858.2	3.08	95.23	3824.3	3.10	—	—	—	—
ALOS2044740600-VV	91.68	3708.0	5.66	91.67	3673.8	5.68	—	—	—	—

第 3 章　SAR 数据处理　　　　　　　　　　　　　　　　　　　　　　　　　　　49

　　为了评价滤波半径 w 对双边滤波效果的影响，下面以 ALOS PALSAR 数据 ALPSRP083230570 和 ALPSRP170150860，以及 ALOS-2 PALSAR-2 数据 ALOS2044740600 为例，分别采用不同的滤波半径(1，2，3，4，5，6，7)对 SAR 图像进行滤波处理(图 3.33、图 3.34)。

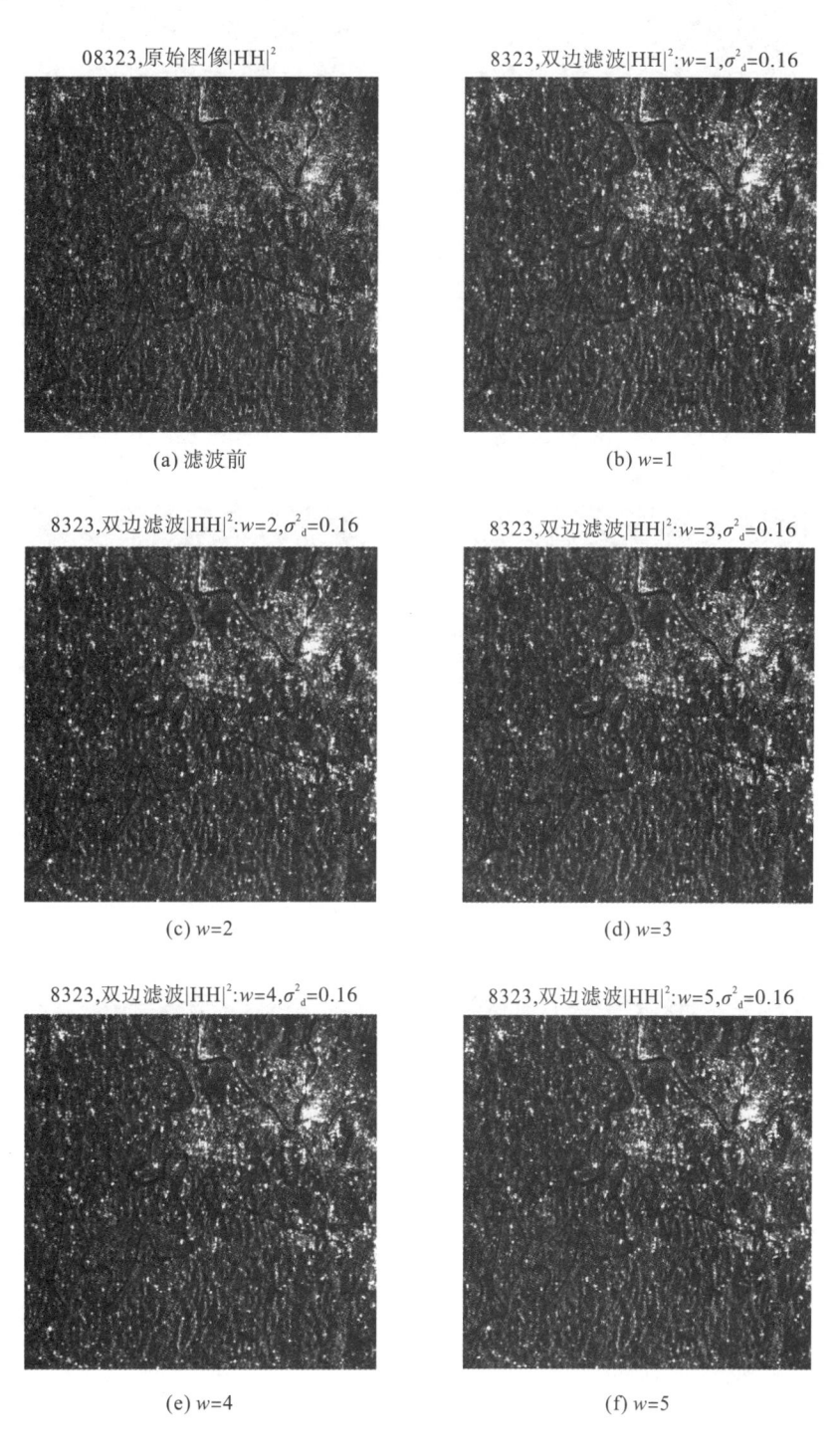

(a) 滤波前

(b) $w=1$

(c) $w=2$

(d) $w=3$

(e) $w=4$

(f) $w=5$

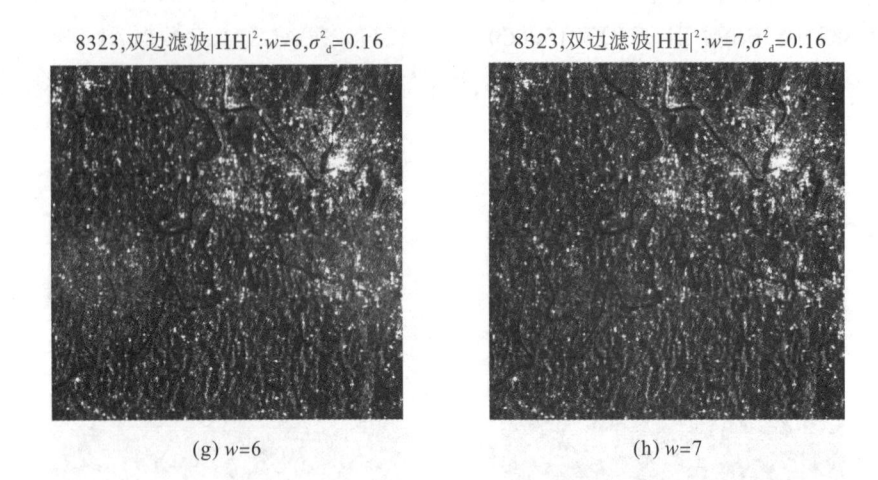

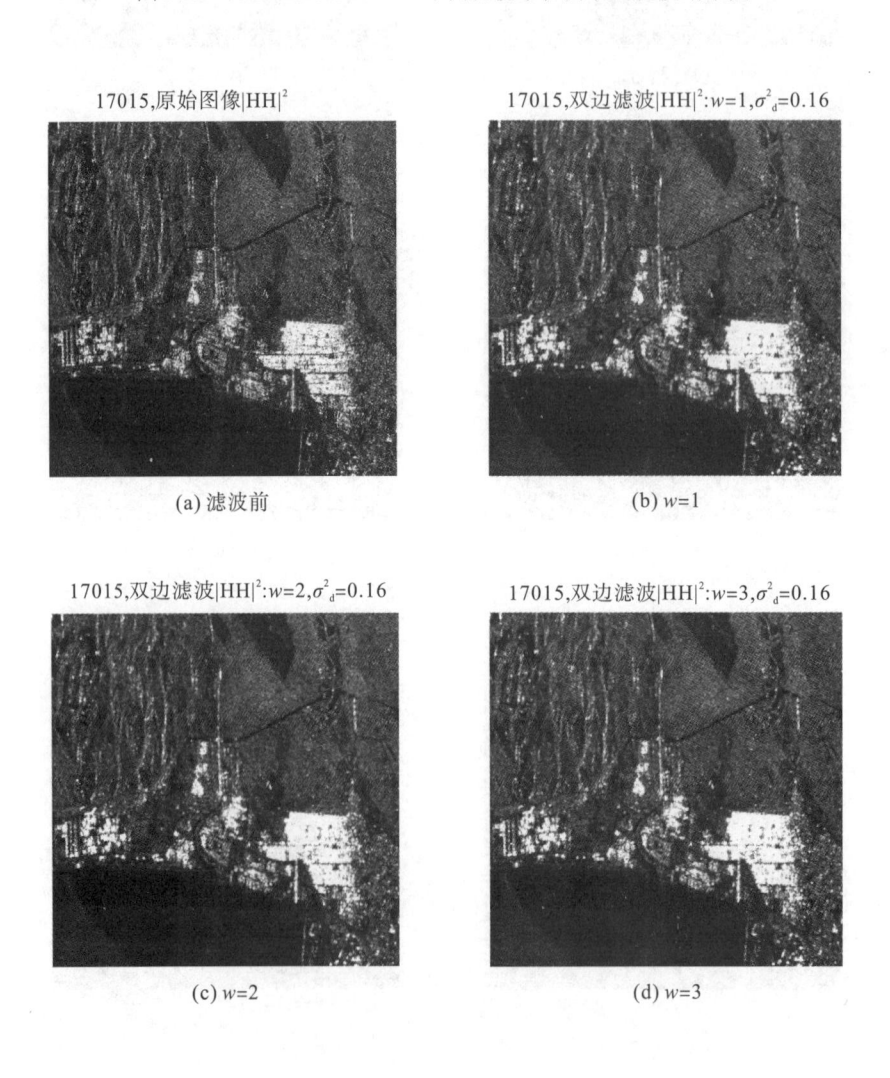

8323,双边滤波$|HH|^2$:$w=6,\sigma^2_d=0.16$

8323,双边滤波$|HH|^2$:$w=7,\sigma^2_d=0.16$

(g) $w=6$

(h) $w=7$

图 3.33　ALPSRP083230570 不同滤波半径的双边滤波结果图

17015,原始图像$|HH|^2$

17015,双边滤波$|HH|^2$:$w=1,\sigma^2_d=0.16$

(a) 滤波前

(b) $w=1$

17015,双边滤波$|HH|^2$:$w=2,\sigma^2_d=0.16$

17015,双边滤波$|HH|^2$:$w=3,\sigma^2_d=0.16$

(c) $w=2$

(d) $w=3$

第 3 章　SAR 数据处理

17015,双边滤波$|HH|^2$:$w=4$,$\sigma^2_d=0.16$　　　17015,双边滤波$|HH|^2$:$w=5$,$\sigma^2_d=0.16$

(e) $w=4$　　　　　　　　　　　(f) $w=5$

17015,双边滤波$|HH|^2$:$w=6$,$\sigma^2_d=0.16$　　　17015,双边滤波$|HH|^2$:$w=7$,$\sigma^2_d=0.16$

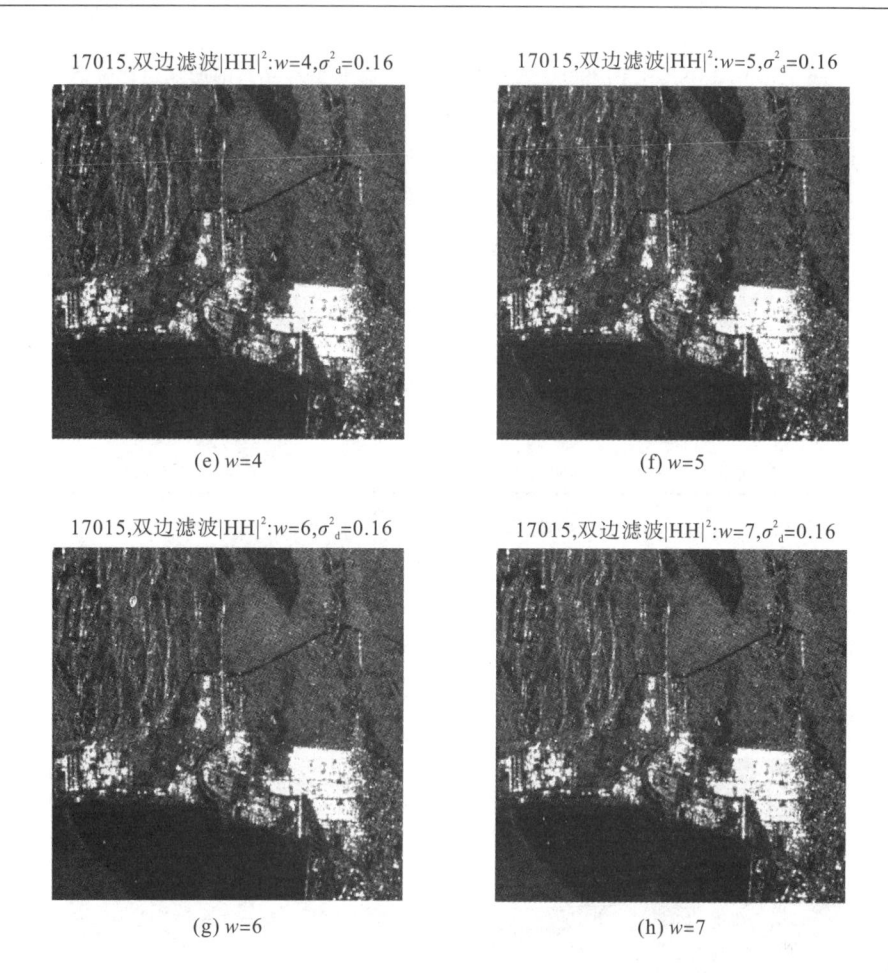

(g) $w=6$　　　　　　　　　　　(h) $w=7$

图 3.34　ALPSRP170150860 不同滤波半径的双边滤波结果图

从滤波结果以及定量评价指标可以看出，滤波半径的选择对最终滤波效果的影响不是很大（表 3.12，表 3.13）。

表 3.12　ALPSRP083230570 滤波半径选择对均值滤波结果的影响对比分析

滤波窗口大小 w	滤波前			滤波后						
	均值	方差	等效视数	均值	方差	等效视数	H 相似性		α 相似性	
							R	RMSE	R	RMSE
1	0.21	0.76	0.28	0.21	0.46	1.10	0.65	0.09	0.60	3.80
2	0.21	0.76	0.28	0.21	0.46	1.10	0.65	0.09	0.60	3.80
3	0.21	0.76	0.28	0.21	0.46	1.10	0.65	0.09	0.60	3.80
4	0.21	0.76	0.28	0.21	0.46	1.10	0.65	0.09	0.60	3.80
5	0.21	0.76	0.28	0.21	0.46	1.10	0.65	0.09	0.60	3.80
6	0.21	0.76	0.28	0.21	0.46	1.10	0.65	0.09	0.60	3.80
7	0.21	0.76	0.28	0.21	0.46	1.10	0.65	0.09	0.60	3.80

表 3.13　ALPSRP170150860 滤波半径选择对均值滤波结果的影响对比分析

滤波窗口大小 w	滤波前 均值	滤波前 方差	滤波前 等效视数	滤波后 均值	滤波后 方差	滤波后 等效视数	H 相似性 R	H 相似性 RMSE	α 相似性 R	α 相似性 RMSE
1	0.40	13.30	0.50	0.43	11.08	1.19	0.21	0.24	0.32	12.85
2	0.40	13.30	0.50	0.43	11.08	1.19	0.21	0.24	0.32	12.85
3	0.40	13.30	0.50	0.43	11.08	1.19	0.21	0.24	0.32	12.85
4	0.40	13.30	0.50	0.43	11.08	1.19	0.21	0.24	0.32	12.85
5	0.40	13.30	0.50	0.43	11.08	1.19	0.21	0.24	0.32	12.85
6	0.40	13.30	0.50	0.43	11.08	1.19	0.21	0.24	0.32	12.85
7	0.40	13.30	0.50	0.43	11.08	1.19	0.21	0.24	0.32	12.85

为了评价亲近函数高斯核的方差对双边滤波效果的影响，下面以 ALPSRP083230570 和 ALPSRP170150860 以及 ALOS204474 数据为例，分别采用不同的方差（0.04，0.09，0.16，0.25，0.36，0.49，0.64）对 SAR 图像进行滤波处理（图 3.35～图 3.37）。

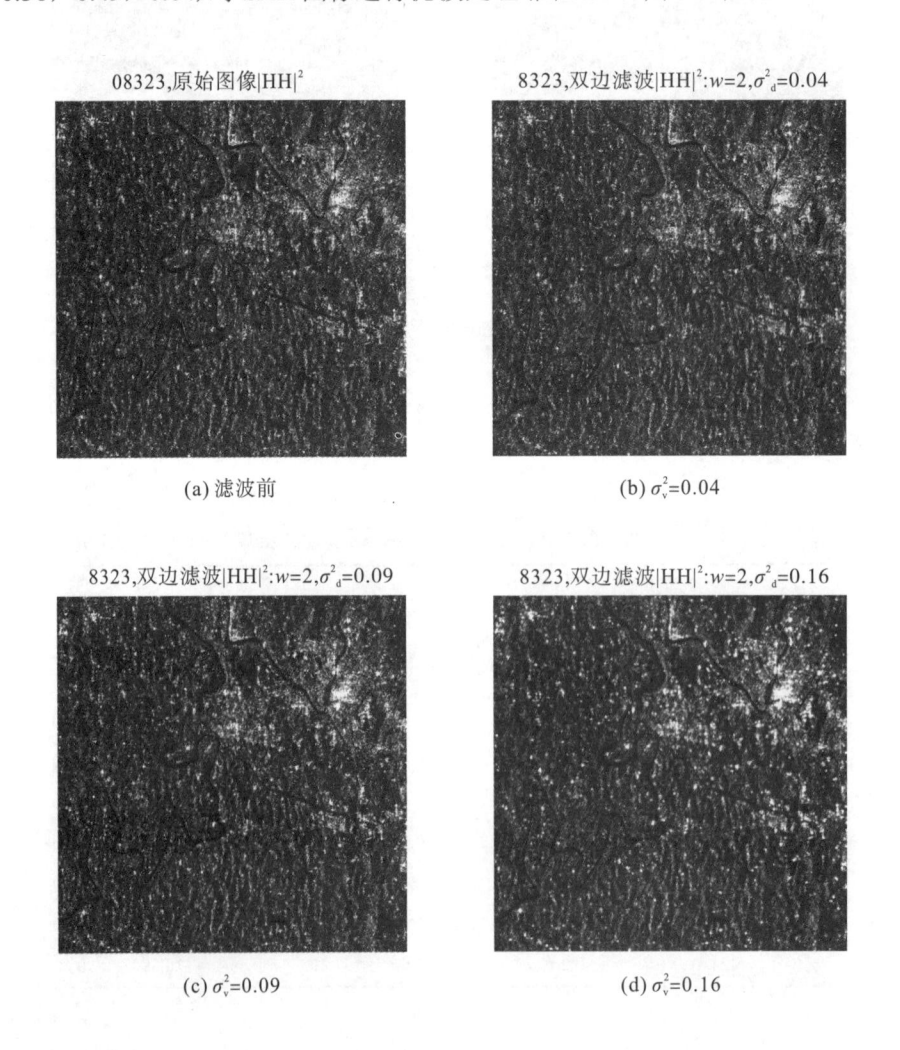

(a) 滤波前

(b) $\sigma_v^2=0.04$

(c) $\sigma_v^2=0.09$

(d) $\sigma_v^2=0.16$

8323,双边滤波$|HH|^2$:$w=2,\sigma_d^2=0.25$

8323,双边滤波$|HH|^2$:$w=2,\sigma_d^2=0.36$

(e) $\sigma_v^2=0.25$

(f) $\sigma_v^2=0.36$

8323,双边滤波$|HH|^2$:$w=2,\sigma_d^2=0.49$

8323,双边滤波$|HH|^2$:$w=2,\sigma_d^2=0.64$

(g) $\sigma_v^2=0.49$

(h) $\sigma_v^2=0.64$

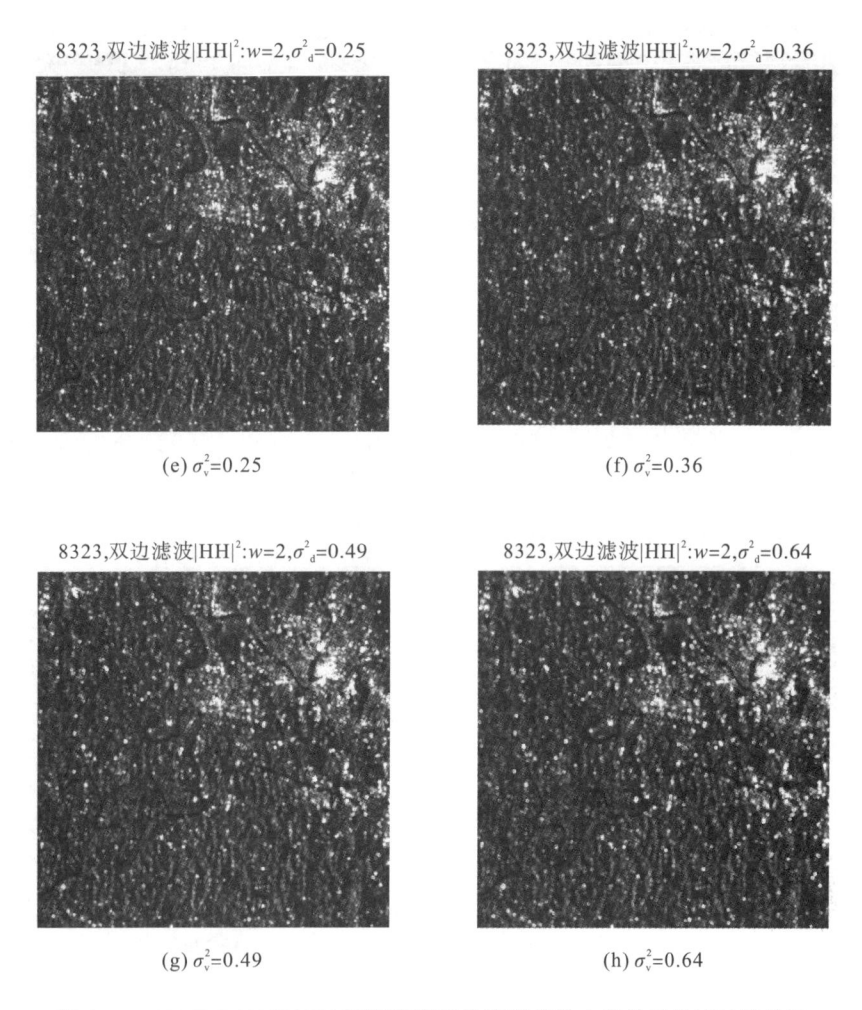

图 3.35 ALPSRP083230570 不同亲近函数高斯核的方差的双边滤波结果图

17015,原始图像$|HH|^2$

17015,双边滤波$|HH|^2$:$w=2,\sigma_d^2=0.04$

(a) 滤波前

(b) $\sigma_v^2=0.04$

(c) $\sigma_v^2=0.09$

(d) $\sigma_v^2=0.16$

(e) $\sigma_v^2=0.25$

(f) $\sigma_v^2=0.36$

(g) $\sigma_v^2=0.49$

(h) $\sigma_v^2=0.64$

图 3.36　ALPSRP170150860 不同亲近函数高斯核的方差的双边滤波结果图

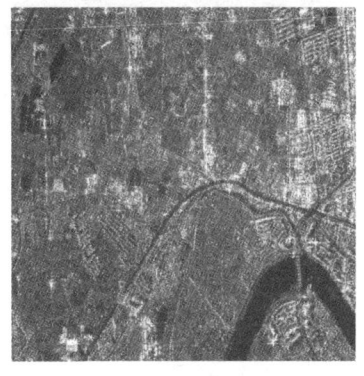

(a) 滤波前

(b) $\sigma_v^2=0.04$

(c) $\sigma_v^2=0.09$

(d) $\sigma_v^2=0.16$

(e) $\sigma_v^2=0.25$

(f) $\sigma_v^2=0.36$

ALOS-2 双边滤波|HH| $w=2, \sigma^2_d=0.49$　　　　ALOS-2 双边滤波|HH| $w=2, \sigma^2_d=0.64$

(g) $\sigma^2_v=0.49$　　　　　　　　　　　　(h) $\sigma^2_v=0.64$

图 3.37　ALOS2044740600 不同亲近函数高斯核的方差的双边滤波结果图

从滤波结果以及定量评价指标可以看出(见表 3.14～表 3.16)，随着亲近函数高斯核方差的增大，图像变得越来越模糊，部分细节边缘仍然清晰可见，部分纹理特征还是被平滑掉。该滤波器的基本原理就是用边缘点邻域内灰度相似的像素点的灰度平均值来代替原像素点的灰度值，正因为这种特性，使得双边滤波器在去除噪声的同时能够保护图像边缘不模糊受损。

表 3.14　ALPSRP083230570 噪声方差选择对均值滤波结果的影响对比分析

滤波窗口大小 σ^2_d	滤波前			滤波后						
	均值	方差	等效视数	均值	方差	等效视数	H 相似性		α 相似性	
							R	RMSE	R	RMSE
0.04	0.21	0.76	0.28	0.21	0.76	0.28	1.00	0.00	1.00	0.00
0.09	0.21	0.76	0.28	0.21	0.56	0.37	0.95	0.04	0.90	1.95
0.16	0.21	0.76	0.28	0.21	0.46	1.10	0.65	0.09	0.60	3.80
0.25	0.21	0.76	0.28	0.23	0.66	1.10	0.37	0.11	0.40	4.38
0.36	0.21	0.76	0.28	0.24	0.80	1.02	0.21	0.12	0.29	4.62
0.49	0.21	0.76	0.28	0.25	0.91	1.04	0.11	0.12	0.21	4.81
0.64	0.21	0.76	0.28	0.26	1.02	1.11	0.04	0.13	0.17	4.94

表 3.15　ALPSRP170150860 噪声方差选择对均值滤波结果的影响对比分析

滤波窗口大小 σ^2_d	滤波前			滤波后						
	均值	方差	等效视数	均值	方差	等效视数	H 相似性		α 相似性	
							R	RMSE	R	RMSE
0.04	0.40	13.30	0.50	0.40	13.20	0.50	1.00	0.00	1.00	0.08
0.09	0.40	13.30	0.50	0.40	8.74	0.88	0.68	0.17	0.85	6.77
0.16	0.40	13.30	0.50	0.43	11.08	1.19	0.21	0.24	0.32	12.85

续表

滤波窗口大小 σ_d^2	滤波前			滤波后						
	均值	方差	等效视数	均值	方差	等效视数	H 相似性		α 相似性	
							R	RMSE	R	RMSE
0.25	0.40	13.30	0.50	0.46	12.84	0.80	0.07	0.25	0.10	14.60
0.36	0.40	13.30	0.50	0.48	13.68	0.54	0.03	0.26	0.02	15.08
0.49	0.40	13.30	0.50	0.50	14.60	0.38	0.02	0.26	0.00	15.17
0.64	0.40	13.30	0.50	0.52	16.24	0.28	0.01	0.26	0.00	15.14

表 3.16　ALOS2044740600 噪声方差选择对均值滤波结果的影响对比分析

滤波窗口大小 σ_d^2	滤波前			滤波后		
	均值	方差	等效视数	均值	方差	等效视数
0.04	90.99	3920.7	6.93	90.99	3920.7	6.93
0.09	90.99	3920.7	6.93	90.99	3917.5	6.93
0.16	90.99	3920.7	6.93	90.98	3886.7	6.95
0.25	90.99	3920.7	6.93	90.98	3825.7	7.00
0.36	90.99	3920.7	6.93	90.96	3761.9	7.05
0.49	90.99	3920.7	6.93	90.94	3706.9	7.10
0.64	90.99	3920.7	6.93	90.91	3660.9	7.14

为了应对土地利用和新增建设用地信息提取对高质量 SAR 数据的需求，对相干斑的抑制成为 SAR 数据必不可少的预处理程序。本实验对比分析了均值滤波、精制极化 Lee 滤波和双边滤波方法对单极化、双极化和全极化 L 波段 SAR 图像的滤波效果。对均值滤波算法选择不同的窗口大小，对精制极化 Lee 滤波算法选择不同的噪声方差，对双边滤波算法选择不同的滤波半径和亲近函数高斯核的方差，对比分析了滤波器的参数设置对 SAR 图像滤波的影响。采用均值、方差、等效视数和 H/α 的保持性作为定量评价指标，对滤波效果进行定量比较。实验结果表明：均值滤波方法可以很好地保持图像的均值，但是会造成边缘细节的模糊；精制极化 Lee 滤波方法在保持原始数据的极化信息方面表现出良好的性能；而双边滤波算法很好地保持了图像的细节信息。同时发现不同的滤波器参数对最终滤波结果影响比较大，需要设置合理的滤波器参数用于 SAR 图像的滤波。因此在后续的实验中均选择精制极化 Lee 滤波法对 SAR 图像进行相干斑去除。

3.2　SAR 图像与光学图像融合

3.2.1　基于 HSV 变换的图像融合

基于 HSV 变换融合方法属于一种颜色变换的融合方法。H(Hue)、S(Saturation) 和

V(Value)分别代表色调、饱和度和亮度，其色彩空间模型为一圆锥体，如图 3.38 所示。圆锥顶面对应于 V=1，代表的颜色较亮；色调 H 由绕 V 轴的旋转角度表示，红色对应于 0°，绿色对应于 120°，蓝色对应于 240°；饱和度 S 由轴心向椎体圆周过渡，表示饱和度由低到高。

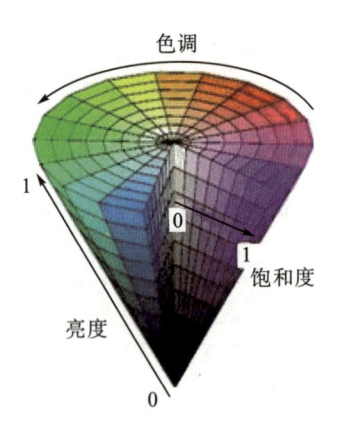

图 3.38 HSV 色彩空间模型

设 $m=\max(r,g,b)$，$n=\min(r,g,b)$，其中 r、g、b 分别是归一化的 RGB 颜色空间中的值，max 表示求最大值，min 表示求最小值，则 RGB 空间到 HSV 空间的变换表达式为

$$v = m \tag{3.20}$$

$$s = \begin{cases} \dfrac{m-n}{m}, m \neq 0 \\ 0, m = 0 \end{cases} \tag{3.21}$$

$$h = \begin{cases} 0, s = 0 \\ \dfrac{60(g-b)}{m-n}, r = m, g \geq b \\ 360 + 60(g-b)(m-n), r = m, g < b \\ 120 + 60(b-r)(m-n), g = m \\ 240 + \dfrac{60(r-b)}{m-n}, b = m \end{cases} \tag{3.22}$$

如果 $h=360$，则令 $h=0$。进一步假设 $i=h/60$，$f=h/60-i$，其中，i 为 h 被 60 整除的除数，f 是被 60 整除的余数。设 $p=v(1-s)$，$q=v(1-sf)$，$t=v(1-s(1-f))$，则 HSV 空间到 RGB 空间的变换表达式为

$$\begin{cases} r=v, g=t, b=p; (i=0) \\ r=q, g=v, b=p; (i=1) \\ r=p, g=v, b=t; (i=2) \\ r=p, g=q, b=v; (i=3) \\ r=t, g=p, b=v; (i=4) \\ r=v, g=p, b=q; (i=5) \end{cases} \tag{3.23}$$

HSV 变换是把标准的 RGB 图像变换为色度 H、饱和度 S 和亮度 V 分量。HSV 融合方法流程如下：首先将多光谱影像依照式(3.20)~式(3.22)由使用 HSV 颜色正变换为 H、S 和 V 三个分量，使 RGB 影像变换到 HSV 颜色空间；然后用高分辨率影像替代颜色亮度值波段(H 分量)，自动用最近邻或双线性或三次卷积技术将色度和饱和度重采样到高分辨率像元尺寸；最后对 H、S 和 V 分量实施 HSV 颜色变换的逆变换将影像变换回 RGB 颜色空间得到融合影像，具体的流程如图 3.39 所示。

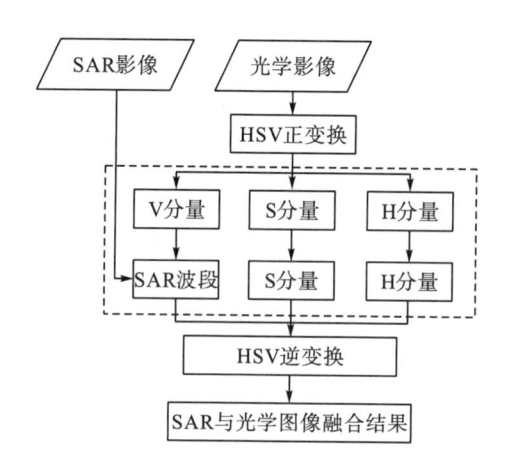

图 3.39 基于 HSV 变换的图像融合方法流程图

3.2.2 基于 Brovey 变换的图像融合

Brovey 变换融合也称为色彩标准化(color normalization)变换融合，是目前应用十分广泛且较为简单的一种 RGB 彩色融合变换方法，它是将多光谱影像的像元分解为色彩和亮度，保留每个像素的相关光谱特性，并且将所有的亮度信息变换成高分辨率的全色图像融合，是一种归一化后的 3 个波段的多光谱影像与高分辨率影像进行乘积运算的融合方法。彩色图像中的每一个波段都乘以高分辨数据与彩色波段总和的比值。函数自动地用最近邻、双线性或三次卷积技术将三个彩色波段重采样到高分辨率像元尺寸。输出的 RGB 图像的像元将与高分辨率数据的像元大小相同。Brovey 融合的方法用公式定义为

$$DN = DN_h \times \frac{DN_{bi}}{DN_{b1} + DN_{b2} + DN_{b3}} \quad (3.24)$$

其中，DN 为融合后的像素值；DN_{bi} 为多光谱影像第 i 波段的像素值；DN_h 为高分辨率遥感影像的像素值。这种算法最突出的方面在于求出多光谱的每个波段像素值与 3 个波段像素值和的比重，然后再以全色波段像素为基准，求得的波段参加融合的像素值。但是，如果 3 个波段中各种地物特征表现不明显时，融合效果并不显著。

基于 Brovey 变换的图像融合流程图如图 3.40 所示。

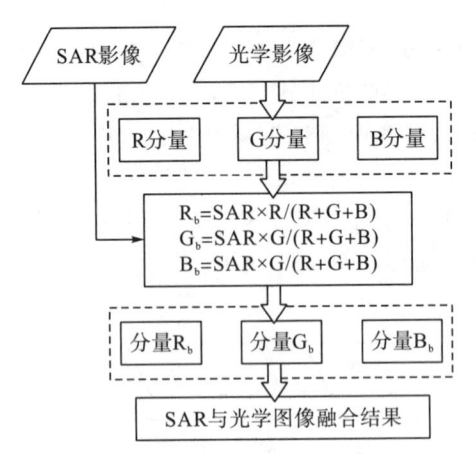

```
    SAR影像      光学影像
       │           │
       │    ┌──────┼──────┐
       │    R分量  G分量  B分量
       │      │     │     │
       └──────┼─────┼─────┘
              ▼
     R_b=SAR×R/(R+G+B)
     G_b=SAR×G/(R+G+B)
     B_b=SAR×G/(R+G+B)
              │
     ┌────────┼────────┐
   分量R_b  分量G_b  分量B_b
     └────────┼────────┘
              ▼
      SAR与光学图像融合结果
```

图 3.40　基于 Brovey 变换的图像融合方法流程图

　　Brovey 融合对图像的预处理要求较高，融合前必须预先进行去相关处理和噪声滤波处理，以便减少数据冗余和非光谱信息。然而多光谱影像的各个波段光谱信息是按照一定比例分配到融合结果影像中的，这种比例关系不可避免地造成光谱信息的丢失，故融合后影像存在色彩严重失真。

3.2.3　基于 PCA 变换的图像融合

　　主成分分析(principal component analysis，PCA)是一种常用的统计分析方法，主要用于进行数据压缩或减少数据维数。它是对一组相关的变量进行线性变换，得到一组维数不变但彼此互不相关的变量，即一组主成分(李本纲等，2000)。经过主成分变换后得到的新变量的各个行向量依次称为第一主成分、第二主成分……第 m 主成分，这时将新变量恢复为二维图像，便得到 m 个主成分图像。PCA 方法是一种常用的融合准则，常运用于高分辨率全色影像和低分辨率多光谱影像融合，通过用高分辨率全色影像替代由低分辨率多光谱影像提取出的第一主成分，得到同时具有高空间分辨率和高光谱分辨率的融合图像。

　　基于 PCA 融合是将多光谱各波段的低分辨率影像进行主成分变换，将单波段的高空间分辨率影像经过灰度拉伸，使其灰度的均匀值与方差同主成分变换的第一分量影像一致，然后以拉伸过的高分辨率影像代替第一分量影像，经过主成分逆变换还原到原始空间，具体流程如图 3.41 所示。

　　主成分融合利用 PCA 变换融合处理并不是为了减少噪声影像或数据压缩，而是通过 PCA 变换，使得多光谱影像在各个波段具有统计独立性，便于在各个波段采用相应的融合策略。PCA 变换融合流程为：①由多光谱影像数据求得影像间的相关系数矩阵，由相关系数矩阵计算特征值和特征向量，求得各主分量影像；②将高空间分解的影像数据进行直方图匹配，使其与第一主分量影像数据具有相同的直方图；③用由直方图匹配生成的高空间分解力影像来代替第一主分量，将它同其他主分量一起经逆主分量变换得到融合的影像(董广军等，2006)。

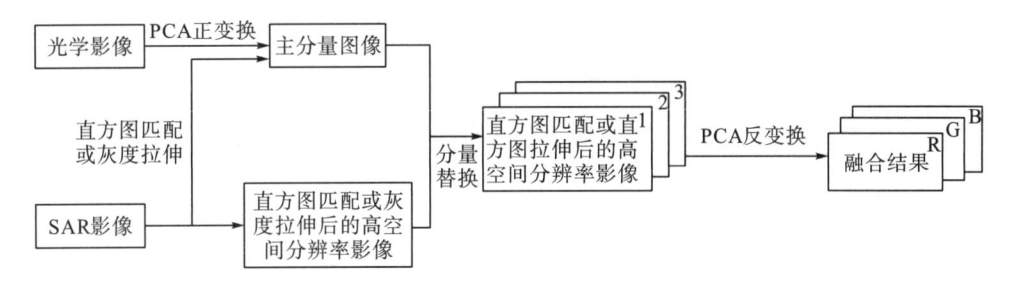

图 3.41　基于 PCA 变换的图像融合方法流程图

主成分变换的变换公式可以用下式表示：

$$Y = TX \tag{3.25}$$

其中，X 表示待变换图像的数据矩阵；Y 表示变换后图像的数据矩阵；T 表示变换矩阵。若 T 是正交矩阵，并且由待变换图像的数据矩阵的协方差矩阵[C]的特征矢量所组成，则此变换称为 K-L 变换，称变换的数据矩阵的每一行矢量为 K-L 变换的一个主分量。对低分辨率多光谱图像和高空间分辨率 SAR 图像融合时，主成分变换融合方法的基本思想是，对多光谱进行逆主成分变换，得到融合图像。根据 K-L 变换的定义，多光谱变换的过程概况如下：由多光谱图像的数据矩阵 X（矩阵中的每一行表示一个波段的图像），假设多光谱图像由 m 个波段的图像组成，每个波段图像的像素总数是 n，计算它的协方差矩阵[C]。

$$X = \begin{bmatrix} x_{11} & \cdots & x_{1n} \\ \vdots & \ddots & \vdots \\ x_{m1} & \cdots & x_{mn} \end{bmatrix}, C = \begin{bmatrix} \delta_{11}^2 & \cdots & \delta_{1n}^2 \\ \vdots & \ddots & \vdots \\ \delta_{m1}^2 & \cdots & \delta_{mn}^2 \end{bmatrix} \tag{3.26}$$

计算协方差矩阵[C]的特征值 λ 与特征向量 U，组成变换矩阵 T，若以各特征矢量为列构成矩阵 U，则 U 的转置矩阵即为 K-L 变换的系数矩阵 T。PCA 变换融合法的主要优点是融合后的图像光谱特性保持好，尤其在波段较多的情况下。PCA 方法的缺点是由于要对自相关矩阵求特征值和特征向量，计算量非常大，实用性比较差。

3.2.4　基于 Gram-Schmidt 变换的图像融合

Gram-Schmidt(GS)方法是利用数学上的 GS 变换进行变换的。GS 变换是线性代数和多元统计中经常用到的一种多维线性正交变换，采用 GS 变换对光谱影像多维数据进行正交化处理，可以有效地去除相邻波段间较强的相关性，最大限度地消除影像的信息冗余。基于 GS 算法的影像融合方法既能使融合影像保真度较好，计算又较为简单。GS 变换融合的基本流程如下(张涛等，2015)：①首先利用原始低空间分辨率影像模拟出一幅全色影像；②随后利用该全色影像作为 GS 变换的第一个分量来对低空间分辨率进行 GS 变换，具体变换公式为

$$\text{GS}_T(i,j) = \left[B_T(i,j) - \mu_T \right] - \sum_{i=1}^{T-1} \left[\Phi(B_T, \text{GS}_i) \times \text{GS}_i(i,j) \right] \tag{3.27}$$

$$\mu_T = \frac{1}{MN}\sum_{j=1}^{N}\sum_{i=1}^{M}B_T(i,j) \tag{3.28}$$

$$\Phi(B_T, \text{GS}_i) = \frac{\sigma(B_T, \text{GS}_i)}{\sigma^2(B_T, \text{GS}_i)} \tag{3.29}$$

其中，GS_T 表示经 GS 变换后的第 T 个正交分量；B_T 表示原始低空间分辨率遥感影像第 T 波段；μ_T 为原始低空间分辨率遥感影像第 T 波段像元灰度值的均值；$\Phi(B_T, \text{GS}_i)$ 为原始低空间分辨率影像第 K 波段与 GS_i 之间的协方差；i 和 j 分别表示原始低空间分辨率影像的行数和列数；M 和 N 表示整幅影像的行数和列数。用高空间分辨率影像替换 GS 变换后的第一分量，即 GS_1 分量。③最后通过式对上述替换后的数据集进行 GS 逆变换，完成低空间分辨率影像和高空间分辨率影像融合。

$$B_T(i,j) = \left[\text{GS}_T(i,j) + \mu_T\right] + \sum_{i=1}^{T-1}\left[\Phi(B_T, \text{GS}_i) \times \text{GS}_i(i,j)\right] \tag{3.30}$$

该方法的融合算法如下（负培东等，2006）：首先利用多光谱影像产生低分辨率全色波段影像，并将该影像作为多光谱影像的第一波段对原多光谱影像进行重组；然后对重组后的多波段影像进行 GS 正变换，并用全色波段影像代替变换后影像的第一波段；最后通过 GS 逆变换得到融合影像。具体流程如图 3.42 所示。

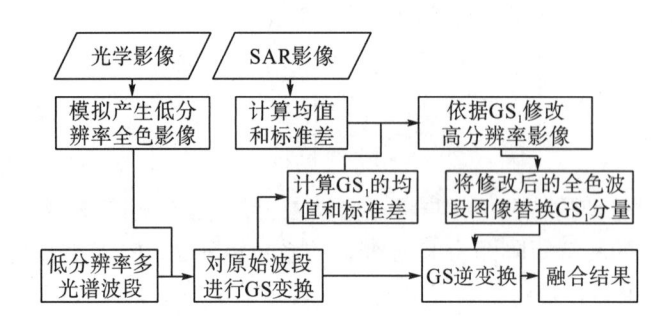

图 3.42　基于 Gram-Schmidt 变换的图像融合方法流程图

3.2.5　基于 Curvelet 变换的图像融合

目前使用的 Curvelet 变换算法有 2 代：第 1 代 Curvelet 变换是由脊波（Ridgelet）理论衍生而来的，需要经过子带分解、平滑分块、Ridgelet 变换等步骤，实现起来比较复杂，且具有较大的数据冗余量。为解决这个问题，快速 Curvelet 变换被提出，即第 2 代 Curvelet 变换，该方法比第 1 代 Curvelet 实现更简单，也更容易理解。

首先将原离散图像 $f(n \times n)$ 先进行子代分解，分解成含有 $s+1$ 个子代图像，即

$$f = f_0 + \Delta f_1 + \Delta f_2 + \cdots + \Delta f_s \tag{3.31}$$

其中，$f_0 = f \times \phi_0$ 为低频图像，ϕ_0 为低通滤波器，主要提取频域中 $|\xi| \leq 1$ 的信息。

$\Delta f_s = f \times \Psi_{2s}$，$\Psi_{2s} = 2^{4s} \times \Psi(2^{2s} x)$ 为带通滤波器，主要提取频域中 $|\xi| \in [2^{2s}, 2^{2s+2}]$ 的信息；可以看出，这里所得到的高频子带含有频率间隔为 2^{2s}，且其空域分辨率尺度为 2^{-2s}。然后利用光滑分割，并对分割窗口进行归一化运算。最后对光滑分割窗口的 Ridgelet 变换，便构建了 Curvelet 变换的框架结构。利用 Curvelet 变换，可用最少显著的系数矩阵表示单元内的直线等几何信息。而从整幅图像来讲，Curvelet 变换可以追踪具有曲线或直线等各向异性的几何结构。

影像的 Curvelet（曲波变换）实际是对多分辨率分解后的影像做局部瘠波变换得到的。对原影像做 Curvelet 分解得到高频系数和低频系数，然后按照高频融合规则和低频融合规则进行融合。选择合适的融合规则是图像融合的一个关键。在图像中，由于图像的边缘等细节信息在小波域和 Curvelet 域中表现为一些"绝对值"较大的高频系数，也就是说模值较大的高频系数包含了较多的边缘细节信息，因此 Curvelet 变换采用的融合规则为低频系数取平均值，高频系数取较大的绝对值。具体流程如图 3.43 所示。

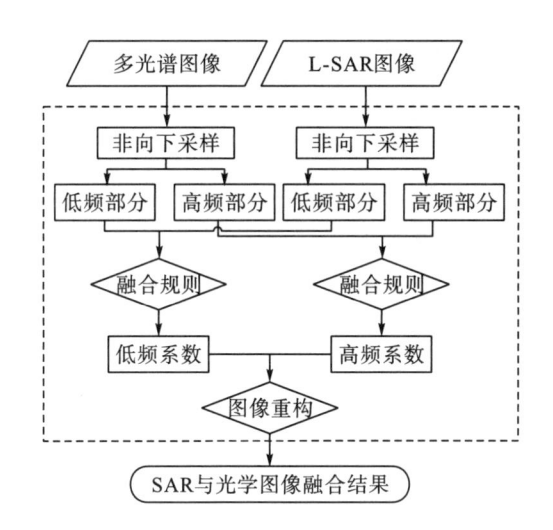

图 3.43 基于 Curvelet 变换的图像融合方法流程图

根据上面的分析可知，Curvelet 变换采用"楔形基"来逼近 R^2 上的具有任意角度的显著性几何结构，不像小波只具有水平、垂直和 45° 3 个方向，可以利用较大的 Curvelet 系数来表示在光滑分割窗口内与"楔形基"相匹配的几何特征。所以 Curvelet 变换较小波变换具有更好的稀疏表达能力，克服小波在表征二维图像中诸如边缘、纹理等高维奇异性或本质几何结构特征所存在的缺陷，变换后能量更加集中，利于分析和提取图像的显著性几何特征，为融合图像提供更多的信息（王刚等，2008）。

参 考 文 献

董广军, 张永生, 戴晨光, 2006. 高分辨率遥感影像融合处理技术的对比分析研究[J]. 光学技术, 32: 000827-000830.

董小红, 2008. 基于 ICT 切片图像的反求建模技术研究[D]. 广州: 华南理工大学.

何科峰, 2004. SAR 图像相干斑抑制技术研究[D]. 西安: 西北工业大学.

蒋辉, 2014. 双边滤波理论及其在遥感图像处理中的应用研究[D]. 成都: 西南交通大学.

李本纲, 陶澍, 林健枝, 等, 2000. 地理信息系统与主成分分析在多年气象观测数据处理中的应用[J]. 地球科学进展, 15: 509-515.

李俊峰, 2013. 双边滤波算法的快速实现及其图像处理的应用[D]. 广州: 南方医科大学.

林洪彬, 2014. 基于双边和非局部的极化 SAR 降斑[D]. 西安: 西安电子科技大学.

王陈, 2014. 基于小波与双边滤波的医学超声图像去噪算法[D]. 杭州: 浙江工业大学.

王刚, 马美仲, 赵英路, 等, 2008. Curvelet 变换域图像融合算法[J]. 仪器仪表学报, 29: 1841-1845.

吴月珍, 2014. 基于散射模型和非局部滤波的极化 SAR 图像质量增强算法[D]. 西安: 西安电子科技大学.

肖世忱, 廖静娟, 沈国状, 2015. 自交叉双边滤波的极化 SAR 数据相干斑抑制[J]. 遥感学报, 19: 400-408.

严汇莹, 2016. 一种免校准指纹相位特征提取算法的研究[D]. 哈尔滨: 哈尔滨理工大学.

贠培东, 曾永年, 历华, 2006. 多尺度遥感影像融合技术及其算法研究进展[J]. 遥感信息, (6): 67-71.

张培, 2014. 面向图像采集的后处理关键模块设计[D]. 上海: 东南大学.

张涛, 刘军, 杨可明, 等, 2015. 结合 Gram-Schmidt 变换的高光谱影像谐波分析融合算法[J]. 测绘学报, 44: 1042-1047.

第4章 SAR 特征提取

4.1 极化特征矩阵

雷达目标的电磁散射是一个线性过程，一旦选定了散射空间坐标系和相应的极化基，雷达照射波和目标散射波的各极化分量之间就存在线性变换关系，因此目标的变极化效应可以用一个复二维矩阵的形式来表示，称为极化散射矩阵。极化散射矩阵最早是由 Sinclair 提出的，它是表示相干目标极化信息最简单的表述形式。极化 SAR 能同时发射和接收 H 和 V 极化波，这样得到四个通道的数据 HH、HV、VH 和 VV 构成了散射矩阵，用[S]表示：

$$[S] = \begin{bmatrix} S_{HH} & S_{HV} \\ S_{VH} & S_{VV} \end{bmatrix} \tag{4.1}$$

其中，$S_{ij}(i,j=H,V)$ 表示发射 j 极化波并且接收 i 极化波后得到的复散射系数。如果极化散射矩阵中每个元素的幅度和相位都是已知的，那么相干目标的极化信息完全可以由极化散射矩阵来表示。极化散射矩阵不仅与目标本身的物理参数相关，还与目标与收发测量系统之间的相对空间位置、雷达的工作频率等测量条件相关(杨国辉，2012)。

在极化 SAR 数据的分析过程中，为了表述方便，常常需要将目标的极化散射矩阵矢量化。极化散射矩阵的矢量表示形式，即将极化散射矩阵[S]用等效的四维复散射矢量表示：

$$[S] = \begin{bmatrix} S_{HH} & S_{HV} \\ S_{VH} & S_{VV} \end{bmatrix} \Rightarrow k_4 = V([S]) = \frac{1}{2}\text{Trace}([S]\Psi) = [k_0\ k_1\ k_2\ k_3]^T \tag{4.2}$$

其中，S_{ij} 表示采用 j 极化方式发射，i 极化方式接收的复散射系数；$V(\cdot)$ 是矢量化算子；Trace($\cdot$) 表示矩阵的迹，是 2×2 复单位矩阵；T 表示矩阵的转置。为了矢量化矩阵[S]，可以采用不同的正交单位矩阵，主要有以下两种正交单位矩阵。

一种正交单位矩阵是由[S]直接展开推导出来的，称为 Lexicographic 基，即

$$\Psi_L := \left\{ \begin{bmatrix} 2 & 0 \\ 0 & 0 \end{bmatrix}, \begin{bmatrix} 0 & 2 \\ 0 & 0 \end{bmatrix}, \begin{bmatrix} 0 & 0 \\ 2 & 0 \end{bmatrix}, \begin{bmatrix} 0 & 0 \\ 0 & 2 \end{bmatrix} \right\} \tag{4.3}$$

利用上述表达式对[S]进行矢量化，对应的散射矢量 k_{4L} 为

$$k_{4L} = [S_{HH}\ S_{HV}\ S_{VH}\ S_{VV}]^T \tag{4.4}$$

利用矩阵的好处在于：它对应的散射矢量包含散射矩阵的复幅度信息，与系统的测量值直接对应。在互易性条件下 $S_{HV} = S_{VH}$，上述表达式可以表示为

$$k_{3L} = \begin{bmatrix} S_{HH} & \sqrt{2}S_{HV} & S_{VV} \end{bmatrix}^{T} \tag{4.5}$$

其中，$\sqrt{2}$ 是为了保证总能量守恒。

另一种正交单位矩阵是 Pauli 基，即

$$\boldsymbol{\Psi}_{P} := \left\{ \sqrt{2}\begin{bmatrix} 1 & 0 \\ 0 & 1 \end{bmatrix}, \sqrt{2}\begin{bmatrix} 1 & 0 \\ 0 & -1 \end{bmatrix}, \sqrt{2}\begin{bmatrix} 0 & 1 \\ 1 & 0 \end{bmatrix}, \sqrt{2}\begin{bmatrix} 0 & -i \\ i & 2 \end{bmatrix} \right\} \tag{4.6}$$

对应的 Pauli 散射矢量是

$$k_{4P} = \frac{1}{\sqrt{2}}\begin{bmatrix} S_{HH}+S_{VV} & S_{HH}-S_{VV} & S_{HV}+S_{VH} & i(S_{HV}-S_{VH}) \end{bmatrix}^{T} \tag{4.7}$$

利用 Pauli 单位矩阵的优势在于，得到的散射矢量元素与波散射的物理特征非常接近，从而能够更好地解释物理散射机制(陈曦，2008)。在互易媒质的后向散射情况下，互易定理决定了散射矩阵必须是复对称，即 $S_{HV} = S_{VH}$，则上述表达式可以转换为

$$k_{3P} = \frac{1}{\sqrt{2}}\begin{bmatrix} S_{HH}+S_{VV} & S_{HH}-S_{VV} & 2S_{HV} \end{bmatrix}^{T} \tag{4.8}$$

这两种散射矢量可以相互转换，转换公式如下：

$$k_{4P} = \frac{1}{\sqrt{2}}\begin{bmatrix} 1 & 0 & 0 & 1 \\ 1 & 0 & 0 & -1 \\ 0 & 1 & 1 & 0 \\ 0 & i & -i & 0 \end{bmatrix} k_{4L} \tag{4.9}$$

$$k_{4L} = \frac{1}{\sqrt{2}}\begin{bmatrix} 1 & 1 & 0 & 1 \\ 0 & 0 & 1 & -i \\ 0 & 0 & 1 & i \\ 1 & -1 & 0 & 0 \end{bmatrix} k_{4P} \tag{4.10}$$

极化雷达系统测量的散射总功率称为 Span，在大部分情况下可以将其定义为

$$\text{Span} = \text{Tr}(\boldsymbol{S}\boldsymbol{S}^{*T}) = |S_{HH}|^{2} + |S_{HV}|^{2} + |S_{VH}|^{2} + |S_{VV}|^{2} \tag{4.11}$$

其中，$\text{Tr}(\boldsymbol{A})$ 表示矩阵 $\boldsymbol{A}$ 的迹。在单站后向散射情况下，根据互易性可以将 Span 简化为

$$\text{Span} = \text{Tr}(\boldsymbol{S}\boldsymbol{S}^{*T}) = |S_{HH}|^{2} + 2|S_{HV}|^{2} + |S_{VV}|^{2} \tag{4.12}$$

极化散射矩阵可以很好地表示相干目标，即纯目标。对于自然界中大量存在的复杂目标不能用极化散射矩阵表示，需要借助统计的方法通过多次测量和空间集合平均，得到能够表征这种散射特性比较复杂的目标的二阶特征矩阵，即极化协方差矩阵[**C**]和极化相干矩阵[**T**]。

对于一个确定性目标，当以完全极化波的单色波照射时，其在给定条件下的电磁散射特性可以用一个极化散射矩阵进行完全地描述，这种确定性目标对单色波的散射在雷达领域被称为相干散射(刘萌，2013)。但在实际的遥感应用中，即在单个像元内所记录的信息包含多个具有一定空间分布的散射中心，每个散射中心可以用一个极化散射矩阵[**S**]来描述(陈曦，2008)。因此，一个分辨单元的测量值[**S**]是由该分辨单元内所有散射中心的[**S**]矩阵的相干叠加。当目标是确定点目标时，极化散射矩阵能够完全表征目标的电磁散射特性。然而，实际中的很多目标都是分布式目标，或者需要对图像进行滤波以消除相

干斑，所以需要用图像的二阶统计特性，即极化协方差矩阵[*C*]和极化相干矩阵[*T*]来表示(李洪忠，2010)。极化协方差矩阵[*C*]和极化相干矩阵[*T*]中包含了雷达测量得到的全部极化信息。

将散射矢量矩阵 *k* 与其共轭转置矢量进行外积就得到一个 4×4 矩阵。如果采用传统的散射矢量 k_{4L}，就得到极化协方差矩阵[*C*]：

$$[C] = \langle k_{4L} k_{4L}^* \rangle = \begin{bmatrix} \langle |S_{HH}|^2 \rangle & \langle S_{HH} S_{HV}^* \rangle & \langle S_{HH} S_{VH}^* \rangle & \langle S_{HH} S_{VV}^* \rangle \\ \langle S_{HV} S_{HH}^* \rangle & \langle |S_{HV}|^2 \rangle & \langle S_{HV} S_{VH}^* \rangle & \langle S_{HV} S_{VV}^* \rangle \\ \langle S_{VH} S_{HH}^* \rangle & \langle S_{VH} S_{HV}^* \rangle & \langle |S_{VH}|^2 \rangle & \langle S_{VH} S_{VV}^* \rangle \\ \langle S_{VV} S_{HH}^* \rangle & \langle S_{VV} S_{HV}^* \rangle & \langle S_{VV} S_{VH}^* \rangle & \langle |S_{VV}|^2 \rangle \end{bmatrix} \quad (4.13)$$

其中，⟨·⟩ 表示在假设随机散射介质各向同性下的空间统计平均，*表示共轭。在后向散射情况下，因为互易性有 $S_{HV} = S_{VH}$，因此 3 阶的极化协方差矩阵[*C*]可以表示为

$$[C] = \langle k_{3L} k_{3L}^* \rangle = \begin{bmatrix} \langle |S_{HH}|^2 \rangle & \langle \sqrt{2} S_{HH} S_{HV}^* \rangle & \langle S_{HH} S_{VV}^* \rangle \\ \langle \sqrt{2} S_{HV} S_{HH}^* \rangle & \langle 2|S_{HV}|^2 \rangle & \langle \sqrt{2} S_{HV} S_{VV}^* \rangle \\ \langle S_{VV} S_{HH}^* \rangle & \langle \sqrt{2} S_{VV} S_{HV}^* \rangle & \langle |S_{VV}|^2 \rangle \end{bmatrix} \quad (4.14)$$

类似地，极化相干矩阵[*T*]定义如下，

$$[T] = \langle k_{4P} k_{4P}^* \rangle \quad (4.15)$$

极化协方差/相干矩阵都是满秩的。如果不做统计平均，这两个矩阵的秩均为 1，并且都描述的是确定性散射过程。两个矩阵都是哈密顿半正定矩阵，且具有线性关系，因此有相同的实非负特征值，但特征向量不同。

由于利用极化相干矩阵更易于解释散射过程的物理意义，因此在实际的极化研究中更多的是采用极化相干矩阵，而不是极化协方差矩阵。然而，正如前面所述，在后向散射情况下，因为互易性，因此 4 阶的 Pauli 矩阵不会出现(李洪忠，2010)。限制到三维空间，利用新的散射矢量生成一个新的相干矩阵[*T*]：

$$[T] = \langle k_{3P} k_{3P}^* \rangle = \frac{1}{2} \begin{bmatrix} \langle |A|^2 \rangle & \langle AB^* \rangle & \langle AC^* \rangle \\ \langle BA^* \rangle & \langle |B|^2 \rangle & \langle BC^* \rangle \\ \langle CA^* \rangle & \langle CB^* \rangle & \langle |C|^2 \rangle \end{bmatrix}, \begin{cases} A = S_{HH} + S_{VV} \\ B = S_{HH} - S_{VV} \\ C = 2 S_{HV} \end{cases} \quad (4.16)$$

在假设随机介质的各向同性的情况下，极化协方差矩阵[*C*]和极化相干矩阵[*T*]都包含散射矩阵[*S*]中所有元素之间的偏差和相干信息。

在使用极化协方差矩阵和极化相干矩阵时需要注意：①两个矩阵也可以用来描述复杂目标，并且对于 N 个互相独立的子散射体所构成的目标，同样可以表示成合成的形式；②两个矩阵都是 Hermitte 矩阵，它们之间可以通过下式联系起来：

$$C = \frac{1}{2} \begin{bmatrix} 1 & 1 & 0 & 0 \\ 0 & 0 & 1 & -j \\ 0 & 0 & 1 & j \\ 1 & -1 & 0 & 0 \end{bmatrix} T \begin{bmatrix} 1 & 0 & 0 & 1 \\ 0 & 1 & 1 & 0 \\ 0 & j & -j & 0 \\ 1 & -1 & 0 & 0 \end{bmatrix} \tag{4.17}$$

对于 HH/HV 双极化 SAR 数据，经过 n 视处理的极化协方差矩阵 $[C]$ 可以表示为

$$[C] = \frac{1}{n} \sum_{i=1}^{n} kk^{*\mathrm{T}} = \begin{bmatrix} \langle |S_{\mathrm{HH}}|^2 \rangle & \langle S_{\mathrm{HH}} S_{\mathrm{HV}}^* \rangle \\ \langle S_{\mathrm{HV}} S_{\mathrm{HH}}^* \rangle & \langle |S_{\mathrm{HV}}|^2 \rangle \end{bmatrix} \tag{4.18}$$

4.2 极 化 分 解

4.2.1 Cloude 分解

Cloude 分解方法主要基于极化相干矩阵 $[T]$ 进行，由 Cloude 等提出 (Cloude and Pottier, 1997)。这种分解方法不但能很好地解释散射机制，而且具备稳定不变性：无论选用何种极化基进行变化，都能得到相同的特征值。基于此，可以对相干矩阵 $[T]$ 进行特征值分解，分解形式如下：

$$[T] = \sum_{i=1}^{3} \lambda_i [T_i] = \lambda_1 e_1 e_1^* + \lambda_2 e_2 e_2^* + \lambda_3 e_3 e_3^* \tag{4.19}$$

其中，λ_i 和 e_i 分别表示特征值和特征向量；$[T_i]$ 是秩为 1 的独立相干矩阵，每一个矩阵都表示某种简单的散射机制；前缀 λ_i 表示该散射机制的强度。特征向量 e_i 可以表示为

$$e_i = \mathrm{e}^{i\phi_i} [\cos\alpha_i \quad \sin\alpha_i \cos\beta_i \mathrm{e}^{i\delta_i} \quad \sin\alpha_i \sin\beta_i \mathrm{e}^{i\gamma_i}]^{\mathrm{T}} \tag{4.20}$$

其中，β ($-180° \leq \beta \leq 180°$) 为目标方位角；$\phi$、$\delta$、$\gamma$ 为目标相位角。

上述针对特征值的分解在解释散射机理上并不是很方便，为此 Cloude 等定义了极化熵 H 和反熵 A。

极化熵 H，取值范围为 $0 \leq H \leq 1$，对应着地物目标散射混乱程度的递增过程。当 $H=0$ 时，对应各向同性散射；当 $H=1$ 时，表明地物为完全随机散射。

$$H = \sum_{i=1}^{3} -P_i \log_3 P_i, \quad P_i = \lambda_i / \sum \lambda_i \tag{4.21}$$

熵值的大小与系统去极化作用关系密切：熵值低，弱去极化，特征值最大的那项所对应的散射机制占主导；熵值高，去极化效应强，应考虑多种散射机制并存。当极化熵分辨不出两个较小特征值的关系时，定义了反熵 A，其表达式如下：

$$A = \frac{\lambda_2 - \lambda_3}{\lambda_2 + \lambda_3} \tag{4.22}$$

此外，定义了平均散射角 α：

$$\alpha = \sum_{i=1}^{3} P_i \alpha_i \tag{4.23}$$

第 4 章 SAR 特征提取

α 的值从 $0°$ 变化到 $45°$，再变化到 $90°$，对应着散射机制从单次散射到体散射再到二面角散射的变化过程。

除此之外，Cloude 分解具有保持总能量 Span 守恒的性质。因此，可从 Cloude 分解中提取参数 Span。其表达式如下：

$$\text{Span} = |S_{HH}|^2 + 2|S_{HV}|^2 + |S_{VH}|^2 = \lambda_1 + \lambda_2 + \lambda_3 \tag{4.24}$$

同 Cloude 其他分解参数相比，总能量 Span 包含了散射机制的强度信息，且很好地保留了图像边缘信息。分类特征中引入 Span 参数，有助于区别同散射机制、不同散射强度的地物。

基于 Cloude 分解的各个参数如图 4.1 所示。

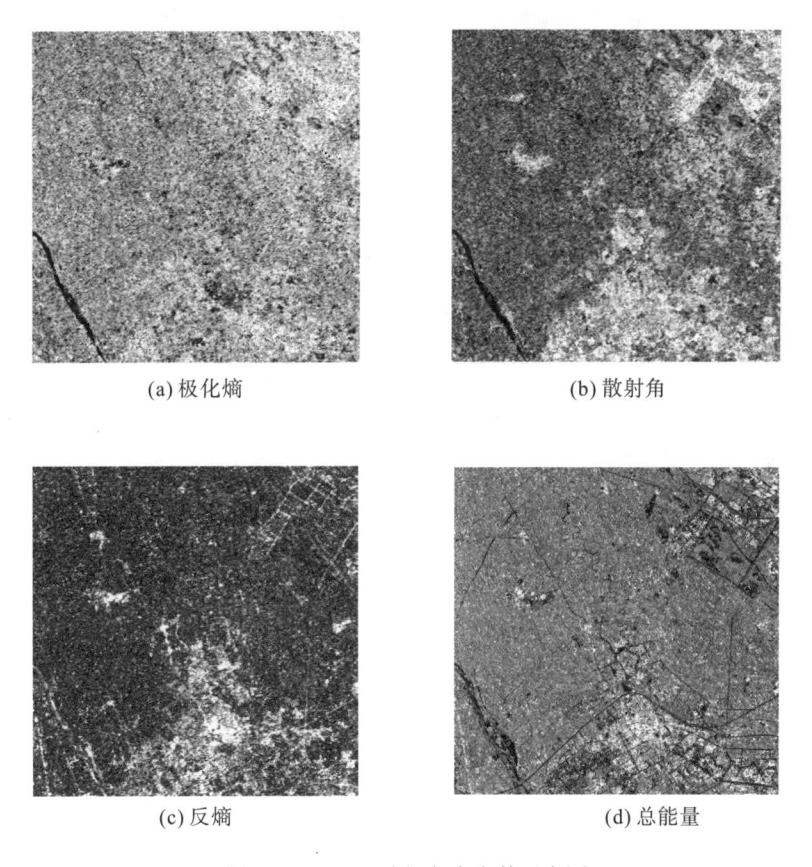

(a) 极化熵　　　　　　　　　　　　　(b) 散射角

(c) 反熵　　　　　　　　　　　　　(d) 总能量

图 4.1 Cloude 分解各个参数示意图

经过 Cloude 特征值分解可得到一系列利于表达目标散射的参数，其中将极化熵 H 和散射角 α 联合起来，能很好地描述自然界各目标的散射机制。将二者组成的特征空间划定成 8 个有效区域，如图 4.2 所示。

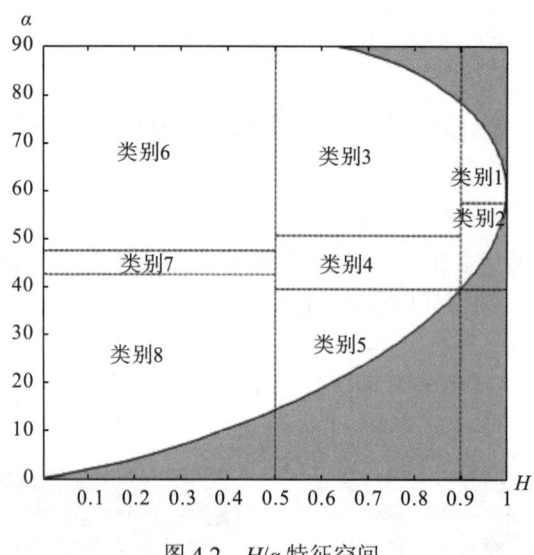

图 4.2 H/α 特征空间

每个区域所对应的散射机制见表 4.1。

表 4.1 H/α 特征空间散射机制对应表

	$0 \leqslant H < 0.5$	$0.5 \leqslant H < 0.9$	$0.9 \leqslant H < 1$
$0° \leqslant \alpha < 42.5°$	类别 8 (低熵表面散射)	类别 5 (中熵表面散射)	不存在
$42.5° \leqslant \alpha < 47.5°$	类别 7 (低熵偶极子散射)	类别 4 (中熵植被散射)	类别 2 (高熵植被散射)
$47.5° \leqslant \alpha < 90°$	类别 6 (低熵多次散射)	类别 3 (中熵多次散射)	类别 1 (高熵多次散射)

4.2.2 Holm 分解

Cloude 分解可以将相干矩阵 [**T**] 表示为特征值和特征向量的形式。将特征矢量构成特征矢量矩阵，同时特征值构成对角阵，那么相干矩阵 [**T**] 就可以表示为

$$[\boldsymbol{T}] = \boldsymbol{U}\boldsymbol{\Sigma}\boldsymbol{U}^{*\mathrm{T}} \tag{4.25}$$

其中，$\boldsymbol{\Sigma}$ 表示由特征值构成的对角矩阵；$\boldsymbol{U}$ 表示特征矢量构成的特征矢量矩阵。

Holm 分解是对 Cloude 分解的一种新的物理解释方法(Holm and Barnes, 1988)，它将得到的特征值构成的对角阵进行如下变换，不妨假设 $\lambda_1 \geqslant \lambda_2 \geqslant \lambda_3$，有

$$\boldsymbol{\Sigma} = \begin{bmatrix} \lambda_1 & 0 & 0 \\ 0 & \lambda_2 & 0 \\ 0 & 0 & \lambda_3 \end{bmatrix}_{\lambda_1 \geqslant \lambda_2 \geqslant \lambda_3} = \underbrace{\begin{bmatrix} \lambda_1 - \lambda_2 & 0 & 0 \\ 0 & 0 & 0 \\ 0 & 0 & 0 \end{bmatrix}}_{\boldsymbol{\Sigma}_1} + \underbrace{\begin{bmatrix} \lambda_2 - \lambda_3 & 0 & 0 \\ 0 & \lambda_2 - \lambda_3 & 0 \\ 0 & 0 & 0 \end{bmatrix}}_{\boldsymbol{\Sigma}_2} + \underbrace{\begin{bmatrix} \lambda_3 & 0 & 0 \\ 0 & \lambda_3 & 0 \\ 0 & 0 & \lambda_3 \end{bmatrix}}_{\boldsymbol{\Sigma}_3} \tag{4.26}$$

$$= \boldsymbol{\Sigma}_1 + \boldsymbol{\Sigma}_2 + \boldsymbol{\Sigma}_3$$

将式(4.26)代入式(4.25)中，得

$$[T] = U\Sigma U^{*T} = U\Sigma_1 U^{*T} + U\Sigma_2 U^{*T} + U\Sigma_3 U^{*T} = T_{12} + T_{23} + T_{33} \quad (4.27)$$

Holm 认为相干矩阵 $[T]$ 是由矩阵 T_{12} 表示主要目标，矩阵 T_{23} 表示一个剩余项，矩阵 T_{33} 表示噪声项组成，这个分解就被称为 Holm 分解。该分解方法主要是将目标分解为一个单独的散射体和两个噪声，或者说是残余项的和。这是一种混合分解方法，结合了特征值分解和 Huynen 提出的单个目标加上噪声的分解方法。

将数据一进行 Holm 分解得到的分量如图 4.3 表示。其中，图 4.3(a) 为 T_{12} 分量表示的主要目标，图 4.3(b) 为 T_{23} 分量表示的剩余项，图 4.3(c) 为 T_{33} 分量表示的噪声项，图 4.3(d) 表示的这三个分量合成的 RGB 彩色图。

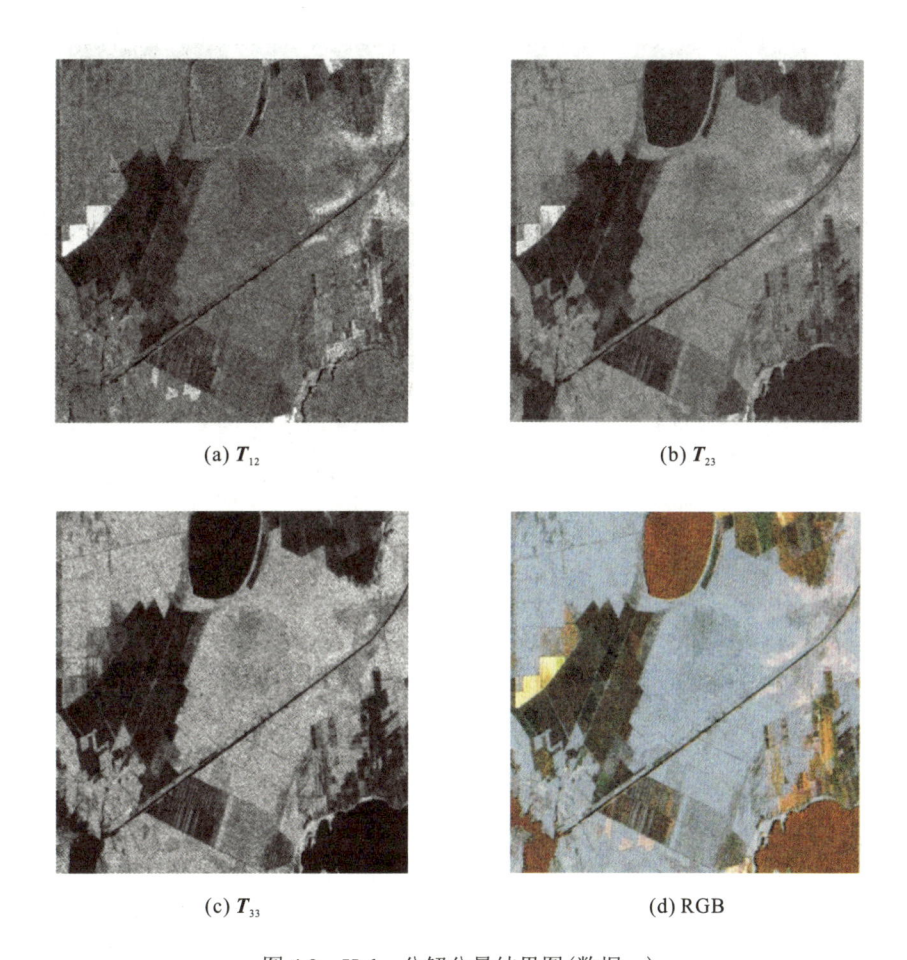

(a) T_{12}　　(b) T_{23}

(c) T_{33}　　(d) RGB

图 4.3　Holm 分解分量结果图(数据一)

同理，将数据二进行 Holm 分解得到的分量如图 4.4 表示。其中，图 4.4(a) 为 T_{12} 分量表示的主要目标，图 4.4(b) 为 T_{23} 分量表示的剩余项，图 4.4(c) 为 T_{33} 分量表示的噪声项，图 4.4(d) 表示这三个分量合成的 RGB 彩色图。

(a) T_{12}

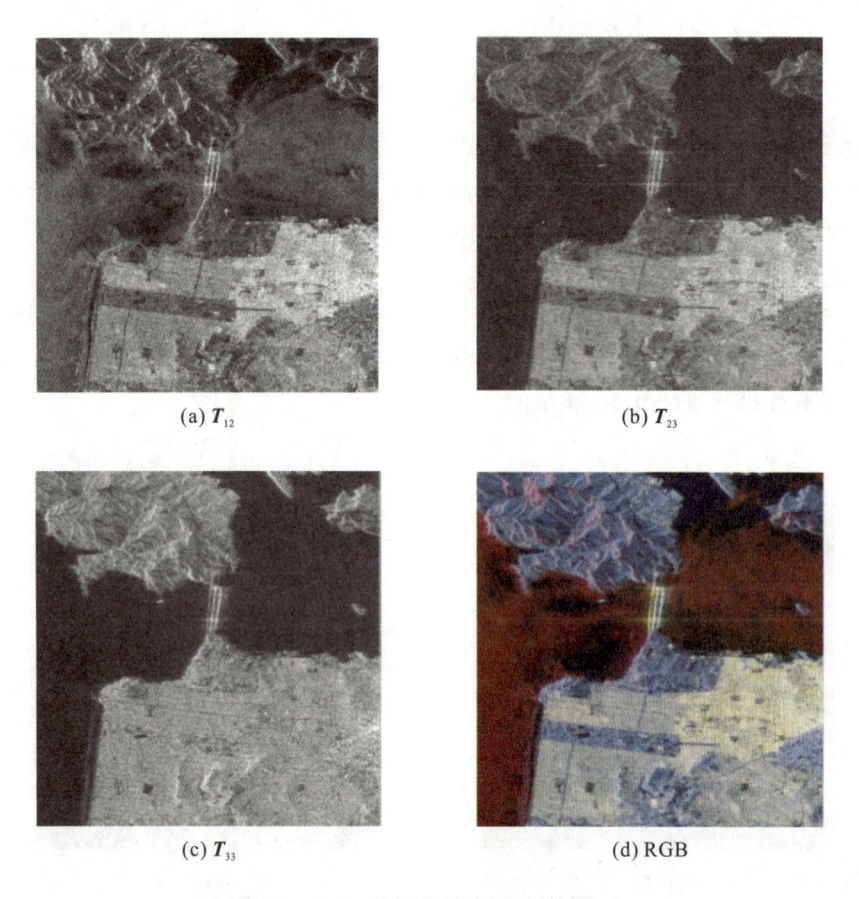

(b) T_{23}

(c) T_{33}

(d) RGB

图 4.4　Holm 分解分量结果图（数据二）

4.2.3　Van Zyl 分解

Van Zyl 分解是由 Van Zyl(1993)首次提出的，它是在单基站的情况下，对基于方位对称的 3×3 的协方差矩阵 [C] 的一般性描述。在自然媒质（如土壤和森林）满足反射对称性假设条件下，同极化和交叉极化之间的相关性为 0。协方差矩阵 [C] 将会表达成下面的形式：

$$[C] = \begin{bmatrix} \langle |S_{HH}|^2 \rangle & 0 & \langle S_{HH}S_{VV}^* \rangle \\ 0 & \langle 2|S_{HV}|^2 \rangle & 0 \\ \langle S_{VV}S_{HH}^* \rangle & 0 & \langle |S_{VV}|^2 \rangle \end{bmatrix} = \alpha \begin{bmatrix} 1 & 0 & \rho \\ 0 & \eta & 0 \\ \rho^* & 0 & \mu \end{bmatrix} \tag{4.28}$$

其中，

$$\alpha = \langle S_{HH}S_{HH}^* \rangle \tag{4.29}$$

$$\rho = \frac{\langle S_{HH}S_{VV}^* \rangle}{\langle S_{HH}S_{HH}^* \rangle} \tag{4.30}$$

第 4 章　SAR 特征提取

$$\eta = 2\frac{\langle S_{\mathrm{HV}} S_{\mathrm{HV}}^* \rangle}{\langle S_{\mathrm{HH}} S_{\mathrm{HH}}^* \rangle} \tag{4.31}$$

$$\mu = \frac{\langle S_{\mathrm{VV}} S_{\mathrm{VV}}^* \rangle}{\langle S_{\mathrm{HH}} S_{\mathrm{HH}}^* \rangle} \tag{4.32}$$

参数 α、ρ、η 和 μ 依赖于散射体的大小、形状、介电性质以及它们的角分布统计特性。

将矩阵 $[C]$ 进行特征分解，得到的特征值可以表示为

$$\lambda_1 = \frac{\alpha}{2}\left[\mu+1+\sqrt{(\mu-1)^2+4|\rho|^2}\right] \tag{4.33}$$

$$\lambda_2 = \frac{\alpha}{2}\left[\mu+1-\sqrt{(\mu-1)^2+4|\rho|^2}\right] \tag{4.34}$$

$$\lambda_3 = \alpha\eta \tag{4.35}$$

相应的特征矢量为

$$\boldsymbol{k}_1 = \sqrt{\frac{(\mu-1+\sqrt{\Delta})^2}{(\mu-1+\sqrt{\Delta})^2+4|\rho|^2}} \begin{bmatrix} \dfrac{2\rho}{(\mu-1+\sqrt{\Delta})} \\ 0 \\ 0 \end{bmatrix} \tag{4.36}$$

$$\boldsymbol{k}_2 = \sqrt{\frac{(\mu-1-\sqrt{\Delta})^2}{(\mu-1-\sqrt{\Delta})^2+4|\rho|^2}} \begin{bmatrix} \dfrac{2\rho}{(\mu-1-\sqrt{\Delta})} \\ 0 \\ 0 \end{bmatrix} \tag{4.37}$$

$$\boldsymbol{k}_3 = \begin{bmatrix} 0 \\ 1 \\ 0 \end{bmatrix} \tag{4.38}$$

其中，

$$\Delta = (\mu-1)^2 + 4|\rho|^2 \tag{4.39}$$

将 3×3 的协方差矩阵 $[C]$ 表述成特征值与特征向量乘积的形式：

$$\begin{aligned}\boldsymbol{C}_3 &= \sum_{i=1}^{i=3}\lambda_i \boldsymbol{\mu}_i \boldsymbol{\mu}_i^{*\mathrm{T}} \\ &= \varLambda_1\begin{bmatrix}|\alpha|^2 & 0 & \alpha \\ 0 & 0 & 0 \\ \alpha^* & 0 & 1\end{bmatrix} + \varLambda_2\begin{bmatrix}|\beta|^2 & 0 & \beta \\ 0 & 0 & 0 \\ \beta^* & 0 & 1\end{bmatrix} + \varLambda_3\begin{bmatrix}0 & 0 & 0 \\ 0 & 1 & 0 \\ 0 & 0 & 0\end{bmatrix}\end{aligned} \tag{4.40}$$

其中，

$$\varLambda_1 = \lambda_1\left[\frac{(\mu-1+\sqrt{\Delta})^2}{(\mu-1+\sqrt{\Delta})^2+4|\rho|^2}\right],\ \alpha = \frac{2\rho}{\mu-1+\sqrt{\Delta}} \tag{4.41}$$

$$\Lambda_2 = \lambda_2 \left[\frac{(\mu-1-\sqrt{\Delta})^2}{(\mu-1-\sqrt{\Delta})^2 + 4|\rho|^2} \right], \beta = \frac{2\rho}{\mu-1-\sqrt{\Delta}} \quad (4.42)$$

$$\Lambda_3 = \lambda_3 \quad (4.43)$$

将特征向量 k_1 和 k_2 的第一个元素写成下面比值的形式：

$$\frac{k_{11}}{k_{21}} = -\frac{\sqrt{(\zeta-1+\sqrt{\Delta})^2 \left[(\zeta-1-\sqrt{\Delta})^2 + 4|\rho|^2\right]}}{\sqrt{(\zeta-1-\sqrt{\Delta})^2 \left[(\zeta-1+\sqrt{\Delta})^2 + 4|\rho|^2\right]}} \times \frac{(\zeta-1-\sqrt{\Delta})^2}{4|\rho|^2} \quad (4.44)$$

注意到比值 k_{11}/k_{21} 总是负值。这就意味着前两个特征矢量代表奇次或者偶次散射类型。Van Zyl 分解也是以协方差矩阵 $[C]$ 的特征值和特征向量为基础，来区分奇次或者偶次散射机制的一种分解方法。

4.2.4 SPOEC 分解

Wang 和 Davis(1997)在 Van Zyl 分解的基础上对散射机制的分解做了另一种解释。为了理解用协方差矩阵 $[C]$ 表示的散射机制，Zyl(1993)将协方差矩阵 $[C]$ 分解为如下形式：

$$[C] = \sum_{i=1}^{3} \lambda_i [C_i] = \lambda_1 k_1 k_1^{*\mathrm{T}} + \lambda_2 k_2 k_2^{*\mathrm{T}} + \lambda_3 k_3 k_3^{*\mathrm{T}} \quad (4.45)$$

其中，$\lambda_i (i=1,2,3)$ 表示协方差矩阵 $[C]$ 的特征值；$k_i (i=1,2,3)$ 表示相对应的特征向量，可以表示成下面的形式：

$$k_1 = [k_{1hh} \quad k_{1hv} \quad k_{1vv}]' = [k_{1hh} \quad 0 \quad k_{1vv}]' \quad (4.46)$$

$$k_2 = [k_{2hh} \quad k_{2hv} \quad k_{2vv}]' = [k_{2hh} \quad 0 \quad k_{2vv}]' \quad (4.47)$$

$$k_3 = [k_{3hh} \quad k_{3hv} \quad k_{3vv}]' = [0 \quad 1 \quad 0]' \quad (4.48)$$

可以看出 $k_i (i=1,2,3)$ 是单位向量，并且彼此相互正交。

为了确定从协方差矩阵 $[C]$ 分解得到的散射分量的散射机制，重新将方程(4.48)表达成下面的形式：

$$[C] = \lambda_1 \begin{bmatrix} k_{1hh}k_{1hh}^* & 0 & k_{1hh}k_{1vv}^* \\ 0 & 0 & 0 \\ k_{1vv}k_{1hh}^* & 0 & k_{1vv}k_{1vv}^* \end{bmatrix} + \lambda_2 \begin{bmatrix} k_{2hh}k_{2hh}^* & 0 & k_{2hh}k_{2vv}^* \\ 0 & 0 & 0 \\ k_{2vv}k_{2hh}^* & 0 & k_{2vv}k_{2vv}^* \end{bmatrix} + \lambda_3 \begin{bmatrix} 0 & 0 & 0 \\ 0 & 1 & 0 \\ 0 & 0 & 0 \end{bmatrix} \quad (4.49)$$

基于 k_{1hh}、k_{1vv}、k_{2hh} 和 k_{2vv} 的表达式，可以得出 $k_{1hh}k_{1vv}^*/k_{2hh}k_{2vv}^*$ 永远是负值。因为这个比值是负值，所以 $k_{1hh}k_{1vv}^*$ 和 $k_{2hh}k_{2vv}^*$ 之间的相位差为 $180°$。也就是 $\lambda_1 k_1 k_1^{*'}$ 和 $\lambda_2 k_2 k_2^{*'}$ 表示的散射机制之间有 $180°$ 的相位差异。换句话说，如果 $\lambda_1 k_1 k_1^{*'}$ 表示奇次散射类型，那么 $\lambda_2 k_2 k_2^{*'}$ 表示的就是偶次散射机制，反之亦然。为了理清 $\lambda_1 k_1 k_1^{*'}$ 和 $\lambda_2 k_2 k_2^{*'}$ 表示的散射机制类型，本书讨论下面的形式。

在复平面中，一个正数的相位角为 $0°$，负数的相位角为 $180°$。对于一个简单的目标，

第 4 章 SAR 特征提取

比如三面角或者二面角反射器来说，$k_{1hh}k_{1vv}^*$ 或者 $k_{2hh}k_{2vv}^*$ 始终是正数。然而，由于一般目标(比如森林)散射机制的复杂性和 SAR 系统噪声的影响，$k_{1hh}k_{1vv}^*$ 和 $k_{2hh}k_{2vv}^*$ 并非总是正数，它们也可能为复数。那么可以近似使用 $k_{1hh}k_{1vv}^*$ 和 $k_{2hh}k_{2vv}^*$ 的实数部分来鉴别 $\lambda_1 k_1 k_1^{*\prime}$ 和 $\lambda_2 k_2 k_2^{*\prime}$ 的散射机制类型。

(1) 如果 $k_{1hh}k_{1vv}^*$ 的实部是正数(在复平面上有 0° 相位角)，$k_{2hh}k_{2vv}^*$ 的实部是负数(在复平面上有 180° 相位角)，那么 $\lambda_1 k_1 k_1^{*\prime}$ 表示奇次散射类型(HH-VV 的相位差为 0°)，$\lambda_2 k_2 k_2^{*\prime}$ 表示偶次散射类型(HH-VV 的相位差为 180°)。

(2) 如果 $k_{1hh}k_{1vv}^*$ 的实部是负数，$k_{2hh}k_{2vv}^*$ 的实部是正数，那么 $\lambda_1 k_1 k_1^{*\prime}$ 表示偶次散射类型，$\lambda_2 k_2 k_2^{*\prime}$ 表示奇次散射类型。

(3) $\lambda_3 k_3 k_3^{*\prime}$ 表示交叉散射类型。

通过上述三个方程，可以将极化 SAR 数据分解成奇次散射(简称为 SP-O)、偶次散射类型(简称为 SP-E)和交叉极化散射类型(简称为 SP-C)，所以该分解方法被称为 SPOEC 分解。

将数据一进行 SPOEC 分解，得到结果如图 4.5 所示。图 4.5(a)表示奇次散射，图 4.5(b)表示偶次散射，图 4.5(c)表示交叉极化散射，图 4.5(d)表示三种散射分量的合成 RGB 彩色图。

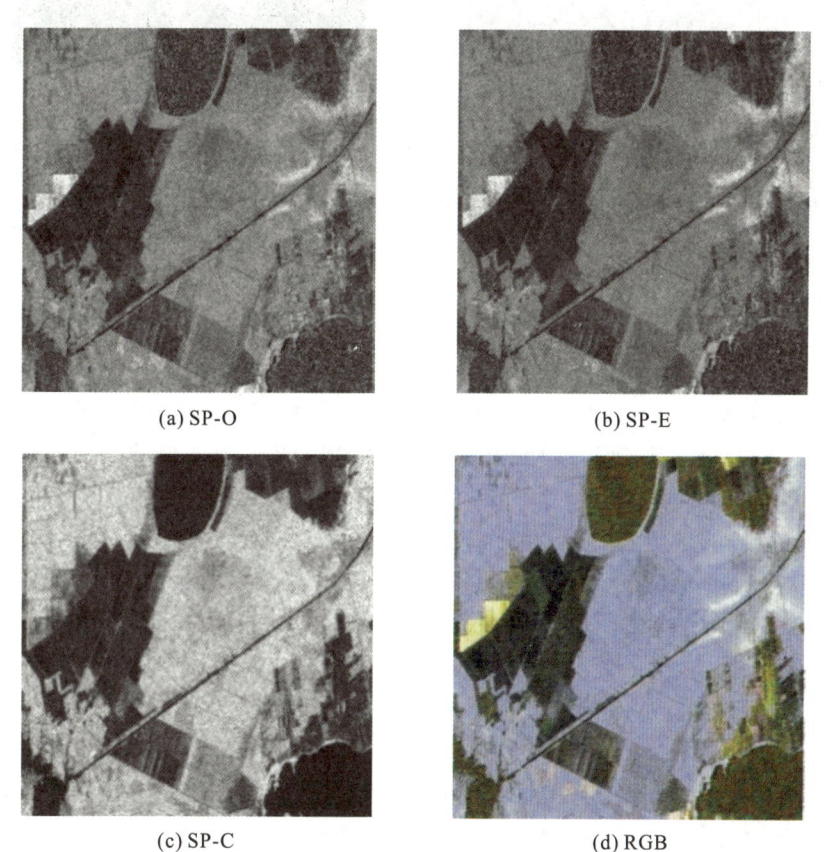

(a) SP-O

(b) SP-E

(c) SP-C

(d) RGB

图 4.5　SPOEC 分解分量结果图(数据一)

同理将数据二进行 SPOEC 分解，得到结果如图 4.6 所示。图 4.6(a)表示奇次散射，图 4.6(b)表示偶次散射，图 4.6(c)表示交叉极化散射，图 4.6(d)表示三种散射分量的合成 RGB 彩色图。

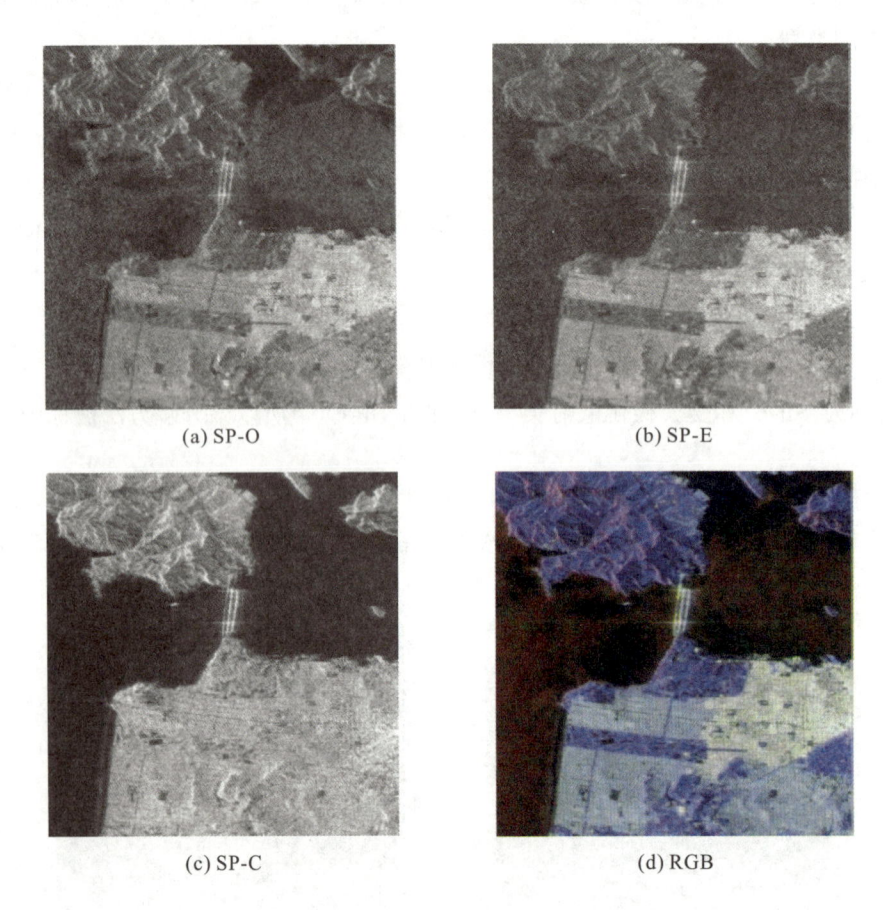

(a) SP-O

(b) SP-E

(c) SP-C

(d) RGB

图 4.6　SPOEC 分解分量结果图(数据二)

奇次散射也就是表面散射，平坦表面或者三角反射器等都是这类典型的散射体，比如海洋表面、平坦的道路等。偶次散射类型可以用常规的角反射器来模拟该散射过程，比如树干和地面构成的二面角，以及墙壁和地面构成的二面角等。交叉极化散射类型的散射过程比较复杂，多半发生在森林、建筑等经过多次散射的地物类型。

4.2.5　Freeman 分解

Freeman 等在 Van Zyl 的基础上，从构建目标散射模型出发，考虑了表面散射、二次散射和体散射三种较为典型的散射过程，提出 Freeman 分解这一非相干分解方法。

表面散射模型是一阶 Bragg 表面散射体，二次散射是二面角反射器，体散射是方向随机的偶极子集合。表面散射主要描述粗糙的自然地表等地物，二次散射主要描述建筑物墙角等，体散射则对应着森林等枝叶繁茂的植被区。这三种散射的协方差矩阵可以表示如下：

$$C_S = \begin{bmatrix} |\alpha|^2 & 0 & \alpha \\ 0 & 0 & 0 \\ \alpha^* & 0 & 1 \end{bmatrix}, C_D = \begin{bmatrix} |\beta|^2 & 0 & \beta \\ 0 & 0 & 0 \\ \beta^* & 0 & 1 \end{bmatrix}, C_V = \begin{bmatrix} 1 & 0 & 1/3 \\ 0 & 2/3 & 0 \\ 1/3 & 0 & 1 \end{bmatrix} \quad (4.50)$$

至此，我们可以很清楚地推测出 Freeman 分解的目的是将散射单元表示成上述表面散射、二次散射和体散射三种模型的加权和。需要说明的是，该分解方法的主体是协方差矩阵$[C]$，即

$$[C] = f_S[C_S] + f_D[C_D] + f_V[C_V] \quad (4.51)$$

其中，前缀 f_S、f_D 和 f_V 分别代表上述三种散射分量的权重。容易推出有以下等式成立：

$$\begin{cases} <|hh|^2> = f_S \cdot |\alpha|^2 + f_D \cdot |\beta|^2 + f_V \\ <|vv|^2> = f_S + f_D + f_V \\ <|hh \cdot vv^*|> = f_S \cdot \alpha + f_D \cdot \beta + \dfrac{1}{3} f_V \\ <|hv|^2> = \dfrac{1}{3} f_V \end{cases} \quad (4.52)$$

下面的工作将围绕求解式(4.52)中的 5 个未知数展开。通过方程(4.52)中第 4 个等式可发现，HV 的大小只与体散射分量有关，进而可求得体散射分量的权重 f_V。而其余 4 个参数的值可参考文献(Lee et al., 1999)中的求解方法：若 $\mathrm{Re}(hh \cdot vv^*) > 0$，则表面散射分量占主导，此时令 $\beta = -1$；若 $\mathrm{Re}(hh \cdot vv^*) < 0$，则二次散射分量占主导，令 $\alpha = 1$。

同样，Freeman 分解也可保持总能量 Span 不变性，即

$$\mathrm{Span} = |S_{HH}|^2 + 2|S_{HV}|^2 + |S_{VH}|^2 = P_S + P_D + P_V \quad (4.53)$$

基于 Freeman 分解的各个参数如图 4.7 所示。

(a) 表面散射　　　　　　(b) 二次散射　　　　　　(c) 体散射

图 4.7　Freeman 分解各个参数示意图

4.3　纹理特征提取

4.3.1　灰度共生矩阵

灰度共生矩阵(gray level co-occurrence matrix，GLCM)定义如下：设图像 X 轴方向有

N_x 个像元，Y 轴方向有 N_y 个。为了降低计算量，定义图像最高灰度级为 N_g，记

$$L_x = \{1, 2, \cdots, N_x\} \tag{4.54}$$

$$L_y = \{1, 2, \cdots, N_y\} \tag{4.55}$$

$$G = \{1, 2, \cdots, N_g\} \tag{4.56}$$

图像纹理分析的过程可以理解为从 $L_x \times L_y$ 到 G 的一个映射，即 $L_x \times L_y$ 中的每点，对应属于 G 中的一个灰度。

将方向为 θ、间隔为 d 的灰度共生矩阵表示为 $[p(i, j, \theta, d)]$。其中，$p(i, j, \theta, d)$ 为矩阵的第 i 行第 j 列元素，其意义表示所有取 θ 方向、相邻间隔为 d 的像元中有一个取 i 值、另一个取 j 值的相邻对的数目。角度 θ 可取值为 0°、45°、90°、135°，当 θ 取值不同时，灰度共生矩阵是不同的，分别定义如下：

$$p(i, j, 0°, d) = \{(k, l), (m, n) \in B \times B | k - m = 0, |l - n| = d; f(k, l) = i, f(m, n) = j\} \tag{4.57}$$

$$p(i, j, 45°, d) = \{(k, l), (m, n) \in B \times B | k - m = 0, |l - n| = d; f(k, l) = i, f(m, n) = j\} \tag{4.58}$$

$$p(i, j, 90°, d) = \{(k, l), (m, n) \in B \times B | |k - m| = d, l - n = 0; f(k, l) = i, f(m, n) = j\} \tag{4.59}$$

$$p(i, j, 135°, d) = \{(k, l), (m, n) \in B \times B | k - m = d, l - n = -d; f(k, l) = i, f(m, n) = j\} \tag{4.60}$$

其中，$B = L_y \times L_x$，$\{x\}$ 表示集合 X 元素数。

4.3.2 纹理特征提取

1. 灰度共生矩阵纹理特征介绍

通常所说的纹理特征并不是 GLCM 本身，而是在此基础上衍生出多个二次统计量，这些统计量才是我们的目标所在。Haralic 曾提出 14 种特征向量，其中均值、方差、同质性、反差、异质性、熵、角二阶矩和相关性这 8 种比较常用。各个统计量具体表达式如下。

1) 均值 mean

$$\text{mean} = \sum_{i=2}^{2N_g} i \times p_{(x+y)}(i) \tag{4.61}$$

2) 方差 var

$$\text{var} = \sum_{i=1}^{N_g} \sum_{j=1}^{N_g} (i - u)^2 p(i, j) = \sum_{i=1}^{N_g} (i - u)^2 p_x(i) \tag{4.62}$$

其中，u 是 $p(i, j)$ 的均值。

3) 同质性 hom

$$\text{hom} = \sum_{i=1}^{N_g} \sum_{j=1}^{N_g} \frac{1}{1 + (i - j)^2} p(i, j) \tag{4.63}$$

4) 反差 con

$$\text{con} = \sum_{i=1}^{N_g} \sum_{j=1}^{N_g} p(i,j)(i-j)^2 \qquad (4.64)$$

5) 异质性 dis

$$\text{dis} = \sum_{i=1}^{N_g} \sum_{j=1}^{N_g} p(i,j)|i-j| \qquad (4.65)$$

6) 熵 ent

$$\text{ent} = -\sum_{i=1}^{N_g} \sum_{j=1}^{N_g} p(i,j)\log[p(i)] \qquad (4.66)$$

7) 角二阶矩 asm

$$\text{asm} = \sum_{i=1}^{N_g} \sum_{j=1}^{N_g} [p(i,j)]^2 \qquad (4.67)$$

8) 相关性 cor

$$\text{cor} = \left\{ \sum_{i=1}^{N_g} \sum_{j=1}^{N_g} i \times j \times p(i,j) = u_x u_y \right\} / \delta_x \delta_y \qquad (4.68)$$

其中，u_x、δ_x 为 $\{p_x(i), i=1,2,\cdots,N_g\}$ 的均值和方差；u_y、δ_y 为 $\{p_y(j), j=1,2,\cdots,N_g\}$ 的均值和方差。

2. 纹理特征的生成

生成纹理特征的过程如下：首先量化图像的灰度级，之后确定移动方向并以 $N \times N$ 窗口滑动，计算灰度共生矩阵；利用上述灰度共生矩阵，提取 8 种纹理特征，赋值给窗口的中心像元；以一定步长移动，继续下一个窗口的计算。以此类推，直至遍历整个图像。

本研究中，上述几个参数定义如下：窗口大小为 13×13，步长为 1，灰度量级为 16，为了获得图像在各个方向的纹理特征，本书在分别求取 4 个方向上的纹理特征后取其平均值。有文献表明，以上参数中，对结果影响比较大的当属窗口大小(Liu et al., 2014)。因此下面对窗口大小的确定过程做简要介绍。实验基于 C 波段 Radarsat-2 数据，考虑到总能量 Span 的纹理特征效果便于分类和识别(Du et al., 2015)，且总能量本身对图像的降噪效果比较明显，因此基于 Span 提取纹理特征。实验过程中，依次设置窗口大小为 3×3、9×9、13×13、17×17 和 23×23。为了便于分析，从每一类地物中，随机选取 200 个样本点的值，后取其均值，再分析在不同窗口下、不同地物在同一特征上的区分度，如图 4-8 所示。其中，特征的排列索引 1~8 依次代表均值、方差、同质性、反差、异质性、熵、角二阶矩和相关性。

(a) 窗口大小3×3

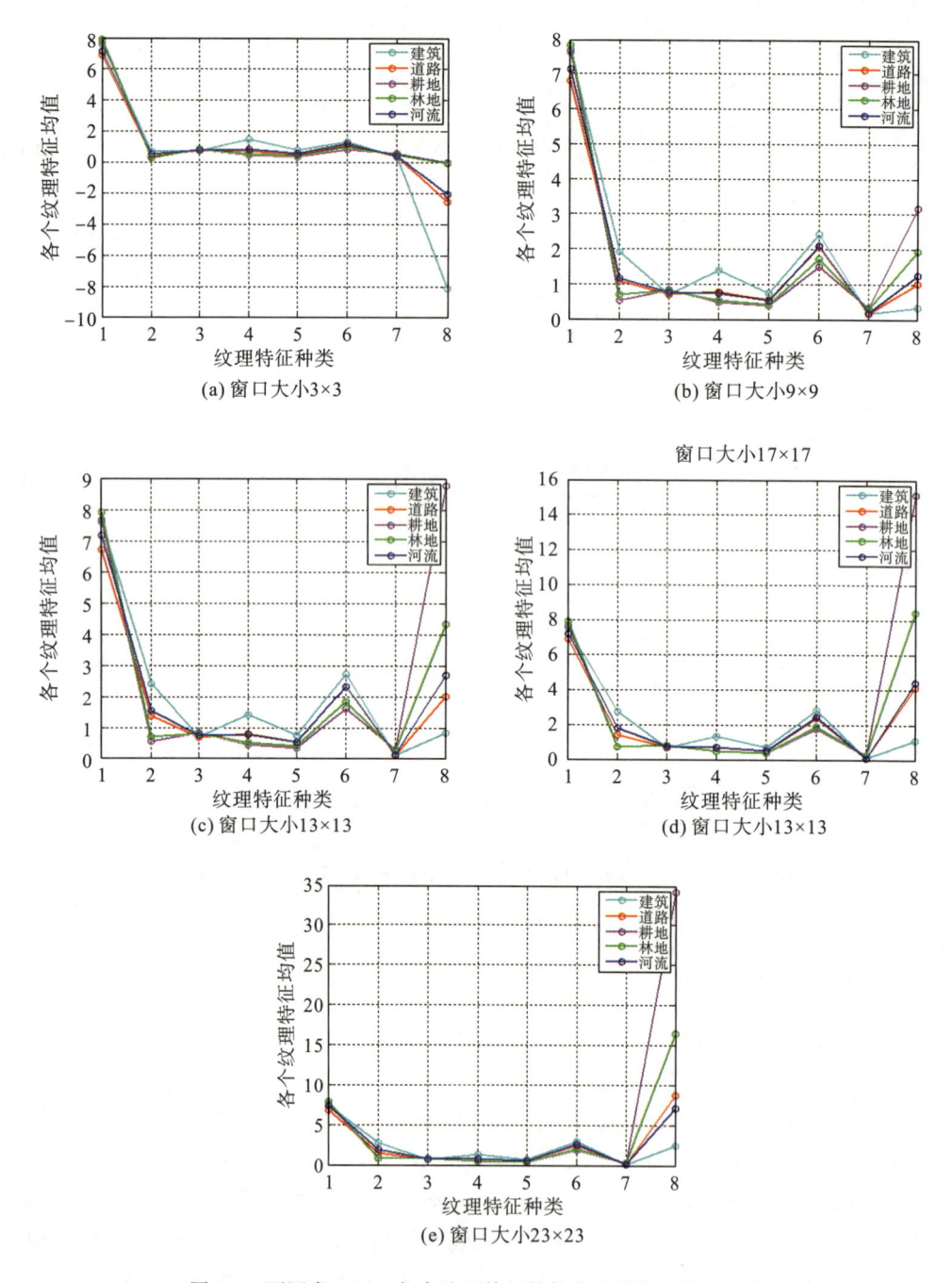

(b) 窗口大小9×9

(c) 窗口大小13×13

(d) 窗口大小13×13

(e) 窗口大小23×23

图4.8　不同窗口下、各个纹理特征的均值在地物上的区分度

由图4.8可知，各个纹理特征均值在地物上的区分度随着窗口的变化而变化。当窗口大小为3×3时，除了相关性有一定区分外，其他各个特征均出现一定程度的混淆；当窗口增加到9×9时，各个特征的区分度较之前有了明显的改善；当窗口大小为13×13时，各特征区分度延续了9×9时的良好性，且相关性特征更优；随着窗口增加到17×17，虽相比13×13时略有下降，但依然具备了一定的区分度；当窗口增加到23×23时，区分度又下降

第 4 章 SAR 特征提取

明显。

此外，为了更直观地体现不同窗口大小下的纹理特征，从定性的角度予以分析。但介于篇幅原因，这里只列出均值特征作一简要分析。如图 4.9 所示，随着窗口的增加，地物边缘越来越模糊。在窗口大小低于 13×13 时，地物细节表现较为明显；窗口增加到 17×17 开始，图像边缘开始变得模糊。另外，窗口的大小也直接影响运行时间。窗口增加的同时，运行时间变短。因此，综合考虑各个特征区分度、地物细节保持性、运行时间等方面，此次实验中确定窗口大小为 13×13。

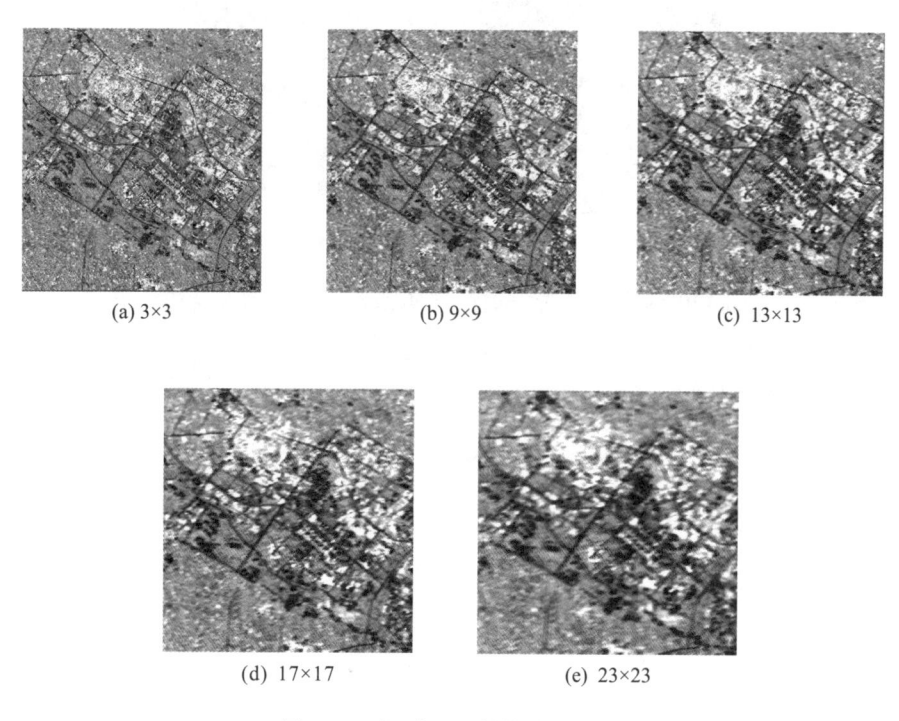

(a) 3×3　　　　　　　(b) 9×9　　　　　　　(c) 13×13

(d) 17×17　　　　　　(e) 23×23

图 4.9　不同窗口下的均值纹理图

图 4.10 中给出了在 13×13 窗口下，平均总能量 Span 的各个纹理特征统计量结果图(所呈现的为影像中某裁剪区域)，从图中可以看出，提取的纹理特征差异较明显，部分地物在纹理特征空间上能得到良好的区分。

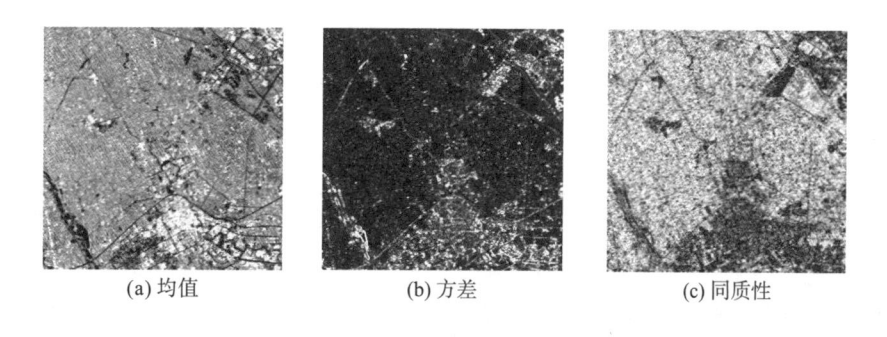

(a) 均值　　　　　　　(b) 方差　　　　　　　(c) 同质性

(d) 反差　　　　　　　　(e) 异质性　　　　　　　　(f) 熵

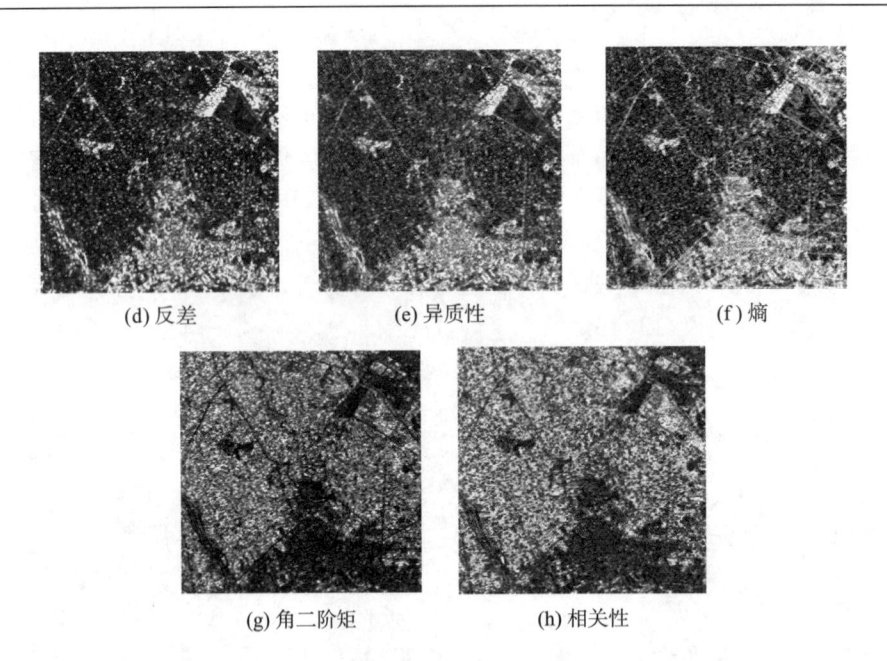

(g) 角二阶矩　　　　　　(h) 相关性

图 4.10　基于灰度共生矩阵所提取的 8 种纹理变量示意图

全部特征及其索引见表 4.2。

表 4.2　全部特征及其索引列表

索引	特征描述	索引	特征描述	索引	特征描述
1	总能量	12	协方差矩阵 C_{23}	23	Cloude 分解散射熵
2	雷达植被指数	13	协方差矩阵 C_{33}	24	Cloude 分解散射角
3	同极化比	14	相干矩阵 T_{11}	25	Cloude 分解反熵
4	交叉极化比	15	相干矩阵 T_{12}	26	纹理特征-均值
5	同极化相关系数	16	相干矩阵 T_{13}	27	纹理特征-方差
6	交叉极化相关系数 1	17	相干矩阵 T_{22}	28	纹理特征-同质性
7	交叉极化相关系数 2	18	相干矩阵 T_{23}	29	纹理特征-反差
8	协方差矩阵 C_{11}	19	相干矩阵 T_{33}	30	纹理特征-差异性
9	协方差矩阵 C_{12}	20	Freeman 分解表面散射	31	纹理特征-熵
10	协方差矩阵 C_{13}	21	Freeman 分解二面角散射	32	纹理特征-角二阶矩
11	协方差矩阵 C_{22}	22	Freeman 分解体散射	33	纹理特征-相关性

参 考 文 献

Cloude S R, Pottier E, 1997. An entropy based classification scheme for land applications of polarimetric SAR[J]. IEEE Transactions on Geoscience & Remote Sensing, 35: 68-78.

Du P, Samat A, Waske B, et al., 2015. Random Forest and Rotation Forest for fully polarized SAR image classification using polarimetric and spatial features[J]. Isprs Journal of Photogrammetry & Remote Sensing, 105: 38-53.

Holm W A, Barnes R M, 1988. On radar polarization mixed target state decomposition techniques[C] // Radar Conference, Proceedings of the 1988 IEEE National: 249-254.

Lee J S, Grunes M R, Ainsworth T L, et al., 2002. Unsupervised classification using polarimetric decomposition and the complex Wishart classifier[J]. IEEE Transactions on Geoscience and Remote Sensing, 37(5): 2249-2258.

Liu H, Guo H, Zhang L, 2014. Sea ice classification using dual polarization SAR data[C]. 35th International symposium on Remote Sensing of Environment.

Wang Y, Davis F W, 1997. Decomposition of polarimetric synthetic aperture radar backscatter from upland and flooded forests[J]. International Journal of Remote Sensing, 18: 1319-1332.

Zyl J J V, 1993. Application of Cloude's target decomposition theorem to polarimetric imaging radar data[J]. Proceedings of SPIE - The International Society for Optical Engineering: 184-191.

陈曦, 2008. PolSAR 和 PolInSAR 定量提取地形高程和森林结构参数研究[D]. 北京: 中国科学院遥感应用研究所.

李洪忠, 2010. 极化相干目标统一分解模型及极化 SAR 地物分类应用研究[D]. 北京: 中国科学院研究生院.

刘萌, 2013. 极化 SAR 图像变化检测技术研究[D]. 北京: 中国科学院大学.

杨国辉, 2012. 基于非局部均值的极化 SAR 降斑研究[D]. 西安: 西安电子科技大学.

第 5 章 SAR 土地质量主要参数反演

现实的土地不仅仅是一个单纯的自然综合体，而是一个自然-经济综合体；不仅是人类赖以生存的物质基础和宝贵财富的源泉，而且是人类最早开发利用的生产资料。目前随着全球人口的增长、耕地锐减，以及人类不合理开发利用导致土地质量不断退化。建立土地质量指标体系，对土地质量进行监测和评价，能够更好地管理土地利用(人类活动)，防止土地退化，满足人类对土地的全面需求。

土地质量是在土地现今和将来均能维持和有效发挥功能的一种能力，即生态功能、生产功能和承载功能，包括地形、土壤、气候、水文、生物、景观生态及其所决定的生态环境、生产潜力和承载能力等，是对可持续土地利用能力和环境管理(生态环境健康)而言的土地状况或健康程度(朱永恒等，2005)。本章将从植被生物量反演和土壤水分反演两个方面探讨土地质量主要参数的反演。

5.1 草原草本植被生物量反演

草原是重要的可再生资源，对保持生态环境和人类社会持续发展具有重要的作用。但自然环境的变化、人类的活动，都对草原的生态系统具有很大的影响。植被生物量体现了地球生态系统获取能量的能力，是衡量生态系统的一个重要指标。因此，及时准确地了解草原植被生物量的时空变化，对于指导人们科学合理地利用草原，保护草原的生态平衡具有重要的意义。传统的植被生物量监测方法存在耗时长、成本高、破坏性强等缺点，难以及时反映大面积植被生物量的动态变化，具有一定的局限性。而卫星遥感具有快速、宏观、动态等优点，为区域尺度的生物量监测提供了有效手段。

虽然无法从空间中直接测量植被生物量，但从 SAR 和光学数据中均可以提取出与生物量相关的遥感信息(如 SAR 数据的后向散射系数、光学遥感数据的地表反射率等)。研究表明，单独利用微波遥感数据(Englhart et al., 2011；Tsolmon et al., 2002；Wang and Ouchi, 2010；Liao et al., 2013；Kumar et al., 2012)或光学遥感数据(Clevers et al., 2007；Liu et al., 2010；Güneralp et al., 2014；Jin et al., 2014；Wu et al., 2013)估算植被生物量，均取得了较好的结果。然而，光学遥感的可见光和近红外波段容易被植被冠层散射和吸收，只能获得植被表层信息而无法获得植被内部结构信息(Englhart et al., 2011；Li and Potter, 2012)。因此，利用光学遥感反演植被生物量缺乏植被的垂直结构信息，在 LAI 大于 2 时容易达到饱和(Shoshany, 2000)。而雷达遥感具有穿透植被冠层的能力，可以获得植被的冠层结构信息，但却受到下垫面的很大影响。因此，单独利用光学遥感或雷达遥感反演植被生物量，总会受到某种限制。光学和雷达遥感数据的协同使用,可以弥补单独使用某种遥感的不足,减小植被冠层对 SAR 信号的影响(Wang et al., 2004),扩大植被生物量的有效估算范围(Moghaddam et al., 2002)。众多研究(Amini and Sumantyo, 2009; Wang and Qi, 2008; Chen et al., 2009; Attarchi and Gloaguen, 2014)表明,光学和微波遥感的结合提高了植被生物量反演的精度。

5.1.1 植被散射模型

植被对雷达入射信号的影响主要是散射和吸收到达冠层的雷达信号。植被对雷达信号的吸收主要是由植被介电常数导致,其取决于植被本身所含的水分。植被对雷达信号的吸收和散射还主要由以下几个方面决定(Bindlish and Barros, 2001):①植被冠层内散射体的大小分布;②植被冠层内散射体的形状分布;③植被冠层内散射体的方向分布;④植被冠层内的几何形状,包括行距、间距、覆盖度等;⑤植被下垫面土壤表面的粗糙度和介电常数。除了植被本身的影响外,植被对雷达信号的散射还受到信号频率、微波入射角和极化方式等系统参数的影响。

1. 水云模型

早期的植被散射模型,往往将植被描述为均匀的介质,如水云模型(water cloud model, WCM)(Attema and Ulaby, 1978)。水云模型是一种利用经验系数和植被参数表示植被冠层一阶辐射传输的半经验模型,其将植被假设为球形水滴和干物质的组合,而干物质的作用仅仅是保持水分在冠层内的均匀分布(Bindlish and Barros, 2001)。水云模型简洁地描述了植被覆盖地表的散射机制,如图 5.1 所示,其将植被覆盖地表的散射机制分为两部分,即经植被双层衰减后的土壤后向散射项和由植被直接散射回来的体散射项。

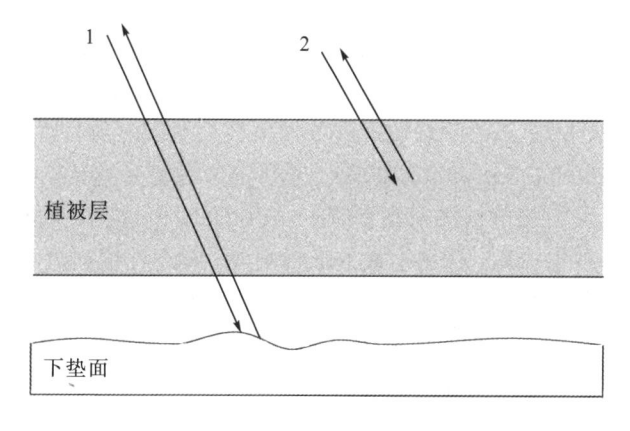

图 5.1 水云模型描述的植被散射机制

水云模型具有众多表述方式(Graham and Harris, 2003),一般来说,水云模型中冠层的总后向散射是由植被体散射贡献和下垫面散射贡献组成,并且下垫面散射贡献受到植被层的衰减。因此，水云模型可以通过下式表示(Moran et al., 1998)：

$$\sigma^o = \sigma^o_{veg} + \tau^2 \sigma^o_{soil} \tag{5.1}$$

$$\sigma^o_{veg} = AV_1^E \cos\theta(1-\tau^2) \tag{5.2}$$

$$\tau^2 = \exp(-2BV_2/\cos\theta) \tag{5.3}$$

其中，σ^o 是冠层总后向散射；σ^o_{veg} 和 σ^o_{soil} 分别是植被和土壤的后向散射贡献，单位均是 m^2/m^2；τ^2 表示冠层双向衰减；θ 是入射角，V_1 和 V_2 是植被冠层描述。冠层描述可以用叶面积指数(LAI)(Moran et al., 1998)或者植被生物量(Singh, 2006)来表示。参数 A、B 和 E 是经验系数。其中，A 和 B 的取值依赖于植被冠层类型(Inoue et al., 2002；Prevot et al., 1993a)。下垫面土壤散射贡献(σ^o_{soil}；dB)利用土壤体积含水量 m_v 的经典线性函数来表示，如下所示(Prevot et al., 1993a)：

$$\sigma^o_{soil} = C + Dm_v \tag{5.4}$$

其水云模型的参数化将地表粗糙度(表面几何)的影响和土壤水分含量(介电特性)的影响看成是独立的(Singh, 2006；Prasad, 2009)。参数 C 和 D 是经验系数。参数 C 的取值依赖于土壤粗糙度(Taconet et al., 1994)，参数 D 表示信号对土壤水分含量的敏感度(Prasad, 2009)。

水云模型对植被的描述较为简单，可以用来刻画农作物等植被覆盖比较均匀区域的微波散射机制(Maity et al., 2004；Moran et al., 2002；Magagi and Kerr, 1997)。该模型忽略了植被与下垫面之间的多次散射，且应用该模型的前提条件是以体散射为主体(Attema and Ulaby, 1978)。因此，将其应用到植被稀疏区域时，可能会造成较大误差(Svoray and Shoshany, 2002；Xing et al., 2014b)，这就需要对水云模型进行改进。

2. MIMICS 模型

植被散射模型涉及植被之间、植被各组成成分之间、植被与下垫面地表之间的一系列复杂电磁交互的认识和理解。基于微波辐射传输理论，Ulaby 等针对森林植被建立了密歇根微波冠层散射模型(michigan microwave canopy scattering model，MIMICS)(Ulaby et al., 1990)。MIMICS 模型自建立之初就被用于各种植被类型的散射特性研究中(Liang et al., 2005a；Liang et al., 2005b；Lin et al., 2009)，是目前应用最为完备的植被散射模型，也是目前被众多学者广泛应用的植被散射模型之一。MIMICS 模型建立的目的主要是用来模拟森林植被的冠层后向散射机理，根据植被的散射贡献，将森林植被分为三个部分，即冠层、树干层和下垫面，如图 5.2 所示。冠层由树叶、树枝等植被成分组成，而树干层由森林的茎干组成。植被的下垫面土壤则被假设为具有一定粗糙度的介电表面，通过均方根高度 s 和相关长度 l 来表示下垫面土壤的粗糙度。

根据森林植被的散射机理，MIMICS 模型将总体的后向散射贡献分为五个部分(图 5.2)，分别为：①下垫面-冠层-下垫面的散射贡献 σ^o_{pq1}；②下垫面-冠层和冠层-下垫面的散射贡献 σ^o_{pq2}；③冠层直接的后向散射贡献 σ^o_{pq3}；④树干-下垫面和下垫面-树干的散射贡献 σ^o_{pq4}；⑤经过植被层双向衰减的下垫面的直接散射贡献 σ^o_{pq5}。则总后向散射系数可以表示为

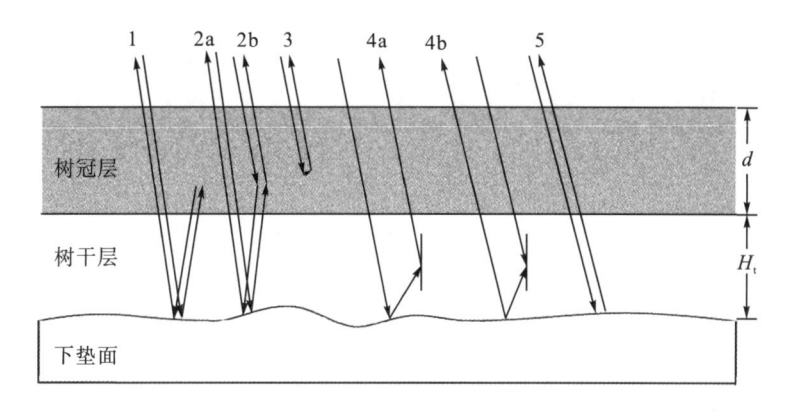

图 5.2 MIMICS 模型的散射机理

$$\sigma_{pq}^o = \sigma_{pq1}^o + \sigma_{pq2}^o + \sigma_{pq3}^o + \sigma_{pq4}^o + \sigma_{pq5}^o \tag{5.5}$$

右边各项均为植被参数、下垫面参数及雷达系统参数的函数，可以表示为

$$\sigma_{pq1}^o = T_{cp}T_{cq}T_{tp}T_{tq}\Gamma_p\Gamma_q\sigma_{pq3}^o \tag{5.6}$$

$$\sigma_{pq2}^o = 2T_{cp}T_{cq}T_{tp}T_{tq}\left(\Gamma_p + \Gamma_q\right)d\sigma_{pq2}^o \tag{5.7}$$

$$\sigma_{pq3}^o = \frac{\sigma_{pq1}^o \cos\theta}{K_{cp} + K_{tq}}(1 - T_{cp}T_{cq}) \tag{5.8}$$

$$\sigma_{pq4}^o = 2T_{cp}T_{cq}T_{tp}T_{tq}\left(\Gamma_p + \Gamma_q\right)H_t\sigma_{pqs}^o\sigma_{pq3} \tag{5.9}$$

$$\sigma_{pq5}^o = T_{cp}T_{cq}T_{tp}T_{tq}\sigma_{pqs}^o \tag{5.10}$$

其中，σ_{pq1} 表示森林植被中单位体积的植被茎和叶的雷达后向散射截面；σ_{pq2} 表示森林植被中单位体积茎和叶的散射截面；σ_{pq3} 是森林植被干层中单位面积树干的雷达后向散射截面；K_{cp} 表示 p 极化方式下植被冠层的消光系数；K_{tp} 表示 p 极化方式下植被树干层消光系数；d 是植被冠层高度；H_t 是植被树干高度；T_{tp} 表示 p 极化时植被树干层单程透射率：$T_{tp} = \exp(-K_{tp}H_t\sec\theta)$；$T_{cp}$ 表示 p 极化时植被冠层单程透射率：$T_{cp} = \exp(-K_{cp}d\sec\theta)$；$\Gamma_p$ 表示 p 极化时地表反射率，$\Gamma_p = \Gamma_{p0}\exp[-2k(\cos\theta)^2]$；$\Gamma_{p0}$ 表示 p 极化时镜面 Fresnel 反射系数；σ_{pqs}^o 为裸露地表的后向散射系数。

MIMICS 模型对森林植被的刻画非常详细，能够准确地描述森林植被覆盖地表的 SAR 后向散射机理。然而，MIMICS 模型假设植被覆盖下的地表土壤粗糙度较小，将下垫面地表土壤的散射认为是镜面反射，采用几何光学模型、物理光学模型以及小扰动模型来描述植被下垫面的后向散射，不能完全反映自然地表状况，且该模型输入参数繁多，限制了模型的应用。

3. Roo 模型

MIMICS 模型是针对高大植被(森林等)覆盖地表而建立的植被散射模型，无法用其直接模拟农作物、草地等较矮小植被覆盖地表的后向散射。鉴于此，Roo 等(2001)针对农作物的植被冠层和植被茎干之间没有明显区别的特点，对 MIMICS 模型进行简化，去除模型中树干-地面散射项，将其应用于低矮植被。因此，Roo 模型中总后向散射系数 σ_{pq}^o 可以表示为

$$\sigma_{pq}^o = \sigma_{pq1}^o + \sigma_{pq2}^o + \sigma_{pq3}^o + \sigma_{pq4}^o \tag{5.11}$$

上式中，右边每一项均表示一种散射机理。σ_{pq1}^o 表示植被冠层直接的后向散射贡献；σ_{pq2}^o 表示下垫面-冠层和冠层-下垫面的散射贡献；σ_{pq3}^o 表示下垫面-冠层-下垫面的散射贡献；σ_{pq4}^o 表示经过植被层双向衰减的下垫面的直接散射贡献。以上各散射机理可以表示为

$$\sigma_{pq1}^o = \frac{\sigma_{pq1}^o \cos\theta}{K_p + K_q}(1 - T_p T_q) \tag{5.12}$$

$$\sigma_{pq2}^o = 2T_p T_q (\Gamma_p + \Gamma_q) d\sigma_{pq2} \tag{5.13}$$

$$\sigma_{pq3}^o = \sigma_{pq1}^o T_p T_q \Gamma_p \Gamma_q \tag{5.14}$$

$$\sigma_{pq4}^o = \sigma_{pqs}^o T_p T_q \tag{5.15}$$

其中，σ_{pq1} 表示植被冠层中单位体积的茎干和叶子的雷达后向散射截面；σ_{pq2} 表示植被冠层中单位体积的茎干和叶子的雷达双向散射截面；K_p 表示 p 极化时植被冠层的消光系数；T_p 表示 p 极化时的植被冠层单层透射率，$T_p = \exp(-K_p d \sec\theta)$；$d$ 表示冠层高度。其他各参数的意义与 MIMICS 模型中的相应参数相同。

4. Saatchi 模型

植被表面的雷达后向散射主要由两个方面的参数决定(Saatchi and Moghaddam, 2000)：①与土壤和植被结构相关的几何参数；②与下垫面土壤表面和植物含水量相关的介电参数。微波后向散射系数对植被生物量的敏感度主要取决于植被结构信息和植被含水量。Saatchi 和 Moghaddam (2000)基于一个复杂的森林物理散射模型(Saatchi and McDonald, 1997)建立了一种简单的半经验森林散射模型。该模型假设森林冠层的总后向散射包含三种主要的散射机理：植被冠层的体散射贡献、冠层-地面的散射贡献和树干-地面的散射贡献，如图 5.3 所示。因此，SAR 测量的总后向散射系数可以表示为

$$\sigma_{pq}^o = \sigma_{pqc}^o + \sigma_{pqcg}^o + \sigma_{pqtg}^o \tag{5.16}$$

其中，p 和 q 分别表示雷达信号的垂直极化方式和水平极化方式；c、cg 和 tg 分别代表冠层、冠层-地面、树干-地面的散射机理。该模型有两个假设：①森林冠层包含两层（树冠和树干）；②在稠密森林条件下，土壤表面的直接散射贡献与其他散射机理相比要小很多。上式中散射机理可以表示为

$$\sigma_{pqc}^o = k_0 \frac{|\varepsilon|^{1.3}}{\varepsilon''} \cos\theta \gamma_{pqc} W_c \left(1 - e^{-k_0 \varepsilon_\omega''^{0.65} \sec\theta \beta_{pqc} W_c}\right) \tag{5.17}$$

$$\sigma_{pqcg}^o = k_0^{1.4} |\varepsilon|^{1.3} e^{-k_0^2 s^2 \cos^2\theta} \Gamma_p \gamma_{pqcg} W_c \times e^{-k_0 \varepsilon_\omega'' \sec\theta(\beta_{pqc} W_c + \beta_{pqt} W_t)} \tag{5.18}$$

$$\sigma_{pqtg}^o = k_0 \sin\theta |\varepsilon_\omega|^{0.65} e^{-k_0^2 s^2 \cos^2\theta} \Gamma_p \gamma_{pqtg} W_t \times e^{-k_0 \varepsilon_\omega'' \sec\theta(\beta_{pqc} W_c + \beta_{pqt} W_t)} \tag{5.19}$$

其中，k_0 是波数，表示为 $k_0 = 2\pi/\lambda$，λ 为波长；θ 是入射角；$\varepsilon_\omega = \varepsilon_\omega' - i\varepsilon_\omega''$ 表示水的介电

常数，ε'_ω 和 ε''_ω 分别是介电常数的实部和虚部；s 是表面粗糙度的均方根高度；Γ_p 表示 p 极化时的 Fresnel 反射率，其与土壤相对介电常数有关；W_c 表示冠层水分含量；W_t 表示树干水分含量；β_{pqc} 和 β_{pqt} 分别代表冠层和树干的平均衰减；γ_{pqc}、γ_{pqcg} 和 γ_{pqtg} 分别代表植被冠层内整体散射截面，其值完全依赖于植被冠层的几何属性，几乎与雷达信号频率和植被水分含量无关(Saatchi and Moghaddam, 2000)。对于不同波段，水的介电常数为(Saatchi and Moghaddam, 2000)：

$$\begin{cases} \varepsilon_\omega = 72.0 - i28.4 & \text{C 波段(约 5.3 GHz)} \\ \varepsilon_\omega = 83.2 - i7.81 & \text{L 波段(约 1.25 GHz)} \\ \varepsilon_\omega = 83.9 - i2.77 & \text{P 波段(约 0.44 GHz)} \end{cases} \tag{5.20}$$

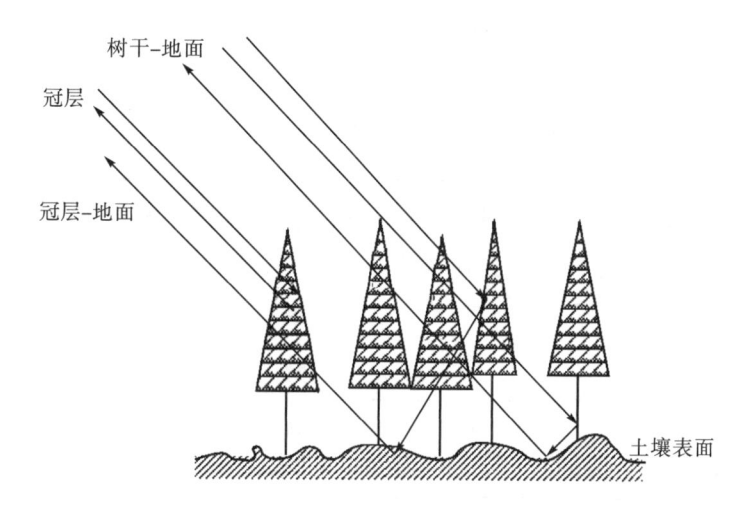

图 5.3 Saatchi 半经验模型的散射机理(Saatchi and Moghaddam, 2000)

与理论模型相比，该模型结构简单，输入参数较少，具有较强的实用性。但该模型并未考虑植被的间隙信息，因此，将其应用于存在较大间隙的稀疏森林时，可能存在一定的问题。

5.1.2 草本植被散射模型

一般而言，SAR 后向散射模型可以总结为经验模型、理论模型和半经验模型。经验模型不涉及机理问题，是对 SAR 信息参数和地面观测数据进行统计分析，并在此基础上建立两者之间关系的模型。经验模型简单且使用方便，但缺乏普适性。理论模型基于物理推导，采用严格的数学表达式来解释每个散射分量。理论模型虽然详尽地描述了入射微波与地物目标之间的相互作用，可以使人们清楚地理解散射机理，但需要植被结构的详尽描述，且计算复杂，一般不适用于大尺度的植被参数反演。经验模型和理论模型的不足，促使了半经验模型的应用。

1. 草本植被散射模型的建立

为了使经典森林散射模型(michigan microwave canopy scattering model,MIMICS)(Ulaby et al., 1990)适用于草本植被,Roo 等(2001)去除了模型中树干层的散射贡献,将植被当作一层来处理。本节以生态脆弱区草原的草本植被区域为研究对象,建立一种适合草本植被生物量反演的方法。由于草本植被的茎干和植被冠层之间没有明显的区别。因此,去除 Saatchi 和 Moghaddam 所述植被散射模型(Saatchi and Moghaddam, 2000)的树干层,将植被当作一层处理,最终建立了草本植被后向散射模型,则草本植被后向散射可以表示为

$$\sigma_{pq}^o = \sigma_{pqc}^o + \sigma_{pqcg}^o \tag{5.21}$$

其中,σ_{pqc}^o 用公式(5.17)表示,而 σ_{pqcg}^o 改写为

$$\sigma_{pqcg}^o = k_0^{1.4}|\varepsilon|^{1.3}\,\mathrm{e}^{-k_0^2 s^2 \cos^2\theta}\,\Gamma_p \gamma_{pqcg} W_c \times \mathrm{e}^{-k_0 \varepsilon_w'' \sec\theta \beta_{pqc} W_c} \tag{5.22}$$

建立草本植被散射模型后,将 SAR 数据的后向散射系数、植被冠层水分含量、土壤水分含量、土壤粗糙度等作为模型的输入数据,利用 Levenberg–Marquardt 非线性最小二乘法,通过不断优化 SAR 测量的后向散射系数和模型模拟的后向散射系数之间的均方根误差来估算模型中的植被结构参数(β_{pqc}、γ_{pqc} 和 γ_{pqcg})。估算的植被结构参数见表 5.1。需要说明的是,上述植被散射模型建立在植被稠密的假设条件下,并未考虑植被间隙的影响。因此,在植被冠层具有较大间隙的情况下,该模型的反演精度可能较小。

表 5.1 植被结构参数估算值

β_{HHc}	γ_{HHc}	γ_{HHcg}	β_{VVc}	γ_{VVc}	γ_{VVcg}
0.00014	0.02318	0.26427	0.00008	0.01797	0.22672

2. 改进的草本植被散射模型

生态脆弱区草原植被密度分布不均,有的地方植被覆盖比较稀疏,下垫面土壤的后向散射强烈,因此,必须考虑土壤直接散射对总后向散射系数的贡献。以前的研究中,有学者将总后向散射系数分为植被覆盖部分的散射贡献和裸土直接散射的贡献(Svoray and Shoshany, 2002)。为了将建立的草本植被模型应用于生态脆弱区草原,将植被覆盖度作为模型的附加参数,利用植被覆盖度将每个像元分为两个部分,即植被覆盖区域和裸土区域(如图 5.4 所示)。首先假设整个像元完全由植被覆盖,计算出后向散射系数后,根据植被覆盖度计算出实际的植被后向散射贡献 σ_{veg}^o,即

$$\sigma_{veg}^o = f_{veg}\sigma_{pq}^o \tag{5.23}$$

其中,f_{veg} 表示植被覆盖度。

将式(5.21)代入式(5.23)中,则植被后向散射可以表示为

$$\sigma_{veg}^o = f_{veg}(\sigma_{pqc}^o + \sigma_{pqcg}^o) \tag{5.24}$$

同理,假设整个像元完全是裸土,计算出后向散射系数后,根据裸土在整个像元内所占的比重计算出实际的裸土后向散射贡献 σ_{soil}^o,即

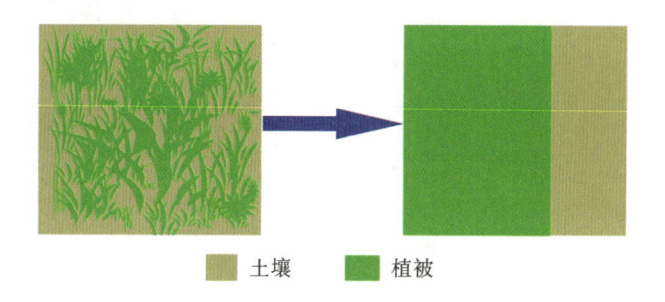

第 5 章　SAR 土地质量主要参数反演

图 5.4　利用植被覆盖度将每个像元分为植被覆盖和裸露土壤两部分

$$\sigma_{\text{soil}}^{o} = (1 - f_{\text{veg}})\sigma_{\text{soi}}^{o} \tag{5.25}$$

其中，σ_{soi}^{o} 表示完全为裸土时的后向散射。结合式(5.24)和式(5.25)，则总后向散射 $\sigma_{\text{total}}^{o}$ 可以表示为

$$\sigma_{\text{total}}^{o} = f_{\text{veg}}(\sigma_{\text{pqc}}^{o} + \sigma_{\text{pqcg}}^{o}) + (1 - f_{\text{veg}})\sigma_{\text{soi}}^{o} \tag{5.26}$$

选择 Dubois 模型(Dubois et al., 1995a)来计算改进模型中裸土的后向散射 σ_{soi}^{o}，不仅模型简单，而且已经过了大量验证(Baghdadi and Zribi, 2006)，更重要的是，利用 Dubois 模型计算裸土后向散射不会为模型带来新的未知参数。利用 Dubois 模型可以将裸土条件下 HH 极化方式的后向散射系数 $\sigma_{\text{soiHH}}^{o}$ 和 VV 极化方式的后向散射系数 $\sigma_{\text{soiVV}}^{o}$ 表示为

$$\sigma_{\text{soiHH}}^{o} = 10^{-2.75}\frac{\cos^{1.5}\theta}{\sin^{5}\theta}10^{0.028\varepsilon\tan\theta}(k_{0}s \times \sin\theta)^{1.4}\lambda^{0.7} \tag{5.27}$$

$$\sigma_{\text{soiVV}}^{o} = 10^{-2.35}\frac{\cos^{3}\theta}{\sin^{3}\theta}10^{0.046\varepsilon\tan\theta}(k_{0}s \times \sin\theta)^{1.1}\lambda^{0.7} \tag{5.28}$$

其中，λ 表示波长；ε 为土壤介电常数，主要取决于土壤含水量，可以用 Topp 模型(Topp et al., 1980)表示为

$$\varepsilon = 3.03 + 9.3m_{v} + 146m_{v}^{2} - 76.7m_{v}^{3} \tag{5.29}$$

3. 光学遥感数据反演微波模型输入参数

植被覆盖度作为植被散射模型的附加参数来区分像元内植被覆盖部分和裸土部分所占的比例。利用像元二分模型(dimidiate pixel model, DPM)(Gutman and Ignatov, 1998)计算植被覆盖度 f_{veg}，则植被覆盖度表示为

$$f_{\text{veg}} = \frac{\text{NDVI} - \text{NDVI}_{\min}}{\text{NDVI}_{\max} - \text{NDVI}_{\min}} \tag{5.30}$$

其中，NDVI 是从 HJ-1 CCD 影响中提取出的归一化植被指数(normalized difference vegetation index，NDVI)。归一化植被指数的最小值 $\text{NDVI}_{\min}$ 和最大值 $\text{NDVI}_{\max}$ 分别表示裸露土壤和完全植被覆盖时的 NDVI。NDVI 定义为近红外(near infrared，NIR)波段和红光波段上光谱反射率之差与之和的比，可以表示为

$$\text{NDVI} = \frac{\rho_{\text{NIR}} - \rho_{\text{RED}}}{\rho_{\text{NIR}} + \rho_{\text{RED}}} \tag{5.31}$$

其中，ρ_{NIR} 和 ρ_{RED} 分别是近红外波段和红光波段的光谱反射率。

5.1.3 草本植被生物量估算方法

利用双极化 SAR 数据估算植被生物量。根据改进的草本植被散射模型，建立 HH 极化方式和 VV 极化方式的后向散射方程组：

$$\begin{cases} \sigma_{HH}^o = f(W_c, s, m_v) \\ \sigma_{VV}^o = f(W_c, s, m_v) \end{cases} \tag{5.32}$$

基于(5.32)方程组，构建后向散射系数与植被含水量 W_c，土壤表面均方根高度 s 和土壤水分含量 m_v 的查找表。根据 SAR 数据测量的后向散射与植被散射模型模拟的后向散射，在查找表中找出代价函数最小时所对应的植被含水量 W_c。代价函数定义为

$$S = \sqrt{\frac{1}{2}\left[\left(\sigma_{HH}^o - \sigma_{HHSAR}^o\right)^2 + \left(\sigma_{VV}^o - \sigma_{VVSAR}^o\right)^2\right]} \tag{5.33}$$

上式中，σ_{HHSAR}^o 和 σ_{VVSAR}^o 分别表示 SAR 图像中获取的 HH 极化和 VV 极化的后向散射系数。由于病态反演的存在，当代价函数最小时，查询的结果可能并不是唯一的。当出现多个查询结果时，取其平均值作为最终结果。

野外实测数据表明，植被含水量和植被生物量之间具有很强的线性关系(如图 5.5 所示)。获得植被含水量后，利用植被含水量与植被生物量之间的线性关系来计算植被生物量。为了评估植被生物量估算值与测量值之间的差异，分别计算决定系数(R^2)和均方根误差(RMSE)。

值得注意的是，乌图美仁实验区的植被生物量与植被含水量之间的决定系数(R^2)略高于若尔盖实验区。乌图美仁实验区植被以芦苇为主，植被单一，而若尔盖实验区植被种类较多，且不同植被种类的植被含水量不尽相同，造成了乌图美仁实验区植被生物量与植被含水量之间的相关性略好于若尔盖实验区。图 5.5(a)所表示的乌图美仁实验区植被生物量与植被含水量之间线性关系的斜率为 0.7661，而图 5.5(b)所表示的若尔盖实验区植被生物量与植被含水量之间线性关系的斜率为 0.3276，这说明乌图美仁实验区的植被干燥程度要远远大于若尔盖研究区。

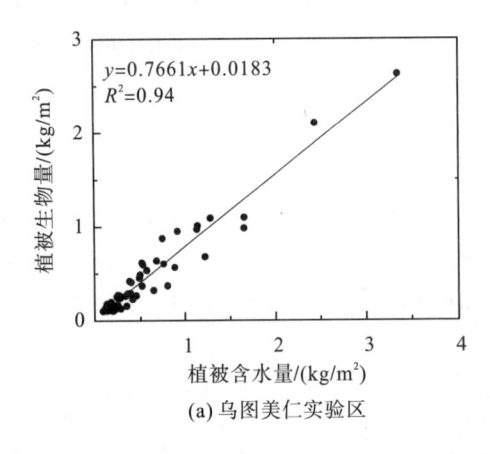

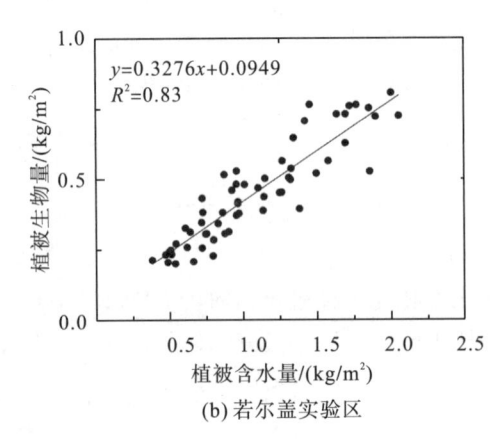

(a) 乌图美仁实验区

(b) 若尔盖实验区

图 5.5 植被含水量和植被生物量之间的关系散点图

5.1.4 结果与讨论

1. 后向散射模拟

图 5.6 展示了乌图美仁实验区草本植被散射模型模拟的后向散射系数与 Envisat ASAR 测量的后向散射系数之间的关系散点图。图 5.7 展示了若尔盖实验区草本植被散射模型模拟的后向散射系数与 Radarsat-2 SAR 测量的后向散射系数之间的关系散点图。值得注意的是，为了查看方便，本书已将后向散射系数统一转换为分贝(dB)值。从图 5.6 和图 5.7 中可以看出，模型模拟的后向散射系数与测量值之间具有一定的线性关系(对于乌图美仁实验区：HH 极化方式，R^2=0.63；VV 极化方式，R^2=0.60。对于若尔盖实验区：HH 极化方式，R^2=0.51；VV 极化方式，R^2=0.49)。从图 5.6 和图 5.7 中均发现了一个有趣的现象：无论是在 HH 极化下还是在 VV 极化下，与后向散射系数较小时相比，后向散射值较大时更偏离 1∶1 线。Svoray 和 Shoshany(2002)的研究表明，干旱区草原上后向散射系数与植被生物量之间呈负相关关系；换句话说，后向散射系数随植被生物量的增加而减小。其他研究者(Taconet et al., 1994；Prevot et al., 1993b)在相对湿润的条件下也发现了类似的现象。在雷达后向散射系数饱和前，后向散射系数随着植被生物量增加而减小，这是由于土壤粗糙度和土壤水分含量对雷达信号的影响随着植被生物量的增加而减小(Svoray et al., 2001)。C 波段监测植被生物量的饱和度为 2 kg/m^2 (Imhoff, 1995)。本书的实验区位于生态脆弱区草原，在所有的测量点中，仅仅有乌图美仁实验区的 4 个样点的植被生物量超过了饱和值。鉴于后向散射与植被生物量的负相关关系，本书认为模型的误差主要发生在生物量较低的区域，即误差主要出现在植被稀疏的区域。这个现象可以解释为草本植被散射模型对稀疏植被条件不敏感，因为该模型并未计算植被间隙信息，忽略了植被间裸土斑点直接散射的信号。因此，当植被间存在较大间隙时，利用该模型模拟的后向散射系数是不精确的。

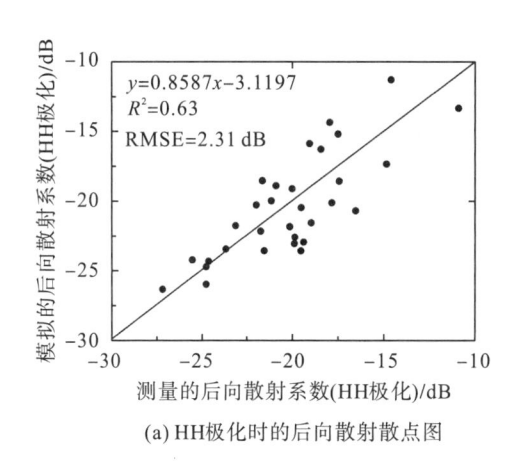

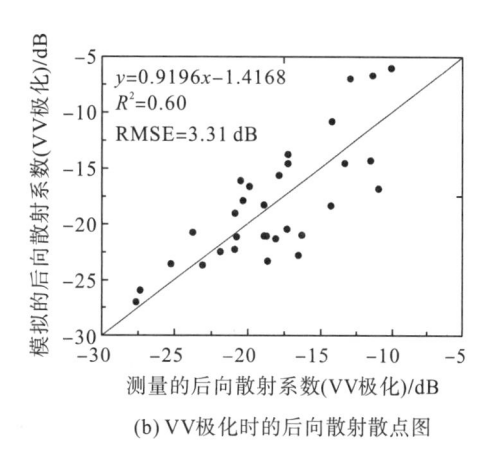

(a) HH极化时的后向散射散点图　　(b) VV极化时的后向散射散点图

图 5.6　乌图美仁实验区测量的后向散射系数与草本植被散射模型模拟的后向散射系数之间的关系散点图

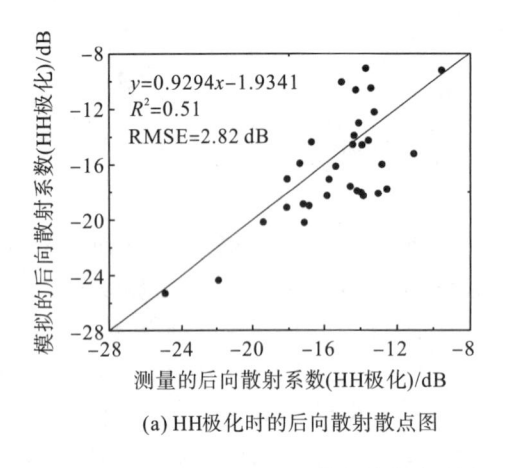

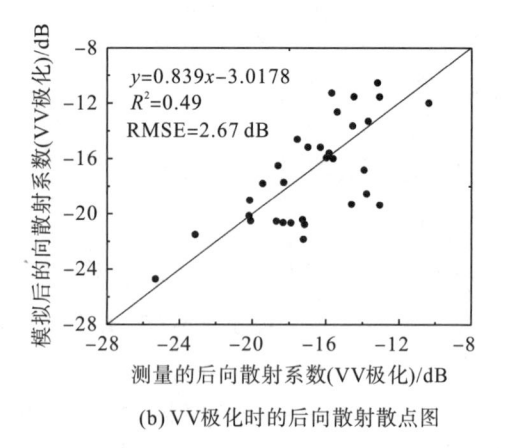

(a) HH极化时的后向散射散点图　　(b) VV极化时的后向散射散点图

图 5.7　若尔盖实验区测量的后向散射系数与草本植被
散射模型模拟的后向散射系数之间的关系散点图

鉴于植被和土壤的散射机理不同,利用植被覆盖度将混合像元分为植被覆盖部分和裸土部分,将植被覆盖度作为模型的参数之一对草本植被散射模型进行了改进。图 5.8 展示了将植被覆盖度作为草本植被散射模型附加参数时,模型模拟的乌图美仁实验区后向散射系数与 Envisat ASAR 测量的后向散射系数之间的关系散点图。图 5.9 展示了将植被覆盖度作为草本植被散射模型附加参数时,模型模拟的若尔盖实验区后向散射系数与 Radarsat-2 SAR 测量的后向散射系数之间的关系散点图。图 5.8 和图 5.9 的散点图呈现出测量值和模拟值之间具有较强的线性关系。与草本植被散射模型相比,改进的散射模型加入了植被覆盖度,包含了植被间隙中裸土的后向散射贡献,提高了植被后向散射的模拟精度(在乌图美仁实验区：对于 HH 极化, R^2 从 0.63 增加到 0.84, RMSE 从 2.31 dB 减小到 1.47 dB; 对于 VV 极化, R^2 从 0.60 增加到 0.82, RMSE 从 3.31 dB 减小到 2.00 dB。在若尔盖实验区：对于

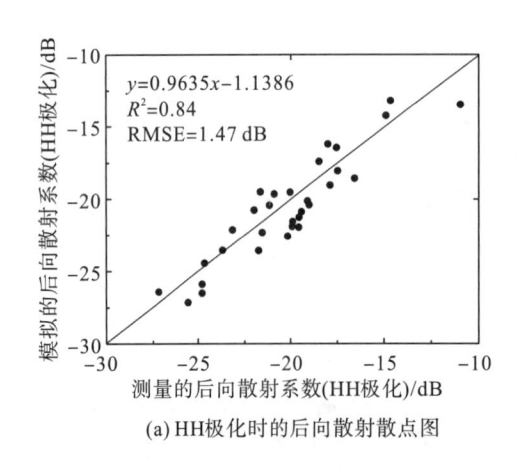

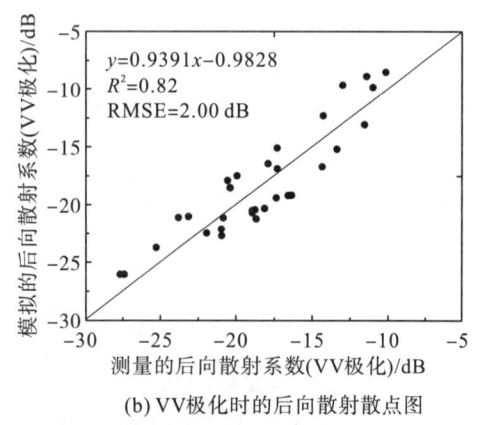

(a) HH极化时的后向散射散点图　　(b) VV极化时的后向散射散点图

图 5.8　乌图美仁实验区测量的后向散射系数与改进的草本植被
散射模型模拟的后向散射系数之间的关系散点图

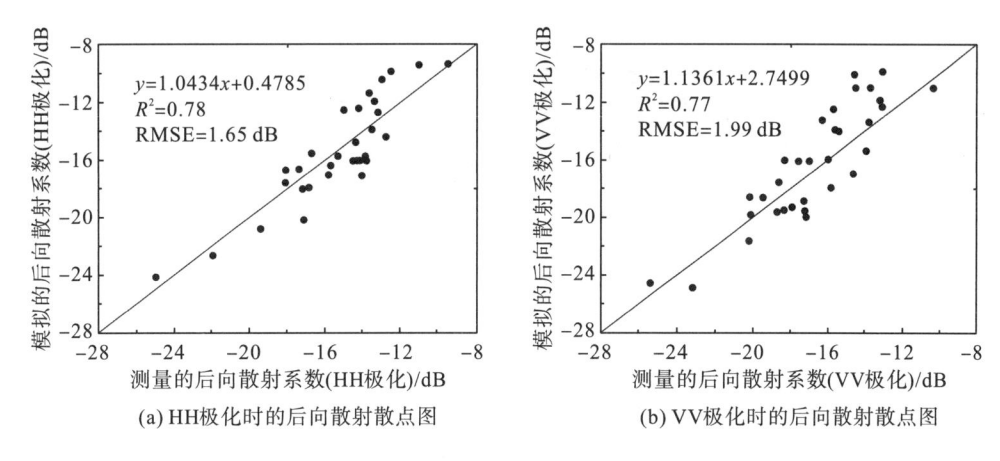

第5章 SAR 土地质量主要参数反演

(a) HH极化时的后向散射散点图

(b) VV极化时的后向散射散点图

图 5.9 若尔盖实验区测量的后向散射系数与改进的草本植被
散射模型模拟的后向散射系数之间的关系散点图

HH 极化，R^2 从 0.51 增加到 0.78，RMSE 从 2.82 dB 减小到 1.65 dB；对于 VV 极化，R^2 从 0.49 增加到 0.77，RMSE 从 2.67 dB 减小到 1.99 dB），这说明改进的草本植被散射模型在相对稀疏的植被条件下也具有较高的敏感性。结果表明，将植被覆盖度作为散射模型的附加参数以区分植被和裸土之间不同的散射机理，提高了模型的模拟精度，能够解决生态脆弱区草原裸土斑点对散射的影响。

2. 生物量估算结果

通过查找表方法查找出植被含水量 W_c 后，利用 W_c 与植被生物量的关系（图 5.5 所示），估算出地上生物量。图 5.10 展示了乌图美仁实验区野外实地测量的植被生物量与利用草本植被散射模型估算的植被生物量之间的关系散点图。从图 5.10 和图 5.11 中可以观察到，在植被相对稀疏的区域，植被生物量被高估。植被稀疏区裸露土壤对后向散射系数的影响

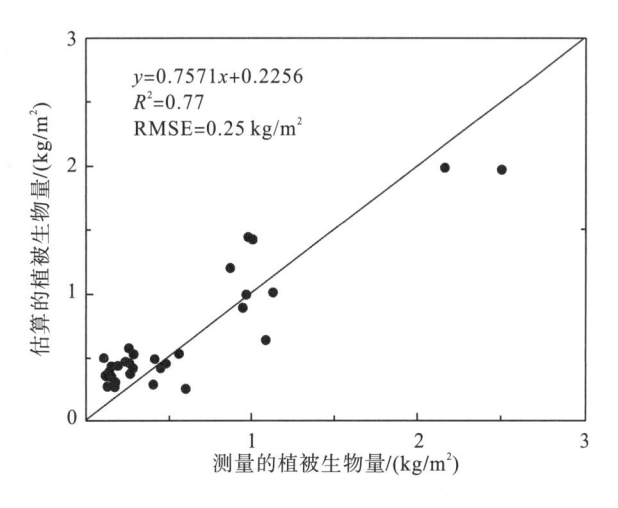

图 5.10 乌图美仁实验区测量的植被生物量与草本植被
散射模型估算的植被生物量之间的关系散点图

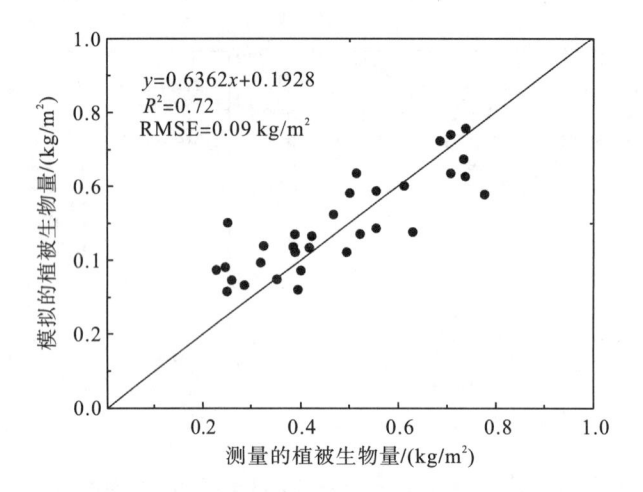

图 5.11 若尔盖实验区测量的植被生物量与草本植被
散射模型估算的植被生物量之间的关系散点图

强烈,而草本植被散射模型假设像元内植被完全覆盖,并未考虑植被间隙中裸土的散射贡献,因而高估了植被生物量。值得注意的是,在乌图美仁实验区内,当植被生物量小于 0.5 kg/m² 左右时被高估;而在若尔盖实验区内,当植被生物量小于 0.35 kg/m² 左右时被高估。乌图美仁实验区地处干旱区,植被干燥;而若尔盖实验区较为湿润,植物含水量较高。因此,当植被覆盖度相同时,乌图美仁实验区的植被具有更高的植被生物量。这可能是造成两个实验区植被生物量被高估阈值不同的原因。

由改进草本植被散射模型估算的植被生物量与测量的植被生物量之间的关系散点图(图 5.12 和图 5.13)显示出的强线性关系(在乌图美仁实验区:R^2=0.84,RMSE=0.20 kg/m²;在若尔盖实验区:R^2=0.78,RMSE=0.08 kg/m²),表明改进的草本植被散射模型可以有效地估计生态脆弱区草原的植被生物量。

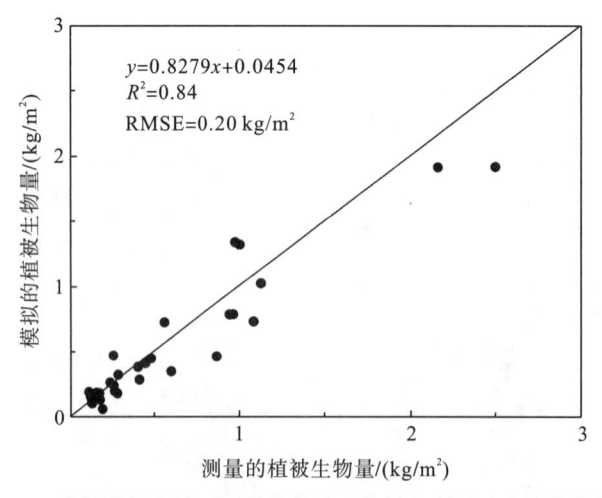

图 5.12 乌图美仁实验区测量的植被生物量与利用改进的草本植被
散射模型估算的植被生物量之间的关系散点图

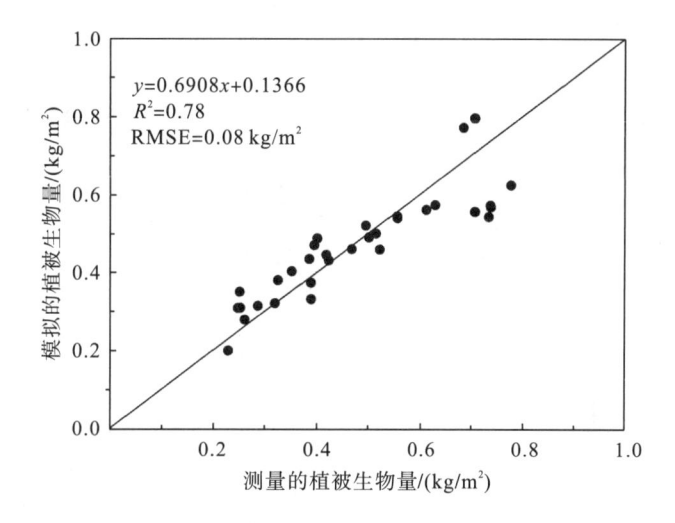

图 5.13 若尔盖实验区测量的植被生物量与利用改进的草本植被
散射模型估算的植被生物量之间的关系散点图

利用改进的草本植被散射模型估算出了乌图美仁草原和若尔盖草原的植被生物量空间分布图(图 5.14 和图 5.15)。这证明本书建立的方法能够有效地估计大尺度上的植被生物量分布。比较图 5.14 和图 5.15 可以发现,乌图美仁草原的植被生物量空间变化更大。这是由于乌图美仁草原地处青海省柴达木盆地,属于干旱区草原,植被生长所需的水分主要依赖于河流。因此,靠近河流的植被更加茂密,而远离河流的植被相对稀疏。若尔盖草原相对湿润,植被生长所需要的水分充足,因此,植被生物量的空间变化相对较小。

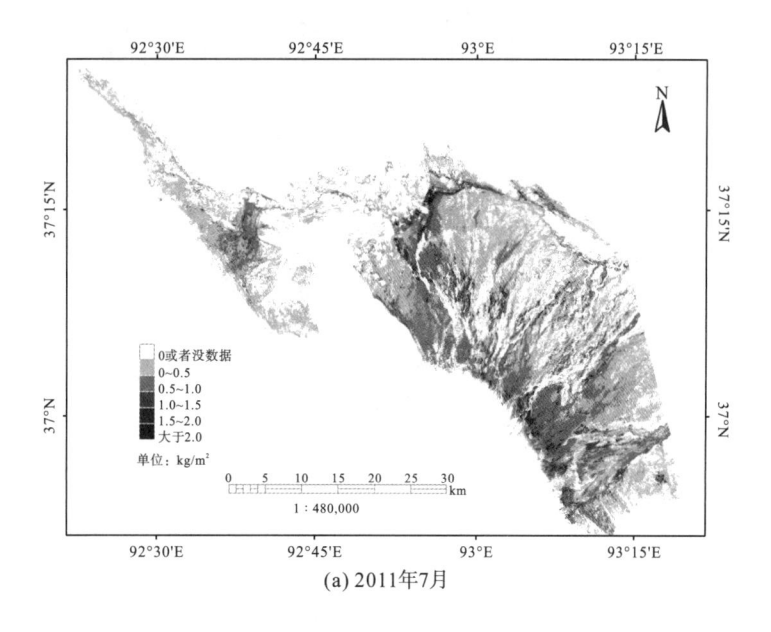

(a) 2011年7月

(b) 2011年8月

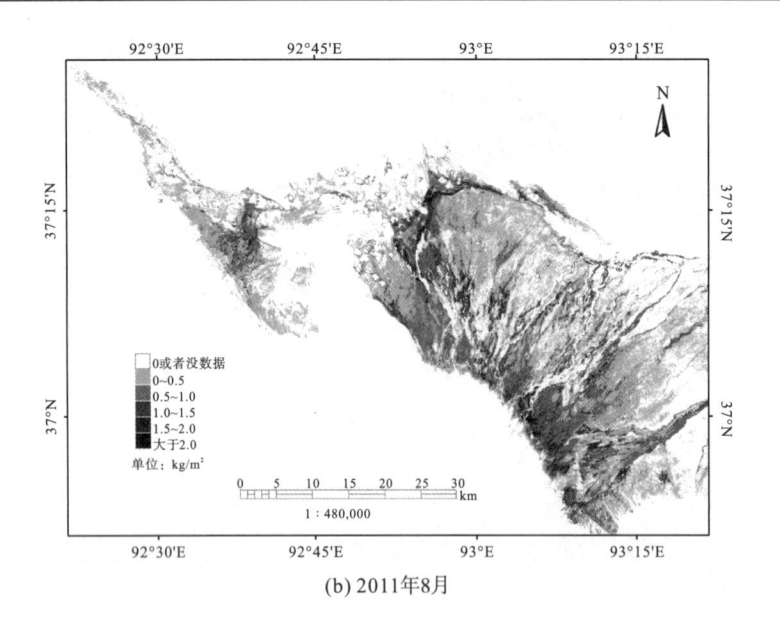

图 5.14　乌图美仁实验区植被生物量空间分布图

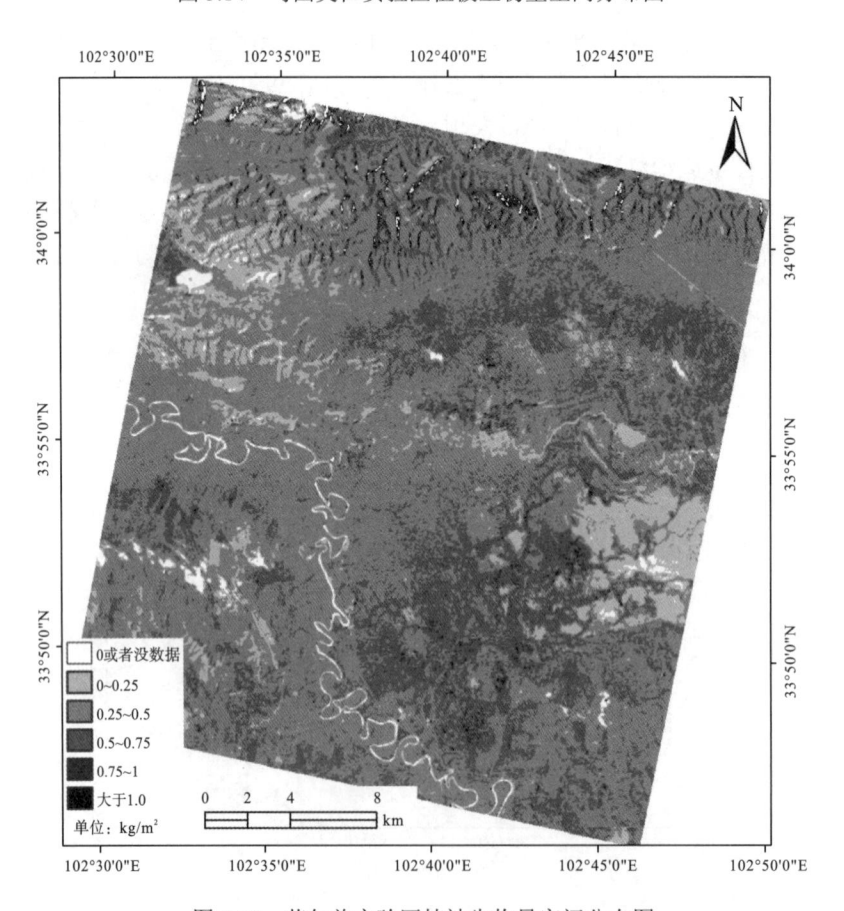

图 5.15　若尔盖实验区植被生物量空间分布图

生物量估算的误差可能来源于模型的模拟和反演,也可能来源于数据测量和预处理过程。导致误差的原因主要有:①模型本身存在的误差。由于模型本身存在一定的假设,因此,模型本身的误差是不可避免的。②地面测量点是一个"点"的观测,而卫星的分辨率为 30 m,以点验证面,难免存在误差。③病态反演的影响。在某些点上,输出的结果并不是唯一的,本书取其平均值作为最终结果。④利用光学遥感数据,基于像元二分模型在一定的置信度范围内计算出的植被覆盖度的误差可能直接影响植被散射模型的生物量估算结果。⑤利用植被生物量和含水量之间的关系估算植被生物量,本身就存在一定的误差。但以上误差并不足以引起严重的错误。

5.2 草原混合植被生物量反演

植被生物量是衡量生态系统的一个重要指标,体现了地球生态系统获取能量的能力,对地球生态系统结构和功能具有十分重要的意义。定量估计混合植被环境中的植被生物量对准确预测植被分布、重生和破坏等生态状况变化(Pickup, 1996; Svoray and Shoshany, 2003)、土地退化(Imeson and Lavee, 1998)和生态系统恢复(Shoshany, 2000)等具有重要的意义。

植被的后向散射不仅依赖于植被生物量,也依赖于植被结构信息(大小、形状、分布方向等)(Kasischke and Christensen Jr, 1990),因此,混合植被区不同植被类型具有不同的散射机理。不同植被类型散射机理不同,这为植被生物量的反演带来了一定的问题。如何区分混合植被区不同植被类型之间的散射机理,成为混合植被生物量反演的一个重点。

5.2.1 混合植被散射模型

1. 改进的水云模型

自从 Attema 和 Ulaby(1978)提出水云模型后,该模型已经被多次改进和扩展,使其能够适用于不同的植被覆盖环境(Prevot et al., 1993a; Svoray and Shoshany, 2003; Clevers and Van Leeuwen, 1996; Paris, 1986)。Svoray 和 Shoshany(2003)建立了一种改进的水云模型来模拟包含灌木、低矮灌木、草本植被的复杂植被环境下的雷达后向散射系数。该模型通过总覆盖度中不同植被类型所占比例来区分每种植被类型的后向散射贡献。模型中土壤和植被的比例一般利用混合像元分解模型(Shoshany and Svoray, 2002; Ustin et al., 1996; Smith et al., 1990; Foody et al., 1997)从光学遥感数据中获得。本章中基于 Svoray 和 Shoshany(2003)的模型建立了一种估算混合植被区植被生物量的方法。

在以前的研究中,水云模型主要用于模拟假设植被冠层均匀的自然植被和农作物(Svoray and Shoshany, 2002),很难将其用于具有异质冠层的大范围区域。应用水云模型的一个前提条件是以植被的体散射为主体(Attema and Ulaby, 1978)。然而,在实际自然草原环境中,植被往往分布不均且不满足体散射为主体这个假设。本研究中的研究对象是生态脆弱区草原,实验区内植被覆盖稀疏且分布不均,下垫面对后向散射的影响强烈,无法直接应用水云模型。乌图美仁实验区的边缘是灌木和草本的混合植被,其散射机理不同,直接应用水云模型会带来很大的误差。为了解决这个问题,本书将植被覆盖度引入水云模型,将总后向散射系数分为草本植被散射贡献、灌木植被散射贡献和土壤散射贡献三部分,如图5.16所示。

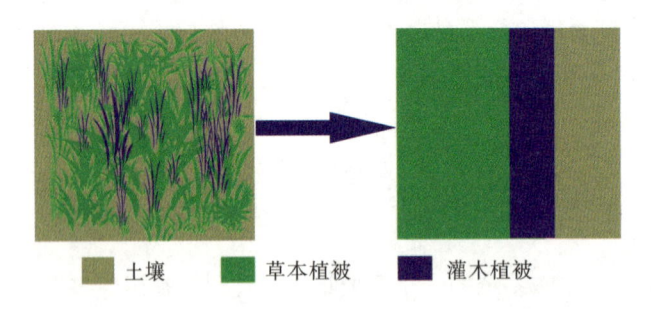

图5.16 利用植被覆盖度将每个像元分为草本植被覆盖、灌木植被覆盖和裸露土壤三部分

混合植被覆盖区内,植被后向散射可以表示为

$$\sigma_{\text{veg}}^o = \sum_{i=1}^n f_{\text{veg}} \sigma_{\text{veg}i}^o \tag{5.34}$$

其中,f_{veg}表示一个像元内第i种植被类型所占的比例;$\sigma_{\text{veg}i}^o$表示一个像元内第i种植被类型的后向散射。σ_{veg}^o可以根据公式水云模型计算,则像元内总后向散射可以表示为

$$\sigma^o = \sum_{i=1}^n f_{\text{veg}}(\sigma_{\text{veg}i}^o + \tau_i^2 \sigma_{\text{soil}}^o) \tag{5.35}$$

其中,τ_i^2表示第i种植被类型的双向衰减。

结合水云模型表达式,公式(5.35)可以表示为

$$\begin{aligned}\sigma^o = &\, f_s A_s V_{1s}^{E_s} \cos\theta \left[1 - \exp\left(\frac{-2B_s V_{2s}}{\cos\theta}\right)\right] \\ &+ f_s \sigma_{\text{soil}}^o \exp\left(\frac{-2B_s V_{2s}}{\cos\theta}\right) \\ &+ f_h A_h V_{1h}^{E_h} \cos\theta \left[1 - \exp\left(\frac{-2B_h V_{2h}}{\cos\theta}\right)\right] \\ &+ f_h \sigma_{\text{soil}}^o \exp\left(\frac{-2B_h V_{2h}}{\cos\theta}\right)\end{aligned} \tag{5.36}$$

其中,下标s代表灌木,h代表草本植被;A_s、B_s和E_s分别表示灌木类型的经验系数;A_h、B_h和E_h分别表示草本类型的经验系数;f_s和f_h分别表示像元内灌木和草本植被所占的比例;V_{1s}和V_{2s}表示灌木的冠层描述;V_{1h}和V_{2h}表示草本植被的冠层描述。变量σ_{soil}^o由水云模型表达式计算,并且将其单位从dB转化为m^2/m^2。

灌木覆盖区域的植被冠层比较稠密,C波段的SAR信号无法穿透到植被底层(Svoray

and Shoshany, 2003; Dobson et al., 1992)。因此，去除灌木下垫面的后向散射贡献。此外，将像元内裸土斑块的散射贡献增加到模型中。故公式(5.36)可以改写为

$$\begin{aligned}\sigma^o =& f_s A_s V_{1s}^{E_s} \cos\theta \left(1-\exp\left(\frac{-2B_s V_{2s}}{\cos\theta}\right)\right) \\ &+ f_h A_h V_{1h}^{E_h} \cos\theta \left(1-\exp\left(\frac{-2B_h V_{2h}}{\cos\theta}\right)\right) \\ &+ f_h \sigma_{\text{soil}}^o \exp\left(\frac{-2B_h V_{2h}}{\cos\theta}\right) \\ &+ f_{\text{soil}} \sigma_{\text{soil}}^o \end{aligned} \tag{5.37}$$

值得注意的是，这里假设裸露土壤和植被覆盖下的土壤在同一个像元内是一致的，即具有相同的土壤粗糙度和土壤水分。裸露土壤和植被覆盖下土壤的散射贡献均用公式(5.4)计算获得，且将其单位从 dB 转化为 m²/m²。本研究中，冠层描述 V_1 和 V_2 均用植被生物量表示，即 $V_1=V_2=\text{AGB}$，其中 AGB 表示植被生物量。因此，后向散射系数 σ^o 可以表示为

$$\begin{aligned}\sigma^o =& f_s A_s \times \text{AGB}_s^{E_s} \cos\theta \left(1-\exp\left(\frac{-2B_s \times \text{AGB}_s}{\cos\theta}\right)\right) \\ &+ f_h A_h \times \text{AGB}_h^{E_h} \cos\theta \left(1-\exp\left(\frac{-2B_h \times \text{AGB}_h}{\cos\theta}\right)\right) \\ &+ f_h \sigma_{\text{soil}}^o \exp\left(\frac{-2B_h \times \text{AGB}_h}{\cos\theta}\right) \\ &+ f_{\text{soil}} \sigma_{\text{soil}}^o \end{aligned} \tag{5.38}$$

值得一提的是，AGB_h 表示假设整个像元完全由草本植被覆盖时的草本植被生物量；同理，AGB_s 假设整个像元完全由灌木覆盖时的灌木植被生物量。因此，像元内植被生物量为

$$\text{AGB} = f_s \times \text{AGB}_s + f_h \times \text{AGB}_h \tag{5.39}$$

需要说明的是，当像元内不存在灌木时，即像元内只有草本植被时，灌木的植被覆盖度为 0，则公式(5.38)可以简化为

$$\begin{aligned}\sigma^o =& f_h A_h \times \text{AGB}_h^{E_h} \cos\theta \left(1-\exp\left(\frac{-2B_h \times \text{AGB}_h}{\cos\theta}\right)\right) \\ &+ f_h \sigma_{\text{soil}}^o \exp\left(\frac{-2B_h \times \text{AGB}_h}{\cos\theta}\right) \\ &+ f_{\text{soil}} \sigma_{\text{soil}}^o \end{aligned} \tag{5.40}$$

从公式(5.40)可以看出，该方法也能够应用于单一草本植被区的植被生物量反演。

2. 光学遥感数据反演水云模型输入参数

将植被覆盖度代入水云模型来区分像元内植被覆盖部分和裸土部分所占比例。植被覆盖度利用像元二分模型来计算，具体方法参见 5.1 节。

在混合植被区，利用物候减法方法(Shoshany and Svoray, 2002)来计算像元内的草本

植被和灌木所占的比例。这种方法是建立在相同植被类型在一段时间内具有相同生长速率的假设上，利用不同植被类型具有不同的物候特征来计算像元内植被所占比例。

$$f - f' = -(\lambda_h f_h + \lambda_s f_s) \quad (5.41)$$

$$f_h + f_s = f \quad (5.42)$$

乌图美仁实验区的边缘地带为灌木和草本植被的混合区域。上式中，f 表示乌图美仁实验区 2011 年 8 月 20 日像元内植被所占比例；f' 是 2011 年 6 月 17 日像元内植被所占比例；λ_h 和 λ_s 分别是 2011 年 6 月到 8 月间草本植被和灌木的生长速率。本实验中，由于观测数据远远多于模型参数，因此，利用最小二乘法计算出像元内草本植被比例 f_h 和灌木比例 f_s。根据最小二乘法，建立代价函数为

$$S = \sum_{i=1}^{N}[y_i - f(x_i)]^2 \quad (5.43)$$

其中，y_i 为观测到的第 i 个数据；$f(x_i)$ 表示输入参数为 x_i 时的模拟结果；N 为数据的总观测量。为了获得最优的参数估计，不断搜索 $f(x_i)$ 中的参数，使得代价函数 S 最小。

5.2.2 混合植被生物量估算方法

利用查找表方法来解决模型反演问题。基于改进的水云模型建立地表参数（m_v、AGB_h 和 AGB_s）与 SAR 后向散射系数之间的关系。通过建立查找表，根据最优代价函数 S 来确定与 SAR 测量的后向散射系数最匹配的模型参数。

$$S = \sqrt{\left(\sigma^o_{HH} - \sigma^o_{HHm}\right)^2} \quad (5.44)$$

其中，σ^o_{HH} 是 SAR 图像中提取的 HH 极化的后向散射系数；σ^o_{HHm} 是利用改进水云模型模拟的后向散射系数。然而，由于病态反演的存在，查找表求出的解可能不是唯一的。为了避免出现不是唯一解的情况，利用 SAR 图像中提取的 VV 极化的后向散射系数与模型模拟的 VV 极化后向散射系数进行比较，确定最优解。结合 VV 极化后，仍然无法确定唯一解时，取其平均值作为最终结果。

5.2.3 混合植被后向散射模拟

图 5.17 呈现了利用水云模型模拟的乌图美仁实验区后向散射系数与 Envisat ASAR 图像提取的后向散射系数之间的关系散点图。需要说明的是，由于乌图美仁实验区混合植被的采样点较少，因此，在进行后向散射模拟时，也用到了部分草本植被的采样数据，即图 5.17 中也包含了 5.1 节中用到的后向散射数据。图 5.18 呈现了利用水云模型模拟的若尔盖实验区后向散射系数与 Radarsat-2 SAR 图像提取的后向散射系数之间的关系散点图。从图中可以观察到，与后向散射系数较低时相比，后向散射系数较高时更偏离 1∶1 线。如 5.1 节所讨论的，后向散射系数随着植被生物量的增加而减小，与植被生物量呈负相关关系（Taconet et al., 1994; Svoray and Shoshany, 2002; Prevot et al., 1993b）。这是由于随着植被生物量的增加降低了下垫面土壤粗糙度和土壤水分含量的后向散射贡献（Svoray et al., 2001)。因此，水云模型模拟植被后向散射的误差主要发生在低植被密度区域。在乌图美仁实验区可以明显地观察到，由于混合植被区的植被更加稠密，所以利用水云模型模拟的草本植被区后向散射误差比混合植被区的后向散射误差更大。这个现象可以解释为水云模型对稀疏植被条件不敏感，这也进一步证明了植被体散射为主体是应用水云模型的必要条件。此外，如果仅观察图5.17中草本植被区域的后向散射，可以发现与5.1节类似的现象，即与后向散射系数较低时相比，后向散射系数较高时更偏离1∶1线。这也进一步说明了，即使在草本植被条件下，水云模型模拟植被后向散射的误差也主要发生在植被稀疏区域。

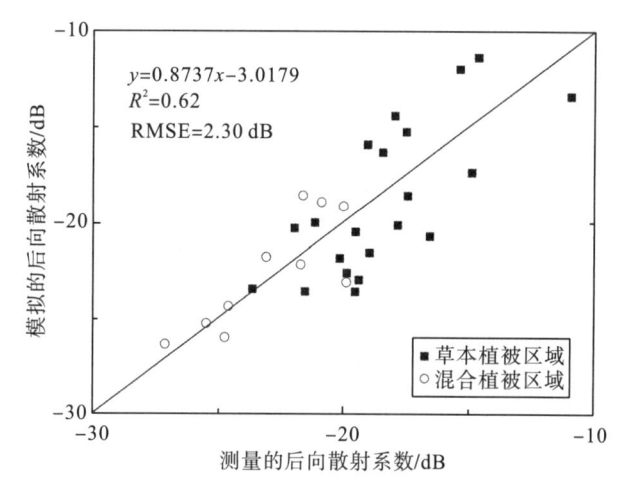

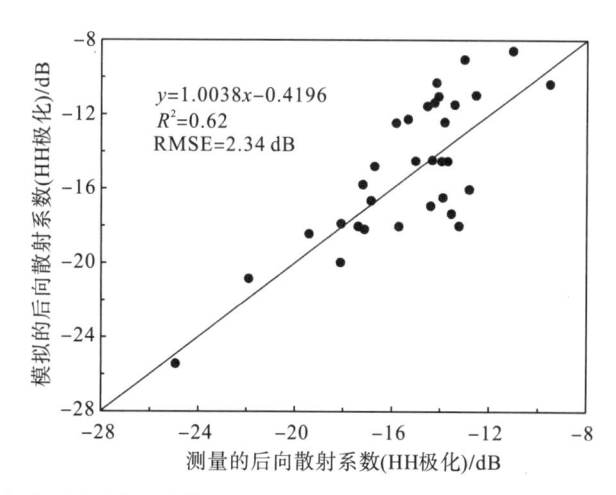

图 5.17　乌图美仁实验区测量的后向散射系数与水云模型模拟的后向散射系数之间的关系散点图
（草本植被区的 RMSE 为 2.66 dB；混合植被区的 RMSE 为 1.61 dB）

图 5.18　若尔盖实验区测量的后向散射系数与水云模型模拟的后向散射系数之间的关系散点图

图 5.19 呈现了利用改进水云模型模拟的乌图美仁实验区后向散射系数与 Envisat ASAR 图像提取的后向散射系数之间的关系散点图。图 5.20 展示了利用改进水云模型模

拟的若尔盖实验区后向散射系数与 Radarsat-2 SAR 图像提取的后向散射系数之间的关系散点图。从乌图美仁实验区和若尔盖实验区中均可以观察到，模型模拟的后向散射系数与 SAR 测量的后向散射系数之间呈线性关系。然而，改进的水云模型比水云模型模拟的后向散射系数的精度有显著提高(在乌图美仁实验区：R^2 从 0.62 增加到 0.82，RMSE 从 2.30 dB 减小到 1.47 dB；在若尔盖实验区：R^2 从 0.62 增加到 0.81，RMSE 从 2.34 dB 减小到 1.48 dB)，这说明与水云模型相比，改进的水云模型对相对稀疏的植被条件更敏感。然而，与图 5.17 和图 5.18，图 5.19 和图 5.20 中后向散射系数较高(低植被生物量)区域的精度更高，而后向散射系数较低(高植被生物量)区域的精度略低。也就是说，与水云模型相比而言，改进水云模型在植被稀疏条件下提高了后向散射模拟的精度，而在植被稠密条件下却降低了后向散射模拟精度。这表明，与水云模型相比，改进水云模型对低植被生物量条件敏感，而对高植被生物量条件不敏感。当叶面积指数(LAI)大于 2 时，

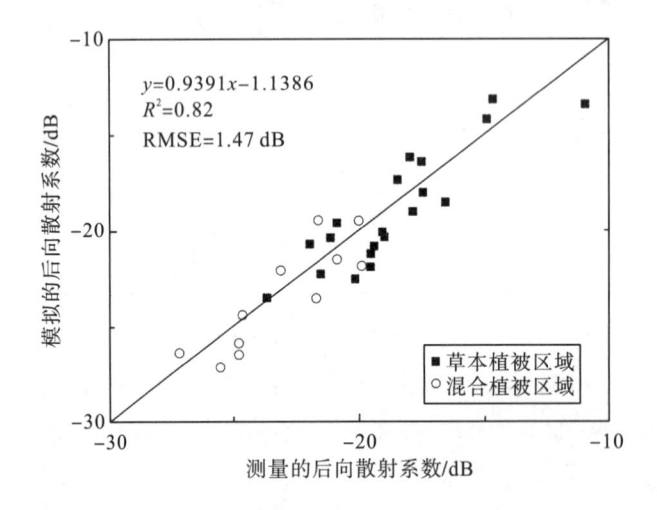

图 5.19 乌图美仁实验区测量的后向散射系数与改进水云模型模拟的后向散射系数之间的关系散点图
(草本植被区的 RMSE 为 1.47 dB；混合植被区的 RMSE 为 1.38 dB)

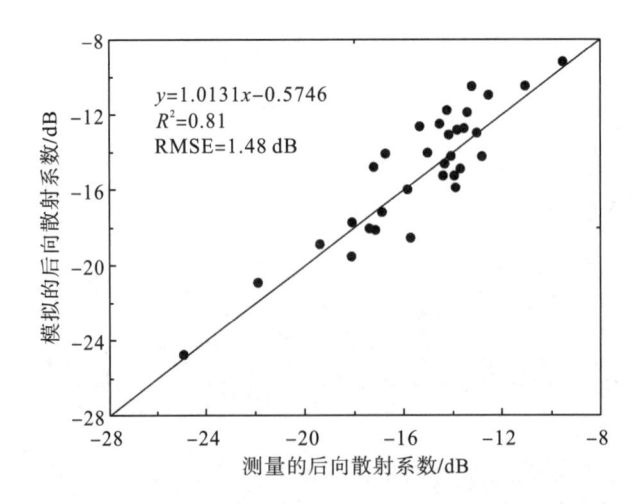

图 5.20 若尔盖实验区测量的后向散射系数与改进水云模型模拟的后向散射系数之间的关系散点图

NDVI 几乎达到饱和水平(Haboudane et al., 2004；Mutanga and Skidmore, 2004)。研究区内高植被生物量意味着其具有较高的 LAI 值(特别是在灌木覆盖情况下)，该区域内 NDVI 可能已经达到饱和水平。将低后向散射系数(高植被生物量)区域的 NDVI 代入像元二分模型(Gutman and Ignatov, 1998)计算植被覆盖度可能带来了一定的误差。因此，造成了改进水云模型对高植被生物量条件敏感性较低的现象。

5.2.4 生物量估算结果

雷达响应在土壤和水面之间的差异可能会引起生物量估算值的变化(Grings et al., 2006)。在乌图美仁实验区所采集的部分样点的下垫面为水面，为了更精确地估计乌图美仁草原的植被生物量，将乌图美仁实验区的下垫面分为土壤和水面两部分。图 5.21 是未将下垫面区分为土壤和水面两部分时乌图美仁实验区植被生物量估算值与测量值之间的关系。图 5.22 是将下垫面区分为土壤和水面两部分后植被生物量估算值与测量值之间的关系。比较图 5.21 和图 5.22 可以看出，区分下垫面后，提高了植被生物量估算的精度(R^2 从 0.75 增加到 0.80，RMSE 从 0.29 kg/m² 减小到 0.28 kg/m²)。

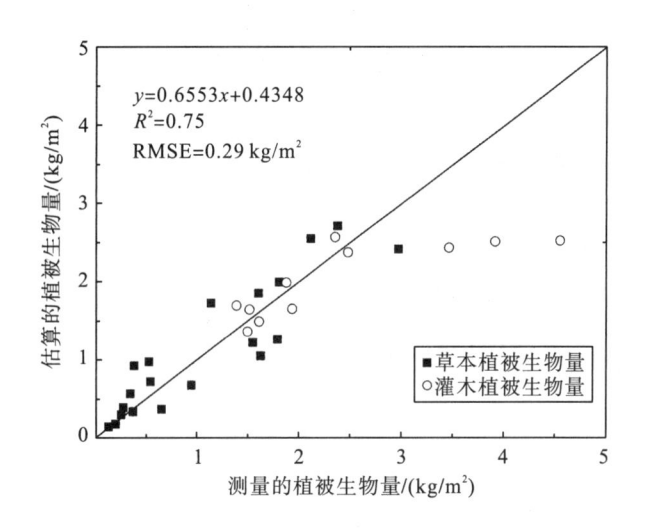

图 5.21 乌图美仁实验区测量的植被生物量与未区分下垫面时模型估算的植被生物量之间的关系散点图
(估算的草本植被生物量的 RMSE 为 0.28 kg/m²；估算的灌木植被生物量的 RMSE 为 0.84 kg/m²)

当像元内无灌木覆盖时，该方法可以简化为草本植被生物量的估算方法。为了验证该方法在单一植被区的适用性，本书利用该方法估算了若尔盖实验区的植被生物量，如图 5.23 所示。从图中可以看出，该方法能够有效地估算单一植被区的植被生物量。

从图 5.21 和图 5.22 中可以看出，在乌图美仁实验区中，当测量的植被生物量大于 2.5 kg/m² 时，生物量被低估，这可能是由于 C 波段雷达信号达到了饱和造成的。而 Imhoff (1995)的研究表明，植被生物量在 C 波段上的饱和值为 2.0 kg/m²，与本书的研究结果存在较大差异。植被冠层的后向散射主要取决于植被的介电常数,而植被介电常数主要受到植被水分含量的影响(Bindlish and Barros, 2001)。微波后向散射对植被生物量的敏感性主要受植被结构和植被含水量的影响(Saatchi and Moghaddam, 2000)。乌图美仁草原地处干旱区,植被干燥,这导致在 C 波段植被生物量饱和值比其他研究结果高,达到了 $2.5\ kg/m^2$。利用波长较长的雷达信号,如 L 波段或者 S 波段,就可以解决植被生物量饱和的问题。

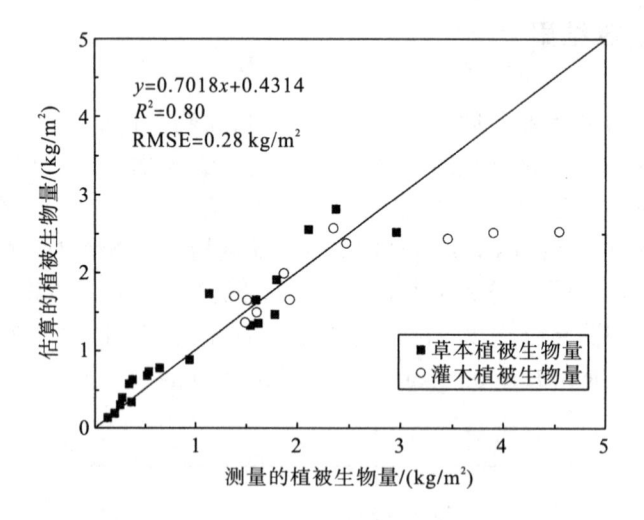

图 5.22 乌图美仁实验区测量的植被生物量与区分下垫面后模型估算的植被生物量之间的关系散点图(估算的草本植被生物量的 RMSE 为 $0.26\ kg/m^2$;估算的灌木植被生物量的 RMSE 为 $0.86\ kg/m^2$)

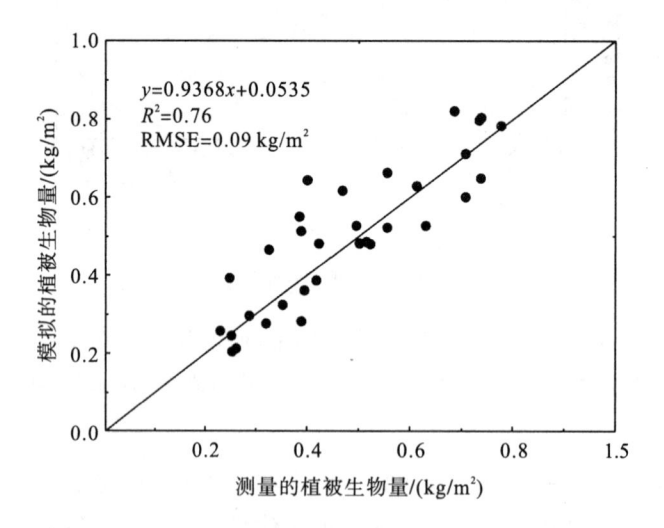

图 5.23 若尔盖实验区测量的植被生物量与模型估算的植被生物量之间的关系散点图

估算的植被生物量值与实测值之间有一定的误差,经过分析,本书认为误差可能的来源是:①水云模型本身存在的误差,其将植被假设为均匀分布的球形水滴,并且忽略了植被与地面的多次散射项等;②植被稠密区的 NDVI 值可能已经达到饱和,因此,利用像元二分模型提取的植被覆盖度的误差带到了模型中;③病态反演的存在及测量的不确定性导致了一定的误差;④裸土的后向散射贡献根据水云模型计算,认为其仅与土壤含水量有关,没有考虑土壤粗糙度等带来的影响;⑤地面实测点是一个"点"的观测,而卫星的空间分辨率为 30 m,以点验证面,难免存在误差;⑥遥感数据的预处理过程也是一种误差来源。

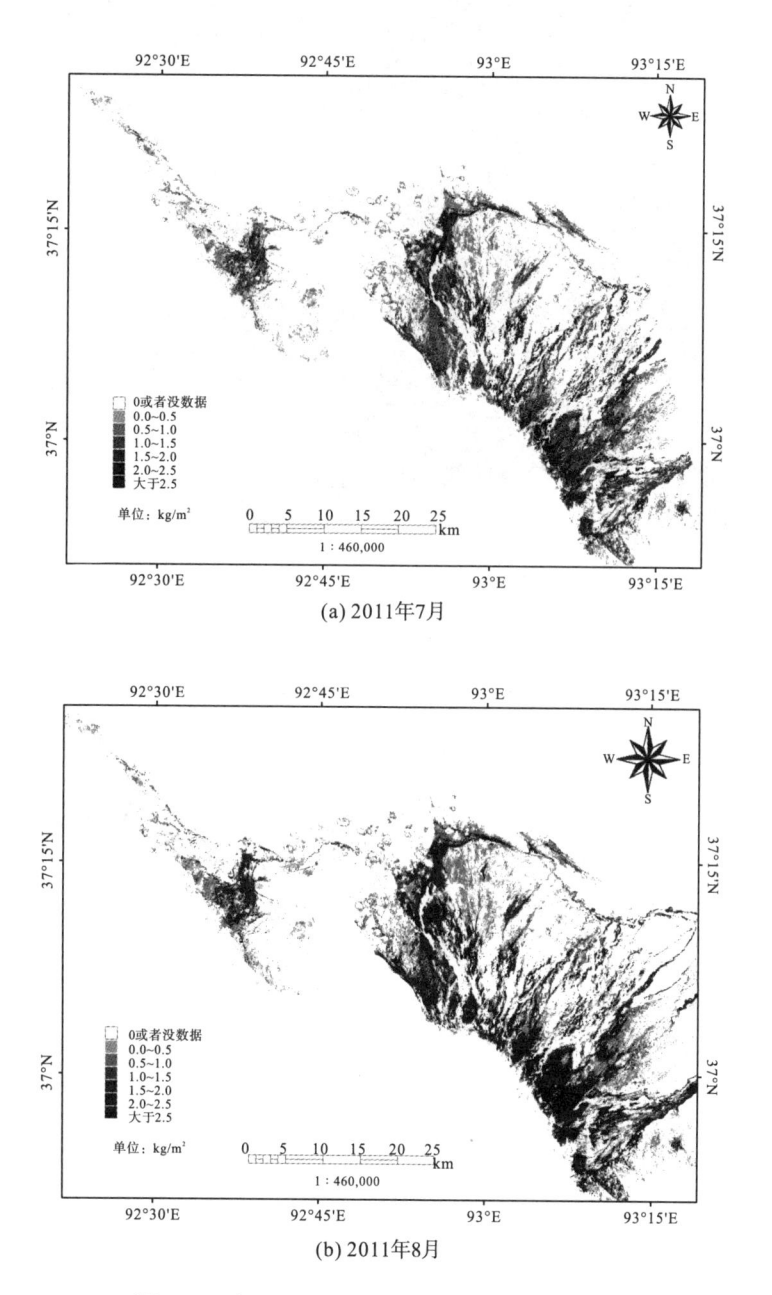

(a) 2011年7月

(b) 2011年8月

图 5.24　乌图美仁实验区植被生物量空间分布图

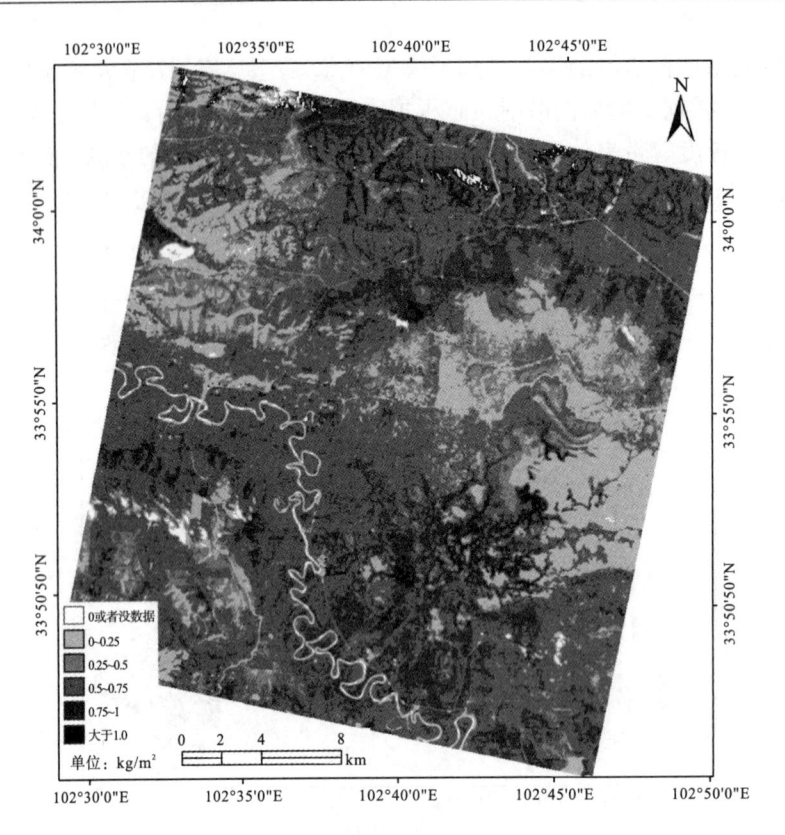

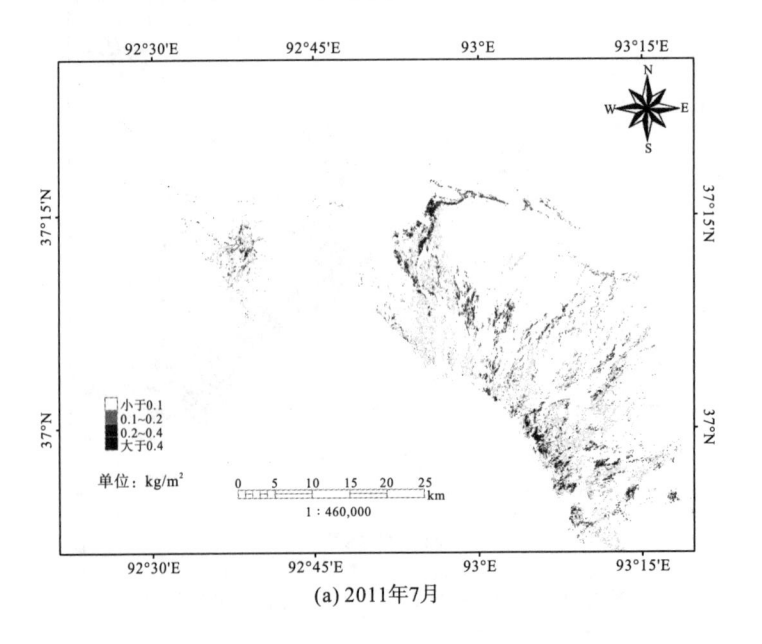

图 5.25　若尔盖实验区植被生物量空间分布图

(a) 2011年7月

(b) 2011年8月

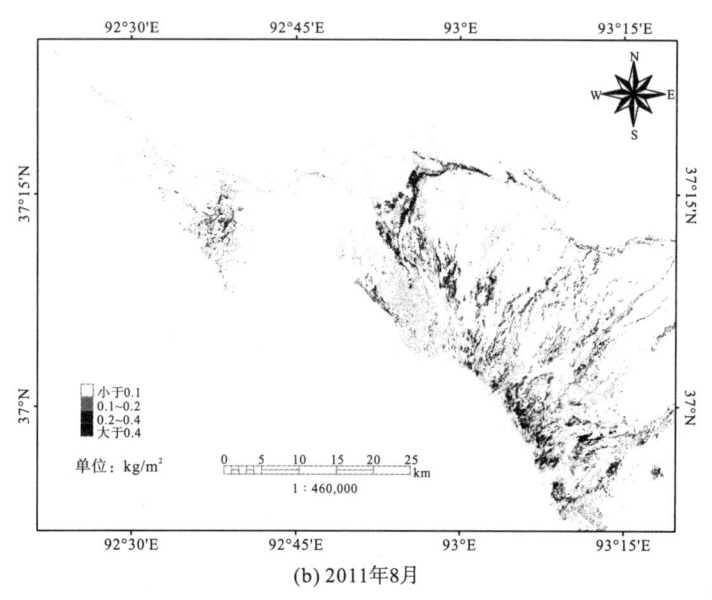

图 5.26　乌图美仁实验区植被生物量空间差异图

利用改进水云模型获得了研究区内植被生物量空间分布图(图 5.24 和图 5.25)。乌图美仁实验区中(图 5.24),草本植被区生物量较低(0.5~2.0 kg/m²),有些区域低于 0.5 kg/m²。而混合植被区生物量值较高,大部分大于 1.5 kg/m²。从图 5.24 中可以观察到,2011 年 8 月的植被生物量大于 7 月,这与实际情况相符。若尔盖实验区中(图 5.25),大部分区域的植被生物量小于 0.75 kg/m²,只有极个别地方的植被生物量大于 1 kg/m²。

本章与 5.1 节相同,均是利用植被散射模型进行研究区的植被生物量反演。为了对两种方法的反演结果进行比较,将两种模型反演的植被生物量差异定义为两者之差的绝对值(kg/m²):

$$\Delta AGB = |AGB_p - AGB_c| \tag{5.45}$$

其中,ΔAGB 是植被生物量之差的绝对值;AGB_p 和 AGB_c 分别是利用 5.2 节和本章所介绍的方法反演的植被生物量。图 5.11 展示了乌图美仁实验区内植被生物量的空间差异图。

通过图 5.26 可以看出,两种方法反演结果差异较大的区域主要是在混合植被区和下垫面为水面的区域。这主要是由于 5.2 节所建立的植被散射模型为草本植被模型,并未考虑不同植被类型的散射机理差别;而本章所建立的植被散射模型为混合植被模型,考虑了不同植被类型的散射机理差别对植被生物量反演的影响。此外,在反演植被生物量时将下垫面区分为土壤和水面两部分,更精确地描述了真实环境。

本书对水云模型的改进主要包括:①水云模型假设植被均匀分布,而改进模型仅仅假设不同植被类型在像元内其所占比例部分均匀分布,且增加了裸土部分的散射贡献,拓展了水云模型的应用范围;②水云模型假设草本植被和灌木的散射机理相同,而改进模型则利用每种植被在像元内所占比例将其散射机理区分开来。将改进水云模型应用于草原的植被生物量空间和时间变化的监测,可以为草原管理提供信息。植被生物量的时空分布图可以为草原生态平衡提供信息支持,如通过灌溉、牧草栽培、动物转移等保持牧草和动物之间的数量平衡。

5.3 草原土壤水分反演

表面土壤水分的分布信息对于评价草原植被生长具有十分重要的意义，因为它影响着放牧季节的长短、草地生长速度和植被的养分吸收。然而，利用传统技术很难观测到土壤水分在大尺度上的空间和时间变化。卫星遥感的出现，使及时、宏观、动态地监测土壤水分成为可能。

土壤含水量的变化是影响土壤介电常数变化的一个最重要原因(Svoray and Shoshany, 2004)，而土壤介电常数又是影响雷达后向散射强度的一个最重要因素，因此，雷达遥感对土壤水分非常敏感(Wang et al., 2004)。基于 SAR 数据，已经建立了许多针对裸土的土壤水分反演模型(Oh et al., 1992；Dubois et al., 1995b；Shi et al., 1997；Fung et al., 1992；Chen et al., 2003；Fung and Chen, 2004；Zribi and Dechambre, 2003)。然而，由于植被散射的存在，这些模型不能直接应用于植被覆盖区的土壤水分反演(Prakash et al., 2012)。植被冠层自身含有水分，因此，获取的 SAR 后向散射数据中包含了植被水分和土壤水分的共同信息(Sang et al., 2014；Lakhankar et al., 2009)，这导致植被覆盖下土壤水分反演的复杂性(Bindlish and Barros, 2001)。由于冠层的多次散射，土壤水分和植被之间的相互作用与观测的后向散射之间是高度非线性的(Bindlish and Barros, 2001；Notarnicola et al., 2006)，因此，定量估计土壤水分的关键是如何从观测的后向散射中区分植被后向散射贡献和土壤的后向散射贡献。

为了利用 SAR 数据反演植被覆盖区的土壤水分，植被对后向散射的影响可以用植被散射模型来表示(Roo et al., 2001；Gherboudj et al., 2011；Lievens and Verhoest, 2011；Du et al., 2010；Bindlish and Barros, 2001)。植被对 SAR 信号的影响是通过其生物物理参数来控制的(如植被覆盖度和叶面积指数等)，而这些生物物理参数可以通过光学遥感数据获取。植被参数可以用来量化辐射传输模型中植被对雷达信号的衰减(Wang and Qi, 2008)。一些研究者(Notarnicola et al., 2006；Moran et al., 2000；Mattar et al., 2012；Santi et al., 2013)尝试利用从光学遥感中提取的植被信息来去除植被对后向散射的影响。此外，有研究(Notarnicola et al., 2006；Hosseini and Saradjian, 2011)表明，与单独利用 SAR 数据反演植被覆盖下土壤水分相比，光学遥感和 SAR 数据的结合提高了反演的精度。虽然土壤水分的反演已经取得了一定的成功，但在山区中，由于地形的影响，反演仍然存在一些问题，需要进一步的研究(Pasolli et al., 2012；Paloscia et al., 2013)。

土壤的雷达后向散射主要与表面粗糙度和土壤水分含量有关，然而在植被覆盖区域，雷达对植被含水量高度敏感(Ulaby, 1974)，雷达后向散射还受到植被覆盖和植被水分含量的影响(Roo et al., 2001；Merzouki et al., 2011；Jacome et al., 2013)。因此，植被覆盖区的雷达后向散射主要包含两个方面：植被冠层的体散射和经过植被衰减的下垫面土壤散射(Joseph et al., 2008)。

5.3.1 土壤散射模型

对于裸露的随机粗糙表面，目标地物的散射特性除与雷达波长、极化方式和入射角相关外，还与地物表面的粗糙度及其介电特性相关。自然地表的复杂性导致雷达入射波和土壤之间的相互作用所发生的散射是一种极其复杂的过程，因此，无法建立一个非常完美的理论模型来描述所有地表条件的散射特征。对于微波遥感的研究来说，可以通过已经建立的描述裸土散射的模型来理解与分析电磁波在地物目标中的传播和散射机理。

1. 理论模型

描述裸土散射特征的所有理论模型主要是基于随机粗糙表面的电磁散射理论而建立的(Fung et al., 1992)。裸土散射理论模型不会受到实验地点的约束，能够应用于不同的 SAR 传感器参数，具有非常好的普适性。

1) 小扰动模型

假设电磁波以 θ 角入射到随机粗糙度表面，则入射电磁波与后向散射之间的几何关系如图 5.27 所示。

设随机粗糙度表面上层介质的介电常数为 ε_0，磁导率为 μ_0；下层介质的介电常数为 ε_r，磁导率为 μ_r，则随机粗糙表面的后向散射系数的一般形式为

$$\sigma_{hh}^o = (4k^4 s^2 \cos^4\theta)\left|(\mu_r-1)[(\mu_r\varepsilon_r-\sin^2\theta)+\mu_r\sin^2\theta]+\mu_r^2(\varepsilon_r-1)\right|^2 \\ W(2k\sin\theta,0)\Big/\left[\pi(\mu_r\cos\theta+\sqrt{\mu_r\varepsilon_r-\sin^2\theta})^4\right] \tag{5.46}$$

$$\sigma_{vv}^o = (4k^4 s^2 \cos^4\theta)\left|(\varepsilon_r-1)[(\mu_r\varepsilon_r-\sin^2\theta)+\varepsilon_r\sin^2\theta]+\varepsilon_r^2(\mu_r-1)\right|^2 \\ \times W(2k\sin\theta,0)\Big/\left[\pi(\varepsilon_r\cos\theta+\sqrt{\mu_r\varepsilon_r-\sin^2\theta})^4\right] \tag{5.47}$$

$$\sigma_{vh}^o = \frac{S(\theta)}{2\pi^2}k^8 s^2 \cos^2\theta \left|(\varepsilon_r-1)(\Gamma_{\parallel}-\Gamma_{\perp})\right|^2 \\ \times \int_0^{2\pi}\int_0^1 \left|\frac{S(v)v^2\cos\varphi\sin\varphi}{\varepsilon_r\sqrt{1-v^2}+\sqrt{\varepsilon_r-v^2}}\right|^2 W_1 W_2 v \, dv \, d\varphi \tag{5.48}$$

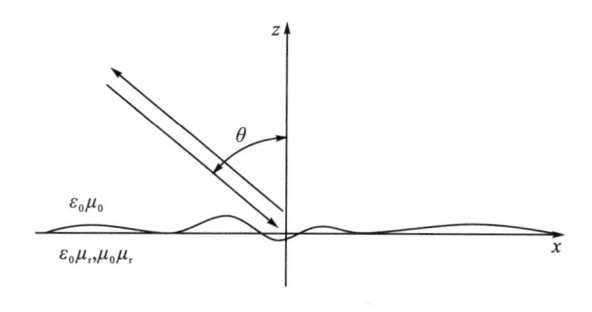

图 5.27 随机粗糙表面的后向散射几何关系

式中，$W_1 = W[k(v\cos\varphi - \sin\theta), kv\sin\varphi]$；$W_2 = W[k(v\cos\varphi + \sin\theta), kv\sin\varphi]$；$S(\theta)$ 和 $S(v)$ 是阴影函数；$\Gamma_\parallel$ 和 $\Gamma_\perp$ 是平行和垂直时的菲涅尔 (Fresnel) 反射系数。表面粗糙度谱如下：

$$W(k_x, k_y) = \int_{-\infty}^{+\infty}\int_{-\infty}^{+\infty} \rho(x, y)\exp(-j(k_x x + k_y y))dxdy$$
$$W(k, \varphi) = \int_0^{2\pi}\int_0^{+\infty} \rho(r, \varphi)\exp(-jkr\cos(\varphi - \phi))rdrd\varphi \tag{5.49}$$

式中，$k = \sqrt{k_x^2 + k_y^2}$；$\cos\varphi = k_x/k$；$\sin\varphi = k_y/k$，对于后向散射而言，则有 $W(k, \varphi) = W(2k\sin\theta, 0)$。粗糙度谱的积分计算通常采用无量纲量 v，它是对 k 作归一化后的结果，仅包含传播模式，舍弃了对远区散射没有贡献的非传播模式。

如果表面粗糙度和微波的视向无关，则相关函数为各向同性，粗糙度谱的变化仅依赖于幅度变量 r：

$$W(k) = 2\pi\int_0^{+\infty} \rho(r)J_0(kr)rdr \tag{5.50}$$

其中，$J_0(kr)$ 是零阶贝塞尔函数，在后向散射条件下波数 $k = 2k\sin\theta$。

小扰动模型 (small perturbation model，SPM) 适合模拟地表粗糙度很小时的裸土表面。地表粗糙度的概念与雷达入射波长 λ 相关。设地表粗糙度的均方根高度为 s，相关长度为 l，则应用小扰动模型时地表粗糙度范围必须同时满足下列条件：

$$\begin{cases} ks < 0.3 \\ kl < 3 \\ s/l < 0.3 \end{cases} \tag{5.51}$$

其中，$k = 2\pi/\lambda$ 为入射电磁波空间波数。这说明小扰动模型仅适用于低频范围的单尺度粗糙表面 (Fung and Chen, 2010)。

2) 基尔霍夫模型

基尔霍夫模型 (Kirchhoff model) 是标准的后向散射理论模型，其假设表面的任何一点都会产生平面界面反射。地表粗糙度采用统计学表征其特征，基尔霍夫模型近似要求粗糙表面的平均曲率半径必须大于微波信号的波长 λ (Ulaby et al., 1978)。因此，对表面粗糙度的要求是：①在水平方向上，地表粗糙度的表面相关长度 l 必须要大于 SAR 信号的波长 λ；②在垂直方向上，地表粗糙度的表面均方根高度 s 必须足够小。应用基尔霍夫模型时必须满足的粗糙度条件是

$$\begin{cases} kl > 6 \\ l^2 = 2.76s\lambda \end{cases} \tag{5.52}$$

基尔霍夫模型包括物理光学模型 (physical optics model，POM) 和几何光学模型 (geometrical optics model，GOM)。需要注意的是，当表面粗糙度不大时，即均方根高度 s 的值为中等或者较小时，利用标量近似法来模拟目标地物的散射特征，则建立了 POM；而当表面粗糙度的均方根高度 s 较大时，可以用基尔霍夫模型采样相位驻留近似法来模拟，则建立了 GOM (Beckmann and Spizzichino, 1987; Sancer, 1969)。相比而言，小扰动模型适用于平滑的小粗糙度表面，物理光学模型适用于中等粗糙度表面，而几何光学模型

适用于较大粗糙度表面(Fung and Chen, 2010; Engman and Chauhan, 1995; Henderson and Lewis, 1998)。

3) 几何光学模型

几何光学模型是基尔霍夫模型在驻留相位近似下得到的解析解。在满足上述基尔霍夫模型的粗糙度条件下,当地表粗糙度条件也满足 $ks > 2$ 时,便可假设微波信号只能沿着地表表面的镜面点方向进行散射,即驻留相位近似法,近似建立了几何光学模型,可以表示为

$$\sigma_{\mathrm{pq}}^{o} = \frac{\Gamma_{\mathrm{pq}}(0)\exp\left(\dfrac{-\tan^{2}(\theta)}{2s^{2}|\rho''(0)|}\right)}{2s^{2}|\rho''(0)|\cos^{4}(\theta)} \tag{5.53}$$

其中,p 和 q 表示极化方式,可以是水平极化方式(H)或者垂直极化方式(V); σ_{pq}^{o} 是极化方式为 p 和 q 时的后向散射系数; $s\sqrt{|\rho''(0)|}$ 是表面均方根的斜度; $\Gamma_{\mathrm{HH}}^{o}(0) = \Gamma_{\mathrm{VV}}^{o}(0)$ $= \left|\dfrac{1-\sqrt{\varepsilon}}{1+\sqrt{\varepsilon}}\right|^{2}$ 为水平和垂直极化方式法向入射时的 Fresnel 反射系数; ε 是地表相对介电常数。式 5.53 是面散射表达式,不包括体散射,因此,交叉极化的后向散射系数为 0,即当 $p \neq q$ 时, $\sigma_{\mathrm{pq}}^{o} = 0$。

应用几何光学模型需要满足的粗糙度条件为

$$\begin{cases} s > \lambda/3 \\ l = \lambda \\ 0.4 < l/s < 0.7 \end{cases} \tag{5.54}$$

4) 物理光学模型

几何光学模型只对表面高程标准差值大的粗糙表面有效。上述几何光学模型只有非相干散射项,并没有相干散射项。实际地表的后向散射中既包括相干散射项,又包括非相干散射项。地表粗糙度的均方根高度 s 较大时,地表的散射是纯粹的非相干散射项,则几何光学模型有效。随着地表粗糙度的减小,地表的相干散射项能量开始出现,特别是当达到 $ks = 0$ 的极端情况时,得到的是完全的相干散射能量。因此,当 ks 较小时,采样标量近似化模拟目标地物的后向散射特征,将表面自相关函数在均方根高度处于 0 的地方进行展开,保留展开式中的低阶项,如此,则建立了物理光学模型,其地表后向散射系数可以表示为

$$\begin{aligned}\sigma_{\mathrm{pp}}^{o} &= k^{2}\cos^{2}(\theta)\Gamma_{\mathrm{pp}}(\theta)\exp\left\{-\left[2ks\cos(\theta)\right]^{2}\right\} \\ &\quad \times \sum_{n=1}^{\infty}\frac{\left(4k^{2}s^{2}\cos^{2}(\theta)\right)^{n}}{n!}W^{n}\left[2k\sin(\theta),0\right]\end{aligned} \tag{5.55}$$

其中, $\Gamma_{\mathrm{pp}}(\theta)$ 是雷达入射角为 θ 时的同极化 Fresnel 反射系数,可以表示为

$$\Gamma_{\mathrm{HH}}(\theta) = \left|\frac{\cos\theta - \sqrt{\varepsilon - \sin^{2}\theta}}{\cos\theta + \sqrt{\varepsilon - \sin^{2}\theta}}\right|^{2} \tag{5.56}$$

$$\Gamma_{VV}(\theta) = \left| \frac{\varepsilon\cos\theta - \sqrt{\varepsilon - \sin^2\theta}}{\varepsilon\cos\theta + \sqrt{\varepsilon - \sin^2\theta}} \right|^2 \tag{5.57}$$

$W^n(2k\sin(\theta),0)$ 是地表粗糙度第 n 阶功率谱，可以将其表示为地表相干函数进行傅里叶变换后的第 n 项表达式。相关函数既可以用高斯相关表示，又可以用指数相关表示，取不同的形式时，其具有不同的功率谱形式：

$$W^n(2k\sin(\theta),0) = \begin{cases} \dfrac{nl^2}{\left[n + (2kl\sin\theta)^2\right]^{1.5}} & \text{指数相关} \\ \dfrac{l^2}{n}\exp\left(-\dfrac{(kl\sin\theta)^2}{n}\right) & \text{高斯相关} \end{cases} \tag{5.58}$$

应用物理光学模型时，需要满足的地表粗糙度条件是

$$\begin{cases} 0.05\lambda < s < 0.15\lambda \\ \lambda < l \\ l/s < 0.25 \end{cases} \tag{5.59}$$

小扰动模型、几何光学模型、物理光学模型均具有一定的缺陷，三者之间的适用范围不存在连续性，均只适用于一个有限的地表粗糙度范围(Henderson and Lewis, 1998; Engman and Chauhan, 1995)，如图 5.28 所示。自然界的地表粗糙度包括了不同尺度，是连续而非离散的。利用 SAR 图像观测地物目标时，每个像元的后向散射系数均代表不同粗糙度的目标地物表面散射平均的结果。因此，要模拟不同粗糙度的地表土壤后向散射，需要建立一个能够模拟连续粗糙度的地表散射模型。

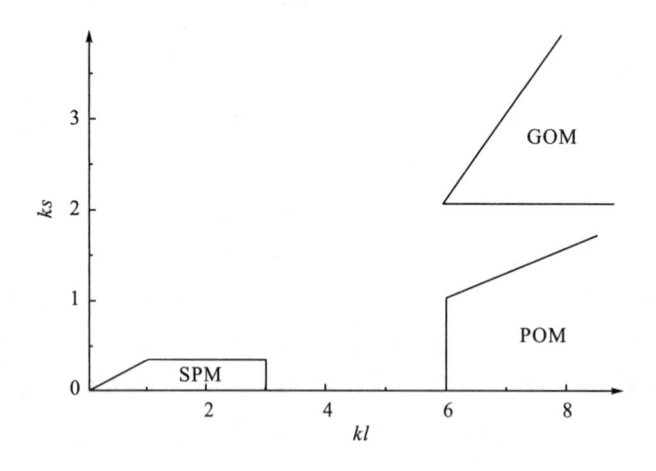

图 5.28 SPM、GOM 和 POM 适用的地表粗糙度范围

5) IEM 模型

积分方程模型(integrated equation model，IEM)(Fung et al., 1992)是一种理论裸露地表散射模型，其基于电磁波辐射传输理论，将表面场分为基尔霍夫场和补偿场，得到比基尔

霍夫近似更精确的散射场的解。与其他理论模型相比，IEM 能够精确模拟真实自然地表的后向散射情况，可以应用于更宽的地表粗糙度范围。目前，众多学者利用 IEM 模型进行微波地表散射的模拟分析与参数反演（Wu et al., 2001；Rahman et al., 2008；Bryant et al., 2007；Chen et al., 2003；Shi et al., 2002；Della Vecchia et al., 2006；Kim et al., 2011）。

IEM 模型可以表示为

$$\sigma_{pq}^{o} = \sigma_{pq}^{k} + \sigma_{pq}^{kc} + \sigma_{pq}^{c} \tag{5.60}$$

其中，σ_{pq}^{k}、σ_{pq}^{kc} 及 σ_{pq}^{c} 分别是后向散射中的基尔霍夫项、补偿项及两者交叉项，其具体表达形式参见文献（Fung et al., 1992）。通常可以用 IEM 模型的单次散射来近似表达小到中等粗糙度条件的地表后向散射系数，表示为

$$\sigma_{pq}^{o} = \frac{k^2}{2} \exp\left(-2k_z^2 s^2\right) \sum_{n=1}^{\infty} s^{2n} \left|I_{pq}^n\right|^2 \frac{W^n(-2k_x, 0)}{n!} \tag{5.61}$$

上式中，

$$I_{pq}^n = (2k_z)^2 f_{pq} \exp\left(-s^2 k_z^2\right) + \frac{k_z^n \left[F_{pq}(-k_x, 0) + F_{pq}(k_x, 0)\right]}{2} \tag{5.62}$$

$$F_{HH}(-k_x, 0) + F_{HH}(k_x, 0) = -\frac{2\sin^2\theta(1+\Gamma_\perp)^2}{\cos\theta}$$
$$\cdot \left[\left(1 - \frac{1}{\mu_r}\right) + \frac{\mu_r \varepsilon_r - \sin^2\theta - \mu_r \cos^2\theta}{\mu_r^2 \cos^2\theta}\right] \tag{5.63}$$

$$F_{VV}(-k_x, 0) + F_{VV}(k_x, 0) = -\frac{2\sin^2\theta(1+\Gamma_\parallel)^2}{\cos\theta}$$
$$\cdot \left[\left(1 - \frac{1}{\varepsilon_r}\right) + \frac{\mu_r \varepsilon_r - \sin^2\theta - \varepsilon_r \cos^2\theta}{\varepsilon_r^2 \cos^2\theta}\right] \tag{5.64}$$

其中，s 是均方根高度；k 是波数，$k_z = k\cos\theta$，$k_x = k\sin\theta$；$f_{HH} = -2\Gamma_\perp/\cos\theta$，$f_{VV} = 2\Gamma_\parallel/\cos\theta$；$W^n$ 是表面自相关函数的 n 阶粗糙度谱。

IEM 模型将 SPM 模型和基尔霍夫模型自然地连接起来，因此能够适用于各种地表粗糙度范围。IEM 模型在一些实际应用中显现出具有较高的模拟精度且易于运算的优势，成为处理随机粗糙面电磁波极化散射的通用模型（施建成等，2012）。

但将 IEM 模型应用于自然地表时，仍然存在一些问题：①IEM 模型对自然地表的粗糙度描述不够精确；②对不同粗糙度条件的 Fresnel 反射系数的处理过于简单。针对这两个方面，研究者们对 IEM 模型进行了改进（Wu et al., 2001；Wu and Chen, 2004；Chen et al., 2000；Fung et al., 2002；Fung and Chen, 2004），发展了一种新的 IEM 模型（Advanced Integrated Equation Model，AIEM）。AIEM 模型经过了大量实验验证（Du et al., 2010；Chen et al., 2010；Nearing et al., 2010；Du et al., 2006），能够更好地模拟各种裸露地表情况。

2. 经验、半经验模型

理论模型的表达形式十分复杂，在某些情况下无法直接应用。当无法直接应用理论模型分析地表后向散射时，经验、半经验模型仍是一个有效的方法。经验、半经验模型是通

过大量实测实验获得某个地点的统计规律,因此,通常只在特定地表粗糙度、土壤水分、雷达频率及入射角的范围内适用。相对于理论模型而言,经验模型也有其特定的优势,如表达形式简单等。在超出理论模型有效应用范围的情况下,可以利用经验模型进行目标地物的微波散射模拟分析(Oh et al., 1992)。

1) 线性回归

线性回归是通过实测值建立后向散射系数 σ^o 与土壤体积含水量 m_v 之间的一种线性关系,可以表示为

$$\sigma^o = am_v + b \tag{5.65}$$

a 和 b 是经验系数,其依赖于地表粗糙度、雷达入射角和极化方式(Zribi et al., 2005)。这个经验关系得到了大量的实验验证(Weimann et al., 1998;Quesney et al., 2000;Cognard et al., 1995;Hégarat-Mascle et al., 2002;Wang et al., 1997;Zribi and Dechambre, 2003;Lin et al., 1994;Taconet et al., 1996)。线性关系的经验系数 a 和 b 在不同的研究区、不同的年份往往具有不同的值。因此,土壤含水量和雷达信号之间的线性关系不具有普适性。

研究者们还根据不同的实验建立了地表参数与后向散射系数之间的非线性模型,如 Oh 模型(Oh et al., 1992)、Dubois 模型(Dubois et al., 1995b)和 Shi 模型(Shi et al., 1997)等,与简单的线性模型相比,非线性模型具有较高的模拟精度。

2) Oh 模型

基于 L、C 和 X 波段的全极化散射计在入射角为 $20°\sim70°$ 时测量的裸土条件下的实验数据,Oh 等(1992)建立了后向散射系数同极化比 $\left(\dfrac{\sigma^o_{\text{HH}}}{\sigma^o_{\text{VV}}}\right)$ 和交叉极化比 $\left(\dfrac{\sigma^o_{\text{HV}}}{\sigma^o_{\text{VV}}}\right)$ 的经验关系:

$$\dfrac{\sigma^o_{\text{HH}}}{\sigma^o_{\text{VV}}} = \left[1-\left(\dfrac{2\theta}{\pi}\right)^{1/3\Gamma_0}\cdot\exp(-ks)\right]^2 \tag{5.66}$$

$$\dfrac{\sigma^o_{\text{HV}}}{\sigma^o_{\text{VV}}} = 0.23\sqrt{\Gamma_0}\left[1-\exp(-ks)\right] \tag{5.67}$$

其中,Γ_0 是表面最低点的 Fresnel 反射系数,可以表示为

$$\Gamma_0 = \left|\dfrac{1-\sqrt{\varepsilon_r}}{1+\sqrt{\varepsilon_r}}\right|^2 \tag{5.68}$$

Oh 模型是在 $0.1\leqslant ks\leqslant 6$、$2.5\leqslant kl\leqslant 20$ 和 $0.09\leqslant m_v\leqslant 0.31$ 的条件下建立的,虽然能在上述范围内取得与实测值较为一致的模拟结果,但该模型较多地使用了地面测量数据。Oh 模型所用的测量数据是从车载散射计系统中获得的,如将该模型应用到 SAR 上,还需进一步的验证。

上述 Oh 模型并未考虑地表相关长度 l 对后向散射的影响。因此,Oh 等在上述模型的基础上,利用车载散射计数据和 JPL AirSAR 数据,考虑地表相关长度 l 对地表后向散射

系数的影响，重新建立了裸土地表参数与后向散射系数之间的半经验后向散射模型：

$$\sigma_{\mathrm{VH}}^{o} = 0.11 M_v^{0.7} \left(\cos\theta\right)^{2.2} \left\{1 - \exp\left[-0.23(ks)^{1.8}\right]\right\} \tag{5.69}$$

$$\frac{\sigma_{\mathrm{HH}}^{o}}{\sigma_{\mathrm{VV}}^{o}} = 1 - \left(\frac{\theta}{90^o}\right)^{0.35 M_v^{-0.65}} \cdot \exp\left[-0.4(ks)^{1.4}\right] \tag{5.70}$$

$$\frac{\sigma_{\mathrm{HV}}^{o}}{\sigma_{\mathrm{VV}}^{o}} = 0.1\left[\frac{s}{l} + \sin(1.3\theta)\right]^{1.2} \left\{1 - \exp\left[-0.9(ks)^{0.8}\right]\right\} \tag{5.71}$$

Oh 模型可以应用于较宽的地表粗糙度范围，它能较好地刻画裸露地表的后向散射，在很多研究中被采用(Gherboudj et al., 2011；Kim et al., 2011；Oh, 2004；Álvarez-Mozos et al., 2007；Song et al., 2009；Paloscia et al., 2013)。

3) Dubois 模型

基于散射计的实测数据集，Dubois 等(1995b)通过实验建立了裸土地表同极化后向散射系数与地表参数(土壤粗糙度和土壤介电常数)、雷达系统参数(微波信号入射频率和入射角)之间的一种经验关系，表示为

$$\sigma_{\mathrm{HH}}^{o} = 10^{-2.75} \frac{\cos^{1.5}\theta}{\sin^5\theta} 10^{0.028\varepsilon\tan\theta} (ks\times\sin\theta)^{1.4} \lambda^{0.7} \tag{5.72}$$

$$\sigma_{\mathrm{VV}}^{o} = 10^{-2.35} \frac{\cos^3\theta}{\sin^3\theta} 10^{0.046\varepsilon\tan\theta} (ks\times\sin\theta)^{1.1} \lambda^{0.7} \tag{5.73}$$

经过大量的实验验证(Neusch and Sties, 1999；Merzouki et al., 2011；Bell et al., 2001；Bolten et al., 2003)，在 $0.3 \leqslant s \leqslant 3$、$30^\circ \leqslant \theta \leqslant 65^\circ$、$1.5\,\mathrm{GHz} \leqslant f \leqslant 11\,\mathrm{GHz}$ 及 $M_v \leqslant 0.35$ 的条件下，应用 Dubois 模型能够得到较好的结果。在土壤粗糙度较大的情况下，Dubois 模型模拟的 VV 极化方式的后向散射系数小于 HH 极化方式的后向散射系数，这与 SAR 的观测值相反。因此，对于粗糙裸土表面，当 $ks > 2.5$ 时，Dubois 模型不再适用。

与 Oh 模型一样，Dubois 模型也没有考虑表面粗糙度谱，这导致不能正确地刻画真实地表的后向散射特征，使其在某些区域无法应用。

4) Shi 模型

Shi 模型是在 IEM 模型的基础上建立的一种半经验模型。其通过数值模拟来分析不同土壤参数(土壤粗糙度和土壤介电常数)对土壤后向散射特性的影响，建立了 L 波段 SAR 数据不同极化方式组合的后向散射系数与土壤参数(土壤介电常数和土壤粗糙度功率谱)之间的一种对应关系，可以表示为

$$10\log_{10}\left[\frac{|a_{pp}|^2}{\sigma_{pp}^o}\right] = a_{pp}(\theta) + b_{pp}(\theta)10\log_{10}\left(\frac{1}{S_R}\right) \tag{5.74}$$

$$10\log_{10}\left[\frac{|a_{\mathrm{VV}}|^2 + |a_{\mathrm{HH}}|^2}{\sigma_{\mathrm{VV}}^o + \sigma_{\mathrm{HH}}^o}\right] = a_{\mathrm{VH}}(\theta) + b_{\mathrm{VH}}(\theta)10\log_{10}\left[\frac{|a_{\mathrm{VV}}||a_{\mathrm{HH}}|}{\sqrt{\sigma_{\mathrm{VV}}^o \sigma_{\mathrm{HH}}^o}}\right] \tag{5.75}$$

其中，S_R 是粗糙度谱，其包括地表粗糙度均方根高度 s 和相关长度 l 以及地表相关函数。

a_{pp} 是同极化状态下的极化幅度,

$$a_{HH} = \frac{(\varepsilon-1)}{\left[\cos\theta + \sqrt{\varepsilon-\sin^2\theta}\right]^2} \tag{5.76}$$

$$a_{VV} = \frac{(\varepsilon-1)\left[\sin^2\theta - \varepsilon(1+\sin^2\theta)\right]}{\left(\cos\theta + \sqrt{\varepsilon-\sin^2\theta}\right)^2} \tag{5.77}$$

$a_{pq}(\theta)$ 与 $b_{pq}(\theta)$ 是与入射角相关的经验系数,可以表示为

$$a_{VV}(\theta) = -6.901 + 5.492\tan\theta - 1.051\log(\sin\theta) \tag{5.78}$$

$$b_{VV}(\theta) = 0.515 + 0.896\sin\theta - 0.475\sin^2\theta \tag{5.79}$$

$$a_{VH}(\theta) = \exp(-12.37 + 37.206\sin\theta - 41.187\sin^2\theta + 18.898\sin^3\theta) \tag{5.80}$$

$$b_{VH}(\theta) = 0.649 + 0.659\cos\theta - 0.306\cos^2\theta \tag{5.81}$$

Shi 模型考虑了粗糙度谱的影响,所以这一模型在实际应用中对后向散射系数的模拟能够取得较好的结果(Shi and Dozier, 2000)。

5.3.2 植被对土壤水分反演的影响

1. 植被衰减模型

土壤散射模型只能用来描述裸土表面的后向散射系数,并未考虑植被对后向散射的影响(Bindlish and Barros, 2001)。利用主动微波遥感数据反演植被覆盖地表的土壤水分时,如果忽略植被对后向散射的影响,则会低估土壤含水量(Neusch and Sties, 1999;刘伟等,2005)。因此,如何去除植被的影响,则成为实现土壤水分反演的关键。本章利用水云模型来考虑植被对后向散射的影响。

水云模型将总后向散射系数 σ^o 描述为植被散射贡献 σ^o_{veg} 和经植被层衰减后下垫面散射贡献 σ^o_{soil} 之和。由于叶片是植被对 SAR 信号的衰减和散射的主要因素之一,众多研究者(Prevot et al., 1993a;Lievens and Verhoest, 2011;Moran et al., 1998)提议用 LAI 作为水云模型中的冠层描述。LAI 可以利用光学遥感数据提取,因此,利用水云模型去除植被影响时,将 LAI 作为水云模型的冠层描述参数,即 $V_1=V_2$=LAI。则水云模型可以表示为

$$\sigma^o = A \times \text{LAI} \times \cos\theta \left[1 - \exp\left(\frac{-2B \times \text{LAI}}{\cos\theta}\right)\right] + \exp\left(\frac{-2B \times \text{LAI}}{\cos\theta}\right) \times \sigma^o_{soil} \tag{5.82}$$

将上式水云模型中的土壤后向散射项 σ^o_{soil} 用 IEM 模型来替代。由于原始水云模型中 σ^o_{soil} 并未考虑土壤表面粗糙度的影响,因此将其用 IEM 模型替换后更能精确地反映土壤后向散射(Wang et al., 2004)。

2. 改进的植被衰减模型

应用水云模型模拟植被后向散射贡献的前提条件是植被体散射为主体(Attema and Ulaby, 1978)，即水云模型只适用于植被稠密的区域。然而，在实际环境中，植被并不是均匀分布，无法满足这个假设。植被稀疏区的下垫面裸土斑块对后向散射的影响强烈，因此，必须考虑裸露土壤表面对后向散射的贡献。利用植被覆盖度将一个像元内的散射机理分为植被覆盖下的散射贡献和裸土斑块的散射贡献(Svoray and Shoshany, 2002; Svoray and Shoshany, 2003; Xing et al., 2014a)。因此，像元内总后向散射系数 σ_{total}^o 可以表示为

$$\sigma_{\text{total}}^o = f_{\text{veg}}\sigma^o + (1-f_{\text{veg}})\sigma_{\text{soil}}^o \tag{5.83}$$

水云模型结合公式(5.83)，则像元内总后向散射系数 σ_{total}^o 可以表示为

$$\begin{aligned}\sigma_{\text{total}}^o &= f_{\text{veg}}(\sigma_{\text{veg}}^o + \tau^2 \sigma_{\text{soil}}^o) + (1-f_{\text{veg}})\sigma_{\text{soil}}^o \\ &= f_{\text{veg}} \times A \times \text{LAI} \times \cos\theta \left[1 - \exp\left(\frac{-2B \times \text{LAI}}{\cos\theta}\right)\right] \\ &\quad + f_{\text{veg}} \times \exp\left(\frac{-2B \times \text{LAI}}{\cos\theta}\right) \times \sigma_{\text{soil}}^o \\ &\quad + (1-f_{\text{veg}})\sigma_{\text{soil}}^o \end{aligned} \tag{5.84}$$

3. 光学遥感数据反演微波模型的输入参数

本章中，植被覆盖度 f_{veg} 利用像元二分模型(Gutman and Ignatov, 1998)从光学遥感数据中获取。LAI 则选用 PROSAIL 模型来反演。

PROSAIL 模型基于辐射传输理论，由叶片光学特性模型 PROSPECT(Jacquemoud and Baret, 1990)和冠层辐射传输模型 SAIL(Verhoef, 1984)耦合而成(Jacquemoud et al., 2009)。PROSAIL 模型通过输入一系列参数模拟冠层光谱反射率，这些参数主要包括太阳天顶角、观测天顶角、太阳方位角和冠层方位角之间的夹角、平均叶倾角、叶片层数、叶片干重、叶片含水量、叶绿素含量、叶片干物质含量以及 LAI 等。

基于 PROSAIL 模型，构建冠层光谱反射率与输入参数之间的查找表。根据光学影像的反射率数据，在查找表中找出最适合 PROSAIL 模型的参数，使得光谱反射率的实测值与模拟值之间的差别最小。代价函数为

$$\varsigma = \sum(\rho - \rho_\text{m})^2 \tag{5.85}$$

式中，ρ 是光学影像的实测光谱反射率；ρ_m 是 PROSAIL 模型模拟的反射率。

利用 PROSAIL 模型反演 LAI 时，通过对模型参数的敏感性分析来确定对冠层反射率变化敏感的参数。对于敏感的参数，结合实测值，将其设置为一个范围，取合适的步长分别代入模型中。对于不敏感的参数，则直接赋予实测平均值或经验值。其他固定参数则可从光学遥感数据的头文件中获得。由于病态反演的存在，查询结果可能并不是唯一的。当出现多个查询结果时，取其平均值作为最终的 LAI 反演值。

5.3.3 后向散射模拟

利用建立的前向模型和表面参数模拟了采样点的总后向散射系数。为了综合评价植被覆盖度对模型的影响,分别利用加入植被覆盖度前后的模型模拟总后向散射系数。图 5.29 展示了未加入植被覆盖度时模型模拟的若尔盖实验区的后向散射系数和 Radarsat-2 SAR 测量的后向散射系数之间的散点图。图 5.30 展示了未加入植被覆盖度时模型模拟的乌图美仁实验区的后向散射系数和 TerraSAR-X 测量的后向散射系数之间的散点图。从图中可以看出,模拟的后向散射系数和 SAR 测量的后向散射系数之间呈现线性相关,具有一定的相关性(在若尔盖实验区:对于 HH 极化,$R^2=0.58$,$p<0.01$;对于 VV 极化,$R^2=0.52$,$p<0.01$。在乌图美仁实验区:对于 HH 极化,$R^2=0.49$,$p<0.01$;对于 VV 极化,$R^2=0.53$,$p<0.01$)。然而,无论是 HH 极化还是在 VV 极化方式下,后向散射系数值较高的区域比后向散射系数值较低的区域更偏离 1:1 线。换句话说,与后向散射系数较低的区域(若尔盖实验区所用数据为 C 波段:对于 HH 极化,后向散射系数小于-14 dB 时;对于 VV 极化,后向散射系数小于-17 dB 时。乌图美仁实验区所用数据为 X 波段:对于 HH 极化,后向散射系数小于-8 dB 时;对于 VV 极化,后向散射系数小于-8 dB 时)相比而言,后向散射系数较高区域的模型模拟值与测量值之间具有更好的相关性。雷达信号饱和前,植被生物量的增加减小了土壤粗糙度和土壤湿度对后向散射的贡献(Svoray et al., 2001),后向散射与植被生物量之间是负相关关系(Taconet et al., 1994;Svoray and Shoshany, 2002),因此,后向散射随着植被生物量的增加而减小。由于研究区中没有样点的植被生物量达到 C 波段或 X 波段的饱和值(Imhoff, 1995;王海鹏等, 2008)。因此,可以断定模型模拟的误差主要发生在植被相对稀疏的区域。这个现象说明将水云模型应用于植被稀疏区域可能存较大误差。综合在干旱区乌图美仁草原得到的结论,这个现象也进一步说明,即使在较为湿润的若尔盖草原,应用水云模型的前提条件也是以植被体散射为主体。

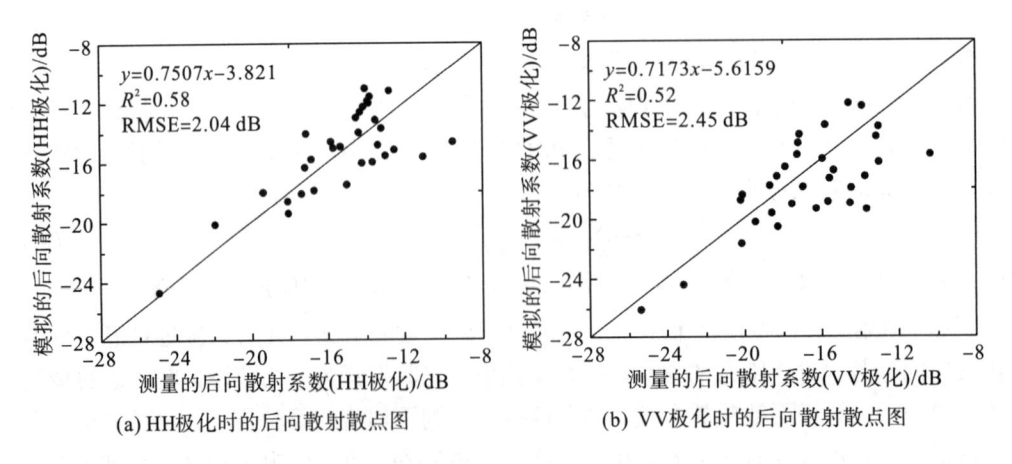

(a) HH极化时的后向散射散点图

(b) VV极化时的后向散射散点图

图 5.29 若尔盖实验区测量的后向散射系数(C 波段)与水云模型模拟的后向散射系数之间的关系散点图

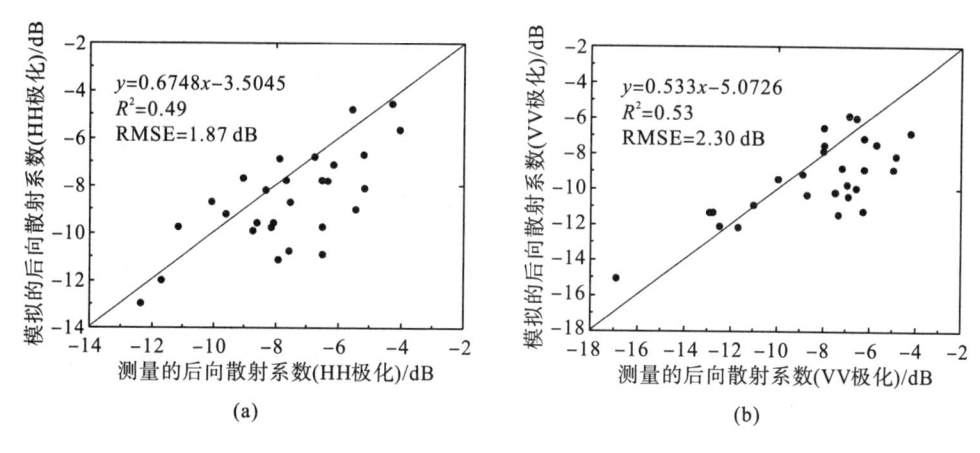

图 5.30 乌图美仁实验区测量的后向散射系数(X 波段)与水云模型模拟的后向散射系数之间的关系散点图

上述结果是在假设植被均一、未考虑植被间隙信息的条件下模型模拟得到的后向散射系数，其精度较低。在植被稀疏条件下，模型忽略了植被下垫面裸土斑块的直接散射信号，敏感度较低。研究区草原植被密度不均，有的地方植被覆盖稀疏，下垫面土壤对后向散射的影响强烈，因此，在计算草原后向散射时，必须考虑土壤的贡献。鉴于植被和土壤的散射机理不同，当植被稀疏或存在裸露土壤时，通过加入植被覆盖度将像元区分为植被完全覆盖部分和裸土部分对模型进行改进，并且假设在像元内植被覆盖部分的植被均一。图 5.31 呈现了若尔盖实验区测量的后向散射与改进水云模型模拟的后向散射之间的散点图。图 5.32 呈现了乌图美仁实验区测量的后向散射与改进水云模型模拟的后向散射之间的散点图。利用植被覆盖度加入裸土对总后向散射系数的影响后，模型模拟的后向散射的精度得到了显著提高(若尔盖实验区：对于 HH 极化，R^2 从 0.58 提高到 0.79，RMSE 从 2.04 dB 减小到 1.40 dB；对于 VV 极化，R^2 从 0.52 提高到 0.77，RMSE 从 2.45 dB 减小到 1.69 dB。乌图美仁实验区：对于 HH 极化，R^2 从 0.49 提高到 0.72，RMSE 从 1.87dB

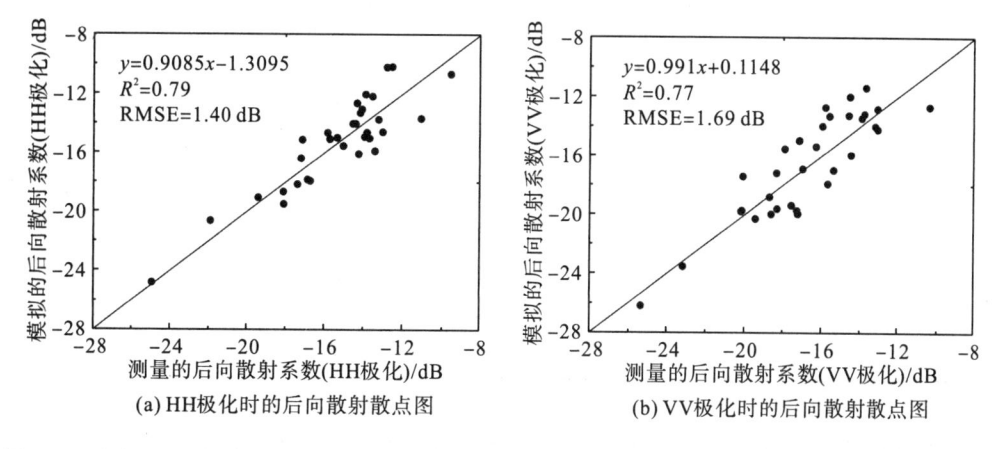

图 5.31 若尔盖实验区测量的后向散射系数与改进水云模型模拟的后向散射系数之间的关系散点图

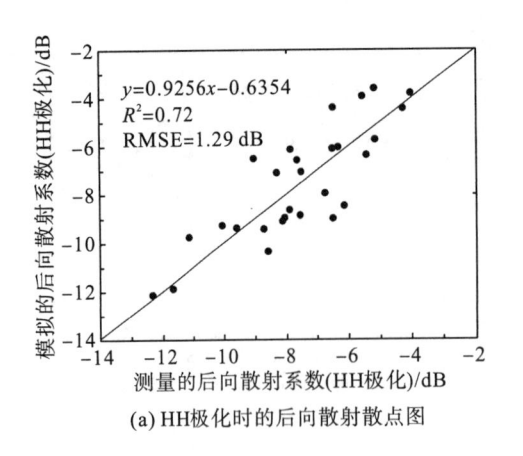

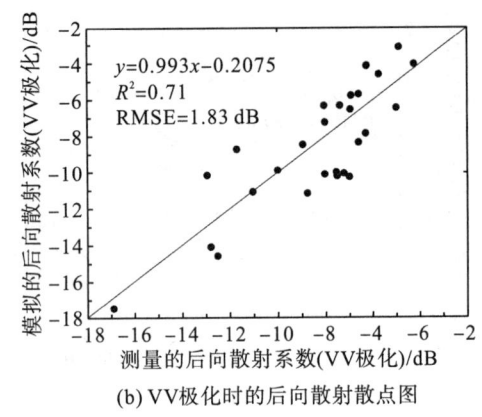

(a) HH极化时的后向散射散点图　　(b) VV极化时的后向散射散点图

图 5.32　乌图美仁实验区测量的后向散射系数与改进水云模型模拟的后向散射系数之间的关系散点图

减小到 1.29 dB；对于 VV 极化，R^2 从 0.53 提高到 0.71，RMSE 从 2.30 dB 减小到 1.83 dB），特别是在后向散射系数较高区域（植被相对稀疏的区域）。这说明改进模型在植被稀疏条件下具有较高的敏感性。模拟的后向散射系数结果表明，利用植被覆盖度可以区分像元内植被覆盖区和裸土之间的散射机理，显著提高模型模拟后向散射系数的精度。本章所提出的改进模型可以解决植被稀疏和裸土斑块对总后向散射影响强烈的问题。

为了理解模型在不同植被条件下的表现，表 5.2 列出了不同条件下模型的模拟精度（RMSE）和拟合系数（R^2）。从表 5.2 可以观察到，加入植被覆盖度的改进模型在植被稀疏条件下模拟的结果比未加入植被覆盖度时模型模拟结果的精度有显著提高，这说明改进模型对稀疏植被条件具有较高的敏感性。而在植被相对稠密条件下改进模型模拟的精度并未显著提高。这是由于植被稠密条件下植被间隙很小或者没有，裸土对后向散射的贡献只占总后向散射中很小的一部分，可以忽略不计。

表 5.2　植被散射模型及改进模型在不同植被条件下的性能表现

植被覆盖条件	模型	HH 极化方式 R^2	HH 极化方式 RMSE/dB	VV 极化方式 R^2	VV 极化方式 RMSE/dB
若尔盖 稠密	植被散射模型	0.78	1.58	0.74	1.63
	改进植被散射模型	0.81	1.23	0.78	1.61
若尔盖 稀疏	植被散射模型	0.25	2.65	0.15	2.93
	改进植被散射模型	0.73	1.77	0.74	1.79
乌图美仁 稠密	植被散射模型	0.51	1.11	0.86	1.07
	改进植被散射模型	0.73	1.20	0.73	1.75
乌图美仁 稀疏	植被散射模型	0.35	2.23	0.19	2.90
	改进植被散射模型	0.69	1.34	0.48	1.88

为了直观地展示该方法应用于若尔盖实验区和乌图美仁实验区的误差空间分布情况，我们将模型模拟的误差（error）定义为模型模拟的后向散射系数与 SAR 数据观测的后向散

射系数之差的绝对值(dB)(Wang and Qi,2008):

$$\text{error} = \left| \sigma^o_{\text{model}} - \sigma^o_{\text{SAR}} \right| \tag{5.86}$$

其中,σ^o_{model} 和 σ^o_{SAR} 分别是模型模拟和 SAR 观测的后向散射系数。

图 5.33 是覆盖若尔盖实验区 2013 年 8 月 4 日 HH 极化的误差空间分布图。SAR 图像中的叠掩和阴影区域在预处理过程中已经掩膜。实验区中大部分模型误差低于 2 dB,说明该模型能够应用于该区域。然而,坡度陡峭及地形复杂区域的模型误差可能达到 6 dB 以上,说明这些区域反演的土壤水分是不可靠的。图 5.34 是覆盖乌图美仁实验区的 HH 极化的误差空间分布图。从图中可以看出,实验区下方区域的误差较大,大部分大于 6 dB。乌图美仁实验区中采样点为植被覆盖区域,其土壤为黏土,而下方区域没有植被覆盖,土壤为沙砾。土壤质地是影响 SAR 后向散射的一个重要原因(Ulaby and Long,2014),这导致下方具有较大的误差。

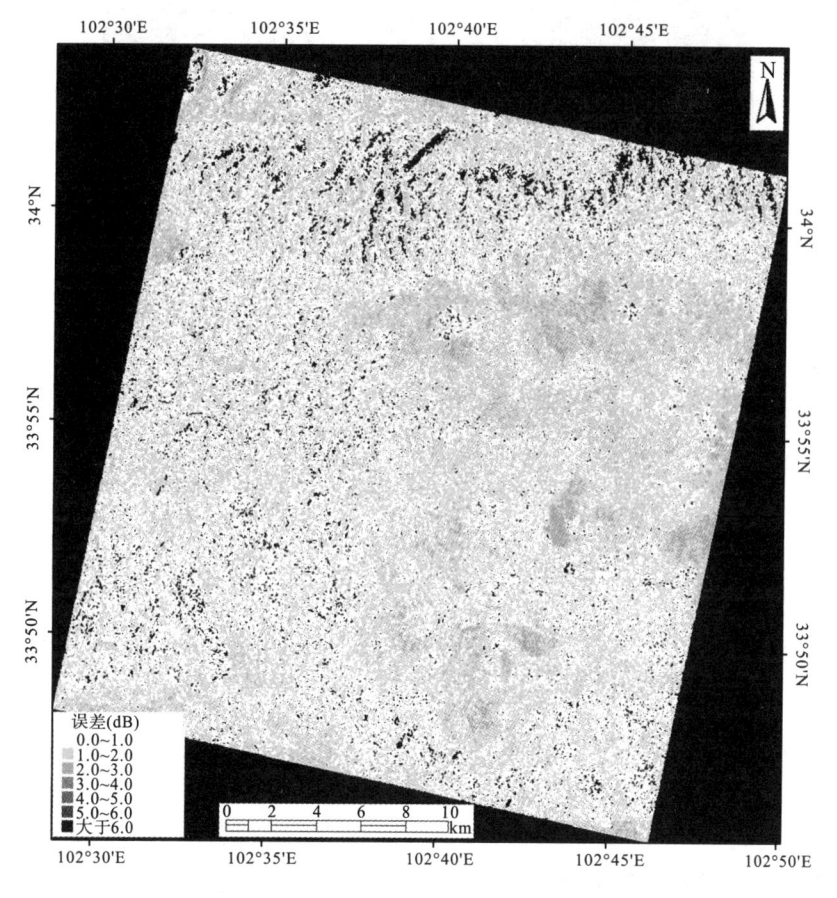

图 5.33 若尔盖实验区模型模拟后向散射系数的绝对误差分布图

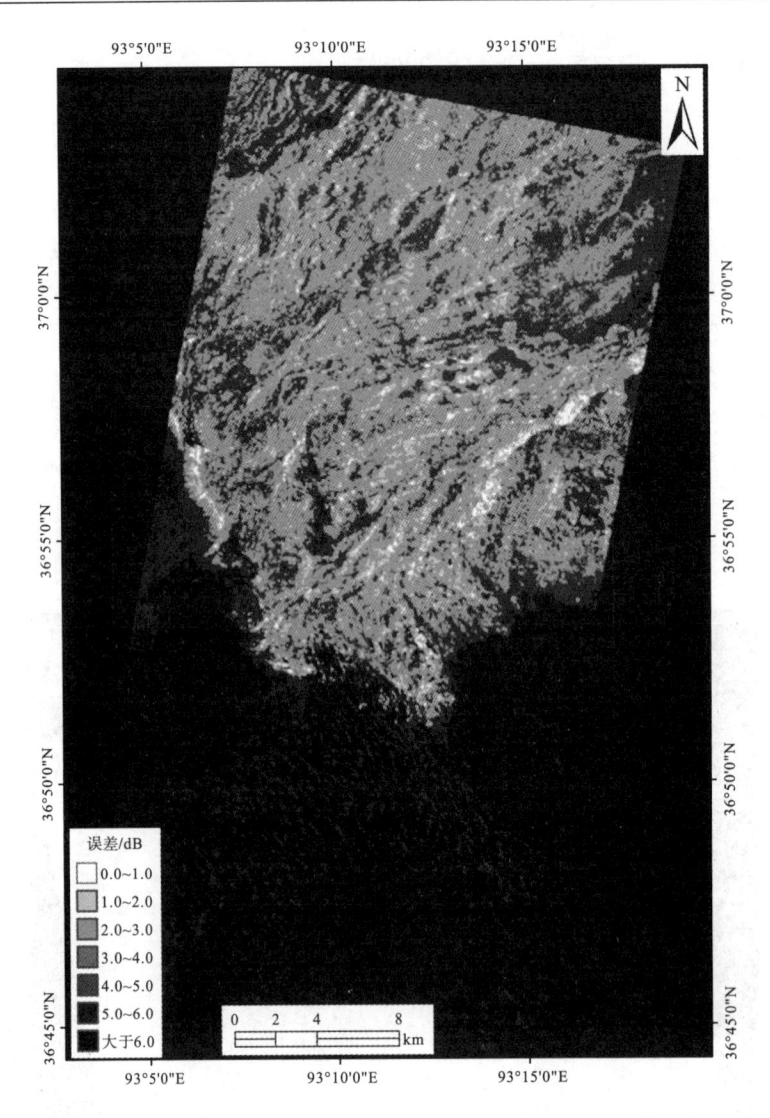

图 5.34　乌图美仁实验区模型模拟后向散射系数的绝对误差分布图

5.3.4　土壤水分估算结果

图 5.35 是利用水云模型去除植被影响后反演的若尔盖实验区土壤水分值与测量值之间的关系。图 5.36 是利用水云模型去除植被影响后反演的乌图美仁实验区土壤水分值与测量值之间的关系。从图中可以观察到，当土壤水分较小时，土壤含水量被高估。这可能是由于植被的强烈影响造成的。在植被稀疏条件下，植被散射对总后向散射的贡献超过了植被衰减的贡献(Wang et al., 2004)。土壤水分被高估的采样点的生物量均较小。因此，由于植被稀疏，造成在这些点上植被对后向散射的衰减贡献小于植被对后向散射增加的贡献。

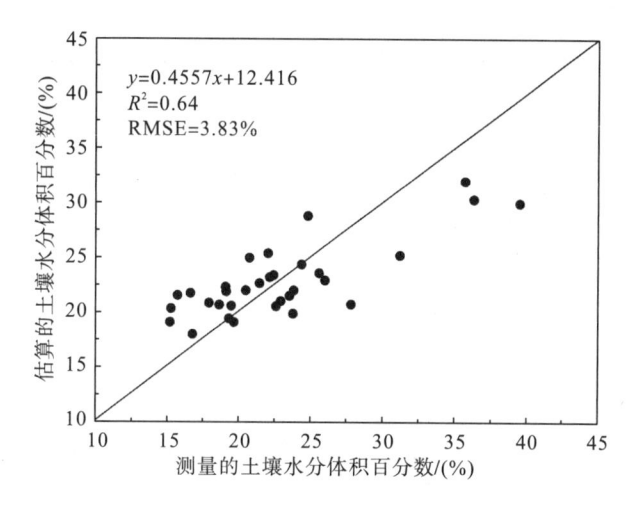

图 5.35　利用水云模型去除植被影响后估算的若尔盖实验区
土壤水分值与测量值之间的关系散点图

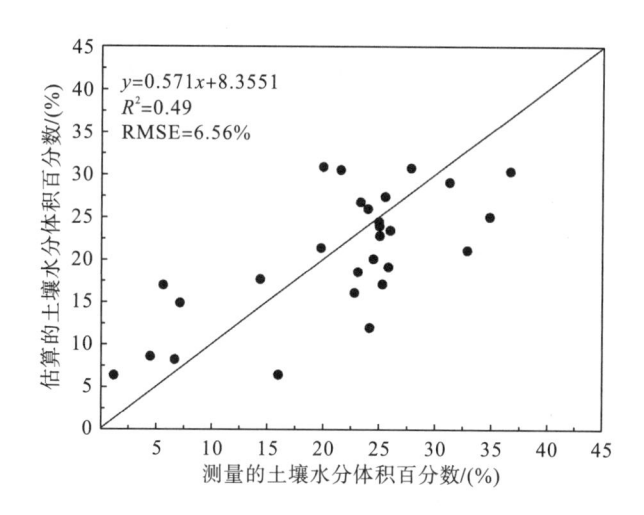

图 5.36　利用水云模型去除植被影响后估算的乌图美仁实验区
土壤水分值与测量值之间的关系散点图

图 5.37 是利用改进模型反演的若尔盖实验区土壤水分值与测量值之间的关系。图 5.38 是利用改进模型反演的乌图美仁实验区土壤水分值与测量值之间的关系。从散点图中 (图 5.37 和图 5.38) 可以观察到，研究区土壤水分反演值与测量值之间具有很强的线性关系，这表明该方法能够有效地估算植被覆盖下的土壤水分含量。与相对干燥区域的土壤水分值相比，较湿润区域的土壤水分反演值更偏离 1∶1 线。换句话说，较湿润区域反演的土壤水分值比较干旱区域具有更大的误差。这可以解释为 SAR 后向散射系数对土壤水分含量较低时的变化更敏感，而对土壤水分含量较高时的变化不敏感 (Bindlish and Barros, 2000)；也可以解释为 IEM 模型模拟的后向散射系数 σ^o 对湿润条件下的土壤含水量变化不敏感 (Joseph et al., 2010)，并且 IEM 模拟的后向散射系数在实际雷达信号达到饱和前就

已经饱和(Zribi et al., 2005)。因此，本书建立的方法可能无法应用于湿润条件下土壤水分的反演。

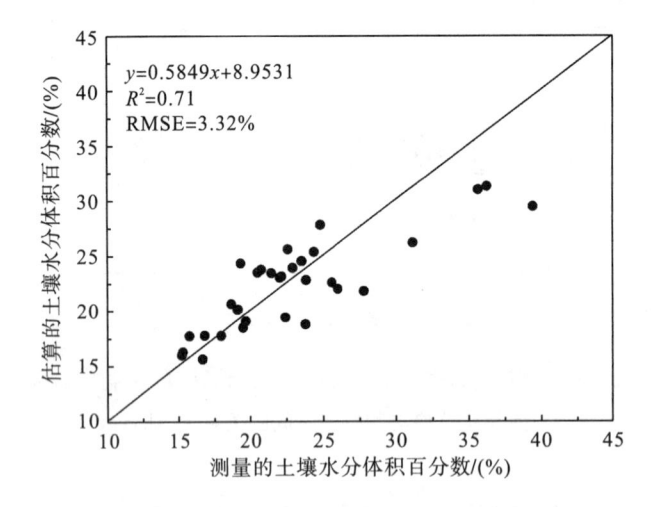

图 5.37　利用改进水云模型去除植被影响后估算的若尔盖实验区土壤水分值与测量值之间的关系散点图

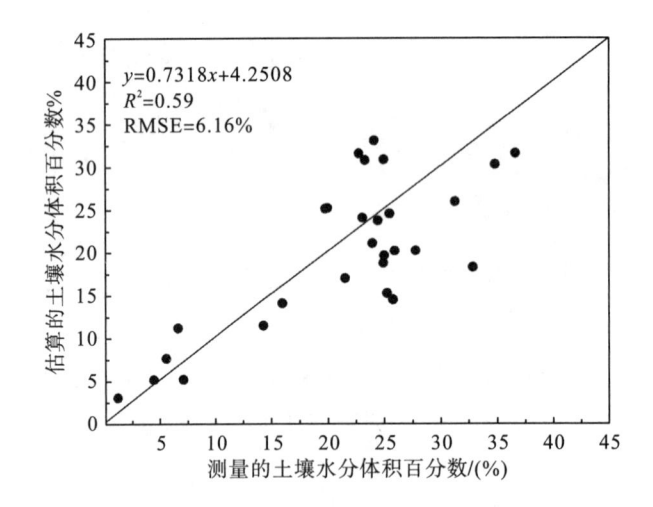

图 5.38　利用改进水云模型去除植被影响后估算的乌图美仁实验区土壤水分值与测量值之间的关系散点图

从图中可以看出，利用 X 波段反演的乌图美仁实验区的土壤水分精度远小于利用 C 波段反演的若尔盖实验区的精度(乌图美仁实验区：R^2=0.59，RMSE=6.16%；若尔盖实验区：R^2=0.71，RMSE=3.32%)。粗糙度是土壤水分反演的主要误差来源(Zribi et al., 1997)，波长越短受粗糙度的影响越大(Ulaby and Long, 2014)。X 波段穿透性弱，与 C 波段相比，更容易受到植被散射的影响。因此，与 C 波段相比，X 波段反演土壤水分时更容易受到土壤粗糙度和植被散射的干扰，反演的精度更低。

结果显示，若尔盖实验区土壤水分的反演误差最大达到了±24.8%（图5.37），乌图美仁实验区土壤水分的反演误差最大达到了±44.6%（图5.38）。土壤水分反演的误差不仅仅来源于模型模拟和反演，也可能来源于数据处理过程。经过分析，本书认为土壤水分反演的误差可能来源于：①由于测量的不确定性和病态反演问题，在结果不唯一时将平均值作为最终结果。如果随机选择反演结果，若尔盖实验区土壤水分反演的最大误差达到了±64.6%；而乌图美仁研究区的最大误差达到了±167.2%。②从光学遥感中估算植被覆盖度和LAI所带来的误差直接影响了土壤水分反演。③在若尔盖实验区，SAR图像中的某些区域，地形严重影响着土壤水分反演。SAR图像侧视成像，因此山区地形造成的地形扭曲不容易通过地形校正来解决。如图5.37所示，相对平坦区域的模型误差一般小于2 dB，而坡度陡峭区域的模型误差可能大于6 dB。这表明在坡度陡峭的区域反演的土壤水分是不可靠的。④若尔盖实验区所用的两景Radarsat-2 SAR图像的轨道分别位于上升轨和下降轨，其拍摄时间分别是早上和晚上。早上露珠的存在可能增加了植被的介电常数（Kasischke and Bourgeau-Chavez, 1997），这个误差也可能直接带入土壤水分反演中。⑤土壤质地的差别较大。⑥遥感数据的预处理过程差异。

参 考 文 献

Álvarez-Mozos J, GonzAlez-Aud-cana M, Casal J, 2007. Evaluation of empirical and semi-empirical backscattering models for surface soil moisture estimation[J]. Canadian Journal of Remote Sensing, 33(3): 176-188..

Amini J, Sumantyo J T S, 2009. Employing a method on SAR and optical images for forest biomass estimation[J]. Geoscience and Remote Sensing, IEEE Transactions on, 47: 4020-4026.

Attarchi S, Gloaguen R, 2014. Improving the estimation of above ground biomass using dual polarimetric PALSAR and ETM+ data in the hyrcanian mountain forest (Iran)[J]. Remote Sensing, 6: 3693-3715.

Attema E, Ulaby F T, 1978. Vegetation modeled as a water cloud[J]. Radio Science, 13: 357-364.

Baghdadi N, Zribi M, 2006. Evaluation of radar backscatter models IEM, OH and Dubois using experimental observations[J]. International Journal of Remote Sensing, 27: 3831-3852.

Beckmann P, Spizzichino A, 1987. The scattering of electromagnetic waves from rough surfaces[J]. Norwood, MA, Artech House, Inc., 511.

Bell D, Menges C, Ahmad W, et al, 2001. The application of dielectric retrieval algorithms for mapping soil salinity in a tropical coastal environment using airborne polarimetric SAR[J]. Remote Sensing of Environment, 75: 375-384.

Bindlish R, Barros A P, 2000. Multifrequency soil moisture inversion from SAR measurements with the use of IEM[J]. Remote Sensing of Environment, 71: 67-88.

Bindlish R, Barros A P, 2001. Parameterization of vegetation backscatter in radar-based, soil moisture estimation[J]. Remote Sensing of Environment, 76: 130-137.

Bolten J D, Lakshmi V, Njoku E G, 2003. Soil moisture retrieval using the passive/active L-and S-band radar/radiometer[J]. IEEE Transactions on Geoscience and Remote Sensing, 41: 2792-2801.

Bryant R, Moran M, Thoma D, et al, 2007. Measuring surface roughness height to parameterize radar backscatter models for retrieval of surface soil moisture[J]. IEEE Geoscience and Remote Sensing Letters, 4: 137-141.

Chen K-S, Wu T-D, Tsang L, et al, 2003. Emission of rough surfaces calculated by the integral equation method with comparison to three-dimensional moment method simulations[J]. IEEE Transactions on Geoscience and Remote Sensing, 41: 90-101.

Chen K-S, Wu T-D, Tsay M-K, et al, 2000. Note on the multiple scattering in an IEM model[J]. IEEE Transactions on Geoscience and Remote Sensing, 38: 249-256.

Chen L, Shi J, Wigneron J-P, et al, 2010. A parameterized surface emission model at L-band for soil moisture retrieval[J]. IEEE Geoscience and Remote Sensing Letters, 7: 127-130.

Chen W, Blain D, Li J, et al, 2009. Biomass measurements and relationships with Landsat‐7/ETM+ and JERS‐1/SAR data over Canada's western sub‐arctic and low arctic[J]. International Journal of Remote Sensing, 30: 2355-2376.

Clevers J, Van Der Heijden G, Verzakov S, et al, 2007. Estimating grassland biomass using SVM band shaving of hyperspectral data[J]. Photogrammetric Engineering & Remote Sensing, 73: 1141-1148.

Clevers J, Van leeuwen H, 1996. Combined use of optical and microwave remote sensing data for crop growth monitoring[J]. Remote Sensing of Environment, 56: 42-51.

Cognard A L, Loumagne C, Normand M, et al, 1995. Evaluation of the ERS 1/Synthetic Aperture Radar Capacity to Estimate Surface Soil Moisture: Two‐Year Results Over the Naizin Watershed[J]. Water resources research, 31: 975-982.

De Roo R D, Du Y, Ulaby F T, et al, 2001. A semi-empirical backscattering model at L-band and C-band for a soybean canopy with soil moisture inversion[J]. Geoscience and Remote Sensing, IEEE Transactions on, 39: 864-872.

Della Vecchia A, Saleh K, Ferrazzoli P, et al, 2006. Simulating L-band emission of coniferous forests using a discrete model and a detailed geometrical representation[J]. IEEE Geoscience and Remote Sensing Letters, 3: 364-368.

Dobson M C, Pierce L, Sarabandi K, et al, 1992. Preliminary analysis of ERS-1 SAR for forest ecosystem studies[J]. IEEE Transactions on Geoscience and Remote Sensing, 30: 203-211.

Du J, Shi J, Sun R, 2010. The development of HJ SAR soil moisture retrieval algorithm[J]. International Journal of Remote Sensing, 31: 3691-3705.

Du J, Shi J, Tjuatja S, et al, 2006. A combined method to model microwave scattering from a forest medium[J]. IEEE Transactions on Geoscience and Remote Sensing, 44: 815-824.

Dubois P C, Van Zyl J, Engman T, 1995. Measuring soil moisture with imaging radars[J]. IEEE Transactions on Geoscience and Remote Sensing, 33: 915-926.

Englhart S, Keuck V, Siegert F, 2011. Aboveground biomass retrieval in tropical forests—The potential of combined X-and L-band SAR data use[J]. Remote Sensing of Environment, 115: 1260-1271.

Engman E T, Chauhan N, 1995. Status of microwave soil moisture measurements with remote sensing[J]. Remote Sensing of Environment, 51: 189-198.

Foody G M, Lucas R, Curran P, et al, 1997. Non-linear mixture modelling without end-members using an artificial neural network[J]. International Journal of Remote Sensing, 18: 937-953.

Fung A, Liu W, Chen K, et al, 2002. An improved IEM model for bistatic scattering from rough surfaces[J]. Journal of Electromagnetic Waves and Applications, 16: 689-702.

Fung A K, Chen K-S, 2010. Microwave scattering and emission models for users[M]. Artech house.

Fung A K, Chen K. 2004. An update on the IEM surface backscattering model[J]. IEEE Geoscience and Remote Sensing Letters, 1:

75-77.

Fung A K, Li Z, Chen K, 1992. Backscattering from a randomly rough dielectric surface[J]. IEEE Transactions on Geoscience and Remote Sensing, 30: 356-369.

G Neralp I, Filippi A M, Randall J, 2014. Estimation of floodplain aboveground biomass using multispectral remote sensing and nonparametric modeling[J]. International Journal of Applied Earth Observation and Geoinformation, 33: 119-126.

Gherboudj I, Magagi R, Berg A A, et al, 2011. Soil moisture retrieval over agricultural fields from multi-polarized and multi-angular RADARSAT-2 SAR data[J]. Remote Sensing of Environment, 115: 33-43.

Graham A, Harris R, 2003. Extracting biophysical parameters from remotely sensed radar data: a review of the water cloud model[J]. Progress in Physical Geography, 27: 217-229.

Grings F M, Ferrazzoli P, Jacobo-Berlles J C, et al, 2006. Monitoring flood condition in marshes using EM models and Envisat ASAR observations[J]. IEEE Transactions on Geoscience and Remote Sensing, 44: 936-942.

Gutman G, Ignatov A, 1998. The derivation of the green vegetation fraction from NOAA/AVHRR data for use in numerical weather prediction models[J]. International Journal of Remote Sensing, 19: 1533-1543.

H Garat-Mascle L, Zribi M, Alem F, et al, 2002. Soil moisture estimation from ERS/SAR data: Toward an operational methodology[J]. IEEE Transactions on Geoscience and Remote Sensing, 40: 2647-2658.

Haboudane D, Miller J R, Pattey E, et al, 2004. Hyperspectral vegetation indices and novel algorithms for predicting green LAI of crop canopies: Modeling and validation in the context of precision agriculture[J]. Remote Sensing of Environment, 90: 337-352.

Henderson F M, Lewis A J, 1998. Principles and applications of imaging radar[M]. Manual of remote sensing, volume 2. John Wiley and sons.

Hosseini M, Saradjian M, 2011. Soil moisture estimation based on integration of optical and SAR images[J]. Canadian Journal of Remote Sensing, 37: 112-121.

Imeson A, Lavee H, 1998. Soil erosion and climate change: the transect approach and the influence of scale[J]. Geomorphology, 23: 219-227.

Imhoff M L, 1995. Radar backscatter and biomass saturation: ramifications for global biomass inventory[J]. Geoscience and Remote Sensing, IEEE Transactions on, 33: 511-518.

Inoue Y, Kurosu T, Maeno H, et al, 2002. Season-long daily measurements of multifrequency (Ka, Ku, X, C, and L) and full-polarization backscatter signatures over paddy rice field and their relationship with biological variables[J]. Remote Sensing of Environment, 81: 194-204.

Jacome A, Bernier M, Chokmani K, et al, 2013. Monitoring volumetric surface soil moisture content at the La Grande basin boreal wetland by radar multi polarization data[J]. Remote Sensing, 5: 4919-4941.

Jacquemoud S, Baret F, 1990. PROSPECT: A model of leaf optical properties spectra[J]. Remote Sensing of Environment, 34: 75-91.

Jacquemoud S, Verhoef W, Baret F, et al, 2009. PROSPECT+ SAIL models: A review of use for vegetation characterization[J]. Remote Sensing of Environment, 113: S56-S66.

Jin Y, Yang X, Qiu J, et al, 2014. Remote sensing-based biomass estimation and its spatio-temporal variations in temperate grassland, Northern China[J]. Remote Sensing, 6: 1496-1513.

Joseph A, Van Der Velde R, O'Neill P, et al, 2010. Effects of corn on C-and L-band radar backscatter: A correction method for soil moisture retrieval[J]. Remote Sensing of Environment, 114: 2417-2430.

Joseph A T, Van Der Velde R, O'Neill P E, et al, 2008. Soil moisture retrieval during a corn growth cycle using L-band (1.6 GHz) radar observations[J]. IEEE Transactions on Geoscience and Remote Sensing, 46: 2365-2374.

Kasischke E S, Bourgeau-Chavez L L, 1997. Monitoring South Florida wetlands using ERS-1 SAR imagery[J]. Photogrammetric Engineering and Remote Sensing, 63: 281-291.

Kasischke E S, Christensen Jr N L, 1990. Connecting forest ecosystem and microwave backscatter models[J]. International Journal of Remote Sensing, 11: 1277-1298.

Kim D-J, Moon W M, Kim G, et al, 2011. Submarine groundwater discharge in tidal flats revealed by space-borne synthetic aperture radar[J]. Remote Sensing of Environment, 115: 793-800.

Kumar S, Pandey U, Kushwaha S P, et al, 2012. Aboveground biomass estimation of tropical forest from Envisat advanced synthetic aperture radar data using modeling approach[J]. Journal of Applied Remote Sensing, 6: 063588-063588.

Lakhankar T, Ghedira H, Temimi M, et al, 2009. Effect of land cover heterogeneity on soil moisture retrieval using active microwave remote sensing data[J]. Remote Sensing, 1: 80-91.

Li S, Potter C, 2012. Patterns of aboveground biomass regeneration in post-fire coastal scrub communities[J]. GIScience & Remote Sensing, 49: 182-201.

Liang P, Moghaddam M, Pierce L E, et al, 2005a. Radar backscattering model for multilayer mixed-species forests[J]. Geoscience and Remote Sensing, IEEE Transactions on, 43: 2612-2626.

Liang P, Pierce L E, Moghaddam M, 2005b. Radiative transfer model for microwave bistatic scattering from forest canopies[J]. IEEE Transactions on Geoscience and Remote Sensing, 43: 2470-2483.

Liao J, Shen G, Dong L, 2013. Biomass estimation of wetland vegetation in Poyang Lake area using ENVISAT advanced synthetic aperture radar data[J]. Journal of Applied Remote Sensing, 7: 073579-073579.

Lievens H, Verhoest N E, 2011. On the retrieval of soil moisture in wheat fields from L-band SAR based on Water Cloud modeling, the IEM, and effective roughness parameters[J]. IEEE Geoscience and Remote Sensing Letters, 8: 740-744.

Lin D-S, Wood E F, Troch P A, et al, 1994. Comparisons of remotely sensed and model-simulated soil moisture over a heterogeneous watershed[J]. Remote Sensing of Environment, 48: 159-171.

Lin H, Chen J, Pei Z, et al, 2009. Monitoring sugarcane growth using ENVISAT ASAR data[J]. IEEE Transactions on Geoscience and Remote Sensing, 47: 2572-2580.

Liu J, Pattey E, Miller J R, et al, 2010. Estimating crop stresses, aboveground dry biomass and yield of corn using multi-temporal optical data combined with a radiation use efficiency model[J]. Remote Sensing of Environment, 114: 1167-1177.

Magagi R, Kerr Y, 1997. Retrieval of soil moisture and vegetation characteristics by use of ERS-1 wind scatterometer over arid and semi-arid areas[J]. Journal of Hydrology, 188: 361-384.

Maity S, Patnaik C, Chakraborty M, et al, 2004. Analysis of temporal backscattering of cotton crops using a semiempirical model[J]. IEEE Transactions on Geoscience and Remote Sensing, 42: 577-587.

Mattar C, Wigneron J-P, Sobrino J, et al, 2012. A combined optical-microwave method to retrieve soil moisture over vegetated areas[J]. IEEE Transactions on Geoscience and Remote Sensing, 50: 1404-1413.

Merzouki A, Mcnairn H, Pacheco A, 2011. Mapping Soil Moisture Using RADARSAT-2 Data and Local Autocorrelation Statistics[J]. IEEE Journal of Selected Topics in Applied Earth Observations & Remote Sensing, 4(1): 128-137.

Moghaddam M, Dungan J L, Acker S, 2002. Forest variable estimation from fusion of SAR and multispectral optical data[J]. IEEE Transactions on Geoscience & Remote Sensing, 40(10): 2176-2187.

Moran M S, Hymer D C, Qi J, et al, 2002. Comparison of ERS-2 SAR and Landsat TM imagery for monitoring agricultural crop and soil conditions[J]. Remote Sensing of Environment, 79: 243-252.

Moran M S, Hymer D C, Qi J, et al, 2000. Soil moisture evaluation using multi-temporal synthetic aperture radar (SAR) in semiarid rangeland[J]. Agricultural and Forest meteorology, 105: 69-80.

Moran M S, Vidal A, Troufleau D, et al, 1998. Ku-and C-band SAR for discriminating agricultural crop and soil conditions[J]. IEEE Transactions on Geoscience and Remote Sensing, 36: 265-272.

Mutanga O, Skidmore A K, 2004. Narrow band vegetation indices overcome the saturation problem in biomass estimation[J]. International Journal of Remote Sensing, 25: 3999-4014.

Nearing G S, Moran M S, Thorp K R, et al, 2010. Likelihood parameter estimation for calibrating a soil moisture model using radar bakscatter[J]. Remote Sensing of Environment, 114: 2564-2574.

Neusch T, Sties M, 1999. Application of the Dubois-model using experimental synthetic aperture radar data for the determination of soil moisture and surface roughness[J]. ISPRS Journal of Photogrammetry and Remote Sensing, 54: 273-278.

Notarnicola C, Angiulli M, Posa F, 2006. Use of radar and optical remotely sensed data for soil moisture retrieval over vegetated areas[J]. IEEE Transactions on Geoscience and Remote Sensing, 44: 925-935.

Oh Y, 2004. Quantitative retrieval of soil moisture content and surface roughness from multipolarized radar observations of bare soil surfaces[J]. IEEE Transactions on Geoscience and Remote Sensing, 42: 596-601.

Oh Y, Sarabandi K, Ulaby F T, 1992. An empirical model and an inversion technique for radar scattering from bare soil surfaces[J]. IEEE Transactions on Geoscience and Remote Sensing, 30: 370-381.

Paloscia S, Pettinato S, Santi E, et al, 2013. Soil moisture mapping using Sentinel-1 images: Algorithm and preliminary validation[J]. Remote Sensing of Environment, 134: 234-248.

Paris J, 1986. The effect of leaf size on the microwave backscattering by corn[J]. Remote Sensing of Environment, 19: 81-95.

Pasolli L, Notarnicola C, Bruzzone L, et al, 2012. Polarimetric RADARSAT-2 imagery for soil moisture retrieval in alpine areas[J]. Canadian Journal of Remote Sensing, 37: 535-547.

Pickup G, 1996. Estimating the effects of land degradation and rainfall variation on productivity in rangelands: an approach using remote sensing and models of grazing and herbage dynamics[J]. Journal of Applied Ecology : 819-832.

Prakash R, Singh D, Pathak N P, 2012. A fusion approach to retrieve soil moisture with SAR and optical data[J]. IEEE Journal of Selected Topics in Applied Earth Observations and Remote Sensing, 5: 196-206.

Prasad R, 2009. Retrieval of crop variables with field-based X-band microwave remote sensing of ladyfinger[J]. Advances in Space Research, 43: 1356-1363.

Prevot L, Champion I, Guyot G, 1993a. Estimating surface soil moisture and leaf area index of a wheat canopy using a dual-frequency (C and X bands) scatterometer[J]. Remote Sensing of Environment, 46: 331-339.

Prevot L, Dechambre M, Taconet O, et al, 1993b. Estimating the characteristics of vegetation canopies with airborne radar measurements[J]. International Journal of Remote Sensing, 14: 2803-2818.

Quesney A, Le H Garat-Mascle S, Taconet O, et al, 2000. Estimation of watershed soil moisture index from ERS/SAR data[J]. Remote Sensing of Environment, 72: 290-303.

Rahman M, Moran M, Thoma D, et al, 2008. Mapping surface roughness and soil moisture using multi-angle radar imagery without ancillary data[J]. Remote Sensing of Environment, 112: 391-402.

Saatchi S S, Mcdonald K C, 1997. Coherent effects in microwave backscattering models for forest canopies[J]. IEEE Transactions on

Geoscience and Remote Sensing, 35: 1032-1044.

Saatchi S S, Moghaddam M, 2000. Estimation of crown and stem water content and biomass of boreal forest using polarimetric SAR imagery[J]. IEEE Transactions on Geoscience and Remote Sensing, 38: 697-709.

Sancer M, 1969. Shadow-corrected electromagnetic scattering from a randomly rough surface[J]. IEEE Transactions on Antennas and Propagation, 17: 577-585.

Sang H, Zhang J, Lin H, et al, 2014. Multi-Polarization ASAR Backscattering from Herbaceous Wetlands in Poyang Lake Region, China[J]. Remote Sensing, 6: 4621-4646.

Santi E, Paloscia S, Pettinato S, et al, 2013. Comparison between SAR soil moisture estimates and hydrological model simulations over the Scrivia test site[J]. Remote Sensing, 5: 4961-4976.

Shi J, Chen K-S, Li Q, et al, 2002. A parameterized surface reflectivity model and estimation of bare-surface soil moisture with L-band radiometer[J]. IEEE Transactions on Geoscience and Remote Sensing, 40: 2674-2686.

Shi J, Dozier J, 2000. Estimation of snow water equivalence using SIR-C/X-SAR. I. Inferring snow density and subsurface properties[J]. IEEE Transactions on Geoscience and Remote Sensing, 38: 2465-2474.

Shi J, Wang J, Hsu A Y, et al, 1997. Estimation of bare surface soil moisture and surface roughness parameter using L-band SAR image data[J]. IEEE Transactions on Geoscience and Remote Sensing, 35: 1254-1266.

Shoshany M, 2000. Satellite remote sensing of natural Mediterranean vegetation: a review within an ecological context[J]. Progress in Physical Geography, 24: 153-178.

Shoshany M, Svoray T, 2002. Multidate adaptive unmixing and its application to analysis of ecosystem transitions along a climatic gradient[J]. Remote Sensing of Environment, 82: 5-20.

Singh D, 2006. Scatterometer performance with polarization discrimination ratio approach to retrieve crop soybean parameter at X-band[J]. International Journal of Remote Sensing, 27: 4101-4115.

Smith M O, Ustin S L, Adams J B, et al, 1990. Vegetation in deserts: I. A regional measure of abundance from multispectral images[J]. Remote Sensing of Environment, 31: 1-26.

Song K, Zhou X, Fan Y, 2009. Empirically adopted IEM for retrieval of soil moisture from radar backscattering coefficients[J]. IEEE Transactions on Geoscience and Remote Sensing, 47: 1662-1672.

Svoray T, Shoshany M, 2002. SAR-based estimation of areal aboveground biomass (AAB) of herbaceous vegetation in the semi-arid zone: a modification of the water-cloud model[J]. International Journal of Remote Sensing, 23: 4089-4100.

Svoray T, Shoshany M, 2003. Herbaceous biomass retrieval in habitats of complex composition: a model merging SAR images with unmixed landsat TM data[J]. IEEE Transactions on Geoscience & Remote Sensing, 41(7): 1592-1601.

Svoray T, Shoshany M, 2004. Multi-scale analysis of intrinsic soil factors from SAR-based mapping of drying rates[J]. Remote Sensing of Environment, 92: 233-246.

Svoray T, Shoshany M, Curran P, et al, 2001. Relationship between green leaf biomass volumetric density and ERS-2 SAR backscatter of four vegetation formations in the semi-arid zone of Israel[J]. International Journal of Remote Sensing, 22: 1601-1607.

Taconet O, Benallegue M, Vidal-Madjar D, et al, 1994. Estimation of soil and crop parameters for wheat from airborne radar backscattering data in C and X bands[J]. Remote Sensing of Environment, 50: 287-294.

Taconet O, Vidal-Madjar D, Emblanch C, et al, 1996. Taking into account vegetation effects to estimate soil moisture from C-band radar measurements[J]. Remote Sensing of Environment, 56: 52-56.

Topp G, Davis J, Annan A P, 1980. Electromagnetic determination of soil water content: Measurements in coaxial transmission lines[J]. Water Resources Research, 16: 574-582.

Tsolmon R, Tateishi R, Tetuko J, 2002. A method to estimate forest biomass and its application to monitor Mongolian Taiga using JERS-1 SAR data[J]. International Journal of Remote Sensing, 23: 4971-4978.

Ulaby F T, 1974. Radar measurement of soil moisture content[J]. IEEE Transactions on Antennas and Propagation, 22: 257-265.

Ulaby F T, Batlivala P P, Dobson M C, 1978. Microwave backscatter dependence on surface roughness, soil moisture, and soil texture: Part I-Bare soil[J]. IEEE Transactions on Geoscience Electronics, 16: 286-295.

Ulaby F T, Long D G, 2014. Microwave Radar and Radiometric Remote Sensing[M]. The University of Michigan Press.

Ulaby F T, Sarabandi K, Mcdonald K, et al, 1990. Michigan microwave canopy scattering model[J]. International Journal of Remote Sensing, 11: 1223-1253.

Ustin S, Hart Q, Duan L, et al, 1996. Vegetation mapping on hardwood rangelands in California[J]. International Journal of Remote Sensing, 17: 3015-3036.

Verhoef W, 1984. Light scattering by leaf layers with application to canopy reflectance modeling: the SAIL model[J]. Remote Sensing of Environment, 16: 125-141.

Wang C, Qi J, 2008. Biophysical estimation in tropical forests using JERS‐1 SAR and VNIR imagery. II. Aboveground woody biomass[J]. International Journal of Remote Sensing, 29: 6827-6849.

Wang C, Qi J, Moran S, et al, 2004. Soil moisture estimation in a semiarid rangeland using ERS-2 and TM imagery[J]. Remote Sensing of Environment, 90: 178-189.

Wang H, Ouchi K, 2010. A simple moment method of forest biomass estimation from non-Gaussian texture information by high-resolution polarimetric SAR[J]. Geoscience and Remote Sensing Letters, IEEE, 7: 811-815.

Wang J, Hsu A, Shi J, et al, 1997. Estimating surface soil moisture from SIR-C measurements over the Little Washita River watershed[J]. Remote Sensing of Environment, 59: 308-320.

Weimann A, Von Schonermark M, Schumann A, et al, 1998. Soil moisture estimation with ERS-1 SAR data in the East-German loess soil area[J]. International Journal of Remote Sensing, 19: 237-243.

Wu T-D, Chen K-S, 2004. A reappraisal of the validity of the IEM model for backscattering from rough surfaces[J]. Geoscience and Remote Sensing, IEEE Transactions on, 42: 743-753.

Wu T-D, Chen K-S, Shi J, et al, 2001. A transition model for the reflection coefficient in surface scattering[J]. Geoscience and Remote Sensing, IEEE Transactions on, 39: 2040-2050.

Wu W, De Pauw E, Helld N U, 2013. Assessing woody biomass in African tropical savannahs by multiscale remote sensing[J]. International Journal of Remote Sensing, 34: 4525-4549.

Xing M, He B, Li X, 2014a. Integration method to estimate above-ground biomass in arid prairie regions using active and passive remote sensing data[J]. Journal of Applied Remote Sensing, 8: 083677-083677.

Xing M, Quan X, Li X, et al, 2014b. An extended approach for biomass estimation in a mixed vegetation area using ASAR and TM data[J]. Photogrammetric Engineering & Remote Sensing, 80: 429-438.

Zribi M, Baghdadi N, Holah N, et al, 2005. New methodology for soil surface moisture estimation and its application to ENVISAT-ASAR multi-incidence data inversion[J]. Remote Sensing of Environment, 96(3-4): 485-496.

Zribi M, Dechambre M, 2003. A new empirical model to retrieve soil moisture and roughness from C-band radar data[J]. Remote Sensing of Environment, 84(1): 42-52.

Zribi M, Le H M S, Vidalmadjar D, et al, 1997. Backscattering behavior and simulation comparison over bare soils using SIR-C/X-SAR and ERASME 1994 data over Orgeval[J]. Remote Sensing of Environment, 59(2): 256-266.

刘伟, 施建成, 王建明, 2005. 极化分解技术在估算植被覆盖地区土壤水分变化中的应用[J]. 遥感信息, (4): 3-6.

施建成, 杜阳, 杜今阳, 等, 2012. 微波遥感地表参数反演进展[J]. 中国科学: 地球科学, (6): 814-842.

王海鹏, 金亚秋, 大内和夫, 等, 2008. Pi-SAR 极化数据与 K 分布指数估算森林生物量与实验验证[J]. 遥感学报, 12(3): 477-482.

朱永恒, 濮励杰, 赵春雨, 2005. 土地质量的概念及其评价指标体系研究[J]. 国土与自然资源研究, (2): 31-33.

第6章 土地利用信息提取

6.1 基于最大似然准则的 SAR 土地利用信息提取

监督分类是先用已知其属性类别的训练样本让分类识别系统进行训练学习,以掌握各个类别的统计特征,然后,以此为依据按照分类决策规则进行分类识别的过程。利用一定数量已知类别样本的观测值来确定判别函数中待定参数的过程称为学习或训练。监督分类常用于遥感图像数据的定量分析。这类算法都包含一系列相同的基本步骤:①根据实验区域的先验知识,确定图像的分类类别和分类数目。②从图像数据中选择能代表各类别的样本。该选择可以通过地面调查、航片、地形图或任何参考数据源的信息来做到。③对选择的样本依据所用的分类器进行统计分析处理,提取出各类别的数据特征,主要是统计参数(如一阶矩和二阶矩等)来描述每个类别,这取决于选择的分类器。这些参数描述了所采用的概率模型的特征,或直接定义多维特征空间的划分。④根据分类器的判别准则,逐像元地确定图像中的类别归属。实际上,用户在第二步定义训练样本时仅仅识别整个图像的一部分,在这之后,整个图像将被自动地分类。⑤生成表格总览或主题图以评价分类结果精度。

6.1.1 基于最大似然准则的监督分类

Van Zyl(1989)提出利用入射波和散射波之间相位和自旋的关系进行非监督分类,将目标区分为一次散射目标、二次散射目标、混合目标和不可分目标,这种分类方法对极化信息的利用是比较粗糙的。

最大似然分类是建立在贝叶斯准则基础上的,其分类错误概率最小,是风险最小的判决分析。常常采用的有效假设是:每类的概率分布呈多元正态或高斯分布。在自然界中,大部分地物都是服从这个规律的(李洪忠,2010)。因此,在多元特征空间上的一点 x 服从高维正态分布,即有

$$p(x|w_i) = \frac{1}{(2\pi)^{n/2} (\det[\Sigma_i])^{1/2}} \exp\left\{\frac{1}{2}(x-m_i)^{\mathrm{T}}[\Sigma_i]^{-1}(x-m_i)\right\} \tag{6.1}$$

其中,n 表示特征维数,$i=1,2,\cdots,l$ 表示 l 个地表覆盖类型的索引;m_i 是类 w_i 的均值向量;$[\Sigma_i]$ 为协方差矩阵。对于每个 i,其协方差矩阵 $[\Sigma]$ 定义如下:

$$[\Sigma] = \left\langle (x-m)(x-m)^{\mathrm{T}} \right\rangle = \frac{1}{r-1}\sum_{j=1}^{r}(x_j-m)(x_j-m)^{\mathrm{T}} \tag{6.2}$$

其中，r 是类中的像元总个数。多元特征正态分布完全通过其均值和协方差矩阵描述。

需要注意的是，这里给出的协方差矩阵$[\Sigma]$与极化数据的协方差矩阵$[C]$不同。$[\Sigma]$表示的是一对特征波段响应之间存在的相关性，如果它们相关，协方差矩阵的对角项元素要比下对角元素大一些，而相关性小的则产生接近于零的下对角元素。

在试图确定一个向量$\boldsymbol{x}$(即像元)的所述类别时，向量$\boldsymbol{x}$的条件概率为

$$p(w_i|\boldsymbol{x}), i=1,2,\cdots,l \tag{6.3}$$

正如前面所说的，向量$\boldsymbol{x}$用参数值将像元描述成用坐标定义的多元特征空间中的一个点。概率$p(w_i|x)$给出了在位置x上，像元正确分类到类w_i的似然率。因此，进行分类时，如果满足条件

$$p(w_i|x) > p(w_j|x), j \neq i \tag{6.4}$$

那么，将像元向量$\boldsymbol{x}$分配给类别w_i。然而，问题是如何估计未知的概率$p(w_i|x)$。

如果每个类别(用户定义的地表覆盖类型)有足够多的训练样本，则可以计算出概率分布，它描述类别w_i中的像元出现在位置x上的概率，新的概率分布用后验概率表示，最大似然分类的似然函数就是指该条件概率密度函数$p(x|w_i)$，通过贝叶斯理论可以将它与要估计的$p(w_i|x)$联系起来：

$$p(w_i|x) = \frac{p(x|w_i)p(w_i)}{p(x)} \tag{6.5}$$

其中，$p(w_i)$是类w_i发生在图像中的概率；$p(x)$是在位置x上出现任何类别像元的概率。$p(w_i)$称为先验概率，因为在分类之前可以用该概率类估计一个像元的类别。采用相同的解释原则，$p(w_i|x)$称为后验概率。

利用分类规则可以写表示为

$$x \in w_i, \text{ if } p(x|w_i)p(w_i) > p(x|w_j)p(w_j), j \neq i \tag{6.6}$$

在数学上，为了计算方便，判别式可以表示为

$$g_i(x) = \ln\left[p(x|w_i)p(w_i)\right] = \ln\left[p(x|w_i)\right] + \ln\left[p(w_i)\right] \tag{6.7}$$

因此，

$$x \in w_i, \text{ if } g_i(x) > g_j(x), j \neq i \tag{6.8}$$

由于用二阶方程描述判别式函数，所以不同类别之间的判别边界是注入抛物线、圆和椭圆的二次曲线。然而，最小距离方法中的边界是用一个线性方程表示，因此对于划分多元特征空间，更高阶判决规则使最大似然准则比最小距离准则更为有效。

上面所介绍的是常规数据应用最大似然准则的情况。然而，极化SAR数据常常包含目标极化散射过程的一阶和二阶矩信息，如极化散射矩阵$[S]$、极化协方差矩阵$[C]$和极化相干矩阵$[T]$。

6.1.2 基于[S]矩阵的最大似然准则分类

有学者利用目标散射矩阵的统计分析结果,在极化散射矩阵多元复高斯分布的基础上构造了最大似然决策规则,为了减少极化 SAR 图像的斑点噪声的影响,通常要对极化 SAR 数据进行非相干平均处理(杨新,2008)。

对于极化 SAR 数据,在散射矩阵[S]情况下,对于天线互易的单基雷达系统,可以定义复散射向量 z 为

$$z = \begin{bmatrix} S_{HH} & \sqrt{2}S_{HV} & S_{VV} \end{bmatrix}^T \tag{6.9}$$

可以证明,向量 z 服从多元复高斯概率分布,即 $N_C(0,[C])$ 分布的形式,

$$P(z) = \frac{\exp(-z^{*T}[C]^{-1}z)}{\pi^q |[C]|} \tag{6.10}$$

其中,q 代表 z 的元素个数,在单基情况下,$q=3$。$|\cdot|$ 表示行列式,$[C] = E(zz^{*T})$ 是 z 的 3×3 协方差矩阵。

在给定聚类 w_i 条件下,散射向量 z 的似然函数为

$$P(z|w_i) = \frac{\exp(-z^{*T}[C_i]^{-1}z)}{\pi^q |[C_i]|} \tag{6.11}$$

其中,$[C_i]$ 是类别 w_i 的协方差矩阵,通过样本学习过程计算得到。实际上,$[C_i]$ 的真实值仍然是未知的,因此协方差矩阵$[C_i]$可用其最大似然估计定义:

$$[\hat{C}_i] = \frac{1}{n_i} \sum_{p \in w_i} zz^{*T} \tag{6.12}$$

其中,n_i 是属于训练类别 w_i 的像元个数。

为了方便计算,通常采用对数似然函数 $L(z|w_i)$ 代替式(6.11):

$$L(z|w_i) = -\ln\left|[\hat{C}_i]\right| - \text{Tr}\left([\hat{C}_i]^{-1}zz^{*T}\right) - q\ln\pi \tag{6.13}$$

其中,$\text{Tr}\left([\hat{C}_i]^{-1}zz^{*T}\right)$ 表示 $[\hat{C}_i]^{-1}zz^{*T}$ 的迹,它等于 $z^{*T}[\hat{C}_i]^{-1}z$。

由于对数函数具有严格的单调递增,因此,最优决策准则在[S]矩阵分类情况下,可以写成

$$p \in w_i, \text{ if } w_i = \arg\min \, d\left(z\big|[\hat{C}_i]\right) \tag{6.14}$$

其中,

$$d\left(z\big|[\hat{C}_i]\right) = \ln\left|[\hat{C}_i]\right| + \text{Tr}\left([\hat{C}_i]^{-1}zz^{*T}\right) \tag{6.15}$$

$\arg\min f(x)$ 返回 $f(x)$ 取最小值时所对应的 x 值变量,$d\left(z\big|[\hat{C}_i]\right)$ 可以当作一个统计距离,从不带常数项的负对数似然函数推导出来。在分类过程中,像元将被分配给具有最短统计距离的聚类。

6.1.3 基于[C]或[T]矩阵的Wishart分类

Lee 和 Grunes(1994)将最大似然规则推广到 SAR 多视情况，发展了基于复 Wishart 分布的极化协方差矩阵监督分类算法。大多数 SAR 数据都是经过多视处理，以便进行数据压缩和斑噪去除。根据散射向量 z，可以定义极化协方差矩阵：

$$[C] = \frac{1}{n} \sum_{k=1}^{n} z_k z_k^{*T} \quad (6.16)$$

其中，z_k 表示 z 的第 k 个样本；上标*表示复共轭；n 表示视数或样本数。

极化协方差矩阵的概率密度分布函数服从 n 个自由度的复 Wishart 分布 $W_C(n,[\bar{Z}])$，

$$p_T^{(n)}([C]) = \frac{n^{qn}|[C]|^{n-q} \exp\{-n\text{Tr}([\Sigma]^{-1}[C])\}}{K(n,q)|[\bar{Z}]|^n} \quad (6.17)$$

且

$$K(n,q) = \pi^{\frac{1}{2}q(q-1)} \Gamma(n) \cdots \Gamma(n-q+1) \quad (6.18)$$

其中，在互易的情况下 $q=3$，对于双基的情况有 $q=4$。Tr 为矩阵的迹，n 是视数，K 是归一化因子，$\Gamma(\cdot)$ 为 Gamma 函数，$[\Sigma] = E([C])$。

由于极化协方差矩阵[C]可以通过线性变换得到极化相干矩阵[T]，所以极化相干矩阵也服从复 Wishart 分布。与散射矩阵[S]类似，应用最大似然准则于复 Wishart 分布，得到如下规则：

$$p \in w_i, \text{ if } w_i = \arg\max L([C]|[\hat{\Sigma}_i]) \quad (6.19)$$

其中，$\arg\max f(x)$ 返回 $f(x)$ 取最大值时所对应的 x 值，

$$L(z[C]|[\hat{\Sigma}_i]) = -n\ln|[\hat{\Sigma}_i]| - n\text{Tr}([\hat{\Sigma}_i]^{-1}[C]) + qn\ln n + (n-q)\ln|[C]| - \ln K(n,q) \quad (6.20)$$

而 $[\hat{\Sigma}_i]$ 是相干矩阵的最大似然估计，定义为

$$[\hat{\Sigma}_i] = \frac{1}{n} \sum_{p \in w_i} [C] \quad (6.21)$$

对于式(6.19)取负号，并且去掉与研究聚类无关的项，可以得到一个新的聚类规则：

$$p \in w_i, \text{ if } w_i = \arg\min d([C]|[\hat{\Sigma}_i]) \quad (6.22)$$

其中，

$$d([C]|[\hat{\Sigma}_i]) = \ln|[\hat{\Sigma}_i]| + \text{Tr}([\hat{\Sigma}_i]^{-1}[C]) \quad (6.23)$$

该距离不依赖于视数，因此可以应用于多视处理后的全极化 SAR 数据。当将分类

方法应用于双极化复 SAR 数据时，对应的将是 2×2 的协方差矩阵。当公式中的 $q=1$ 时，该分类方法就可以应用到单极化 SAR 强度数据分类中，这时的距离公式将被修改为如下形式：

$$d(R_1 | C_{11}) = \ln|C_{11}| + \frac{R_1}{C_{11}} \tag{6.24}$$

在监督分类中，实现训练集合选择用于计算 $[\hat{\boldsymbol{\Sigma}}_i]$，然后像元被分配给与之具有最小距离的类 w_i，

$$d\left([\boldsymbol{T}]\big|\left[\hat{\boldsymbol{\Sigma}}_i\right]\right) \leqslant d\left([\boldsymbol{T}]\big|\left[\hat{\boldsymbol{\Sigma}}_j\right]\right), j \neq i \tag{6.25}$$

这样就得到一个 Wishart 分类器，其处理流程图如图 6.1 所示。Wishart 分类器的实质是一种基于统计特性的最大似然分类器，需要输入初始聚类中心的信息，因此是一种监督分类方法。

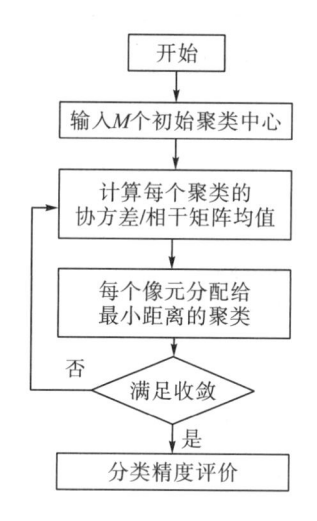

图 6.1 Wishart 分类器处理流程图

在实际操作中，不考虑目标的反射对称性，因此当反射对称性成立时，共极化与交叉极化之间互不相关，那么极化协方差矩阵中的交叉项将为零，此时极化协方差矩阵不再满足复 Wishart 分布，这会使分类结果产生统计偏差。

一般情况下，统计分类方法都假定利用每类目标特有的局部统计信息能够唯一地对每幅 SAR 图像进行分类。因此，必须对每幅图像进行局部训练和测试，这对于大范围应用是不可行的，也是不必要的。利用包含 SAR 与地物目标之间的相互作用和一定先验知识的分类方法则有可能构造出应用范围更广，且与时间、地点无关的分类算法(袁磊，2007)。实验结果表明，由于引入了更多的地物信息，基于全极化数据的最大似然分类精度比基于单极化或多极化数据分类精度有所提高。

6.1.4 H/α-Wishart 非监督分类

Cloude 分解提供了两个很有用的参数，即散射熵 H 和平均散射角 α。然而基于 H/α 平面空间的识别过程，其特殊性在于从基本散射机制的物理解释来估计观测散射媒质的类型。因此，H/α 平面空间的划分实际上是一种简单的非监督分类。利用这种方法来分析自然地物还存在一些缺陷：①H/α 平面中任意固定边界可能不符合数据的分布。相似自然地物的聚类可能会跨越决策平面的边界。在这种情况下，具有非常相似特征的像元可能以一种近乎随机的方式被分配给不同的类别，而原因只是它们在 H/α 平面内的位置稍微不同。②虽然 H 和 α 的计算用到了全极化数据，但是这两个参数并不能表达所有的极化信息。例如 SPAN 或特定的相关系数等其他指示参数的使用，可能会明显地改善分类效果。

Lee 等(2002)在 H/α 分类的基础上，结合基于复 Wishart 分布的最大似然分类器克服了上述的缺陷，可以看到散射机制的物理解释明显地增强了统计分类方法的效果。该非监督分类方法利用参数 H 和 α 以散射机制的非监督识别结果作为初始分类，提供 8 个特定物理散射机制的稳定聚类。H/α-Wishart 非监督分类处理流程如图 6.2 所示。

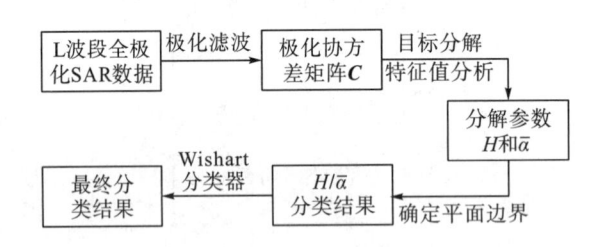

图 6.2 H/α-Wishart 极化 SAR 非监督分类处理流程图

H/α-Wishart 非监督分类方法能够清楚地区分开自然地物的主要类型，更符合散射机制的自然分布，并考虑与后向散射强度有关的信息，在 H/α 分类的基础上，以一种自适应的方式改变了 H/α 平面中的决策边界，改善了 H/α 分类效果。

Cloude 分解参数中的反熵 A 表示次要散射机制的相对大小关系，这种指示变量对区分具有不同特征值分布但相似中等熵值的散射机制特别有用。在这种情况下，高反熵值表示两个相当的主要散射机制和一个重要性较低的次要散射机制，而低反熵值对应一个占优势的主要散射机制和两个不可忽略、同等重要的次要散射机制。因此，Pottier 和 Lee 在 H/α-Wishart 分类过程中进一步引入反熵 A，通过分析 $H/\alpha/A$ 的分类空间，发现反熵信息的加入使得原来聚类在同一 H/α 区域的不同类别得以区分开来，可以进一步改善极化非监督分类结果(李晓芳，2009)。反熵的引入可以采用多种方式，但在该分类算法中引入反熵信息的最好方法在于实现两个联系的分类过程。

极化数据首先根据 $H/\alpha/A$-Wishart 非监督分类算法进行分类。一旦该过程收敛之后，通过与一个阈值(通常设为 0.5)比较每个像元的反熵值，将上述得到的 8 个聚类中心进一步分成 16 个聚类中心。然后，用这 16 个聚类中心来初始化第二次最大似然 Wishart 分类过程。在分类过程中反熵 A 的引入允许将较大的聚类分裂成更小聚类,以更精确的方式区分更小的差异。然而,$H/\alpha/A$-Wishart 分类将具有相似统计特性的像元聚集成一类,但没有提供与每个聚类的有关散射机制特性的任何信息。

根据反熵 A 表征的散射机制将 8 类地物中的每一类进一步划分为 2 类,分别为高各向异性度($A>0.5$)和低各向异性度($A<0.5$),然后对这 8 类数据采用复 Wishart 聚类算法优化类与类之间的边界,输出分类结果。根据反熵 A 的定义,可以认为反熵 A 实质上进一步区分了两种不同特征值的组合状态。由上述分类算法的过程可知,Wishart $H/\alpha/A$ 非监督分类算法的结果一共能获得 16 类地物类型。Wishart $H/\alpha/A$ 非监督分类算法的优势在于它引入反熵 A 进行初始化,使初始类中心的分布更为合理,改善了分类器的性能(图 6.3)。

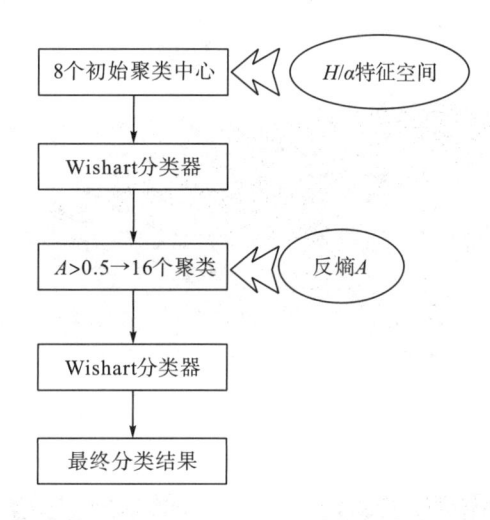

图 6.3　$H/\alpha/A$-Wishart 极化 SAR 非监督分类处理流程图

本实验采用 ALOS PALSAR 全极化数据,以 Wishart 分类器为基础,进行了下面 3 组分类实验(表 6.1),它们分别是:

(1) 直接采用 Wishart 分类器对全极化 SAR 数据进行分类实验。
(2) 采用 H/α-Wishart 非监督分类方法对全极化 SAR 数据进行分类实验。
(3) 采用 $H/\alpha/A$-Wishart 非监督分类方法对全极化 SAR 数据进行分类实验。

表 6.1　不同分类方法的参数设置

分类器	类别数	迭代次数
Wishart 分类方法	4	10
H/α-Wishart 非监督分类方法	8	10
$H/\alpha/A$-Wishart 非监督分类方法	16	10

本实验使用的数据是 ALOS PALSAR 日本地区的 L 波段全极化数据 ALPSRP170150860,图像大小为 1000 像素×512 像素。该数据对应的 Pauli 分解图参见图 6.4。

Wishart 分类器属于监督分类方法，需要提前选取训练样本数据。本实验中选择了耕地、植被、水体和建筑 4 类地物的训练样本(图 6.5)。

图 6.4　全极化数据 ALPSRP170150860 的 pauli 分解图

(a) 4种地物类型的训练样本　　　　　(b) 针对训练样本的Wishart分类结果

图 6.5　4 种地物类型的训练样本选择及 Wishart 分类结果

训练样本是分类精度评价的基本单元，利用选定的训练样本数据以及训练样本数据的分类结果图，用于评价 Wishart 分类方法的精度。Kappa 分析(Kappa 系数法)采用一种离散的多元技术，考虑了矩阵的所有因素，其产生的评价指标被称为 K_{hat} 统计。K_{hat} 统计是一种测量两幅图之间吻合度或精度的指标，其计算公式为

$$K_{\text{hat}} = \frac{N\sum_{i=1}^{r}x_{ii} - \sum_{i=1}^{r}(x_{i+}x_{+i})}{N^2 - \sum_{i=1}^{r}(x_{i+}x_{+i})} \tag{6.26}$$

其中，r 是误差矩阵中的总列数（即总的类别数）；x_{ii} 是误差矩阵中的第 i 行、第 i 列上像元数量（即正确分类的数目）；x_{i+} 和 x_{+i} 是第 i 行和第 i 列的总像元数量；N 是总的用于精度评估的像元数量。将表 6.2 中的相关数据代入式（6.26），得到 K_{hat} 统计值为 74.49%。

表 6.2　Wishart 分类结果混淆矩阵

	分类结果	被评价的图像				
		建筑	林地	水体	耕地	总和
参考图像	建筑	4099	606	0	1804	6509
	林地	1315	2282	0	1937	5534
	水体	0	0	15081	11	15092
	耕地	151	1475	243	13809	15680
	总和	5565	4363	15324	17561	42815

总体精度：82.38%；Kappa 系数：74.49%

将 Wishart 分类方法应用于整幅图像，得到分类结果图如图 6.6 所示。

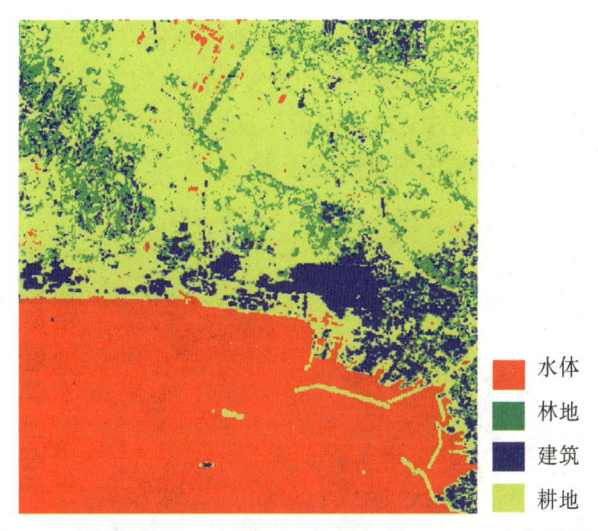

图 6.6　全极化数据 ALPSRP170150860 的 Wishart 分类结果图

Wishart 分类利用选定的样本数据将整个研究区域分成 4 大类，从样本的分类精度看该分类方法效果还可以。但是在本实验中选定的样本基本上属于均质区域的地物类型，对于边缘地物的分类无法给出较为合理的评价。从分类结果看，在海洋部分有零星的点被分为耕地类型，这个明显是与现实不相符的，而且将大部分的河道区域分为耕地类型这也是不合理的。因此结合 H/α 特征空间进一步对研究区进行分类，分类结果图参见图 6.7。

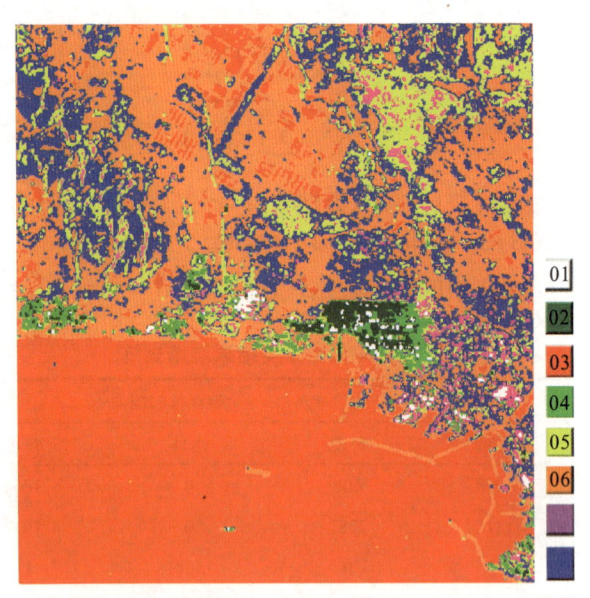

图 6.7　全极化数据 ALPSRP170150860 的 H/α-Wishart 分类结果图

从 H/α-Wishart 分类结果图可以看出，同 Wishart 分类相比，更多的类别区分出来，但是该分类方法属于非监督分类，具体的地物类型还需要人工判读。从 Pauli 分解图中可以看出，近海域与远海域的海面是不同的，在该分类方法中无法将其区分，但是在下面给出的 $H/\alpha/A$-Wishart 分类结果(图 6.8)中明显地将近海域和远海域区分开来，这与实际情况是相吻合的。但是从分类图中看到增加了特征参数反熵使得数据被划分为非常多的类(16 类)。在实际应用中，获得的图像基本没有如此复杂的结构，因此这些类中有很多的聚类中心是非常接近的。采用的分类方法本身也应尽量避免大的类别数，因为太大的没有意义的分类中心会造成分类的失败和图像理解的困难。

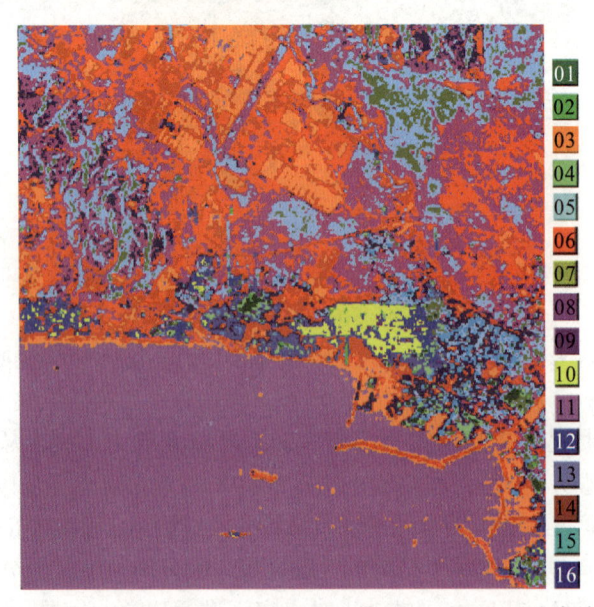

图 6.8　全极化数据 ALPSRP170150860 的 $H/\alpha/A$-Wishart 分类结果图

第6章 土地利用信息提取

对于海洋、城区和林地这些包含典型地物的场景(指有大范围的极化特征明显的区域)，3 种分类方法表现出相似的分类结果，但是在分类结果图的部分区域仍然有明显的差异。对于海洋区域的划分，$H/\alpha/A$-Wishart 分类方法将近海和远海区域明显地区分开，而 Wishart 分类方法和 H/α-Wishart 分类方法都无法做到精细分类。对于这 3 种分类方法都将河道错划分成了耕地类型。

利用 Cloude 分解参数极化熵 H 和散射角 α 的替代参数散射多样性 $\hat{H}$ 和散射分量 N_{11} 进行同样的实验，得到的实验结果如图 6.9 所示。

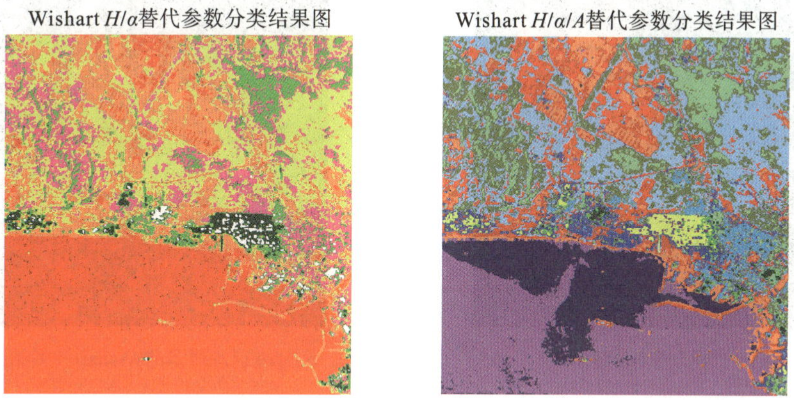

(a) H/α-Wishart 分类结果图 (b) $H/\alpha/A$-Wishart 分类结果图

图 6.9　全极化数据 ALPSRP170150860 的分类结果图

如果将全极化 SAR 数据的协方差矩阵服从的 Wishart 分布推广到双极化数据，并结合双极化下的 Cloude 分解参数同样可以进行上述的实验方法。下面分别采用 HH/HV 双极化 SAR 数据 ALPSRP076520570 和 ALPSRP186360600 进行分类实验。图 6.10 给出的是两个图像的 RGB 彩色合成图。

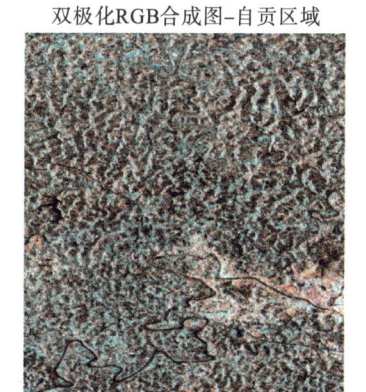

(a) ALPSRP076520570 (b) ALPSRP186360600

图 6.10　双极化 SAR 数据的 RGB 合成图

首先选择 ALPSRP076520570 数据的训练样本，包括耕地、植被和建筑。对选择的训练样本数据进行 Wishart 分类，得到的分类结果如图 6.11 所示。

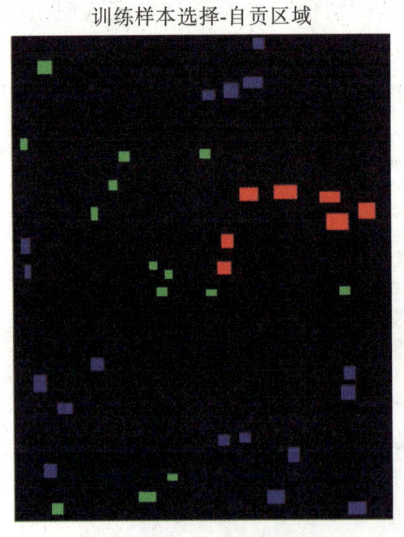

训练样本选择-自贡区域　　　　　　　训练样本Wishart分类结果图-自贡区域

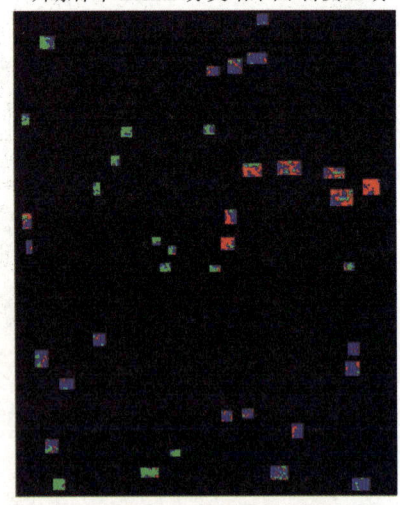

(a) 地物训练样本选择　　　　　　　(b) 训练样本的Wishart分类结果

图 6.11　ALPSRP076520570 的训练样本选择及 Wishart 分类结果

同样采用混淆矩阵和 Kappa 系数来评价双极化 SAR 数据的 Wishart 分类效果，从表 6-3 可以看出分类的效果比较差。究其原因是全极化 SAR 数据的协方差矩阵满足的 Wishart 分布可能并不适用于双极化下的协方差矩阵。

表 6.3　自贡区域 ALPSRP076520570 的 Wishart 分类结果的混淆矩阵

	分类结果	被评价的图像			
		耕地	植被	建筑	总和
参考图像	耕地	2566	334	490	3390
	植被	507	1153	76	1736
	建筑	722	217	1235	2174
	总和	3795	1704	1801	7300
	总体精度：67.86%；Kappa 系数：48.96%				

对数据 ALPSRP186360600 进行上述实验，同样选择耕地、植被和建筑 3 类训练样本，得到的训练样本的 Wishart 分类结果图如图 6.12 所示。

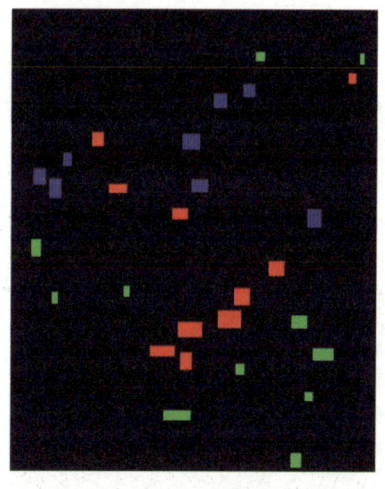

训练样本选择-郫县区域　　　　　训练样本Wishart分类结果图-郫县区域

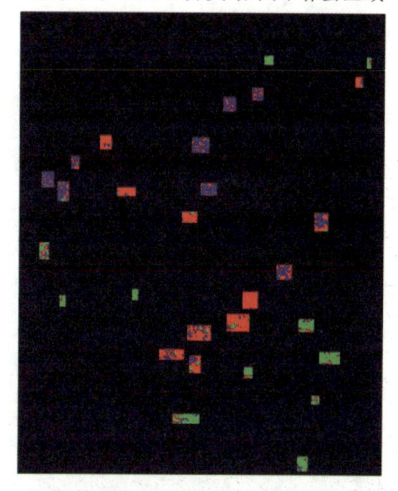

(a) 地物训练样本选择　　　　　　(b) 训练样本的Wishart分类结果

图 6.12　ALPSRP186360600 的训练样本选择

从混淆矩阵和 Kappa 系数可以看出，训练样本的 Wishart 分类精度比较低。从这两组实验可以看出 Wishart 分类器并不适合于 HH/HV 双极化 SAR 数据，对于双极化 SAR 数据的协方差矩阵的分布函数还需要进一步研究。

表 6.4　ALPSRP186360600 的 Wishart 分类结果的混淆矩阵

分类结果		被评价的图像			
		耕地	植被	建筑	总和
参考图像	耕地	1292	65	679	2036
	植被	106	1397	358	1861
	建筑	441	122	2437	3000
	总和	1839	1584	3474	6897

总体精度：74.32%；Kappa 系数：59.89%

将 Wishart 分类方法、H/α-Wishart 分类方法以及 $H/\alpha/A$-Wishart 分类方法应用到整幅图像。从分类结果图可以看出双极化下的 Wishart 监督分类方法并不适用于地物分类，需要寻求适合于双极化 SAR 数据的协方差矩阵的分布函数用于地物分类(图 6.13～图 6.15)。

(a) ALPSRP076520570 (b) ALPSRP186360600

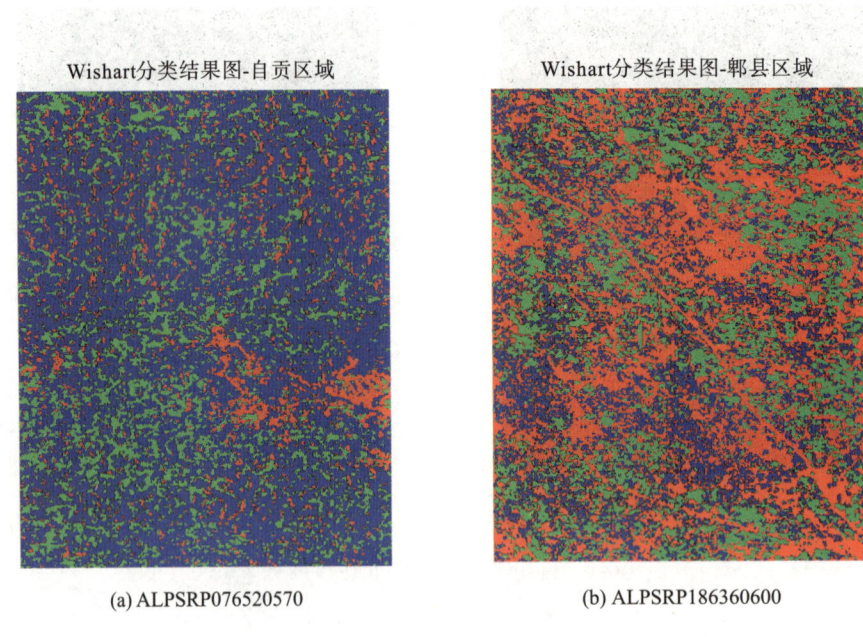

图 6.13 HH/HV 双极化 SAR 数据的 Wishart 分类结果图

(a) ALPSRP076520570 (b) ALPSRP186360600

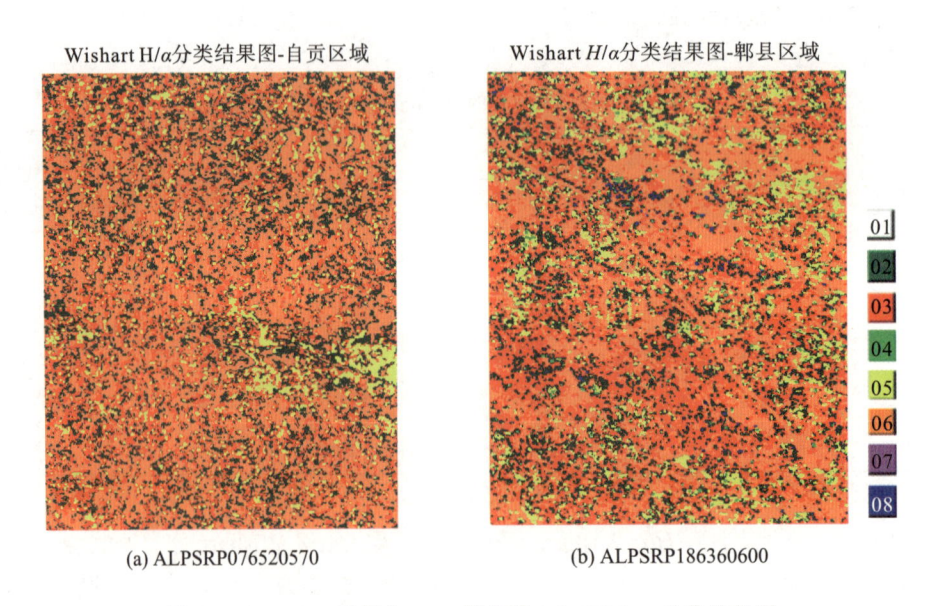

图 6.14 HH/HV 双极化 SAR 数据的 H/α-Wishart 分类结果图

(a) ALPSRP076520570   (b) ALPSRP186360600

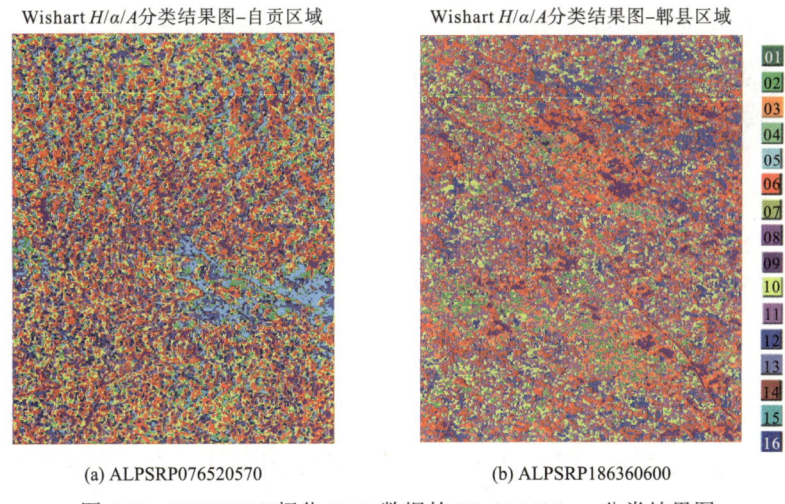

图 6.15　HH/HV 双极化 SAR 数据的 $H/\alpha/A$-Wishart 分类结果图

6.2　基于 SVM 的土地利用信息提取

6.2.1　SVM 分类器

SVM 是一种通过非线性变换将输入空间线性不可分的问题变换到一个高维的特征空间，然后在高维空间中实现最优分类的方法。SVM 来源于在两类问题中最优超平面具有最好推广能力的思想，它兼顾了训练误差和泛化能力，这使得 SVM 的推广能力较好。SVM 通过某种事先选择的非线性映射将输入向量 x 映射到一个高维特征空间，在这个空间中构造最优分类超平面。SVM 算法利用了 Mercer 核、凸二次规划、稀疏解和松弛向量等多项技术，重点归功于 Karush-Kuhn-Tucker（KKT）条件及核的 Mercer 条件（于旭，2009）。

SVM 的基本思想可以用图 6.16 的二维情况说明。图中圆圈和三角分别代表两类样本，中间的粗实线是分类线，两侧虚线间的距离叫作分类间隔，最优分类问题是指在分类线能将两类正确分开的前提下，实现最大的分类间隔。

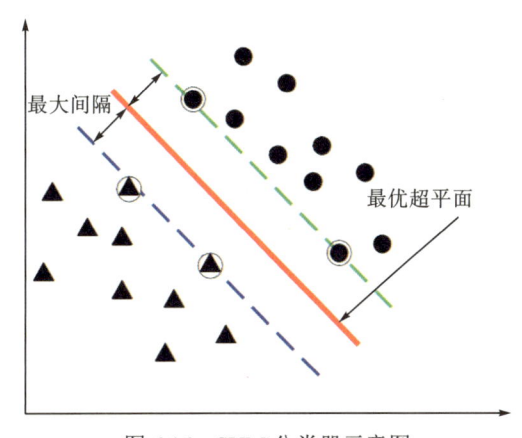

图 6.16　SVM 分类器示意图

对输入空间中线性可分的两类训练样本 (x_i, y_i)，$x \in R^n, y \in \{+1, -1\}$，$i = 1, 2, \cdots, N$，SVM 通过求取具有最大分类间隔的超平面 $w^T x + b = 0$ 来将之区分。该求解过程等价于求解二次规划问题：

$$\begin{cases} \min_{a,b} \dfrac{1}{2} w^T w \\ \text{s.t } y_i (w^T x_i + b) \geq 1 \end{cases} \tag{6.27}$$

运用拉格朗日乘数法，做拉格朗日函数：

$$L(w, b, \lambda) = \frac{1}{2} w^T w - \sum_{i=1}^{N} \lambda_i (w^T x_i + b - 1) \tag{6.28}$$

其中，λ_i 为拉格朗日乘子，$\lambda_i \geq 0$。

为使函数 L 关于变量 w 和 b 最小化，L 分别对 w 和 b 求偏导并令其值为零，所得结果代入拉格朗日函数，经过整理后，原问题可以转化为相对简单的最优化问题，最优化问题可以表示为

$$\begin{cases} \max_\lambda W(\lambda) = \sum_{i=1}^{N} \lambda_i - \dfrac{1}{2} \sum_{i=1}^{N} \sum_{j=1}^{N} \lambda_i \lambda_j y_i y_j x_i^T x_j \\ \text{s.t } \lambda_i \geq 0, i = 1, 2, \cdots, N \\ \sum_{i=1}^{N} y_i \lambda_i = 0 \end{cases} \tag{6.29}$$

由其求解最优的 λ_i^*。不为零的 λ_i 对应的样本称为支持矢量。可以得到

$$w^* = \sum_{i=1}^{N} \lambda_i^* y_i x_i \tag{6.30}$$

同时，b^* 可以由任一支持矢量取等号时求解：

$$b^* = y_i - x_i^T w^* \tag{6.31}$$

最优线性判别函数为

$$d(x) = \text{sgn}(x^T w^* + b^*) = \text{sgn}\left(\sum \lambda_i^* y_i x_i^T x + b^*\right) \tag{6.32}$$

当样本集非线性可分时，SVM 先利用核函数将样本映射到某个高维的空间中，使其在新空间中线性可分。此种情况下，引入适当的核函数 K 将高维空间的内积运算转化为低维空间的函数运算，既实现了经过变换后的线性分类，计算复杂度又没有增加，从而避免了维数灾难，此时对应的分类判别函数为

$$d(x) = \text{sgn}\left[\sum \lambda_i^* y_i K(x_i, x_j) + b^*\right] \tag{6.33}$$

典型的核函数包括径向基核函数、多项式核函数和 S 型核函数等。

径向基核函数（也称为高斯径向基核）：

$$K(x_i, x_j) = \exp\left\{\frac{-\|x_i - x_j\|^2}{2\sigma^2}\right\} \tag{6.34}$$

多项式核函数：

$$K(x_i, x_j) = \left[(x_i \times x_j) + 1\right]^d \tag{6.35}$$

S 型核函数：

$$K(x_i,x_j) = \tanh\left[k(x_i \times x_j) + v\right]^d \tag{6.36}$$

当 K 是高斯核函数时，SVM 是一种径向基函数分类器；当 K 取多项式函数时，SVM 是一个 d 阶多项式分离器；当 K 取 S 型函数时，SVM 是一个多层感知器神经网络。SVM 又可称为支持矢量网络。SVM 最初主要是对两类问题进行分类，对于多类的情况，可以在两类问题的基础上进行推广，一对多算法和一对一算法是其中最具代表性的两种算法。

6.2.2 基于 SVM 的土地利用信息提取结果

下面以 ALOS PALSAR 全极化数据 ALPSRP170150860 和 ALOS-2 PALSAR-2 全极化数据 ALOS2044740600 为例，利用 SVM 分类器并结合不同的特征参数进行土地分类。因为 SVM 属于监督分类需要提取选取训练样本用于模型训练，本实验选取了建筑、耕地、林地和水体 4 类地物类型。图 6.17 给出是选定的训练样本示意图，后续的实验均采用这些训练样本进行实验。

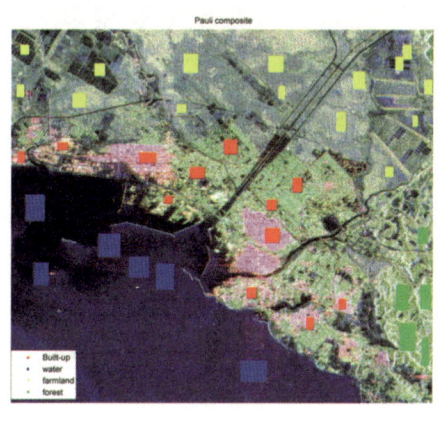

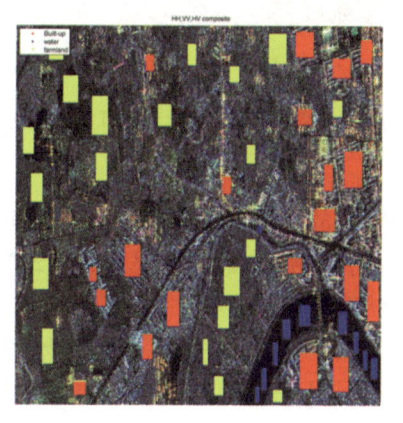

(a) ALPSRP170150860　　　　　　　　(b) ALOS2044740600

图 6.17　4 类地物类型的训练样本选择

全极化数据包含 HH、HV、VH 和 VV 4 种极化方式，互易假设下 HV 等于 VH。为了对比不同极化通道数据的分类能力，分别以 HH、HV 和 VV 极化幅度为特征参数进行土地分类（图 6.18，图 6.19）。

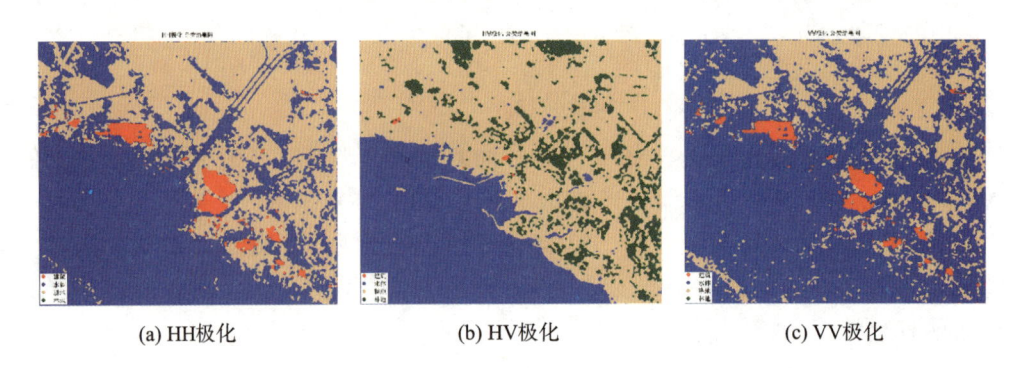

(a) HH 极化　　　　　　(b) HV 极化　　　　　　(c) VV 极化

图 6.18　基于 SVM 的土地分类结果图-ALPSRP170150860 单极化幅度

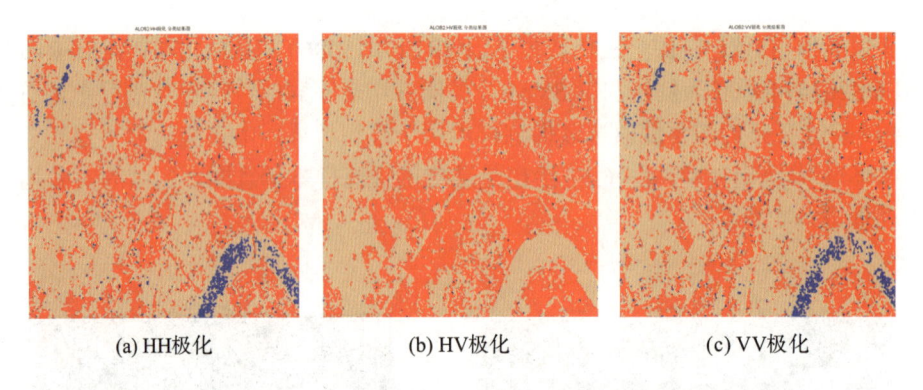

(a) HH 极化　　　　　　(b) HV 极化　　　　　　(c) VV 极化

图 6.19　基于 SVM 的土地分类结果图-ALOS2044740600 单极化幅度

从上述的分类结果可以看出，单独采用任何一个极化通道的分类结果都不理想。在 HH 极化分类图上，耕地、林地、建筑等大部分被分成了水体。在 HV 极化分类图上，基本上无法区分建筑区域。在 VV 极化分类图上大部分地物类型都被分成了水体，对于林地基本上无法区分。为了改善分类效果，考虑结合不同极化通道的互补信息用于土地分类，下面同时采用两个极化通道的数据用于分类（图 6.20，图 6.21）。

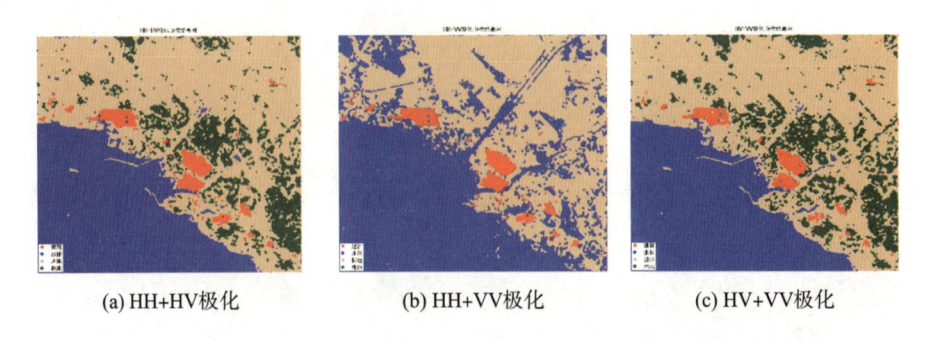

(a) HH+HV 极化　　　　(b) HH+VV 极化　　　　(c) HV+VV 极化

图 6.20　基于 SVM 的土地分类结果图-ALPSRP170150860 双极化幅度

第 6 章 土地利用信息提取

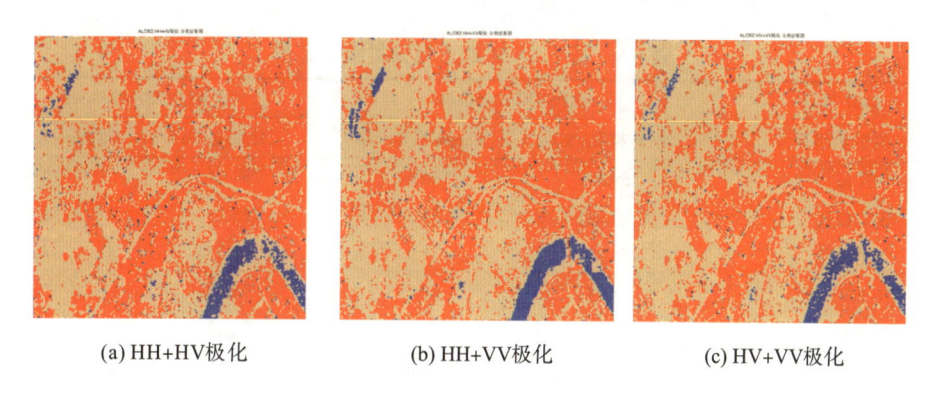

(a) HH+HV 极化　　　　(b) HH+VV 极化　　　　(c) HV+VV 极化

图 6.21　基于 SVM 的土地分类结果图-ALOS2044740600 双极化幅度

双极化通道数据的应用大大提高了土地分类的精度。从 HH 和 HV 极化分类结果图看，水体被很好地识别，但是部分建筑仍然被分成了林地。在 HH 和 VV 极化分类结果上，林地仍然无法被分出；在 HV 和 VV 极化分类图上能够看出，建筑区域被分成了林地和耕地。因此，进一步考虑将所有的极化通道数据同时应用于土地分类实验。

HH+HV+VV 极化 分类结果图　　　　ALOS2+HV+HV+VV 极化 分类结果图

(a) ALPSRP170150860　　　　(b) ALOS2044740600

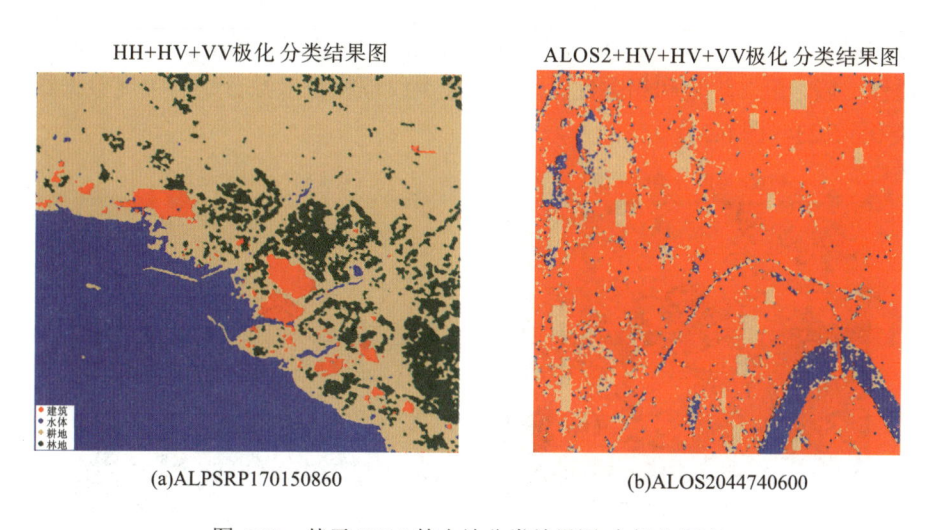

图 6.22　基于 SVM 的土地分类结果图-全极化幅度

从图 6.22 的土地分类结果可以看出分类效果有明显的提高，对于水体的分类效果已经很好，但是仍然有部分建筑被错分成林地和耕地。从表 6.5 的总体精度和 Kappa 系数也可以看出：①全极化的土地分类效果要优于双极化和单极化，双极化的分类效果好于单极化的结果；②对于林地的区分，HV 的效果要明显优于 HH 极化和 VV 极化；③对于建筑的区分，HH 极化和 VV 极化均优于 HV 极化；④对于水体的区分，HV 极化的效果较好；⑤对于耕地的区分，单独采用 HH、HV 和 VV 极化的效果都不是很好，需要结合不同的极化信息用于耕地的区分。

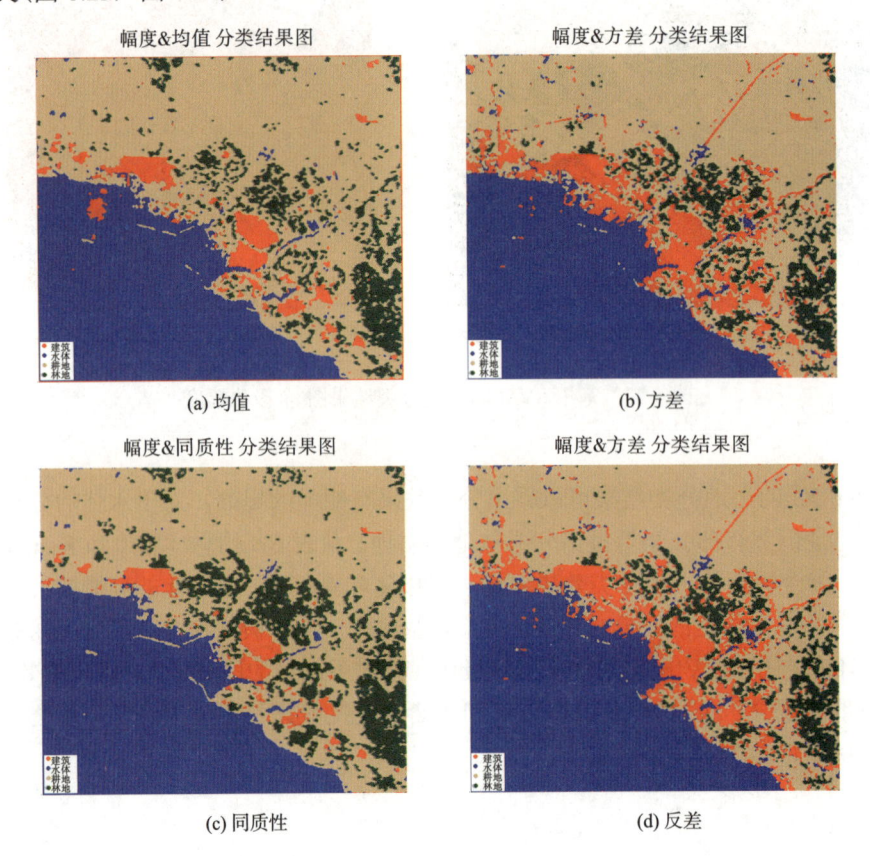

表 6.5 基于 SVM 的土地分类结果评价

L-SAR 数据	ALPSRP170150860		ALOS2044740600	
特征参数组合	总体精度/(%)	Kappa 系数/(%)	总体精度/(%)	Kappa 系数/(%)
HH 极化	59.97	40.64	64.44	37.90
HV 极化	69.90	57.38	65.06	36.42
VV 极化	54.10	31.03	67.37	37.63
HH+HV 极化	77.94	69.05	75.77	57.37
HH+VV 极化	62.28	44.99	74.33	55.41
HV+VV 极化	76.54	67.08	75.37	56.60
HH+HV+VV 极化	79.34	71.04	95.62	92.25

单独采用幅度数据用于土地分类时存在一定的限制，对于地物类型差异的区分还不是很好，下面考虑将纹理特征参数结合幅度数据共同用于土地分类。纹理特征是图像固有的空间特性，雷达回波对地物的类型、方位、匀质程度、空间关系等反应敏感，表现为图像中的纹理特征，不同的地物在雷达影像上具有不同的纹理特征。因此在遥感影像数据特别是 SAR 影像数据中，纹理被认为是区分土地覆盖类型和土地利用类型的重要工具。这里纹理特征参数主要考虑采用 GLCM 提取的 8 类纹理特征参数：均值、方差、同质性、反差、异质性、熵、角二阶矩和相关性。下面将 8 类纹理特征参数分别与幅度数据结合用于土地分类(图 6.23，图 6.24)。

(a) 均值

(b) 方差

(c) 同质性

(d) 反差

(e) 异质性

(f) 熵

(g) 角二阶矩

(h) 相关性

(i) 全部纹理特征参数

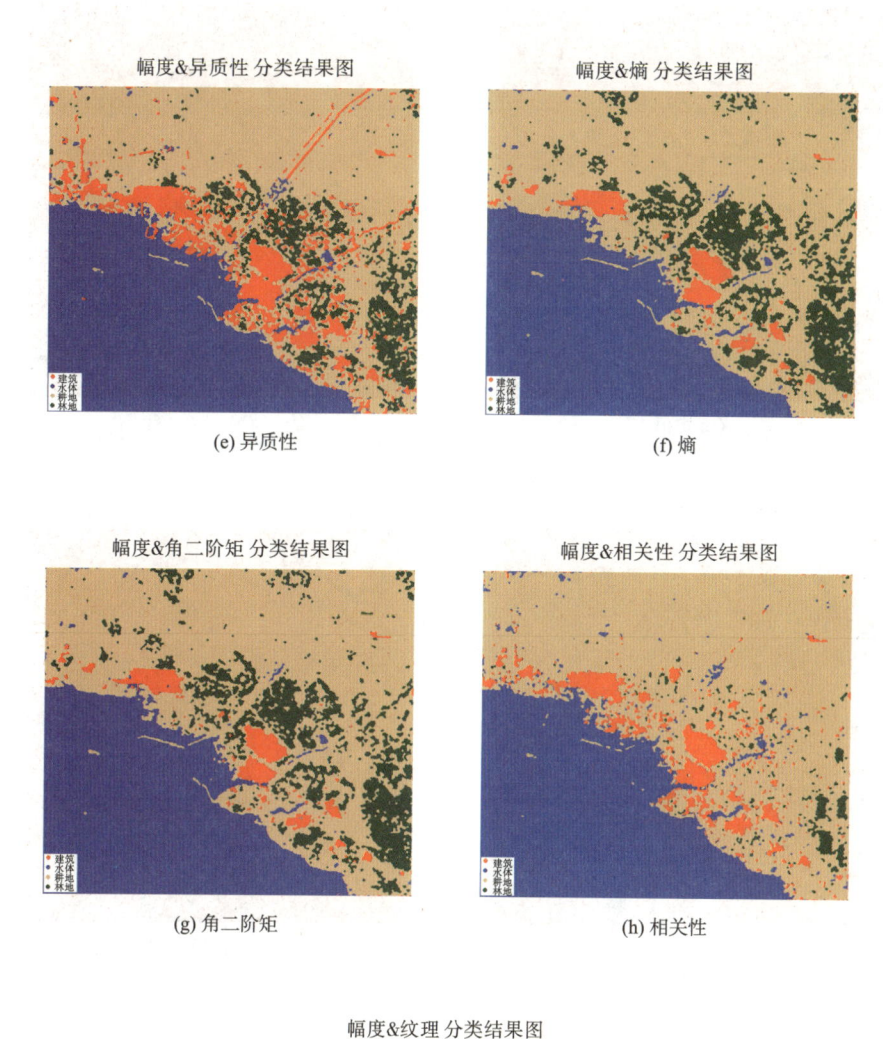

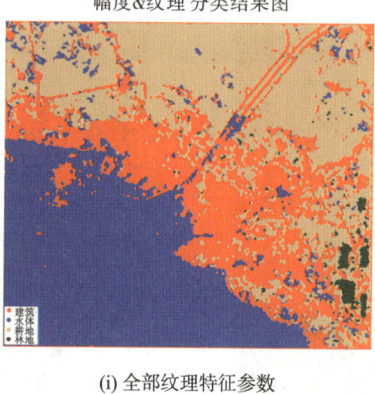

图 6.23 基于 SVM 的土地分类结果图 ALPSRP170150860（幅度+纹理）

(a) 均值

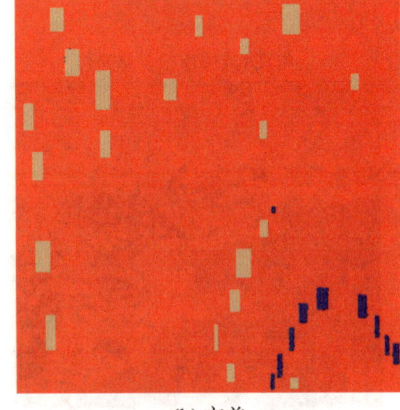

(b) 方差

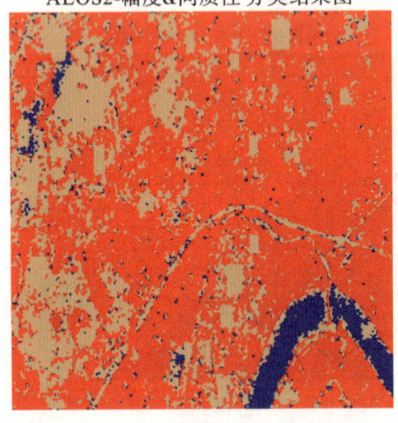

(c) 同质性

(d) 反差

(e) 异质性

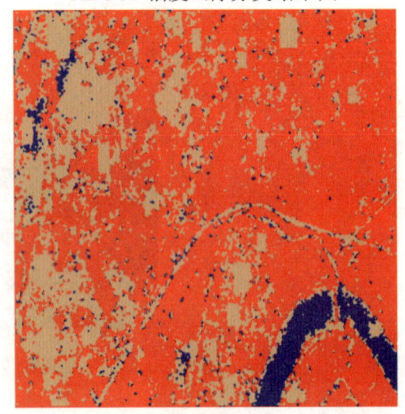

(f) 熵

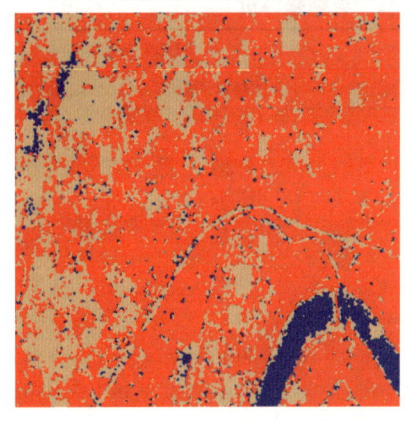

ALOS2-幅度&角二阶矩 分类结果图　　　　ALOS2-幅度&相关性 分类结果图

(g) 角二阶矩 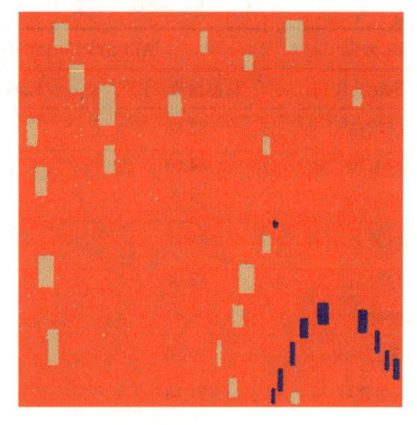　　　　　　　　　　(h) 相关性

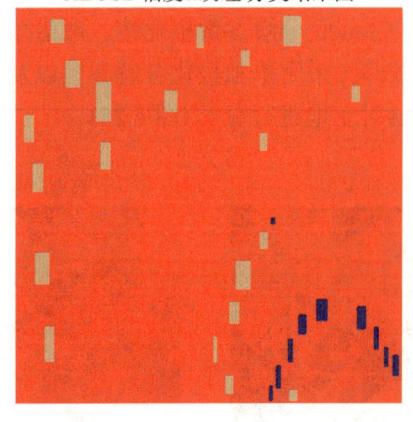

ALOS2-幅度&纹理 分类结果图

(i) 全部纹理特征参数

图 6.24　基于 SVM 的土地分类结果图 ALOS2044740600（幅度+纹理）

　　从分类的结果图看，纹理特征参数的加入在很大程度上提高了土地分类的精度。从评价结果看，均值、方差、反差和相关性对幅度的补充性比较好。从视觉角度看，考虑均值、同质性、熵、角二阶矩的分类结果将大部分的耕地、建筑都错分成林地；考虑方差、反差、异质性的分类结果对于建筑的分类有所好转，但是仍然无法很好地区分建筑与林地；考虑相关性的分类结果将建筑都错分成了耕地，但是对林地的区分效果比其他特征参数更好。如果将所有的纹理参数用于土地分类，结果发现对于建筑的分类效果较好，但是仍然将部分耕地错分成水体和建筑，将部分林地错分成耕地。从表 6.6 总体精度和 Kappa 系数也可以看出，考虑所有纹理特征参数的分类效果优于任何一个单独的纹理参数的分类结果。

表 6.6 基于 SVM 的土地分类结果评价

L-SAR 数据	ALPSRP170150860		ALOS2044740600	
特征参数组合	总体精度/(%)	Kappa 系数/(%)	总体精度/(%)	Kappa 系数/(%)
幅度+均值	82.88	76.01	99.54	99.19
幅度+方差	84.63	78.48	99.97	99.95
幅度+同质性	79.57	71.37	91.25	84.58
幅度+反差	85.86	80.21	99.99	99.98
幅度+异质性	83.06	76.29	99.21	98.60
幅度+熵	79.43	71.16	91.17	84.44
幅度+角二阶矩	79.20	70.84	91.13	84.38
幅度+相关性	91.18	87.66	99.61	99.32
幅度+纹理	95.66	93.93	100	100

纹理特征参数考虑的是图像的空间特性，如果将不同地物的散射类型考虑进去更能提高土地分类的效果。下面以 Cloude 分解参数极化熵、散射角和反熵为例，研究极化分解参数对土地覆盖类型的区分效果。采用单独极化分解参数以及分解参数的不同组合并结合幅度数据，以 SVM 为分类器对土地进行分类(图 6.25)。

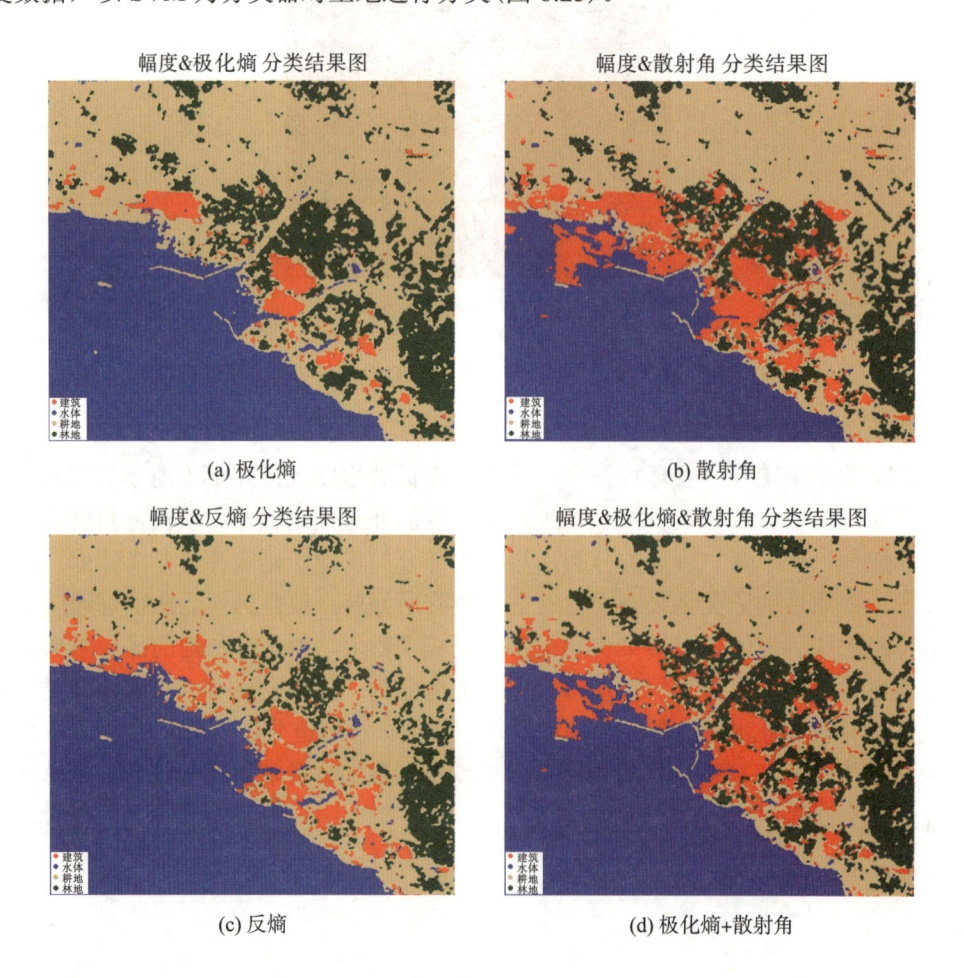

(a) 极化熵

(b) 散射角

(c) 反熵

(d) 极化熵+散射角

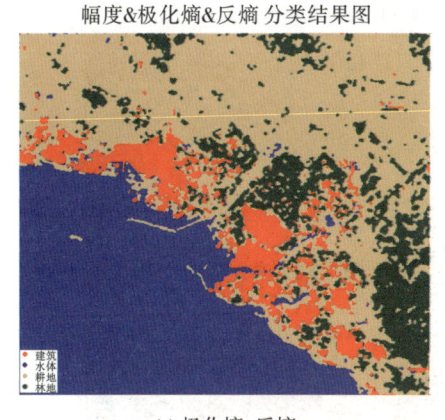

幅度&极化熵&反熵 分类结果图　　　　幅度&极化熵&散射角&反熵 分类结果图

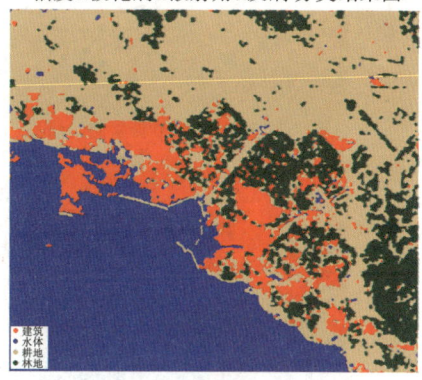

(e) 极化熵+反熵　　　　　　　　　　(f) 极化熵+散射角+反熵

图 6.25　基于 SVM 的土地分类结果图(幅度+分解参数)

从分类结果看出，对于林地和建筑的区分效果都比较差。这是因为林地主要是以体散射为主，而对于建筑区域来说，单次散射、二次散射和体散射都有可能发生，所以对于这两类地物不好区分。对于水体的区分效果比较好，因为水体基本上发生单次散射，散射行为比较简单。对于近海域，散射角和反熵对于水体的区分效果较差。从表 6.7 中的总体精度和 Kappa 系数可以看出，不同的分解参数以及不同分解参数的组合的分类精度相差无几，因此分解参数的加入提高了土地分类的精度，但是对于特定地物的分类还需要选择合适的分解参数用于区分。

表 6.7　基于 SVM 的土地分类结果评价

特征参数组合	总体精度/(%)	Kappa 系数/(%)
幅度+极化熵	83.39	76.79
幅度+散射角	89.90	85.91
幅度+反熵	82.60	75.64
幅度+极化熵+散射角	89.52	85.38
幅度+极化熵+反熵	87.28	82.25
幅度+极化熵+散射角+反熵	89.98	86.02

从上述的实验分类图可以看出，幅度数据、纹理特征参数以及分解参数都有助于区分不同的土地覆盖类型。下面考虑将三类不同的特征参数综合应用于土地分类。图 6.26 给出的就是结合这三类特征参数的分类结果图。

从分类结果图可以看出，部分林地被错分成建筑和耕地，部分耕地被错分成建筑，甚至部分水体被错分成建筑，但是从表 6.8 总体精度和 Kappa 系数可以看出三类特征参数的综合应用对于地物类型区分还是有很大帮助的。

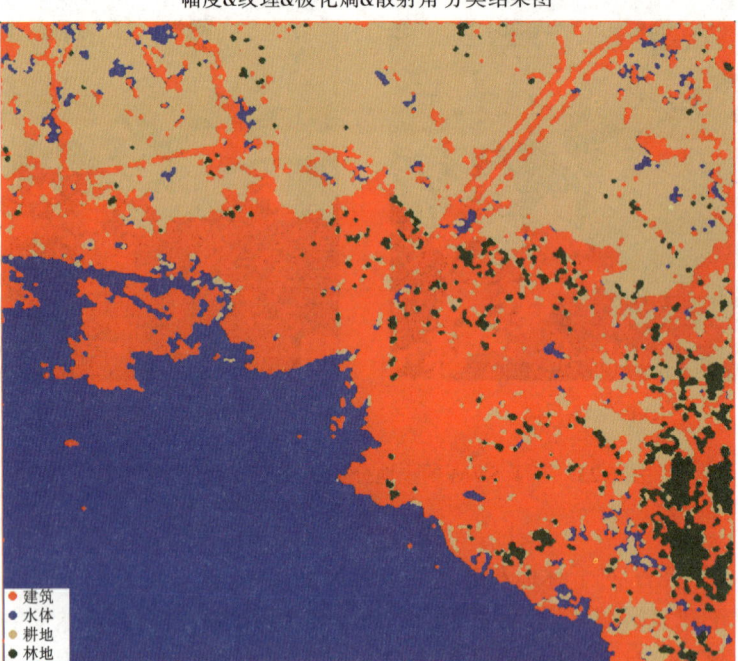

幅度&纹理&极化熵&散射角 分类结果图

图例：
- 建筑
- 水体
- 耕地
- 林地

图 6.26　基于 SVM 的土地分类结果图（幅度+纹理+分解参数）

表 6.8　基于 SVM 的土地分类结果评价

特征参数组合	总体精度/%	Kappa 系数/%
幅度+纹理+分解参数	98.52	97.93

参 考 文 献

Lee J S, Grunes M R, 1994. Classification of multi-look polarimetric SAR data based on complex Wishart distribution[J]. International Journal of Remote Sensing, 15: 2299-2311.

Lee J S, Grunes M R, Ainsworth T L, et al., 2002. Unsupervised classification using polarimetric decomposition and the complex Wishart classifier[J]. IEEE Transactions on Geoscience & Remote Sensing, 37(5): 2249-2258.

Van Zyl J J, 1989. Unsupervised classification of scattering behavior using radar polarimetry data[J]. IEEE Transactions on Geoscience & Remote Sensing, 27(1): 36-45.

李洪忠, 2010. 极化相干目标统一分解模型及极化 SAR 地物分类应用研究[D]. 中国科学院研究生院.

李晓芳, 2009. 新型高分辨率极化 SAR 典型地物识别[D]. 北京: 北京交通大学.

杨新, 2008. 极化 SAR 图像的分割和分类算法研究[D]. 成都: 电子科技大学.

于旭, 2009. 支持向量机分类算法中训练样本集的构造方法[D]. 哈尔滨: 哈尔滨理工大学.

袁磊, 2007. 极化 SAR 图像增强与分类技术研究[D]. 成都: 电子科技大学.

第7章 土地利用变化检测

变化检测的任务是分析配准遥感影像间的变化,当多时相遥感影像的土地覆盖类型发生改变时,影像灰度只可能表现为变与不变两种状态,这是变化检测的基础,本章使用的各种方法都是为了识别出图像中变化状态和未变化状态。

7.1 变化检测方法

(1)图像差值法:这种方法是将时间 t_1、t_2 获取的两幅影像进行严格配准,然后逐像素相减,从而得到一幅结果影像以表示在这两个时间当中所发生的变化,通过对差值分析设定合适的阈值即可得到地表变化的结果。这种方法的主要优点是简单、直接,便于解释结果,缺点在于不能提供地物变化信息。

(2)图像比值法: 图像比值法是指将多时相遥感图像按波段逐个像元相除,那么未发生变化的像元其比值接近1,发生变化的像元则偏差较大,根据比值设定阈值便可得到变化的区域。图像比值法需要对多时相图像进行某种标准化或辐射校正。作为一种变化检测方法,图像比值法在一定程度上能减少影像间太阳高度角、阴影和地形不同造成的影响。

(3)主成分分析法:该方法是对多时相数据按一般主成分分析研究或标准主成分分析的方法进行线性变换,得到反映各种变化的分量,这些分量互不相关,而且按其强度及影响范围顺序排列。通过对主成分变化的变化分量进行分析就可以总结变化规律,揭示变化原因。这种方法减少了波段之间的数据冗余,强调了衍生成分的不同信息。但是不能提供一个完全的类别变化信息矩阵且需要阈值确认变化的区域。

(4)变化向量分析法:变化向量分析法是在相对辐射归一化校正的基础上进行的。光谱向量变化分析是一种特征向量空间变化检测方法。变化向量法描述从第一时间到第二时间光谱变化的方向和数量。每个像元可生成一个具有变化方向和变化强度两个特征的变化向量。变化向量的分析结果可输出变化强度和变化方向码两幅图像。变化强度通过确定 n 维空间中两个数据点之间的欧氏距离求得(n 为选用的波段数)。变化方向反映了该点在每个波段的变化是正向还是负向,根据变化向量的方向和角度来确定。每个像元的变化方向有 2^n 种模式。

(5)分类后比较法:首先是将不同时相的图像各自进行分类,然后对分类后的图像进行叠加分析,得到变化监测的结果。将不同时相图像的所有波段混在一起进行分类,分类的结果可以反映出变化类型。这种变化检测的方法较为明显,需要比较独立生成的分类图像,通过对两个时相的分类结果进行适当编码,分析人员能够生成一个变化图来反映完全的变化矩阵。这种方法可以避免对不同时相数据的精确配准问题。总之,现有的遥感变化检测的方法较多，这些方法分别适用于不同的实际需求，根据实际情况选择合适的方法可以达到较好的检测结果(王玉真, 2009)。

7.2 生成灰度差异图

灰度差异图需要通过比值操作获取点对点的差异。图像比值法可以很好地适应 SAR 图像的统计知识和抑制辐射测量带来的错误，但是灰度比值法为了抑制斑点噪声却需要选择忽略 SAR 图像的空间信息。而图像的纹理特征能够弥补灰度比值的缺陷。

就合成孔径图像而言，纹理表现了图像中灰度等级的空间关系，是识别地表特征的重要部分。纹理揭示了 SAR 影像的空间变化的本质，不同的地表覆盖物都有各自的纹理特征，比如河流、海洋、沙滩等，纹理在图像上的粗细形态、形状、大小等各有不同。本章选择纹理差异图弥补强度差异图变化检测的缺陷(Gong et al., 2014)。

首先，两个同一地区的不同时间配准的 SAR 影像分别为 I_1 和 I_2，影像的二维数组大小为 $H \times W$，$\Omega=\{0,1\}$ 分别代表图像分类时的变化区域和未变化区域。SAR 图像比值法只与 SAR 图像的后向散射系数有关，能够有效地抑制乘性斑点噪声。在本项目中，灰度差异图(IDI)通过对 SAR 影像 I_1 和 I_2 进行对数-比值操作而获得，灰度差异图可以通过下面的函数获得：

$$\text{IDI} = \left| \log(I_1 / I_2) \right| \tag{7.1}$$

在 I_1/I_2 中，当两个图像相同位置的像素值比值接近于 1 时，IDI 的值就是 0，表示在这个时相段，该位置的土地利用类型没有发生改变；当两个图像相同位置的像素值比值远大于 1 或远小于 1 时，IDI 的值就是不断地远离 0，表示在这个时相段，该位置的土地利用类型发生改变，且 IDI 越大说明该位置的土地利用类型变化越明显。

根据对数-比值操作可知，0 值是 SAR 影像计算灰度差异图的 NAN 值，所以要在批处理代码指定 SAR 图像的 0 值处理方法。

在本研究的 SAR 遥感影像中，每一幅遥感影像的灰度值分布都近似满足正态分布，仅有少部分像元的灰度值为 0。假定值为 0 的像元对整体灰度差异值的干扰近似于 0，在求灰度差异图时，将值为 0 的像元视为不作任何操作，其灰度差异值为 0，从而实现差异图求解。

2007～2010 年的 10 张 SAR 影像图像的 0 值分布比例曲线如图 7.1 所示。

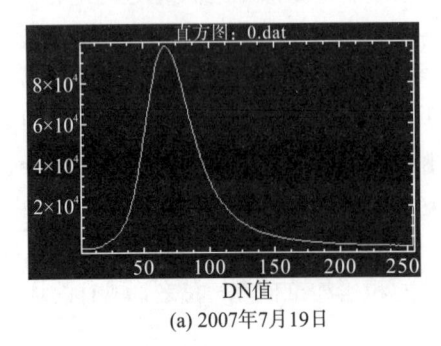

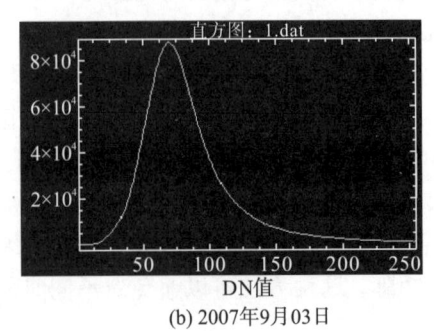

(a) 2007年7月19日　　　　　　　　(b) 2007年9月03日

第 7 章　土地利用变化检测

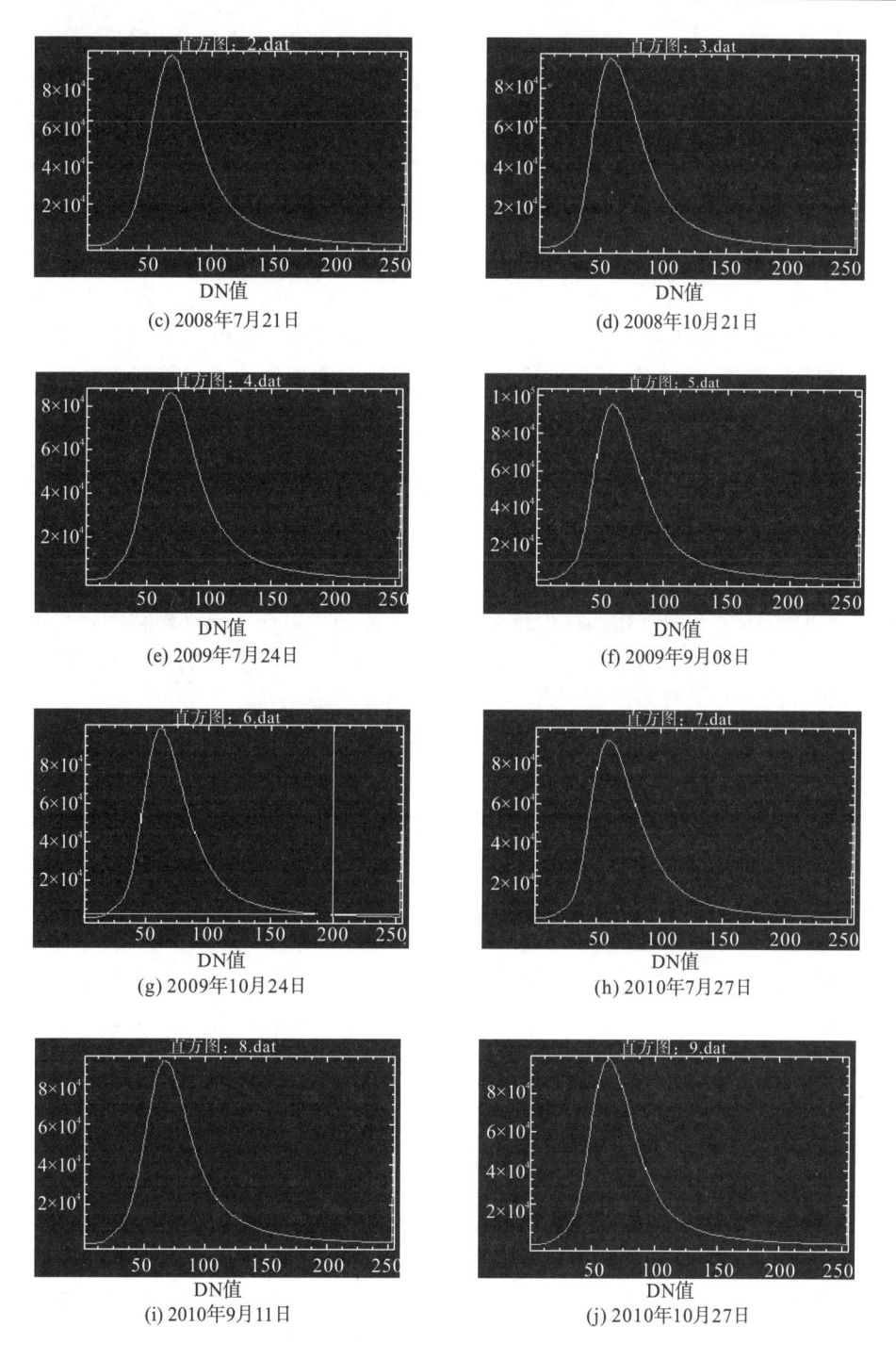

(c) 2008年7月21日

(d) 2008年10月21日

(e) 2009年7月24日

(f) 2009年9月08日

(g) 2009年10月24日

(h) 2010年7月27日

(i) 2010年9月11日

(j) 2010年10月27日

图 7.1　时相图像灰度分布曲线图

图 7.1 表明几乎每一个像素点的灰度值均大于 0，极少数的灰度值是 0 或缺失，显示为 NAN，因此本书的多时相 SAR 图像灰度分布是符合正态分布的，该方法的应用条件是成立的，能够使用上述方法处理 0 值和 NAN。

7.3 生成纹理差异图

纹理是识别地表地物类型的重要特征。当两个多时相遥感影像的覆盖类型发生改变，纹理也会发生变化。因此，纹理能够被用来提高变化检测的有效性。

目前在纹理分析研究中，涌现出许多可靠的技术，例如灰度共生矩阵、傅里叶能量光谱、马尔科夫随机场、盖博滤波等。自 Haralick 等提出了基于灰度共生矩阵的纹理分析理论以来，将图像的灰度值转化为纹理信息的方法已经在图像处理领域得到了广泛的理论讨论和实际应用。灰度共生矩阵能够获取 SAR 影像的熵、对比度等纹理信息，所以本章选取灰度共生矩阵作为纹理分析的方法（冯建辉和杨玉静，2007）。

经过纹理特征提取，获取的特征图像分别有均值图、方差图、协同性图、对比度图、相异性图、信息熵图、二阶矩阵图和相关性图。纹理特征差异图是指对这 8 种特征参数图分别做与求灰度差异图相同的对数-比值操作。

T_1、T_2 代表两个不同时相的纹理特征图，TDI 为两个时相的纹理差异图，TDI 包含均值差异图、方差差异图、协同性差异图、对比度差异图、相异性差异图、信息熵差异图、二阶矩阵差异图和相关性差异图，其相关函数表示如下：

$$\text{TDI} = \left| \log(T_1 / T_2) \right| \tag{7.2}$$

根据公式(7.2)可知，图像中的灰度值为 0 时，将不适用此公式，就必须要充分考虑对灰度值为 0 像元点的处理。对 T_1、T_2 的值进行归一化调整，将范围调整到[0,1]，公式如下：

$$P = \frac{[p - \min(I)]}{\max(I) - \min(I)} \tag{7.3}$$

其中，P 是输出值；p 是输入值；$\min(I)$ 是图片的灰度最大值；$\max(I)$ 是图片的灰度最小值；I 是输入图像。

7.4 基于主成分变换的纹理差异图

两个不同时相 SAR 图像的纹理差异图共有 8 种。根据纹理算子的定义和公式可知，8 种不同类型的纹理图在光谱图像上具有一定的相关性，比如相关性纹理图和协同性纹理图，因而根据式(7.3)求出的 8 种不同纹理差异图在部分区域的像元灰度值上会有极大的相似性，即存在数据冗余。将每一纹理特征差异图视作一个波段，那么将会有 8 个不同的波段共同表现两个时相图像的纹理差异图。波段数量比较多和遥感差异图的数据量比较大，不利于变化检测的变化区域与非变化区域的像元分类与识别。同时，由于数据冗余和数据量庞大，不仅占用了大量存储空间，更重要的是增加了数据处理时间，严重降低图像分类效率。因此，有必要通过图像融合的方法提取相关性小、信息量丰富即熵值大、数据互补性高的波段。

主成分变换以线性变换方法实现对大量冗余图像数据的压缩,增强影像,并突出其影像特征的物理意义,如植被的湿度、土地的动态变化等信息,并且主成分变化能够较为有效地抑制各种噪声。PCA 是基于数学方法的图像融合,基本原理是使原来的空间坐标系统发生一定的旋转变化,可表示为(唐红梅和李永川,2014)

$$M=TN \tag{7.4}$$

式中,M 是变化后的多波段图像;N 是原始的遥感多波段图像;T 为变换矩阵。主成分变化需要满足的条件包括 T 是正交矩阵以及 T 是由原始遥感图像的协方差矩阵 A 的特征向量构成。

主成分变换的前三个波段包含了 95%的图像信息并相互独立,本书中选取前三个互相无关的波段就可以有效地提取纹理差异信息,并降低分类处理的数据量,提高地物识别的精度。

主成分变化的特点有:①变化前后的方差总和不变,把原来的方差不均匀地分配到新的主成分图像中;②第一主成分包含了原来各波段图像的绝大部分信息,其余主成分所包含的信息依次迅速减少;③在新的空间中各分量相互独立,相关系数为零,变换后第一主成分不仅包含的信息量大,而且降低了噪声;把原来的多变量数据在信息损失最小的前提下,变换为尽可能少的互不相关的新的变量(主成分),以减少数据的维数,节省处理时间和费用。

强度差异图和纹理差异图是变化检测的核心内容,能够充分结合强度信息和遥感影像的纹理细节信息。同时,考虑纹理差异图的冗余性(图 7.2),经 PCA 变换能够降低数据的冗余度和增加数据间的无关性(图 7.3)。

根据纹理算子的定义和公式可知 8 种不同类型的纹理图在光谱图像上具有一定的相关性,存在数据冗余,因而有必要通过图像波段压缩的方法提取熵值大、数据互补性高的波段。

而熵与非相似性求散点图时,两者数据间冗余度相对偏低,因此两者的相关度偏小;角二阶矩与非相似性在散点图上表现为极高的相似性,表明两者在数据间有很高的冗余度。通过求纹理差异图间的二维散点图证明了 8 种纹理特征的差异图数据存在很高的冗余度,相关性偏大,有必要通过图像波段压缩的方法将多波段数据转换到数量较少的波段中。

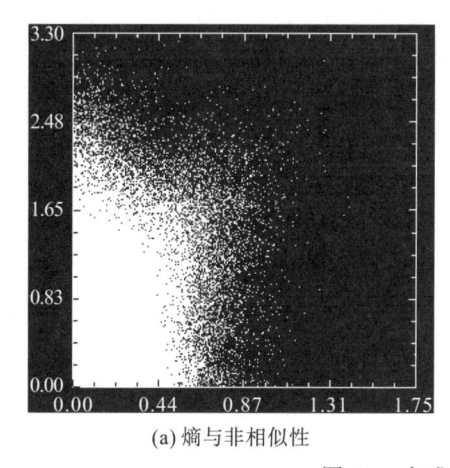

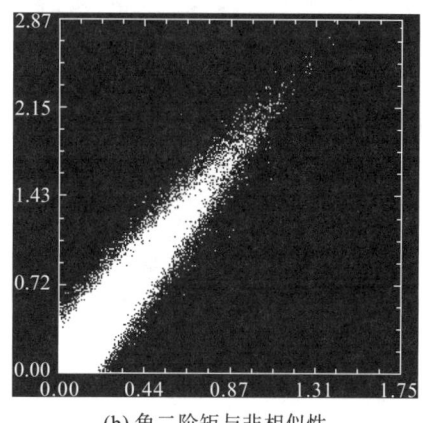

(a) 熵与非相似性　　　　　　　　(b) 角二阶矩与非相似性

图 7.2　主成分变换前散点图

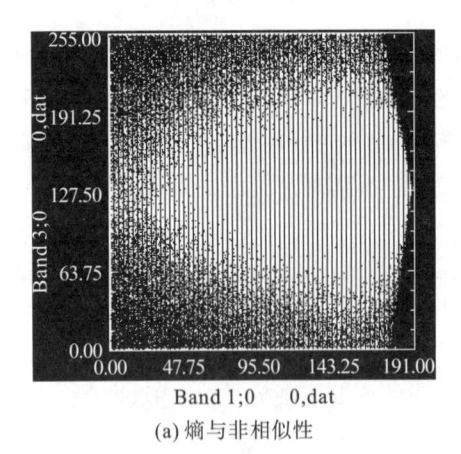

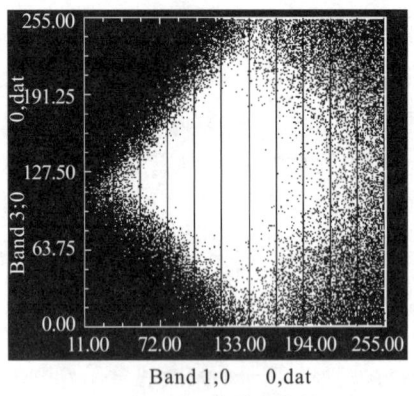

(a) 熵与非相似性　　　　　　(b) 角二阶矩与非相似性

图 7.3　主成分变换后的散点图

7.5　变化区域检测

变化检测涉及遥感图像信息的特征提取和识别。图像分类技术是根据多波段遥感图像像素的相似程度，大致划分遥感图像的多种地物。在本书中，分类对象是灰度差异图和经过 PCA 变换的纹理差异图组成的多波段时相差异图，因此可以将该差异图像视为仅由变化区域和不变区域组成，在遥感分类时只需要将特征分为两类，即变化和未变化。

在当前的遥感图像分类技术中，监督分类、非监督分类和面向对象的分类方法是主流的三类分类方法。其中，监督分类不需要过多的先验知识的帮助，需要事先选择分类样本区域，根据训练区样本数据的统计信息进行分类，各类别的属性与需要分类的种类是一致的(杨鑫, 2008)。

本书采用监督分类的方法对变化区域做变化检测，即将图像特征分为变化类和未变化类。监督分类是一种常用的精度较高的统计判决分类，它是在已知类别的训练场地上提取各类训练样本，通过选择特征变量、确定判别函数或判别规则，把图像中的各个像元划归到各个给定类的分类方法。监督分类由于人工选择了训练样本，相比非监督分类具有更高的精度，且目前的监督分类方法都是相对成熟的，主要都是以图像中各训练类别的均值、方差、协方差等数学统计量作为判定待分类样本与分类样本类别相似程度的依据。

主流的监督分类方法分为以下五种。

(1)平行六面体分类法：指根据训练样本的亮度值形成一个 n 维平行六面体的数据空间，其他像元的光谱值如果落到任何一个训练样本所对应的区域，就被划为其中。平行六面体尺度由标准差阈值所确定，标准差阈值则根据所选类别的均值确定(武笑天, 2016)。

(2)最小距离分类方法：以像素间的距离作为分类标准，阈值作为相似程度的度量依据，常见的距离计算方法有马氏距离、欧氏距离、明式距离等。

(3)最大似然分类法：假定图像的各类特征是满足正态分布的，它建立在贝叶斯准则的基础上，偏重于集群分布的统计特性，并假定训练样本数据在光谱空间服从高斯正态分布。首先确定各类的训练样本并根据训练样本计算各类的统计特征值,通过分类判别函数逐点扫描影像各像元,将像元特征向量代入判别函数求出其属于各类的概率,将待判断像元归属于判别函数概率最大的一组。该分类法错误最小精度高,是较好的一种分类方法。为了使最大似然分类具有较高的精度,必须提供足够的分类训练样本。最大似然分类的缺陷在于分类时间正比于图像数据维数的二次方。

(4) SVM 支持向量机分类法:基于超平面的分割算法,分类点距超平面越远,则分类的精确度越高。SVM 分类法对存储空间和计算空间都有很高的要求,而遥感图像往往偏大,则支持向量机分类算法的高精度是以牺牲处理时间为代价获取的。

(5) 神经网络分类算法:神经网络分类算法是当前监督分类领域比较流行和前沿的分类算法,BP 神经网络、小波神经网络等神经网络分类算法能够解决训练精度低的问题和能较好地处理大量训练样本。由于神经网络是对图像训练样本自主学习,然后对整幅遥感影像进行分类,所以导致神经网络分类法过度地依赖选取的训练样本,训练区域的精度和数量直接影响到图像的分类精度。

综合分析上述常见监督分类方法的优势和缺陷,考虑到最小距离分类具有分类计算时间相对较少、分类精度较高的特点,本章的监督分类方法将使用最小距离分类方法。

经过 PCA 处理的差异影像的监督分类结果如图 7.4 所示。

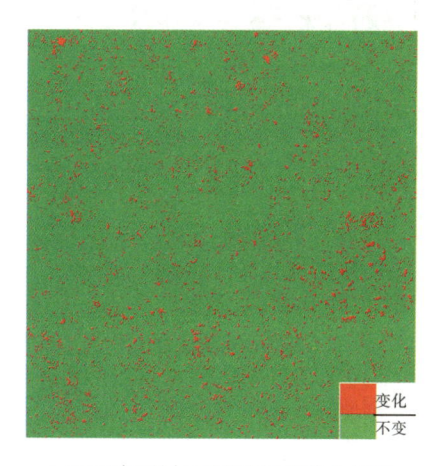

(a)2007年7月与9月的差异影像分类图　　(b)2007年9月与2010年9月的差异影像分类图

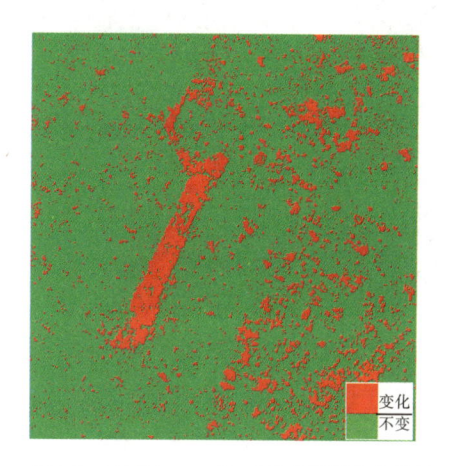

图 7.4　PCA 处理后的差异影像分类图

未经过 PCA 处理的差异影像的监督分类结果图如图 7.5 所示。

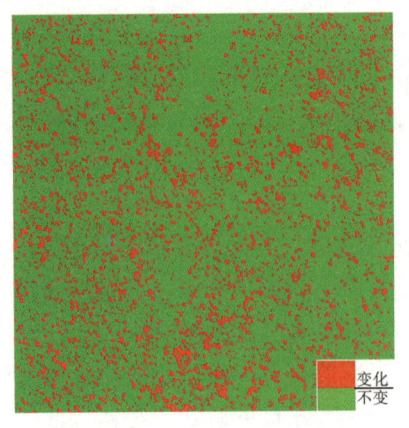

(a)2007年7月与9月的差异影像分类图　　　　　(b)2007年9月与2010年9月的差异影像分类图

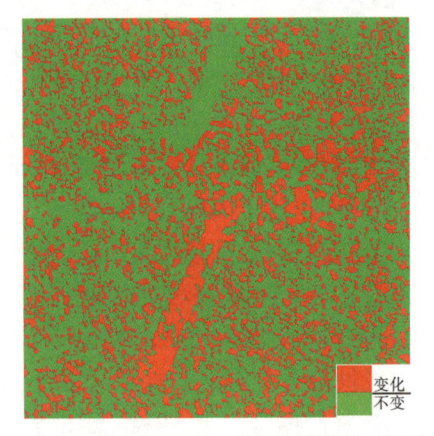

图 7.5　未做 PCA 处理的差异影像分类图

双流机场的光学遥感图如图 7.6 所示。

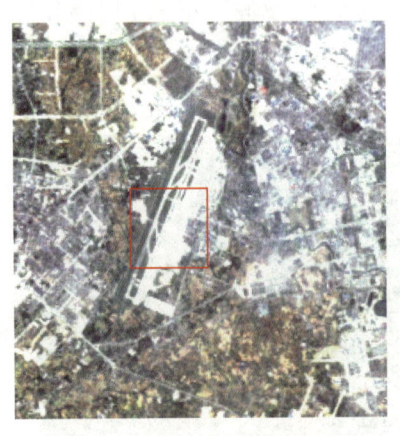

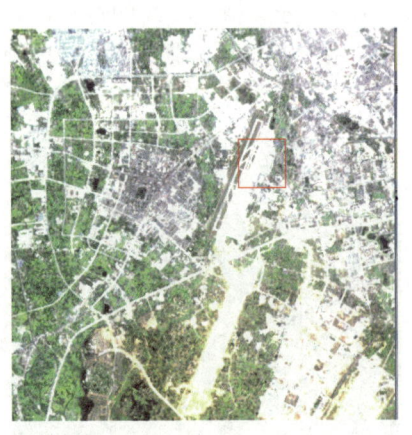

(a)2007年双流机场　　　　　　　　　　(b)2010年双流机场

图 7.6　双流机场光学遥感图

图中的红色代表变化区域，绿色是未变化区域。以双流机场为例，2007 年 7 月与 9 月的影像变化检测的分类图显示了机场及周边土地利用现状没有发生明显的改变，而 2007 年 9 月与 2010 年 9 月的影像差异图的分类结果如图 7.4(b)所示，土地利用发生了显著改变，出现了大量的红色区域，文字资料和光谱影像表明在此时间段双流机场新建了 T2 航站楼，因此本书中使用的基于灰度和纹理的监督分类方法是有效的，能够较为准确地用于土地利用变化检测。图 7.5 显示未经主成分变化的差异图像如果直接做监督分类，其分类效果低于 PCA 变换后的分类图，因此，对纹理差异图像做 PCA 变换有利于增强监督分类的精度。光学遥感影像上，2007 年和 2010 年的双流机场有明显的差异，图 7.6(a)中只有一号跑道，而在图 7.6(b)中双流机场拥有一号和二号机场跑道，从而验证变化检测分类图的有效性。

7.6 变化动态指数

观测区域发生动态变化的时候,变化动态指数可以帮助我们理解变化区域的形态和该区域的变化趋势。不同时相的灰度差异图和纹理差异图会有不同的土地利用变化情况,即每个像素点会有不同的变化等级,其变化范围从一直未发生变化到所有成像时间点均发生变化。本书引入一个指标来定义每个位置像素点的变化状况,即变化动态指数(Lê et al., 2015)。

在两个 SAR 影像的分类图中,0 代表未变化区域,1 代表变化区域,分类图的大小是 $M \times N$,$\rho_{(i,j)}$ 是位于分类图 (i,j) 像素点的分类结果,取值 0 或 1。N 幅不同时相的 SAR 影像经过变化检测分类,将会有 $N(N-1)/2$ 个变化检测分类图,本书有 10 个不同时相图像,即产生 45 张分类图。变化动态指数的公式如下(Lê et al., 2015):

$$\text{index} = \frac{2}{N(N-1)} \sum_{t=1}^{N} \sum_{T=t+1}^{n} \rho_{t,T}(i,j) \tag{7.5}$$

index 的值变化范围是[0,1],色调变化是由黑到白,即土地利用从未发生改变到不断发生改变。

变化动态指数图像如图 7.7 所示。

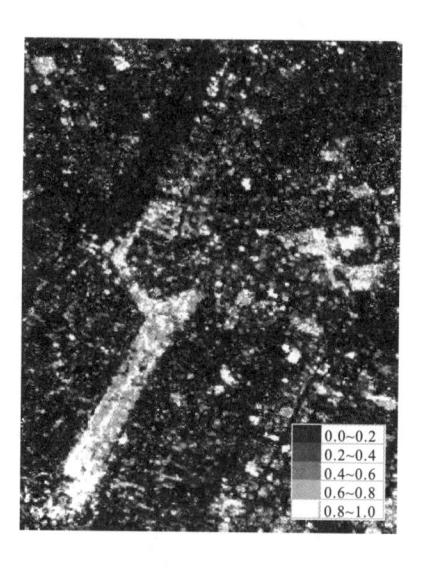

图 7.7 2007～2010 年双流机场及周边变化动态指数图

双流机场位于成都市,拥有两条长 3600 m 的平行跑道、两个相对独立的客运航站楼。2008 年开始修建二号机场跑道,并于次年底正式投入运行。同时 2009 年 7 月 T2 航站楼开工建设并于 2012 年 5 月投入使用。充分考虑到双流机场在 2007 年至 2010 年间处于不断建设的状态,故在变化动态指数图上,该区域的变化动态指数相对于其他地区偏大,尤其是 T2 航站楼及二号跑道因为建设的缘故其变化动态指数会比一号跑道区域的变化动态指数值更大。

监督分类可以较为有效地检测图像的变化区域，将像元分为变化区域和不变区域。变化动态指数值的高低表示该区域变化时间的长短，以变化动态指数作为衡量土地变化状态的参数能够充分地表示土地利用的变化程度。

参 考 文 献

Gong M, Li Y, Jiao L, et al., 2014. SAR change detection based on intensity and texture changes[J]. Isprs Journal of Photogrammetry & Remote Sensing, 93(93): 123-135.

Lê T T, Atto A M, Trouvé E, et al., 2015. Change detection matrix for multitemporal filtering and change analysis of SAR and PolSAR image time series[J]. Isprs Journal of Photogrammetry & Remote Sensing, 107: 64-76.

冯建辉, 杨玉静, 2007. 基于灰度共生矩阵提取纹理特征图像的研究[J]. 北京测绘, (3): 19-22.

唐红梅, 李永川, 2014. 基于主成分变换的遥感影像变化检测[J]. 四川建材, 40(6): 230-231.

杨鑫, 2008. 浅谈遥感图像监督分类与非监督分类[J]. 四川地质学报, 28(3): 251-254.

第8章 建筑物提取与三维重建

8.1 建筑物提取

高分辨率 SAR 影像能够提供更为细致的建筑物信息，增强 SAR 传感器获取建筑物信息的能力。但是，随着分辨率的提高，也为 SAR 影像提取建筑物信息提出了新的挑战，具体表现为：高分辨率 SAR 影像中叠掩和阴影现象更为突出，使得 SAR 影像的不均匀度增加且统计特性发生改变；高分辨率 SAR 影像中的纹理信息更为丰富，同时也使得 SAR 影像的强度起伏更为剧烈；高分辨率 SAR 影像的场景更为复杂，使得建筑物与周围地物的划分更为细致(Wang and Xie, 2009)。高分辨率 SAR 影像的这些特性使得传统的基于像素的 SAR 影像处理方法不再适用，而面向对象分析技术以像元集合也就是"对象"为分析单元，为高分辨率 SAR 影像处理提供了有效的思路。面向对象分析技术以传统的图像分割、边缘检测、特征提取及分类技术为基础，将空间尺度的概念引入多尺度地物分析中。图像分割产生相应尺度下的对象，是面向对象分析最为关键的技术(蒋丹丹等, 2016; 樊舒迪等, 2015)，它不仅是尺度转换的工具，也是建立多尺度分析框架的根本。特征分析将进行对象内部、对象之间、不同尺度对象之间的特征分析。分类规则的建立主要是根据应用的需要进行建模，对"对象"进行识别。面向对象技术的优势在于，通过分割得到同质性区域"对象"，将对象视为一个整体可以综合利用影像自身拓扑和语义信息而更适合于细节丰富的高分辨率 SAR 影像。因此，针对高分辨率 SAR 影像上建筑物周围环境更为复杂的特性，采用多尺度分割和 SVM 结合的方法自动提取建筑物的分布信息。

基于面向对象的 SAR 影像建筑物分布信息提取主要分为以下几步：预处理、分割尺度优化、图像多尺度分割和建筑物分布信息提取。

(1)为了更好地利用极化 SAR 图像进行土地利用分类，需先对 SAR 图像进行预处理，主要操作包括辐射定标、多视处理、相干斑滤波和地形校正。

(2)多尺度分割技术设置多个分割尺度创建影像对象层，不同尺度的影像对象层适合提取特定的地物信息。为了提高地物信息提取的效率和精度，保证所创建的影像对象层能够正确反映地物之间的格局，研究特定地物的最优分割尺度至关重要。通过分割后影像对象的平均局部方差(local variance, LV)与相邻尺度平均局部方差变化率(rate of change, ROC)曲线提取最优分割参数的参考值。

(3)影像多尺度分割是面向对象遥感分析的重要先决条件，其基本思想是综合考虑多光谱影像的颜色(光谱)特征和形状特征等因素，采用自下而上的迭代合并算法将影像分割为高度同质性的斑块对象。对象的同质性可以通过斑块内像元的标准差来衡量，异质性则由对象的光谱异质性和形状异质性共同确定。

(4)使用 SVM 算法提取出影像中的建筑物。

8.1.1 分割尺度参数确定

由于影像分析处理的基本单元由单个像元变成影像对象,尺度概念也随之发生了变化。基于多尺度分割技术提取地物时,首要关注的是影像对象的尺度。因此,欲在固定分辨率的高分数据中成功提取多类地物信息,务必寻找到特定地物的最优分割尺度。在最优分割尺度下,应保证影像对象大小与目标地物大小类似,轮廓相一致,相邻对象之间同质性小,以提高各地物的可分性,获得更好的提取精度。

虽然该问题可以从理论上通过多尺度方法来解决,即用不同的尺度对影像进行分割,但由此带来的尺度选择问题变成制约面向对象分类方法的瓶颈。尺度过小,对象越细碎,则分类结果平滑性低、可视性差;尺度过大,则可能将不同地物分割在同一个对象内,势必影响分类精度。所以对该影像数据进行多尺度分割试验,首先要确定分割参数。基于局部方差(local variance)思想,Lucian Drăgut 等(2010,2014)提出了一种计算尺度的工具 ESP(estimation of scale parameter),该工具通过迭代的方式自底向上在多个尺度层次上生成影像对象并同时计算相应的局部方差。局部方差的变化率阈值将表明在何种尺度层次分割当前影像将最合适。

初始的分割尺度(scale)为 0,分割尺度的递增步长为 1,循环次数为 100。多尺度分割完成得到的 ROC 和 LV 曲线如图 8.1 所示。

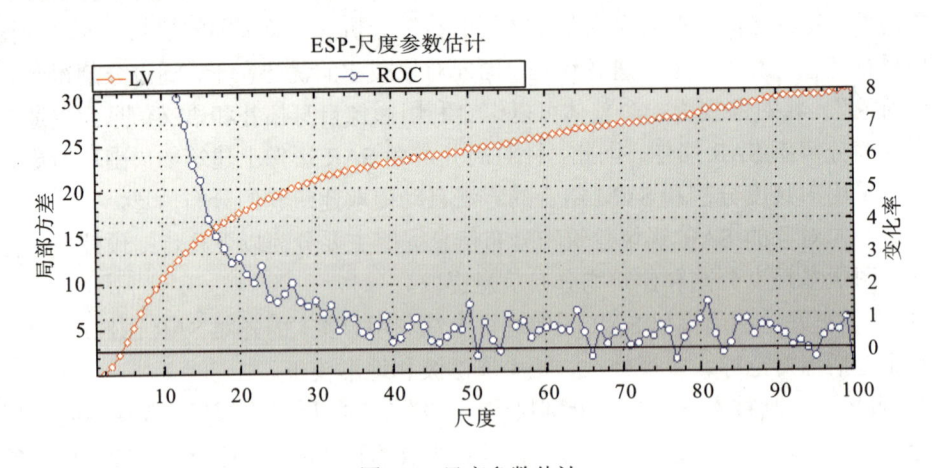

图 8.1 尺度参数估计

一般情况下,最优分割尺度出现在 ROC-LV 变化剧烈的地方,其参考值出现在局部方差的峰值且局部方差变化率开始趋于下降的地方。分割尺度为 23、50、65、80 时,分别对应分割的局部效果如图 8.2 所示。

(a) scale=23　　　　　　　　　　　　(b) scale=50

(c) scale=65　　　　　　　　　　　　(d) scale=80

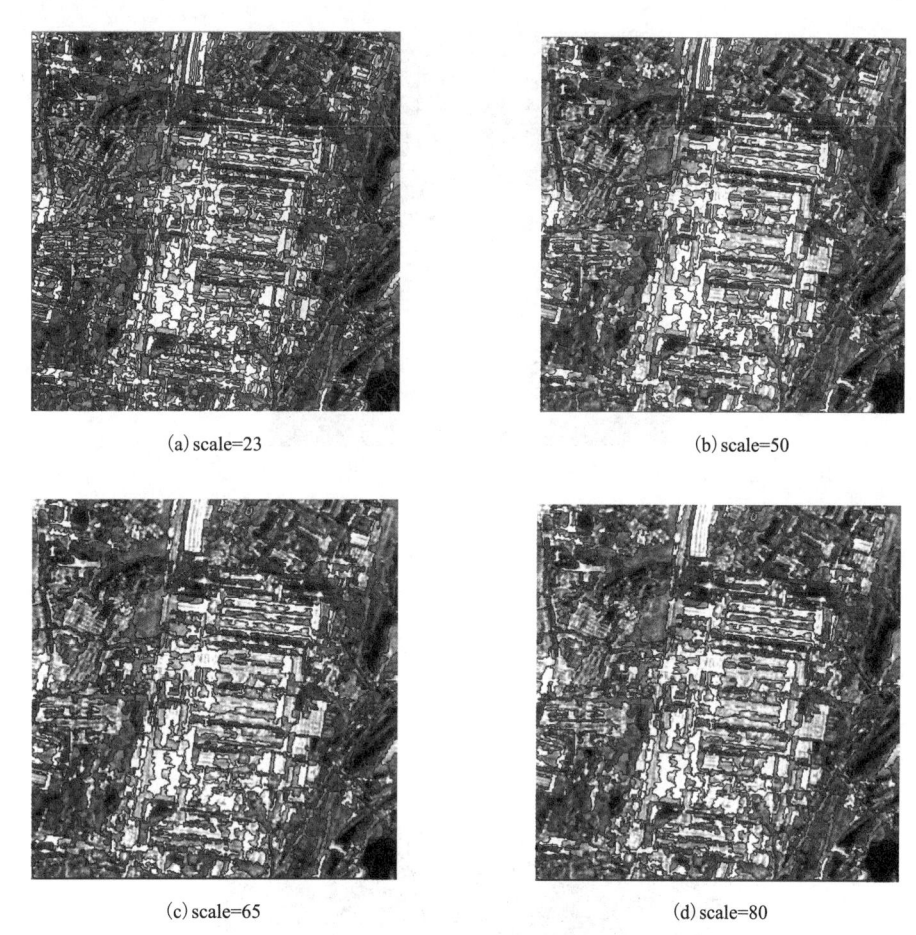

图 8.2　不同分割尺度的建筑区

从建筑区提取的角度，当分割尺度 23(scale=23)时，建筑区被分割得过于零碎，存在过分割现象；当分割尺度 50(scale=50)时，建筑区分割较为完整，为建筑区的最优分割尺度；当分割尺度 80(scale=80)时，建筑区与周围的植被、道路聚合在一起，存在欠分割现象。所以本书选择 50 作为实际使用的分割尺度。

8.1.2　多尺度分割

多尺度分割算法(黄志坚,2014；余洁等,2013)是一个最优的算法，在较多的影像对象中，减少平均异质度。同时，扩大对象自身的同质度。多尺度分割技术基于异质性最小准则，在设置合适的分割参数后，从目标影像中某个随机的像元开始，计算与相邻像元合并后的异质性，并将其与分割尺度相比，满足条件(异质性小于分割尺度的平方)则继续合并相邻像元，否则结束分割过程。通过上述分割过程，将特征相似的像元分割到同一区域，在分割尺度的约束下保证了影像对象的异质性最小。较高的尺度参数分割的影像对象较大，设置较小的尺度参数分割的影像对象越小。对中尺度影像对象，多尺度分割在很多区域均会生成较好的提取和形状，如图 8.3 所示。

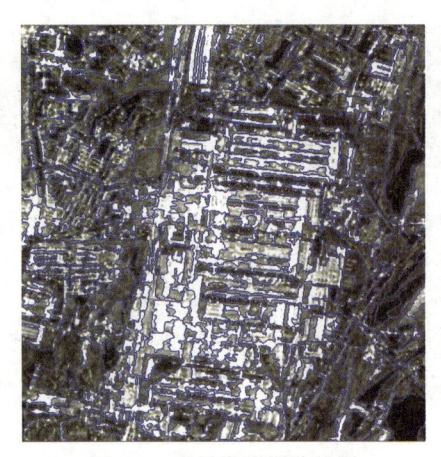

图 8.3 多尺度分割结果图

分割尺度为 50(scale=50)，将图像分成了 670 个对象。

8.1.3 基于 SVM 的建筑物提取

选择支持向量机(SVM)的面向对象分类方法(李伟龙，2014)，将研究区划分为建筑区与非建筑区。训练样本的分布情况如图 8.4 所示。

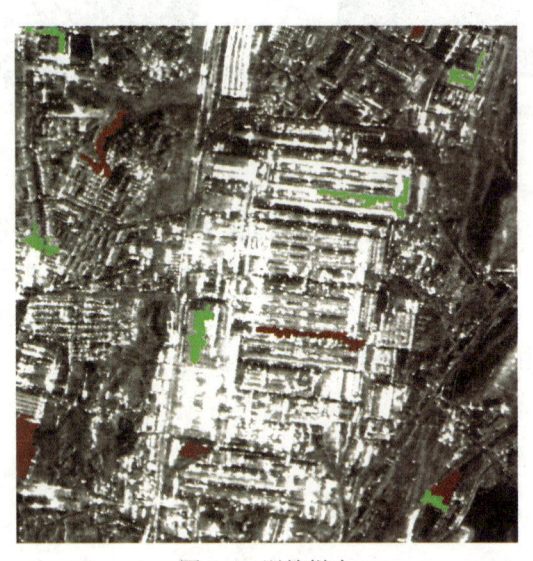

图 8.4 训练样本

利用 SVM 分类得到的建筑物提取结果图如图 8.5 所示。

图 8.5　SVM 算法得到的建筑物提取图

根据研究区的地理范围，平均划分为 19×19 的方阵共 361 个检验样本点，如图 8.6 所示。

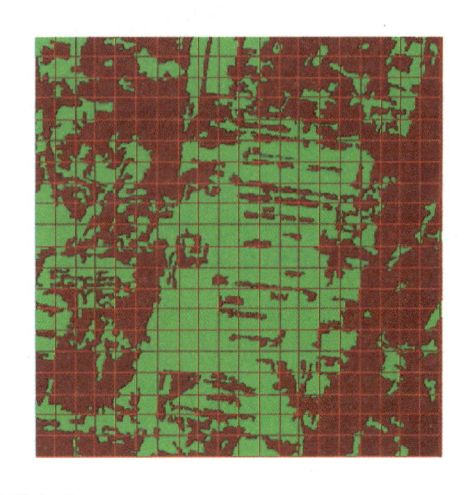

图 8.6　检验样本点

以研究区对应时间的 Google Earth 影像为参考数据，对这些检验样本点进行人工目视解译，确认检验样本的类别属性，建立混淆矩阵，计算相关精度评价指标评价研究区的建筑区结果，见表 8.1。

表 8.1　混淆矩阵

用户类 \ 参考类	建筑区	非建筑区	合计	用户精度
建筑区	142	27	169	84%
非建筑区	29	163	192	85%
合计	171	190	361	
生产者精度	83%	86%		

8.2　建筑物三维重建

我国城市化进程不仅体现在城市面积上的增长，也体现在建筑物高度的增加。因此在城市遥感研究领域，对城市建筑物高度的提取也成为研究的重点，三维城市模型的构建受到诸多领域的重视(钱瑶等，2015；Stilla et al.，2003)。而遥感得益于其大范围、高时空分辨率的优势，在建筑物高度信息提取中得到了广泛的研究。目前根据所采用的数据源不同，可将基于遥感的建筑物高度提取方法分为三类：基于光学遥感影像、基于Lidar数据和基于高分辨率SAR影像的建筑物高度进行提取。基于光学遥感影像的建筑物高度提取方法主要包括立体像对法以及阴影测高法(陈亭等，2016；卓莉等，2013；冉琼等，2008；吕婷婷，2008)，而这些方法往往对光学影像的空间分辨率要求非常高。Lidar得益于其精确的距离测量能力，因此在建筑物高度提取中也发挥着重要作用(朱文博等，2015；胡海鸿和谭德宝，2012；王雪等，2016)。而SAR数据具有全天时全天候以及不受云雾干扰等能力，因而近年来得到广泛应用，在建筑物高度提取中，基于雷达干涉数据InSAR(Interferometric Synthetic Aperture Radar)的测量方法目前得到了诸多的研究(Sörgel et al.，2000；Stilla et al.，2003；Tison et al.，2007)。并由此将干涉SAR中的新技术如Pol-InSAR(Guillaso et al.，2005)、PSI(刘晓龙，2013)以及TomoSAR(Shahzad and Zhu，2015)运用到了建筑物提取中。然而基于这些新技术的建筑物三维重建研究多是针对单栋建筑或者研究区域较小，很少涉及大范围的研究，因此针对大范围的建筑物三维信息提取方法仍然需要进一步的研究。

建筑物三维重建流程主要包含三部分：基于InSAR技术的地表DSM获取、基于光学数据的建筑物足印提取以及面向对象的建筑物三维重建。每个部分的具体流程如下。

1. 地表DSM信息提取

首先对主辅图像进行配准，以保证亚像元级别的配准精度。再利用range滤波消除空间基线所带来的InSAR去相干影响。之后对两幅图像进行共轭相乘得到复数干涉图，并计算出干涉相干强度。其次利用DEM数据计算出平地相位，用于去除复数干涉图中的平地相位成分。再次利用Goldstein相位滤波消除相位信息中的噪声，并利用最小费用网络流相位解缠算法去除相位缠绕现象(然而真实的缠绕相位难以通过解缠算法完全去除，特别是在城市区域)，得到与地表高度直接相关的相位信息。最后利用卫星轨道参数、入射角以及基线参数将相位信息转化成高度，并将图像geocoding到地理坐标系下得到研究区域的 DSM 信息(图 8.7)。

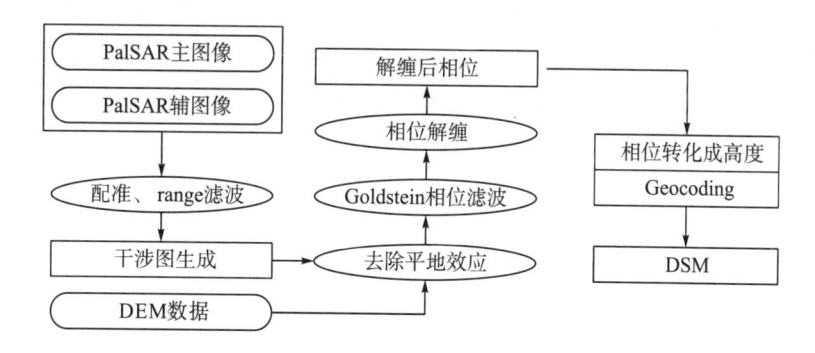

图 8.7 基于 InSAR 技术的地面 DSM 信息提取

2. 建筑物足印提取

目前在建筑物三维重建中,用于建筑物足印面积提取的光学数据源多为高分辨率影像(分辨率达米级、厘米级)。而由于高分影像的缺乏,本实验拟采取数据源充足的 Landsat TM5 影像实现研究区建筑物足印信息提取,其成像时间在 SAR 成像时间附近,为 2011-01-09。首先对 Landsat 数据进行辐射定标以及大气校正以获取反射率信息。再对数据进行重采样以保证反射率数据与 InSAR 获取的 DSM 数据有相同的空间分辨率。然后利用 Landsat3、4、5 波段构建出建筑物指数 NBI。NBI 值越大则表明该像元为建筑物的概率越大。之后利用 FCM 分割算法对 NBI 结果进行分割,得到 1~10 类的分割结果。最后选取经验阈值将分割结果二值化,得到建筑物区域以及非建筑物区域(图 8.8)。

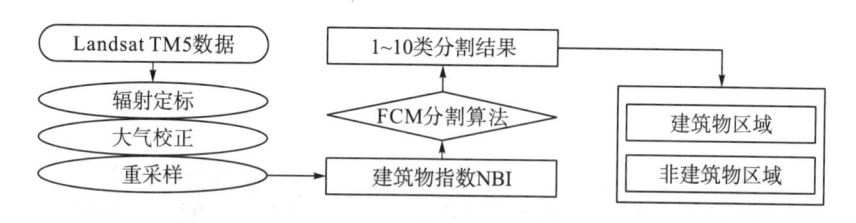

图 8.8 基于 Landsat 数据的建筑物足印提取

3. 建筑物三维重建

DSM 与 DEM 的高度差不能直接表征建筑物高度:因为 InSAR 获取的 DSM 信息没经过绝对高度定标,相对于地表真实高度信息有整体的高度偏移,且 DEM 数据本身即存在误差;同时,由于建筑物顶部与地面相位中心混淆,建筑物边缘部分的 DSM 高度相对于建筑物顶部高度通常偏低,而在非建筑物区域则因植被影响,DSM 高度往往要高于实际地形高度。因此,为获取准确的建筑物顶部以及底部高度信息,本书首先利用相干强度信息筛选可靠的 DSM 高度信息,再以分割算法得到的不同建筑物对象(高概率、中概率、低概率)为对象,统计该对象中所有可靠像素的 DSM-DEM 高度信息。然后选取最大高度的前 10%作为建筑物顶部高度以消除建筑物边缘高度偏低带来的影响；同时，为计算建筑物底部地形高度，提取建筑物周围 500×500 窗口内所有非建筑物区域的 DSM-DEM 信息，选取该区域内所有像元最小高度的前 30%作为建筑物底部高度，以减小植被带来的地形高度偏高的影响。最后综合所获取的建筑物顶部高度以及底部高度得到建筑物高度，同时结合建筑物足印信息实现建筑物的三维重建(图 8.9)。

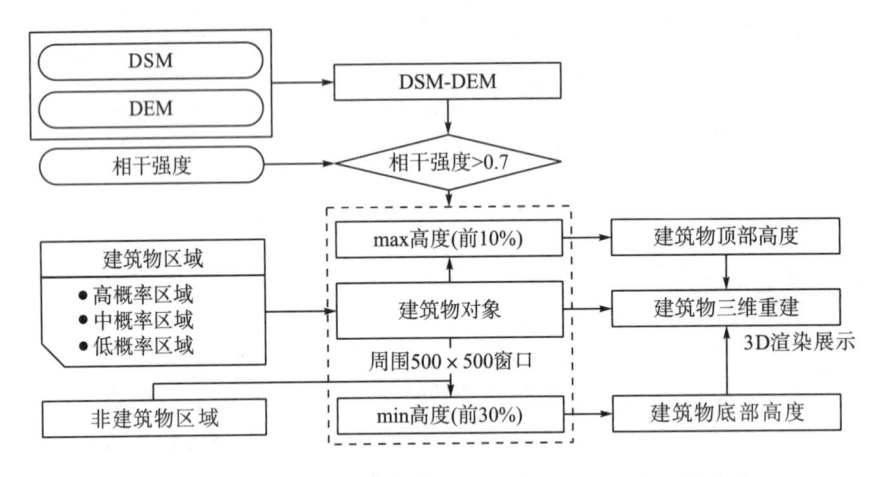

图 8.9 基于 DSM 信息及建筑物足印信息的建筑物三维重建

8.2.1 基于 InSAR 技术的 DSM 生成

由于建筑物过高会导致 InSAR 相位缠绕，因此选择空间基线较长(即 2π 模糊高度较大)的影像作为干涉对以减少相位缠绕的影响。本实验选择 2011-01-27 以及 2011-03-14 的 Palsar L 波段 FBS 工作模式下的 SAR 数据分别作为主图像以及从图像，地理范围如图 8.10 所示，其垂直空间基线长度约为 659.883 m，时间基线为 45 天，2π 模式高度约为 97 m。

图 8.10 单极化对 ALPSRP266880600 和 ALPSRP273590600 地理范围

第 8 章 建筑物提取与三维重建

步骤 1：干涉图生成。输入主从 SLC 数据，实行 range spectral 滤波以消除空间基线造成的去相干，对影像对进行共轭相乘，输出经过配准和多视的两景数据的干涉图，在 range 方向重采样至两倍的主从影像强度图。FBS 工作模式的 SAR 数据空间分辨率约为 7 m。由于建筑物监测对影像空间分辨率要求较高，多视处理会降低数据空间分辨率，因此本实验没有对影像进行多视处理。图 8.11 分别展示了配准后的主影像强度图、从影像强度图、主从影像干涉图和干涉强度。

(a) 配准后主影像强度图　(b) 从影像强度图　(c) 主从影像干涉图　(d) 干涉强度

图 8.11　干涉图生成

步骤 2：干涉图自适应滤波和相干性生成。对干涉图进行滤波（goldstein 方法），去掉由平地效应引起的相位条纹如图 8.12(a) 所示，同时生成干涉的相干图(描述相位质量)和滤波后的主影像强度图如图 8.12(b) 所示。

步骤 3：相位解缠。相位解缠分解级别为 1 级，相干阈值设置为 0.2。解缠后的图像如图 8.12(c) 所示。

(a) 去除平地效应后干涉图　(b) goldstein滤波后干涉图　(c) Snaphu解缠后相位

图 8.12　干涉图滤波和相位解缠

步骤 4：轨道精炼和重去平。采用自动精炼方法，重去平后的干涉图及解缠后相位如图 8.13 所示。

(a) 重去平后干涉图 (b) 解缠后相位

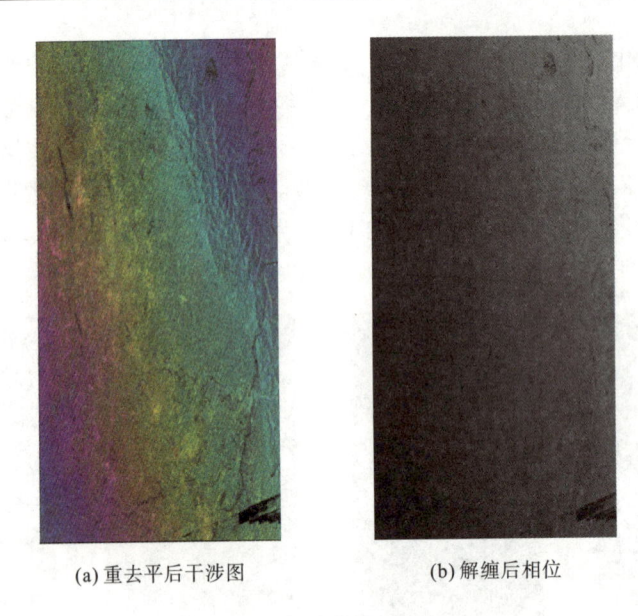

图 8.13 轨道精炼和重去平

步骤 5：相位转化为高程，并进行 geocoding，生成具有地理坐标的 DSM 如图 8.14 所示。

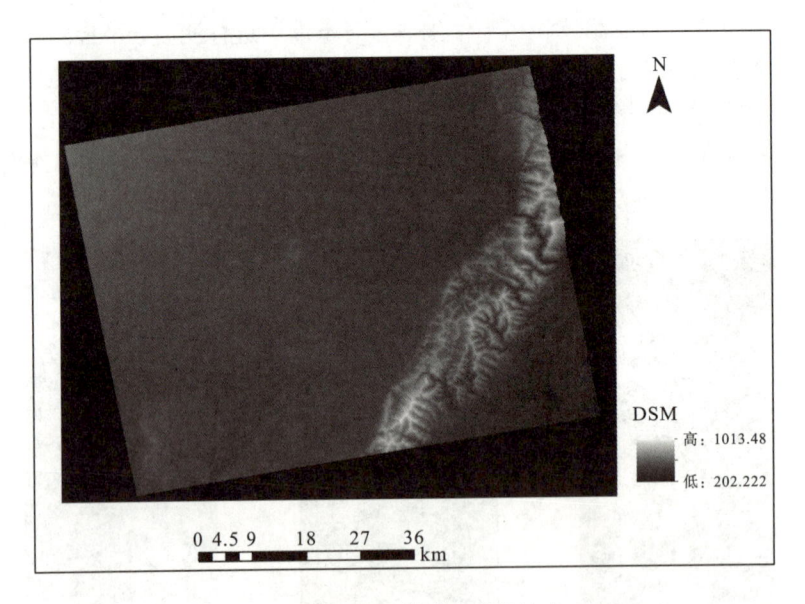

图 8.14 基于 InSAR 技术生成的地表 DSM

8.2.2 基于 Landsat 数据的建筑物足印提取

选取 2011-01-09 成像的 Landsat TM5 影像，并选取如图 8.15 所示的子区域进行建筑物足印提取。

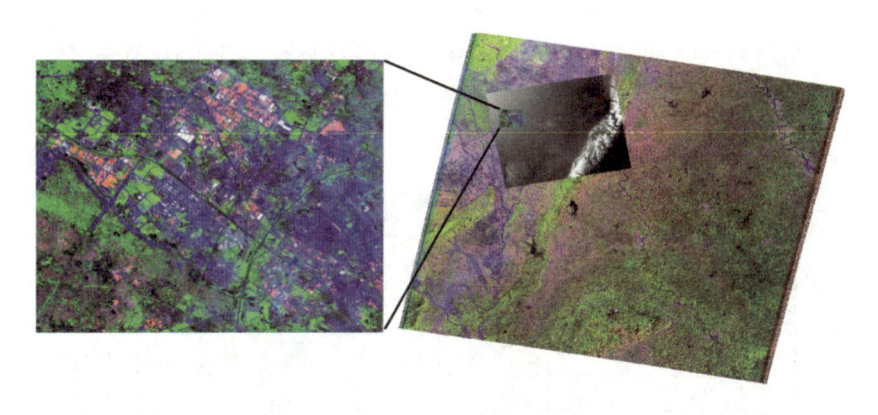

图 8.15 Landsat 提取建筑物研究区

步骤 1：Landsat 数据定标及重采样等预处理(图 8.16)。

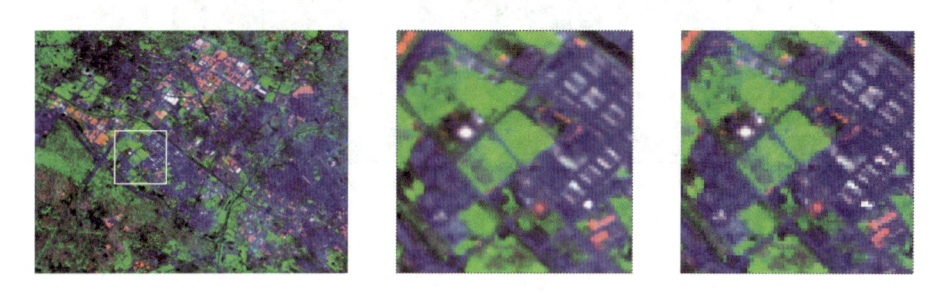

图 8.16 Landsat 重采样结果及采样前后对比

步骤 2：基于 Landsat 数据 3、4、5 波段构建建筑物指数 NBI=band3×band5/band4，用于提取建筑物。NBI 值越大则表示该像素是建筑物的概率越高(图 8.17)。

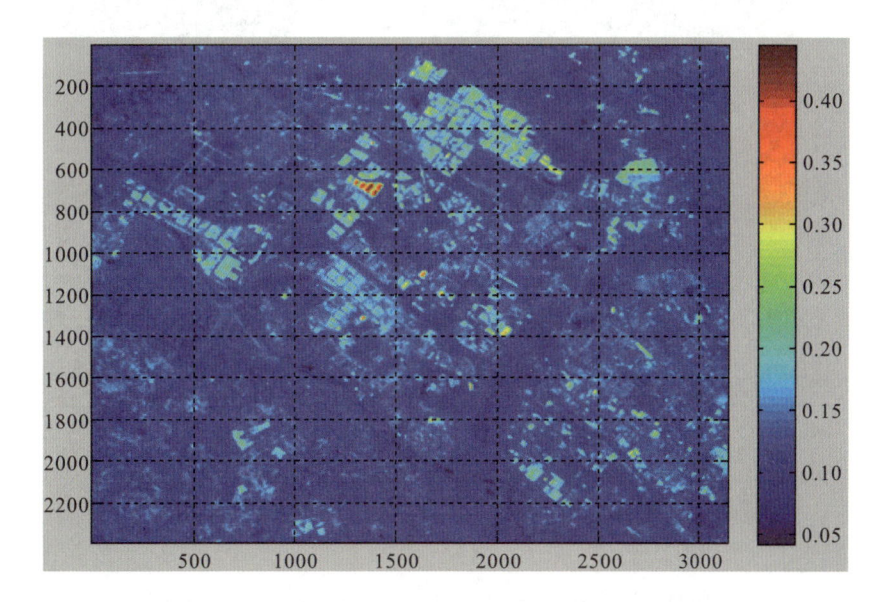

图 8.17 建筑物指数 NBI 分布图

步骤3：利用FCM图像分割算法对NBI图像进行分割，得到10类分割结果。分割类别值越大则表示地表为建筑物的概率越高(图8.18)。

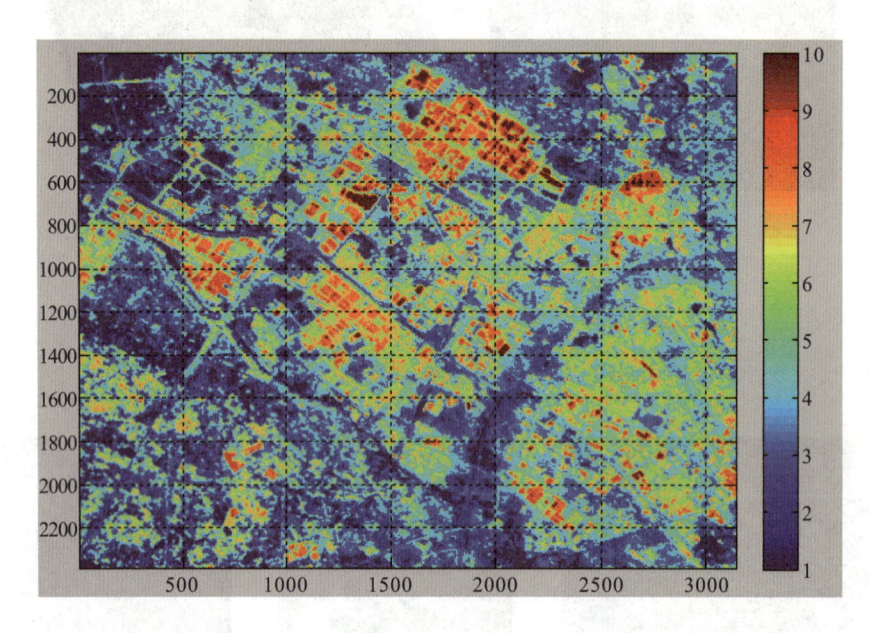

图8.18　基于FCM分割算法的NBI分割结果

步骤4：建筑物与非建筑物足印提取，选取第6类及以上为建筑物区域(图8.19)。

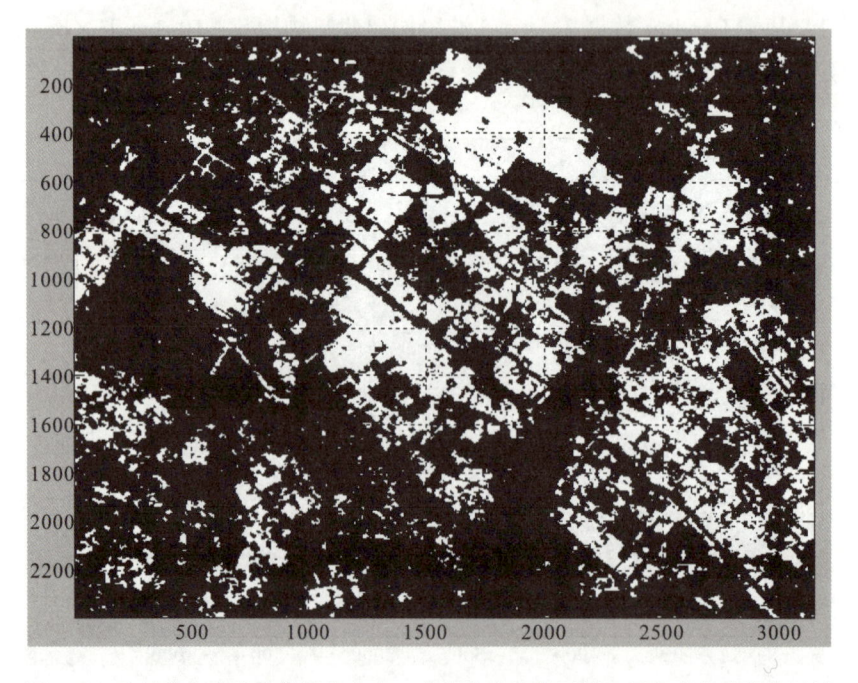

图8.19　建筑物与非建筑物足印分布，白色为建筑物区域，黑色为非建筑物区域

8.2.3 面向对象的建筑物三维重构

基于以上提取的 DSM 信息以及建筑物足印信息，以建筑物为对象进行建筑物三维模型构建(图 8.20)。

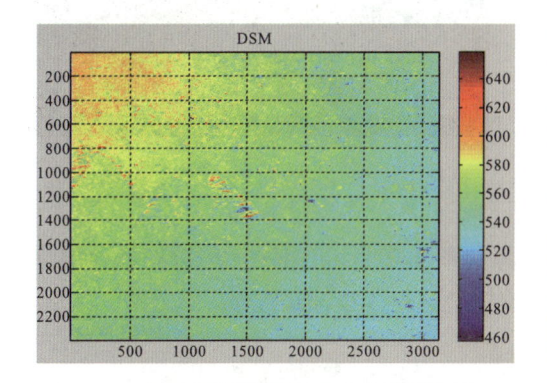

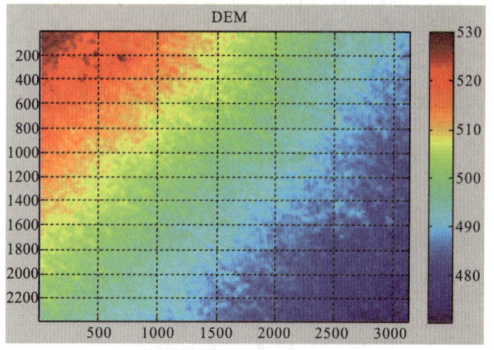

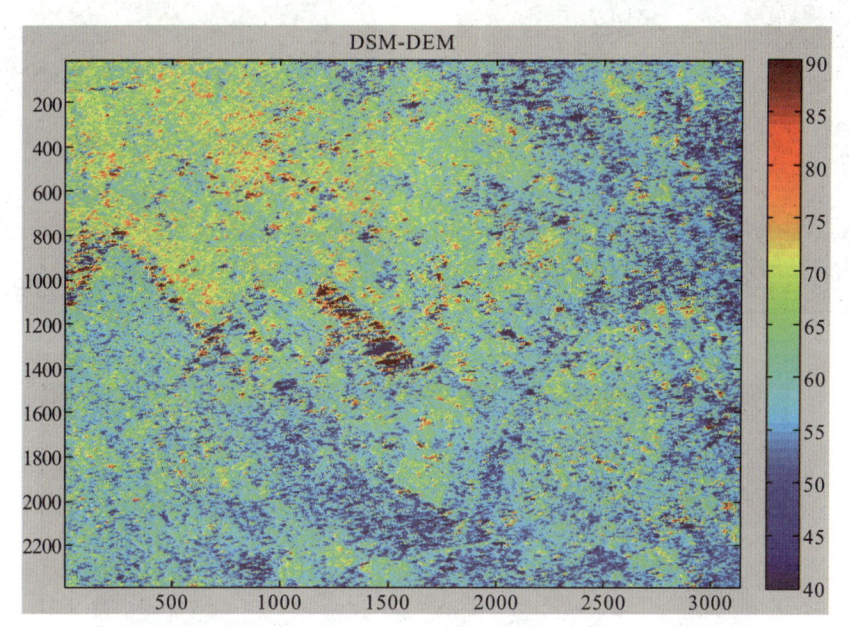

图 8.20 研究区 DSM、DEM 以及 DSM-DEM 结果分布图(单位：m)

由于噪声、植被高度、去相干等因素干扰，InSAR 获取的高度信息难以在像元尺度准确反映建筑物高度。因此为获取可靠信息，目前研究多通过图像分割，以建筑物为对象，选取其最高高度作为建筑物高度。由于 Landsat 的低空间分辨率，难以将每栋建筑物区分开，特别是在建筑群区域，单纯的二值区分(建筑物与非建筑物)分割法会导致将多栋邻近建筑物混淆成一个建筑对象，必然会影响其高度准确获取。因此本书根据 NBI 指数将建筑物区域分为 3 个等级(高概率、中概率、低概率)区域，以减少邻近建筑的混淆影响，如图 8.21 所示。

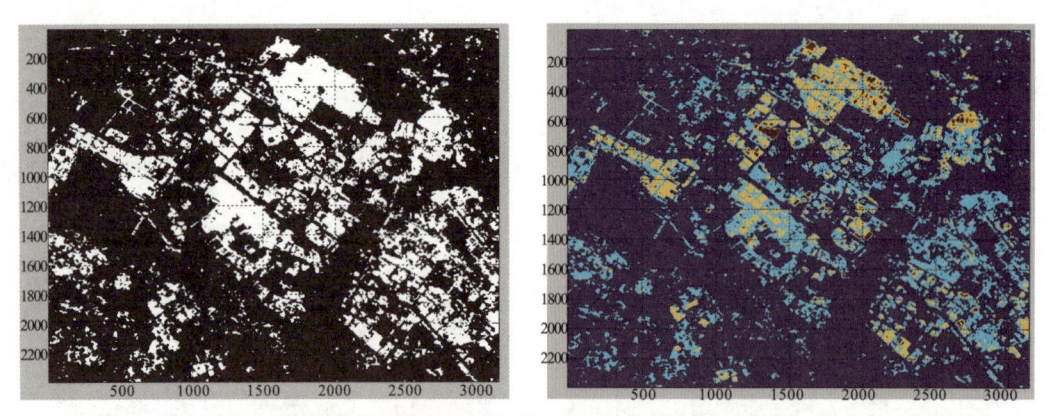

图 8.21 建筑物足印及详细区域分割结果(红色：高概率；黄色：中概率；蓝绿色：低概率)

然后按照流程图所示，提取每个建筑物对象的顶部高度和底部高度，以获取建筑物高度(图 8.22)，图 8.23 和图 8.24 是对建筑物三维模型进行 3-D 渲染展示。

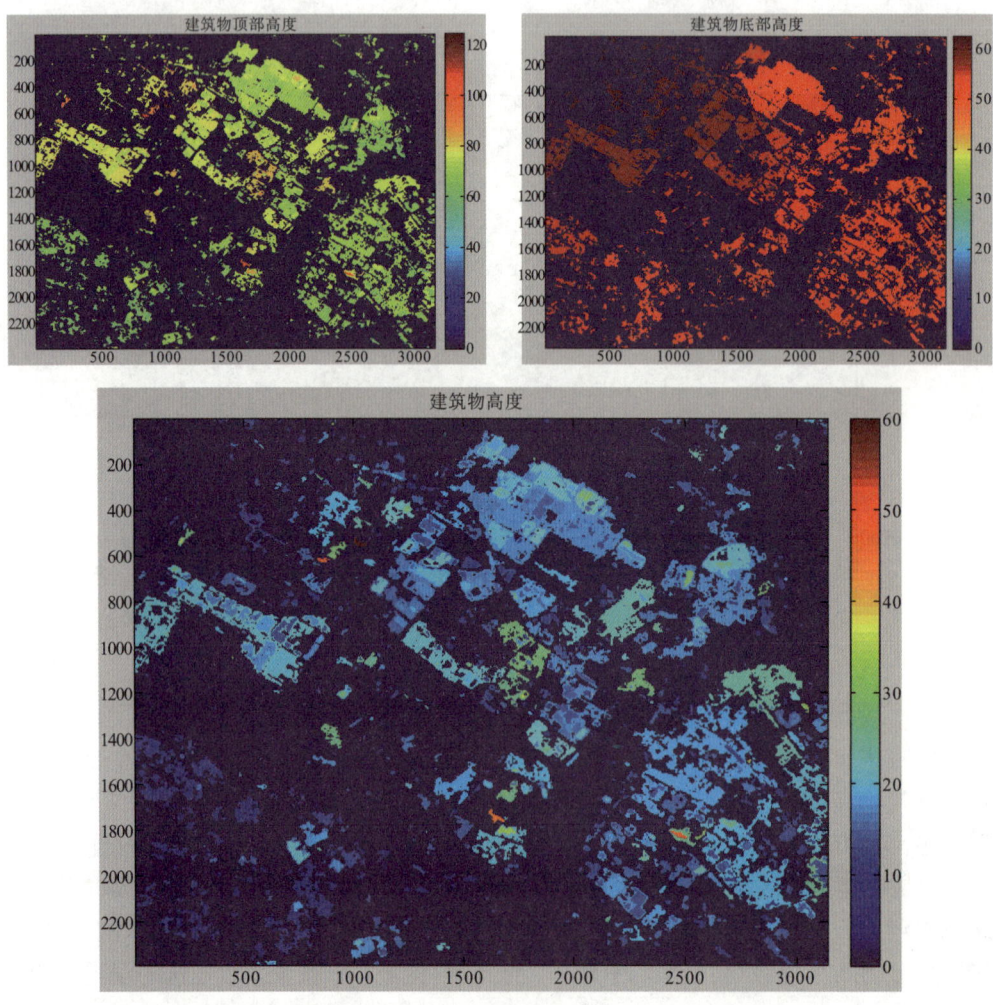

图 8.22 研究区建筑物顶部高度、底部高度以及建筑物高度分布图(单位：m)

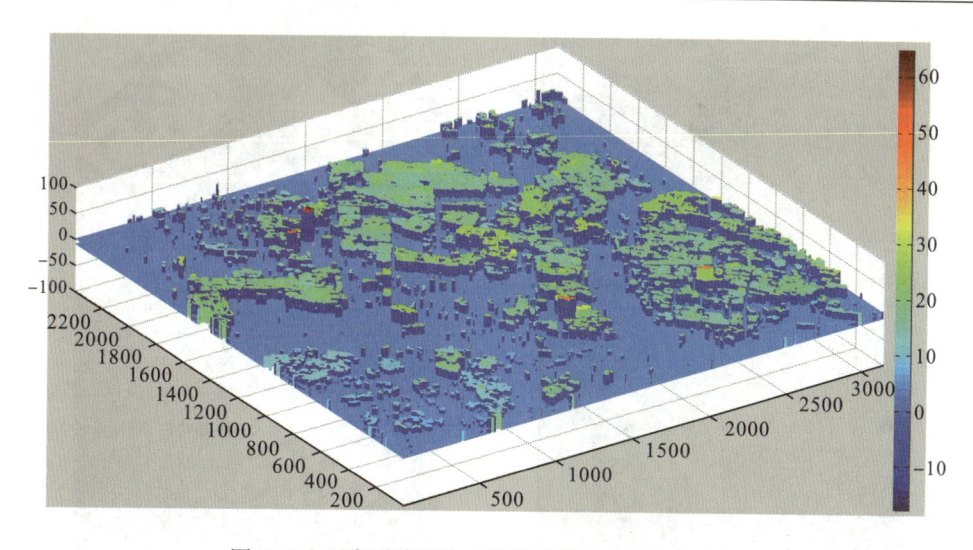

图 8.23　研究区建筑物三维模型展示，高度值渲染

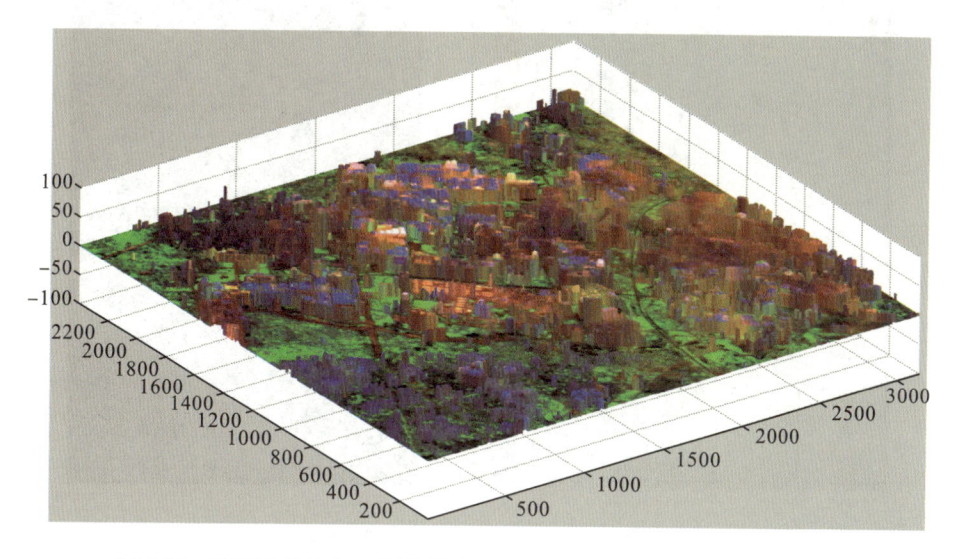

图 8.24　研究区建筑物三维模型展示，Landsat3、4、5 波段假彩色渲染

8.2.4　重建结果分析

选取电子科技大学清水河校区进行分析，该区域建筑物较为独立稀疏。如图 8.25 所示，与 Google Earth 地图对比，Landsat 分辨率过低，难以分离较小的建筑，但是总体建筑物足印得到了较好的提取。从 DSM-DEM 图中能较好地分辨出建筑物的位置以及大致轮廓，建筑物高度要明显高于周围地面高度，但是建筑物的准确轮廓难以通过 DSM 表现出来。

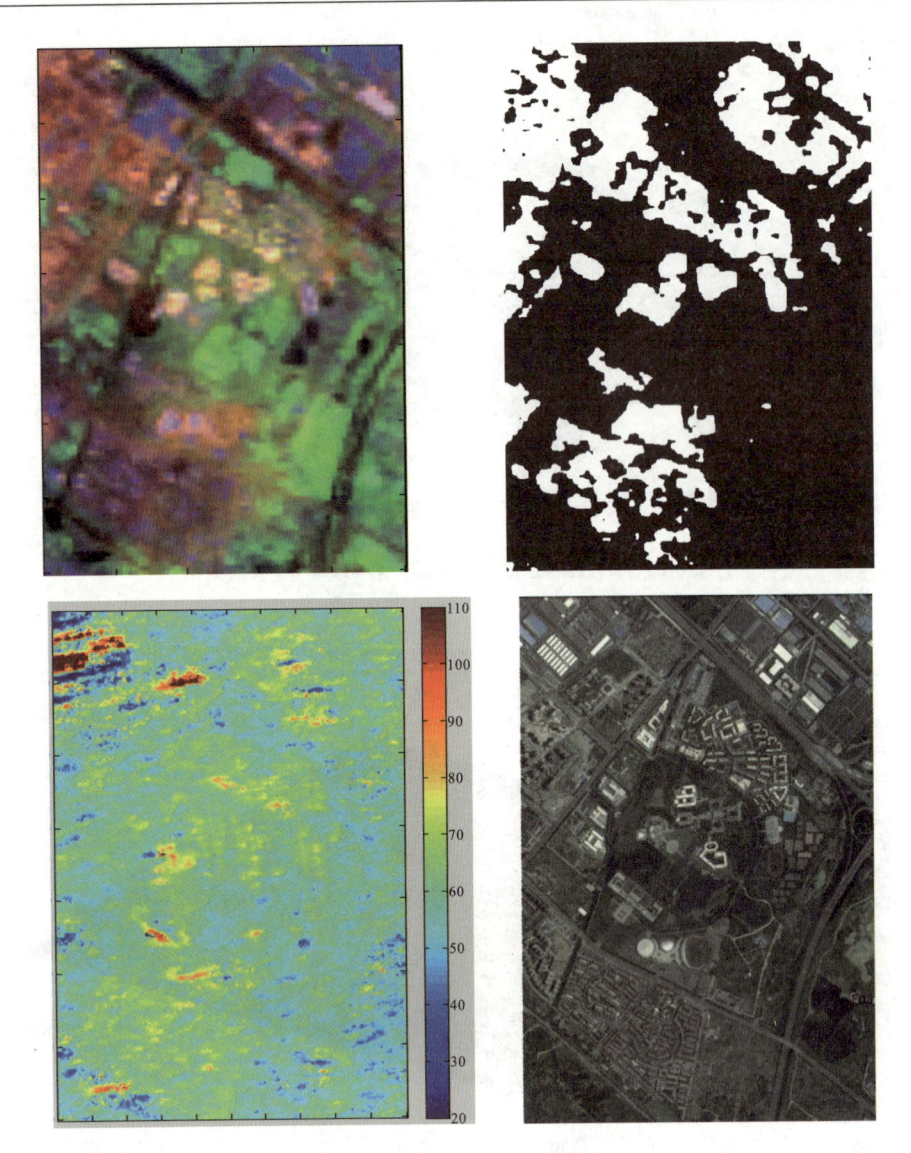

图 8.25　Landsat 假彩色图、建筑物足印图、DSM-DEM 和 Google Earth 地图

从建筑物三维重建结果(图 8.26)中可以看出,本实验成功提取出了学校中的主要建筑:主楼、体育馆、图书馆、品学楼等。表 8.2 展示了学校中典型建筑物的实测值与实验提取值之间的差异,可看出除体育馆误差为 4.9 m 外,其他建筑物的误差都在 2 m 左右,平均误差为 2.2 m。因此,在该区域本实验方法在建筑物三维重构中具有较好的效果。

表 8.2　实测与实验建筑物高度

	主楼	体育馆	图书馆	品学楼	研究院大楼	宿舍楼	风雨操场	科研楼
实测/m	43	27	28	24	23	21	20	23
实验/m	44.7	31.9	27.5	21.2	20.1	19.5	20.8	25.5
误差/m	1.7	4.9	-0.5	-2.8	-2.9	-1.5	0.8	2.5

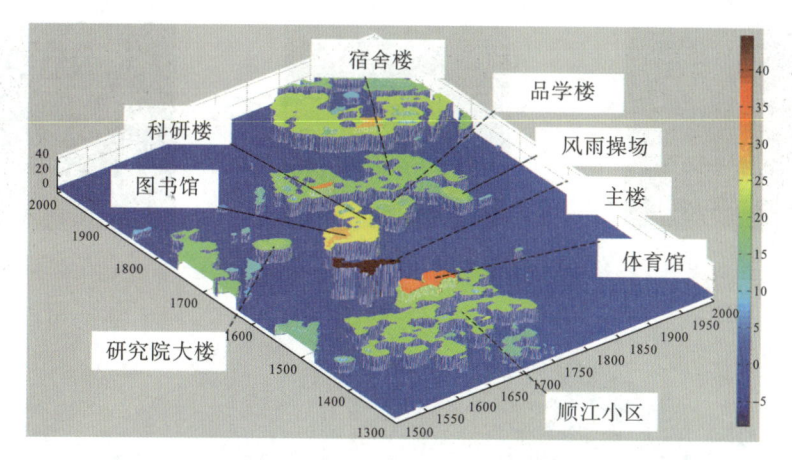

图 8.26　研究区建筑物三维模型展示图

选取成都市高新区为研究区,从图 8.27 中的 Google Earth 地图可看出其建筑特点是较小且较密集,同时建筑物高度较高。在该区域对本实验的方法进行有效性评价,并分析所遇到的问题。

图 8.27　Landsat 假彩色图、建筑物足印图、DSM-DEM 和 Google Earth 地图

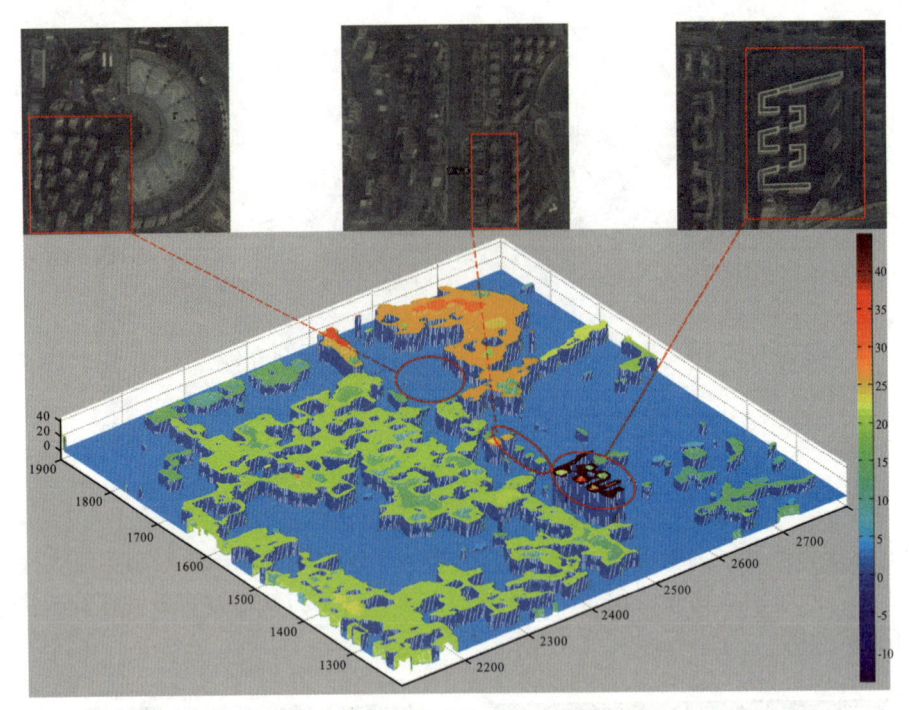

图 8.28 研究区建筑物三维模型展示

由于 Google Earth 成像时间是 2016 年，因此部分区域与 Landsat 之间存在差异。对比本实验提取出的建筑物足印与 Google Earth 影像，可看出对于较大的建筑以及较独立的建筑其识别效果较好，但是对于较小且成片分布的建筑，识别效果较差，难以分离出独立的每栋建筑。对于 InSAR 监测的地面高度，从 DSM-DEM 数据中可以看出，InSAR 高度图中可以识别出部分建筑(如椭圆区域)，但是没有精确的轮廓信息，难以直接提取建筑足印。其高度信息在大部分区域较为准确，但是在建筑物极高的区域，如红色方框内区域，其高度信息从极高突变至极低(图 8.28)。究其原因是建筑过高导致的相位缠绕现象，而解缠算法往往难以解决该问题。

由于缺乏实地测量高度，该区域主要以 Google Earth 为参照进行实验效果评价。由图 8.28 可看出在左上角第一幅 Google Earth 图中红色方框部分，建筑物较高，且较密集。然而在本方法的测量结果在该部分没有建筑，其主要原因是 Landsat 数据分辨率太低不能监测出此处的建筑物。该建筑右边的半圆形建筑则较好地被监测出来，其高度约为 25 m。对于第二幅 Google Earth 图中红色方框部分的 4 栋建筑，本实验方法较好地监测出了其分布，然而 4 栋楼的高度不完全相同(实际应相同)，主要原因是 InSAR 中存在叠掩现象，建筑物较高会导致其足印前方(朝向雷达)高度较高，因而 4 栋建筑在 DSM-DEM 图像上得到较好的显示。而在真实建筑物足印区域，由于建筑物较小从而致使建筑物高度没有被较好监测出来，因此与建筑物高度最为接近的应该是其前方的叠掩区域的高度。而由于叠掩区域与真实建筑物足印空间位置不同，Landsat 的足印不能匹配到叠掩区域高度，从而导致将 3 栋建筑物的高度低估。对于第三幅图中右边红色方框部分的建筑得到了较好的监测，其高度约为 44 m。

参 考 文 献

Drăguţ L, Csillik O, Eisank C, et al, 2014. Automated parameterisation for multi-scale image segmentation on multiple layers[J]. Isprs Journal of Photogrammetry & Remote Sensing, 88(100): 119-127.

Drăguţ L, Tiede D, Levick S R, 2010. ESP: A tool to estimate scale parameter for multiresolution image segmentation of remotely sensed data[J]. International Journal of Geographical Information Science, 24(6): 859-871.

Guillaso S, Ferro-Famil L, Reigber A, et al, 2005. Building characterization using L-band polarimetric interferometric SAR data[J]. IEEE Geoscience & Remote Sensing Letters, 2(3): 347-351.

S Rgel U, Stilla U, Gross H, et al, 2000. Segmentation of interferometric SAR data for building detection[J]. International Archives of Photogrammetry and Remote Sensing, 33(B1): 328-335.

Shahzad M, Zhu X X, 2015. Automatic detection and reconstruction of 2-D/3-D building shapes from spaceborne tomoSAR point clouds[J]. IEEE Transactions on Geoscience & Remote Sensing, 54: 1-19.

Stilla U, Soergel U, Thoennessen U, 2003. Potential and limits of InSAR data for building reconstruction in built-up areas[J]. Isprs Journal of Photogrammetry & Remote Sensing, 58(1–2): 113-123.

Tison C, Tupin F, Maitre H, 2007. A fusion scheme for joint retrieval of urban height map and classification from high-resolution interferometric SAR images[J]. IEEE Transactions on Geoscience & Remote Sensing, 45(2): 496-505.

Wang J M, Xie C X, 2009. Extracting Residential Area Information from Dual-SAR Image Based on Object-Oriented Technique[C]// IEEE International Congress on Image and Signal Processing: 1-4.

陈亭, 祝善友, 张桂欣, 等, 2016. 高分辨率遥感影像阴影与立体像对提取建筑物高度比较研究[J]. 地球信息科学学报, 18: 1267-1275.

樊舒迪, 胡月明, 刘振华, 2015. 一种新的面向对象城市建筑物信息提取方法研究[J]. 华南师范大学学报自然科学版, 47: 91-97.

胡海鸿, 谭德宝, 2012. 基于 LiDAR 技术的单个建筑物信息提取研究[J]. 人民长江, 43: 29-31.

黄志坚, 2014. 面向对象影像分析中的多尺度方法研究[D]. 长沙: 国防科学技术大学.

蒋丹丹, 卢刚, 陈成, 2016. 基于单极化 TerraSAR-X 影像提取建筑区研究[J]. 地理与地理信息科学, 32(1): 60-65.

李伟龙, 2014. 基于面向对象 SVM 和谱聚类的极化 SAR 分类[D]. 西安: 西安电子科技大学.

刘晓龙, 2013. 基于时间序列高分辨率 INSAR 建筑物高度信息提取[D]. 阜新: 辽宁工程技术大学.

吕婷婷, 2008. 基于 IKONOS 影像阴影的建筑物高度自动提取研究[D]. 武汉: 中国地质大学.

钱瑶, 唐立娜, 赵景柱, 2015. 基于遥感的建筑物高度快速提取研究综述[J]. 生态学报, 35(12): 3886-3895.

冉琼, 迟耀斌, 王智勇, 等, 2008. 基于"北京一号"小卫星影像阴影的建筑物高度测算研究[J]. 遥感信息, (4): 18-21.

王雪, 李培军, 姜莎莎, 等, 2016. 利用机载 LiDAR 数据和高分辨率图像提取复杂城区建筑物[J]. 国土资源遥感, 28(2): 106-111.

余洁, 刘振宇, 燕琴, 等, 2013. 多尺度下的半自动面向对象 SAR 影像分类[J]. 武汉大学学报(信息科学版), 38(3): 253-256.

朱文博, 张锦, 郭磐石, 2015. 机载 LIDAR 技术在城市建筑物高度分级中的应用[J]. 测绘与空间地理信息, 4: 27-29.

卓莉, 黄信锐, 王芳, 等, 2013. 基于高空间分辨率与立体像对遥感数据的建筑物三维信息提取[J]. 遥感技术与应用, 28(6): 1062-1068.

第9章 典型案例应用

9.1 单极化、双极化与全极化 SAR 的分类

在实际的极化 SAR 土地利用分类的应用中，本书更青睐于使用全极化 SAR，因为相比于双极化 SAR，其信息量更大，也包含更为完整的目标散射机理。双极化 SAR 和单极化 SAR 相比，亦是如此。能使用全极化 SAR 进行分类，固然很好。可某些时候，迫于载重、经费、数据量、分辨率和数据覆盖范围等因素，致使全极化 SAR 系统的使用受到限制。加之，我国进入 SAR 研究领域较晚，目前国产卫星尚无全极化 SAR 数据。此时，则需要对现有的极化通道数据优化选择，使得在土地利用分类和参数精度方面的损失降到最低。在此之前，我们需要研究以下问题：全极化 SAR、双极化 SAR 和单极化 SAR，两两之间的差异程度到底如何？运用双极化 SAR 不同极化组合进行分类时是否有差异，差异多大？单极化 SAR 不同极化通道数据之间又有何不同？

早在 21 世纪初，Lee 便着眼于探究单、双、全极化的分类差异(Lee et al., 2001)。后来，Frate(2003)、Liesenberg 和 Gloaguen(2013)的研究中也证实了 Lee 的结论，即极化 SAR 的分类效果比单极化 SAR 好。而对于不同的双极化 SAR 组合的差异性分析，文献(Sugimoto et al., 2013；Arnone, 2013)从相似性的角度得证：HH-VV 分解平面与全极化的最为相似。文献(Xie et al., 2015)用分类实验来佐证，同时使用全极化 SAR 数据和相干 HH-VV 数据进行土地覆盖分类，二者整体精度相差无几。

为探究在不同极化 SAR 数据、不同实验区、不同分类算法下，上述论断的适用性，本节以 SVM 算法为例，分别选择成都郫都区的 C 波段 Radarsat-2 全极化数据和日本钏路地区的 L 波段 ALOS-PALSAR 全极化数据，从定量和定性的角度对以上问题进行探讨。

9.1.1 分类特征提取与分析

为了评估各种极化组合的分类性能，需要对所有极化组合都按照相同的原理提取分类特征，建立分类算法，统一定义评估结果，对同一数据，也需要采取相同的预处理步骤，以保证所得的分类结果具有可比性。介于单极化、双极化、全极化有多种可提取特征的角度，为保证上述统一性，本书只从协方差矩阵[C]中提取特征。

1. 全极化

全极化 SAR 数据的协方差矩阵表示如下：

$$[C] = kk^H = \begin{bmatrix} |S_{HH}|^2 & \sqrt{2}S_{HH}S_{HV}^* & S_{HH}S_{VV}^* \\ \sqrt{2}S_{HV}S_{HH}^* & 2|S_{HV}|^2 & \sqrt{2}S_{HH}S_{HV}^* \\ S_{VV}S_{HH}^* & \sqrt{2}S_{HH}S_{HV}^* & |S_{VV}|^2 \end{bmatrix} \quad (9.1)$$

协方差矩阵 $[C]$ 为共轭对称矩阵，因此本实验中将全极化 SAR 数据的分类特征定义为矩阵右上角 6 个元素的模。

此外，考虑到平均总能量 Span 不仅包含所有的极化信息，更是地物的细节表征，分类时加入总能量有助于提高地物区分度。对于全极化 SAR 数据来说，平均总能量 Span 表示如下：

$$\text{Span} = |S_{HH}|^2 + |S_{HV}|^2 + |S_{VH}|^2 + |S_{VV}|^2 \quad (9.2)$$

根据式 (9.1) 和式 (9.2)，确定全极化 SAR 数据分类特征矢量如下：

$$f = [C_{11}, C_{22}, C_{33}, |C_{12}|, |C_{13}|, |C_{23}|, \text{span}]^T \quad (9.3)$$

2. 双极化

介于双极化 SAR 有 3 种不同组合，将其散射矢量表示成 $k = [S_1, S_2]^T$，其中，下标 1、2 表示 HH、HV、VV 中的任意两种。对应的协方差矩阵如下：

$$[C] = kk^H = \begin{bmatrix} |S_1|^2 & S_1 S_2^* \\ S_2 S_1^* & |S_2|^2 \end{bmatrix} \quad (9.4)$$

针对其三种不同的通道组合，其各自的散射矩阵 S 在 pauli 基上分解所得到的散射矢量 k 如下：

$$\text{HH} - \text{VV}: k = \begin{bmatrix} (S_{HH} + S_{VV})/\sqrt{2} & (S_{HH} - S_{VV})/\sqrt{2} \end{bmatrix}^T \quad (9.5)$$

$$\text{HH} - \text{HV}: k = \begin{bmatrix} S_{HH} & (S_{HV} + jS_{HV})/\sqrt{2} \end{bmatrix}^T \quad (9.6)$$

$$\text{HV} - \text{VV}: k = \begin{bmatrix} S_{VV} & (S_{HV} - jS_{HV})/\sqrt{2} \end{bmatrix}^T \quad (9.7)$$

进而，根据式 (9.5) ~ (9.7)，分别求取双极化 SAR 不同组合所对应的协方差矩阵元素 C_{12}。

同样，引入总能量 Span，对于双极化 SAR 数据来说，平均总能量表示为

$$\text{Span} = |S_1|^2 + |S_2|^2 \quad (9.8)$$

根据上述几个式子，最终确定双极化 SAR 数据的分类特征矢量如下：

$$f = [C_{11}, C_{22}, |C_{12}|, \text{Span}]^T \quad (9.9)$$

3. 单极化

单极化 SAR 数据含信息量少，散射矢量为 $k = [S]$，协方差矩阵可表示为 $[C] = \begin{bmatrix} |S|^2 \end{bmatrix}$，每个通道的分类特征只有一个维度，即

$$f = \begin{bmatrix} |S^2| \end{bmatrix} \quad (9.10)$$

9.1.2 分类流程

无论定量还是定性分析，本节所涉及的分类算法均采用 SVM。并且针对每次的实验数据进行网格法参数寻优,保证所得的地物分类效果为当前数据下最优。基于 SVM 的 SAR 图像分类实验流程图如图 9.1 所示。

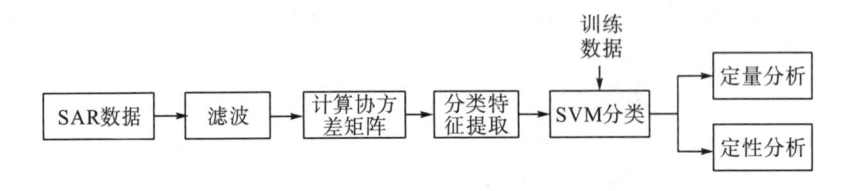

图 9.1　基于 SVM 的 SAR 图像分类流程图

具体步骤如下：

(1) 图像预处理。利用增强型 Lee 滤波，抑制相干斑噪声；对图像进行重投影，使之更符合真实地物。

(2) 分类特征矢量的构建。

①基于 SAR 复数据，计算协方差矩阵$[C]$，并求取矩阵上三角元素$|RU(C)|$；②提取总能量 Span；③利用$|RU(C)|$和总能量 Span 构建分类特征矢量，具体形式参考式(9.3)、式(9.9)、式(9.10)。

(3) 输入训练数据，寻优惩罚系数 c 和核函数宽度 g，使其分类性能为最优。

(4) 计算混淆矩阵和 Kappa 系数，对分类结果进行定量分析，输出分类结果图，对分类结果进行定性分析。

9.1.3 实验结果与分析

1. 基于 Radarsat-2 数据的分类结果定量分析

定量分析实验基于成都郫都区的 Radarsat-2 数据，实验区内包含 5 种地物：建设用地、道路、耕地、林地、河流。

实验基于 SVM 分类算法。选定径向基核函数，针对每一次所选定的分类特征不同，每一批数据都进行基于网格法的参数寻优。由于篇幅问题，此处只列出全极化分类时，SVM 参数寻优结果图，此时针对训练样本，最优参数为 $c=8$、$g=8$，样本集的最优精度为 75.04%。如图 9.2 所示。

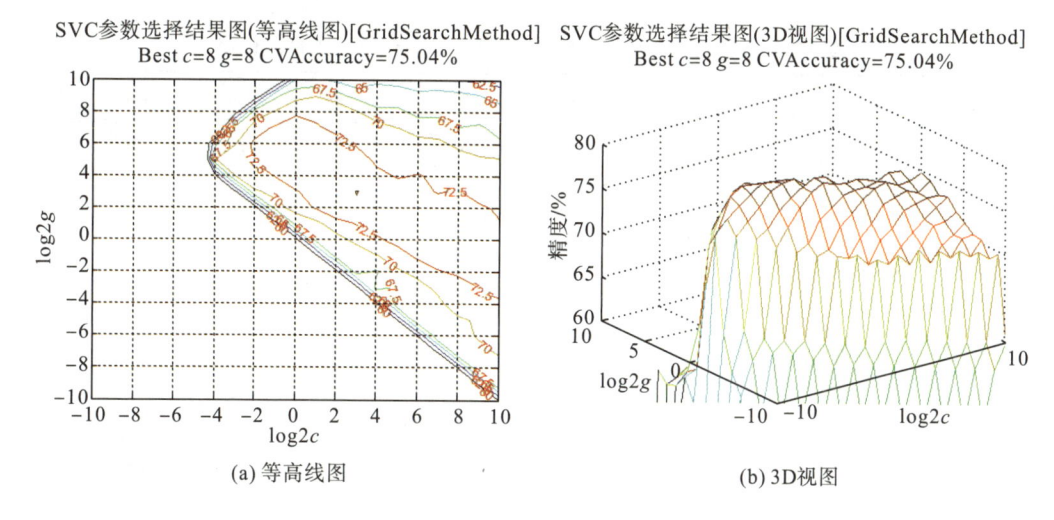

SVC参数选择结果图(等高线图)[GridSearchMethod]   SVC参数选择结果图(3D视图)[GridSearchMethod]
Best c=8 g=8 CVAccuracy=75.04%   Best c=8 g=8 CVAccuracy=75.04%

(a) 等高线图   (b) 3D视图

图 9.2 全极化参数寻优结果图

表 9.1 是在所有极化方式下，网格寻优所得的 c 和 g 的参数值以及样本集的精度。

表 9.1 所有极化方式 SVM 参数寻优结果

	极化组合	c	g	样本集精度/%
全极化	HH-HV-VV	8	8	75.04
双极化	HH-HV	16	128	66.52
	HH-VV	256	1	72.62
	HV-VV	1	512	68.51
单极化	HH	4	128	58.15
	HV	4	512	62.12
	VV	128	8	56.17

最后得到全极化、双极化和单极化的分类结果见表 9.2。针对本书所采用的实验区，并分析表 9.2 可得：

(1) 针对不同的分类特征，并进行 SVM 参数寻优，保证所得结果在当前数据下为最优。此时，全极化 SAR 的整体分类精度最好，可以达到 74.75%。

(2) 无论使用哪种双极化组合，分类精度普遍低于全极化 SAR 数据。其中，HH-HV 分类精度为 64.40%，HV-VV 的分类精度为 67.87%，而 HH-VV 的整体分类精度可达到 70.64%，为三者中最高。说明相同极化组合的双极化 SAR 分类精度要高于相同-交叉极化组合的分类精度。与全极化 SAR 分类精度相比，双极化的都有下降，但 HH-VV 组合下降最少，只降低约 4%。由此可大胆假设，当全极化系统的使用受到限制时，使用 HH-VV 双极化代替全极化 SAR 是可以的。

表 9.2 Radarsat-2 数据全极化、双极化和单极化分类精度比较

地物类型			建筑	道路	耕地	林地	河流	OA
全极化	HH-HV-VV	PA	63.12	86.06	74.14	81.20	70.07	74.75
		UA	82.79	70.30	66.15	74.22	83.74	
双极化	HH-HV	PA	61.25	83.03	28.45	77.78	64.63	64.40
		UA	77.17	65.55	49.25	48.92	81.90	
	HH-VV	PA	58.75	78.18	65.52	75.21	75.51	70.64
		UA	72.87	69.73	70.37	62.86	77.62	
	HV-VV	PA	62.50	81.82	56.03	64.96	69.39	67.87
		UA	78.74	66.18	52.85	60.32	81.60	
单极化	HH	PA	39.37	62.42	56.90	64.96	68.03	57.87
		UA	82.89	60.23	42.86	47.50	69.44	
	HV	PA	60.00	68.21	37.74	63.96	70.75	61.38
		UA	80.95	65.92	42.42	42.26	74.29	
	VV	PA	49.38	80.00	26.72	51.28	57.14	54.75
		UA	60.77	64.39	30.10	37.27	79.25	

(3) 无论是哪种单极化 SAR，其分类精度明显低于双极化 SAR 和全极化 SAR。单单分析 HH、HV 和 VV 三种极化的分类精度，可见在此实验区内，HV 的分类精度要高于另外两个，交叉极化的分类精度要高于相同极化。而对于相同极化来说，HH 极化高于 VV 极化，这也说明若使用的发射接收设备是同极化时，可以优先考虑选择水平发射、水平接收。

2. 基于 ALOS-PALSAR 数据的分类结果定性分析

以上实验是基于 Radarsat-2 数据的定量分析，为了多角度、更全面地比较单、双、全极化数据的分类性能，再做以定性分析。但考虑到基于 Radarsat-2 数据覆盖下的实验区内地物连续性不强，且地物直接界限并不明显，不能很好地从目视角度进行分析，特选用日本钏路地区 ALOS-PALSAR 数据，截取近海区域，以便更加直观地进行分析。

对 ALOS-PALSAR 数据进行一系列的预处理之后，针对单、双、全极化分别提取相应的分类特征。分类算法依然基于 SVM 算法，选定 RBF 核函数，并针对每一批实验数据进行参数优化。最终确定实验区地物为建筑、水体、耕地、林地 4 大类。各部分实验结果如下。

1) 全极化

对全极化 SAR 数据进行分类，结果如图 9.3 所示。

第9章 典型案例应用

(a) pauli 分解图　　　　　　　　　(b) 全极化分类图

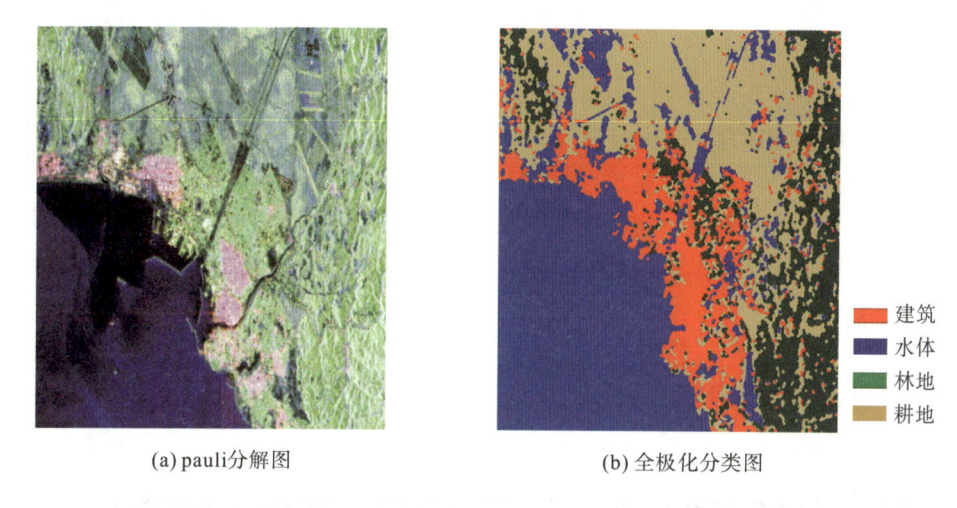

图 9.3　ALOS-PALSAR 数据 pauli 分解图与全极化分类图

由 pauli 分解图和分类图对比可知，全极化数据对上述 4 种地物的整体区分度良好，尤其是水体。无论是海面区域，还是内陆地区的某些块状水体，都得到了比较明显的区分。但也存在误分现象，如部分耕地和林地的混淆，少部分耕地被误分为水体，部分建筑被误分为林地。

2) 双极化

对双极化 SAR 数据进行分类时，分为 HH-VV、HH-HV 和 HV-VV 三种情况。各组的分类结果图分别如图 9.4 所示。

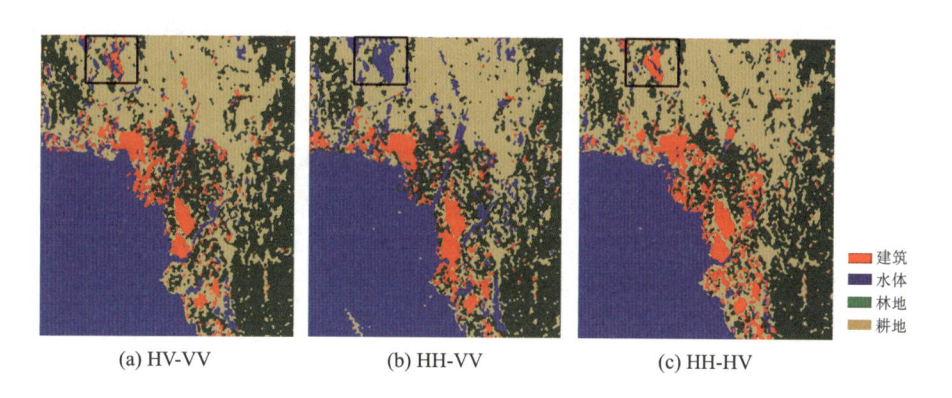

(a) HV-VV　　　　　　(b) HH-VV　　　　　　(c) HH-HV

图 9.4　钏路地区 ALOS-PALSAR 双极化不同组合分类效果图

通过将双极化的分类结果图与全极化的对比可知，双极化分类结果逊于全极化，地物区分度有所下降。比如，近海域部分的建筑被误分为林地、耕地，内陆部分的某些水体也被误分。且在 HH-VV 极化组合下，在海域部分，有零星水体被误分为耕地；在内陆部分，有少部分耕地被误分为水体。而对于 HV-VV 和 HH-HV 组合来说，耕地和林地也有部分混淆。

对比三种双极化组合方式的分类效果，整体差别不大：各个地物都得到了大致区分，地物之间也都不可避免地产生了混淆。但从实验区左上角黑色矩形区域的对比可看出，原本为水体的区域在 HH-HV 极化组合上完全被误分成了建筑，虽然在 HV-VV 极化组合上效果稍好，但多半也被误分为建筑。而在 HH-VV 极化组合中得到了良好的区分。综上所述，三种极化组合方式都有一定程度上的区分和混淆，但在关键问题上，HH-VV 极化保持了相对其他二者较优的品质。因此，在定性角度分析三者优劣，HH-VV 略胜一筹。

3) 单极化

对单极化 SAR 数据分类时，分为 HH、HV、VV 三种情况讨论，其分类结果图如图 9.5 所示。

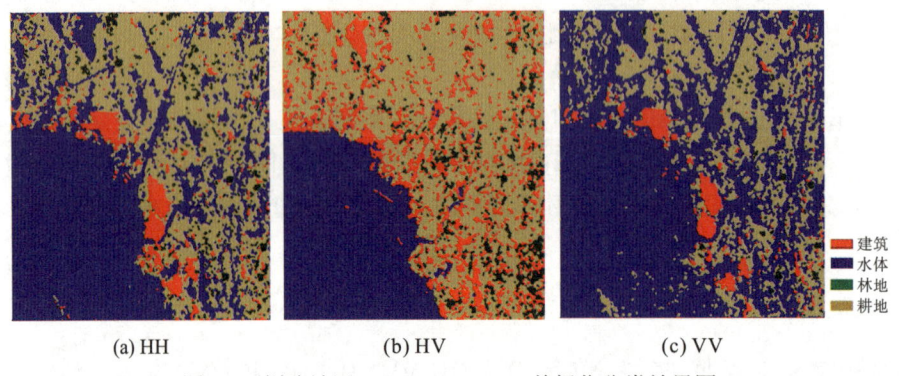

(a) HH　　　(b) HV　　　(c) VV

图 9.5　钏路地区 ALOS-PALSAR 单极化分类效果图

从上图的结果看，相比较全极化 SAR 和双极化 SAR，单极化 SAR 的分类效果最差，地物之间相互混淆最为严重，只将海面部分的水体进行了区分，而林地已被其他地物所代替。分析三种极化方式的分类效果，HH 极化中，林地被误分为耕地和水体，建筑被误分为林地；HV 极化中，水体的区分度相比于其他两种极化方式要好，但耕地、林地和建筑混淆严重，内陆部分的水体也被误分；而对于 VV 极化，整体效果较差，其余三种地物均被大面积地误分为水体。综上所述，无论是从整体分类效果还是对水体的分类效果，HV 极化整体效果都要优于 VV 极化和 HH 极化。

9.1.4　分析与结论

1. 原因分析

上述实验分别基于不同实验区、不同极化数据，从定量和定性的角度进行探讨，在单、双、全极化的分类性能方面，所有实验均表明：全极化 SAR 最优，双极化 SAR 次之，单极化 SAR 最差。然而，单单考虑使用双极化 SAR 或单极化 SAR 进行分类时，不同的极化组合方式，分类性能也略有差异。下面分别从双极化 SAR 和单极化 SAR 两方面，分析产生上述现象的原因。

1) 双极化 SAR 数据不同极化组合原因分析

使用双极化 SAR 数据进行分类时,其分类精度均低于全极化 SAR。但仔细对比发现:从定量的角度看,HH-VV 极化组合下降的百分比最少;从定性的角度看,HH-VV 极化组合的目视效果也略优于其他两种。H/α 平面与地物的散射机制紧密相连,可以借助 H/α 空间,并加之 H 和 α 的相似性参数,从散射机制的角度,对比 HH-VV、HV-VV、HH-HV 各自的分解空间与全极化 H/α 空间的相似性。实验所用数据为日本钏路地区 ALOS-PALSAR 全极化数据。图 9.6 为全极化和不同双极化极化组合的八平面空间。

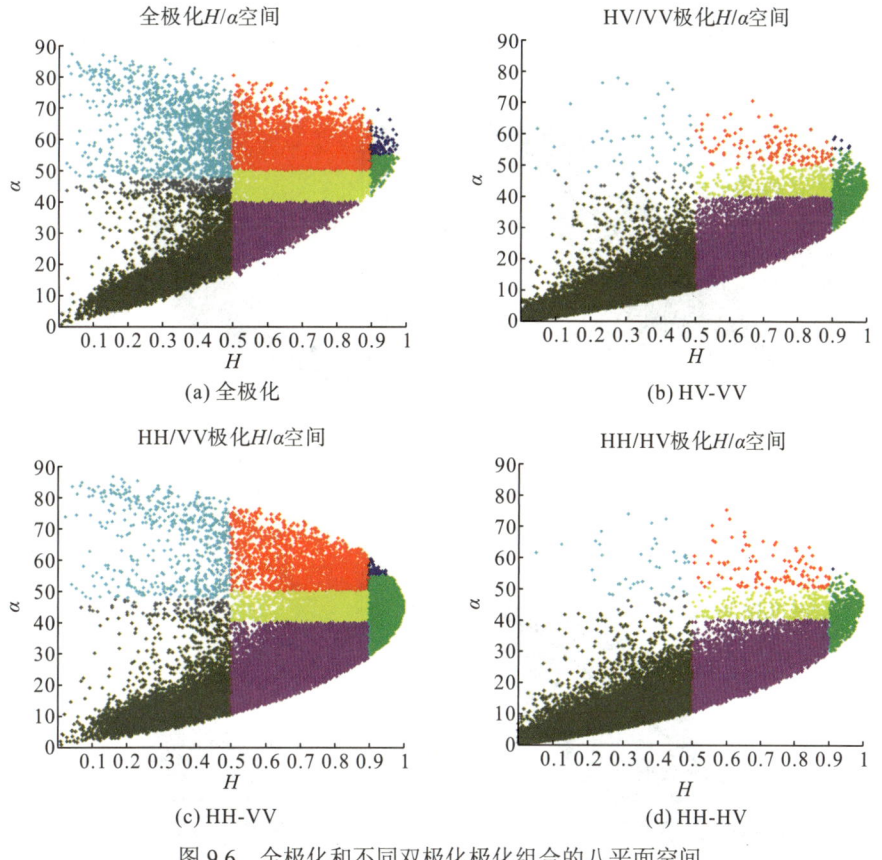

图 9.6 全极化和不同双极化极化组合的八平面空间

对比上述 4 幅图,在 H/α 组成的极化空间中,HH-VV 与全极化的极化空间相似性最高,说明通过分解 HH-VV 极化组合所得到的极化熵和散射角的散射机制与全极化的最为相似。因此,八平面空间的相似性越高,通过散射机理映射到分类性能上,分类性能也就与全极化 SAR 的越接近。与 HH-VV 极化组合的分类效果最接近全极化 SAR 的分类效果结论一致。

下面分别以 H 和 α 各自的相似度出发,以全极化分解参数为横坐标,双极化分解参数为纵坐标,制图如图 9.7~图 9.9 所示。统计不同组合时,二者的相关系数 R^2 和均方根误差 RMSE,记录在表 9.3 中。

(a) 极化熵 H (b) 散射角 α

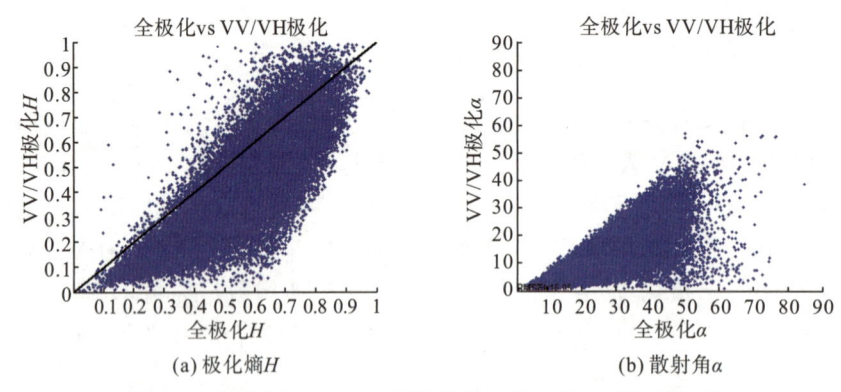

图 9.7 全极化与 HV-VV 双极化组合的 H 和 α 相似性分析

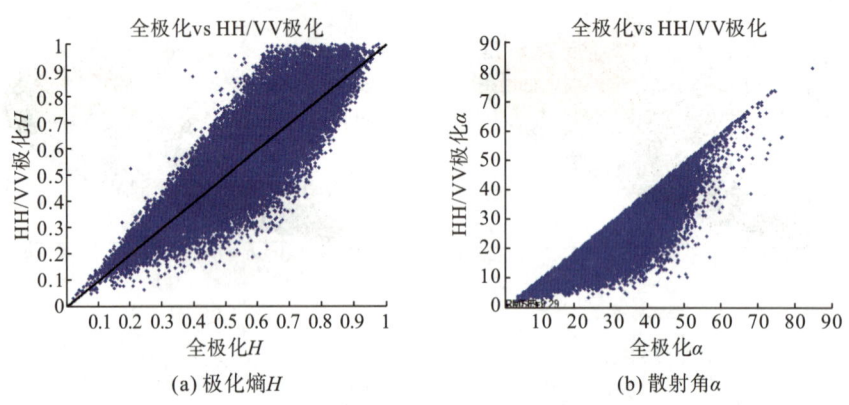

(a) 极化熵 H (b) 散射角 α

图 9.8 全极化与 HH-HV 双极化组合的 H 和 α 相似性分析

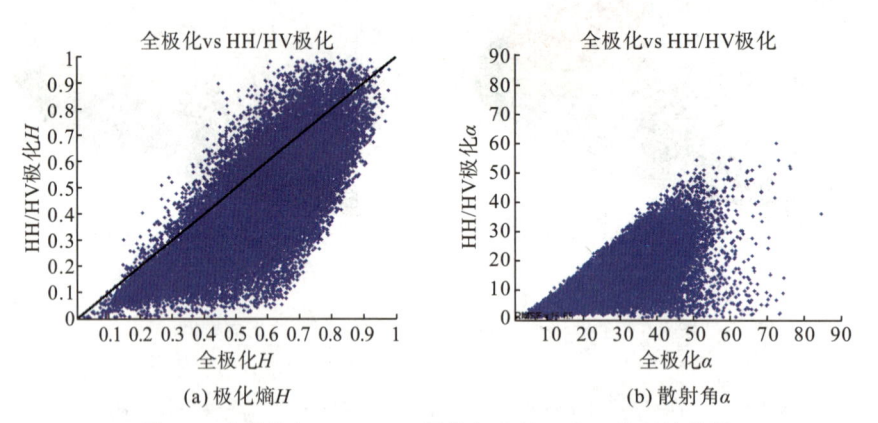

(a) 极化熵 H (b) 散射角 α

图 9.9 全极化与 HH-VV 双极化组合的 H 和 α 相似性分析

表 9.3 极化熵 H 和散射角 α 相关系数 R^2 和均方根误差（RMSE）

	HVVV	HHVV	HHHV
$H(R^2)$	0.7970	0.8603	0.7609
H(RMSE)	0.1853	0.0994	0.1882
$\alpha(R^2)$	0.7428	0.8877	0.6951
α(RMSE)	16.0454	9.2882	15.6548

第9章 典型案例应用

观察上述几个图中 $H\backslash\alpha$ 的相似性，以及表 9.3 中的相关系数和均方根误差，都表明：无论是极化熵 H 还是散射角 α，HH-VV 极化组合的相关系数均为最高，均方根误差均为最小。

以上分析均能有效合理地解释 HH-VV 极化组合的分类性能最好。

2) 单极化 SAR 数据不同极化组合原因分析

实验所用数据依然为日本钏路地区 ALOS-PALSAR 全极化数据。实验中针对 4 种地物，分别进行随机采样，并在 HH、HV 和 VV 功率值上对各个地物作直方图统计分析。为了减少实验数据的偶然性，实验重复多次进行，其每次实验均保证样本点的随机性。鉴于每次实验运行后的曲线轮廓和分布大致类似，考虑到篇幅问题，此处只画出某次实验结果图（图 9.10）。

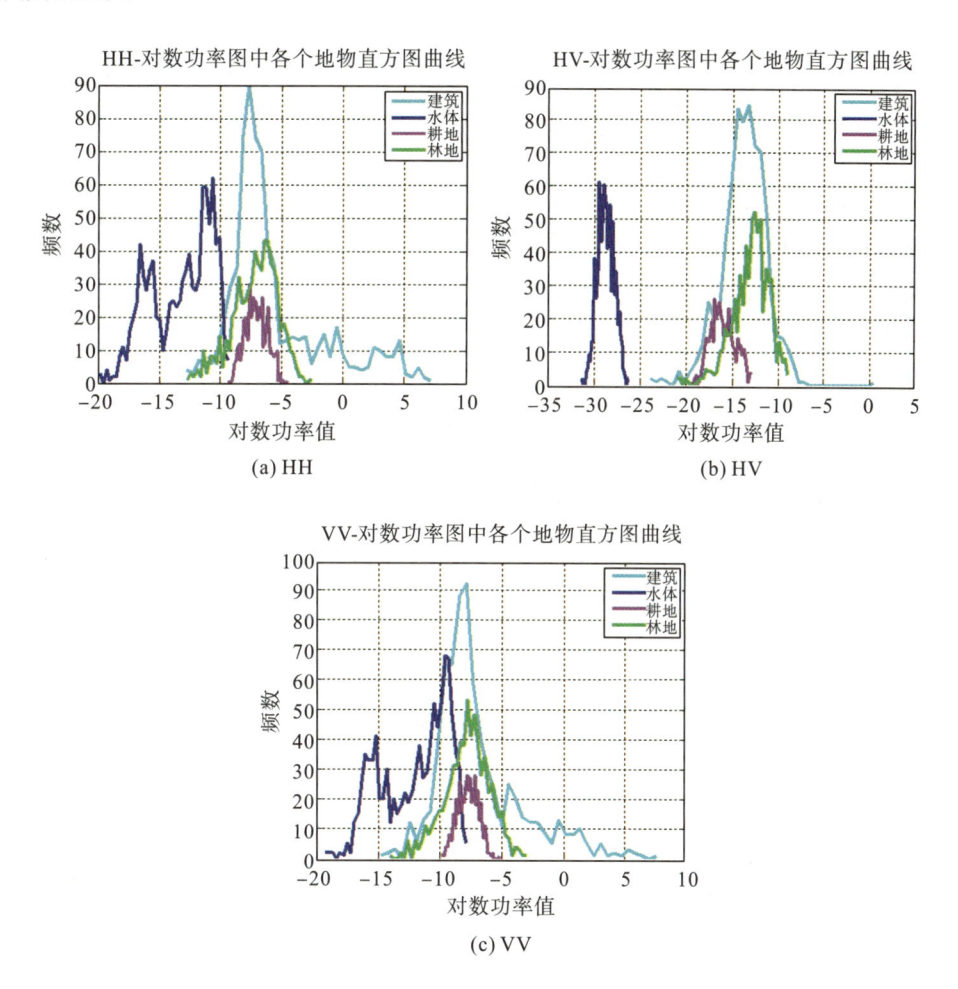

(a) HH

(b) HV

(c) VV

图 9.10　不同单极化方式下各个地物直方图曲线

由图 9.10 可知，在对数功率值上，HH 和 HV 极化方式下，水体可以与其他地物区分开来。但 HH、HV 和 VV 极化也依然存在差距。HV 效果最好，HH 其次，VV 最差，各地物几乎分不出来。这也与图 9.5 所显示的分类效果一致。

水体的区分度要优于其他地物，原因是水体的散射机制较为简单，主要为单次散射，而其他地物相对复杂，如建筑物三种散射机制都有。虽然本书使用的 SVM 分类算法通过核函数将数据映射到高维空间进行分类，但原始低维空间中样本的混淆也会对最终分类结果产生影响。

2. 结论

以上实验基于 SVM 分类算法，从定量和定性的角度探讨了单、双、全极化 SAR 的分类差异性，以成都郫都区和日本钏路为实验区，基于 C 波段 Radarsat-2 数据和 L 波段 ALOS-PALSAR 数据展开讨论，可得结论如下：

(1) 无论定量还是定性分析，全极化 SAR 数据的分类性能最好，其次是双极化，单极化最差。

(2) 双极化极化组合中，HH-VV 极化组合要优于其他两种，与全极化差别最小。因此，若迫于费用、载重、数据量等限制而不得不放弃全极化 SAR 而使用双极化 SAR 时，HH-VV 极化组合应被优先考虑。

(3) 单极化的分类精度最低。但定量和定性分析均指出，HV 极化分类要优于其余两种。只考虑同极化情况时，HH 极化稍好于 VV 极化。在实际应用中，若使用的发射和接收设备相同时，应给予 HH 较高的优先级。

(4) 分别分析三种双极化 SAR 组合与全极化 SAR 的 H/α 特征空间，并结合极化熵 H、散射角 α 的相关性，可得 HH-VV 极化组合与全极化的相似性最高。

(5) 单极化分类时，HV 通道效果最优，但由 HV 与其他极化通道所组成的双极化组合进行分类，效果却较低。这说明，双极化空间的分类效果与组成其空间的单极化通道的分类效果不能相提并论，最终分类效果如何，还需依据联合之后的特征空间。这也与 Lee 等 (2001) 和吴永辉等 (2008) 文献中的结论一致。

(6) 实验过程中每次将样本数据随机划分，实验结果会根据所选样本的不同而稍有不同，但上述特征组合之间的基本大小关系在此次实验区内是固定的。

9.2 基于单时相 L-SAR 数据的建设用地提取

随着机载和星载合成孔径雷达系统的发展，人们获得的 SAR 图像数据越来越丰富。如何对 SAR 图像做出快速而准确的解译，如何有效地对特定目标进行分类和识别，已经成为迫切需要解决的一个难题，SAR 图像的分类与目标识别仍然是遥感领域内的研究热点。

SAR 图像分类一般包括特征提取、特征选择和使用分类器进行分类三个阶段。在特征提取方面，一种是基于统计特征的分类方法，另一种是基于固有的物理散射机理的方法，此外还有一种传统的基于空间灰度共生矩阵的纹理方法。地物的某个特征反映了地物在该方面的属性，把不同的特征结合起来可以对地物进行更详细地描述。就实际情况而言，单一的特征往往不能对地物进行很好的描述，将物理散射机理和统计特征结合起来虽然能提高分类效果，但是样本统计信息的计算比较复杂，而且也没有利用到图像中的空间信息。在分类器的选择方面，距离分类器多为线性分类器，神经网络分类器往往收敛比较慢，并且不能使用经验风险（训练误差）和期望风险同时达到最小，容易陷入局部最小值。而 SVM 不依赖于输入数据的统计特征，利用非线性变换将输入空间中线性不可分的问题转化到高维空间，它用 VC 维理论和结构风险最小化准则来构造分类器，有较强的泛化能力，并且能够使经验风险同时达到最小，因而可以弥补这些分类器的不足（邹斌等，2007）。

  为了解决少量样本的学习问题，Vapnik 提出了在小样本的情况下如何进行有效机器学习的方法，详细地探讨了如何获得图像统计的规律和计算机有效的学习方法，而后这种方法慢慢发展成了一种新的学习算法——支持矢量机 SVM。SVM 是一种基于统计学的机器学习算法。首先由 Vapnik 于 1995 年提出，随后他在《统计学习理论》里进一步分析了SVM 的算法，这种新式的算法马上引起了人们的关注（陈亮等，2003）。1997 年，Osuna、Freund 和 Girosi 提出了另一种改进的分解算法，克服了原本训练样本规模会不断增大的缺点，使样本的规模变为固定，改变工作集中删去的样本都是非支撑矢量，使删除样本时变为任意选择。1998 年，Joachims 在 Osuna 的算法的基础上提出了一种改进算法 SVM，对前者的方法进行了优化，提高了训练速度。2000 年，Platt 提出的快速支持向量机的训练算法 SMO，奠定了支持向量机被广泛应用的基础。在实际应用中为解决多类问题的优化问题，Franc 和 Hlavac 研究出一种新的多类别的支持向量机算法，这种方法将多类别的问题转换到单一类别的问题上，随后 Aiolli 等提出一种新的模式选择方法，类似于以前的SMO 算法，对多类问题的解决也有一定的研究意义（叶青，2002）。在国内关于支持向量机的研究是在 2000 年后，在 2001～2002 年出现了首批支持矢量机的应用研究成果，如焦李成等发表的《支撑矢量预选取的中心距离比值法》(2001)和《支撑矢量机用于多用户检测》(2002)。2002 年，国内研究学者梁路宏等率先把支持向量机应用到了人脸检测方面，提出了先用模版匹配粗筛选人脸而后用支持向量机进行分类的方法，提高了人脸的训练速度（梁路宏等，2002）。2003 年，为解决大规模数据集的问题，焦李成等通过对支持向量机的研究，提出用样本到某类的马氏距离来抽取支持向量机数据的方法，解决马氏距离求法在输入和输出空间中遇到的问题，并对如何利用伪逆运算、特征矢量和特征值的并行计算方法进行了研究，这种新方法在对前期的训练数据进行处理后可以提高支持向量机的训练速度（张楠，2010）。

  建设用地，是指建造建筑物、构筑物的土地。建设用地一般分为居住用地、公共设施用地、工业用地、物流仓储用地、交通设施用地、市政公用设施用地、道路广场用地、绿地和特殊用地。建设用地按其使用性质的不同，可分为农业建设用地和非农业建设用地；按其土地权属、建设内容不同，分为国家建设用地、乡(镇)建设用地、外商投资企业用地和其他建设用地；按其工程投资和用地规模不同，分为大型建设项目用地、中型建设项目用地和小型建设项目用地。中国的建设用地供应，分为增量和存量两部分。增量部分，主要通过农地转为建设用地的供应，即"一级市场"；存量部分即通过现有土地使用者之间的交易供应，即"二级市场"。存量土地实际被现有土地使用者控制。建设用地的特点如下：①建设用地是生活场所、操作空间和工程的载体，不是直接利用土壤，与土壤肥力没有关系。②可逆性差。农用地要变为建设用地较为容易，建设用地变为农用地却较为困难。③土地利用价值高。可以产生更高的经济效益。④区域选择性强，在地域上选择性很强。

将地物的物理散射机理和 SAR 图像的幅度以及纹理特征结合起来，能够更为细致地描述目标，从而有利于不同地物之间的区分。应用 SVM 可以克服传统分类器的缺点，它不依赖于输入数据的统计特征并且可以将多种参数结合起来作为输入，解决特征维数较高带来的维数灾难。因此，在该实验中将 SAR 图像的幅度特征、纹理特征、物理散射机理以及时相特征结合作为分类特征，然后用 SVM 进行新增建设用地的提取。

本实验采用四川成都地区的 ALOS PALSAR 双极化数据，包含 HH 和 HV 极化 2 个通道的图像，共收集了 10 景影像数据，其中数据的级别为 Level 1.1 和 Level 1.5，数据的详细参数参见表9.4和表9.5，该实验区域在 Google Earth 上的显示如图9.11所示。

对 SAR 数据的预处理包含：滤波、辐射定标、配准等。①利用 NEST 软件对 Level 1.5 数据进行辐射定标，并采用增强的 Lee 滤波方法进行斑点噪声去除，随后进行重投影，采用 ENVI 软件将 10 景影像与 Landsat 影像进行配准，并采样到 15 m 分辨率。②采用 PolSARPro 软件对 Level 1.1 数据进行 Cloude 分解，并提取分解参数极化熵 H 和散射角 α，同样采用 ENVI 软件将 10 景影像与 Landsat 影像进行配准，并采样到 15 m 分辨率。③采用 ENVI 软件的插件 SARScape 进行干涉处理提取 DSM 数据，得到 25 m 空间分辨率的数据，随后采样到 15m 分辨率与 SAR 图像的幅度特征和分解参数的分辨率一致。④选定研究区域，进行区域特征参数的提取。

表9.4 ALOS PALSAR 双极化 Level 1.1 数据

序号	轨道号	文件名称	日期	入射角/(°)	大小/(像素×像素)
1	07900	ALPSRP079000600	2007-07-19	36.503～40.635	18432×4640
2	08571	ALPSRP85710600	2007-09-03	36.494～40.629	18432×4640
3	13268	ALPSRP132680600	2008-07-21	36.507～40.642	18432×4640
4	14610	ALPSRP146100600	2008-10-21	36.493～40.627	18432×4640
5	18636	ALPSRP186360600	2009-07-24	36.484～40.62	18432×4640
6	19307	ALPSRP193070600	2009-09-08	36.491～40.626	18432×4640
7	19978	ALPSRP199780600	2009-10-24	36.514～40.645	18432×4640
8	24004	ALPSRP240040600	2010-07-27	36.492～40.627	18432×4640
9	24675	ALPSRP246750600	2010-09-11	36.485～40.621	18432×4640
10	25346	ALPSRP253460600	2010-10-27	36.484～40.620	18432×4640

数据级别：L1.1，单视复；轨道：上升轨道数据；双极化：HH 和 HV
方位向视数：1；距离向视数：1；方位向间隔：3.19 m；距离向间隔：9.37 m

表 9.5 ALOS PALSAR 双极化 Level 1.5 数据

序号	轨道号	文件名称	日期	入射角/(°)	大小/(像素×像素)
1	07900	ALPSRP079000600	2007-07-19	36.49~40.70	4700×5600
2	08571	ALPSRP85710600	2007-09-03	36.49~40.70	4700×5600
3	13268	ALPSRP132680600	2008-07-21	36.50~40.71	4700×5600
4	14610	ALPSRP146100600	2008-10-21	36.48~40.70	4700×5600
5	18636	ALPSRP186360600	2009-07-24	36.48~40.69	4700×5600
6	19307	ALPSRP193070600	2009-09-08	36.48~40.69	4700×5600
7	19978	ALPSRP199780600	2009-10-24	36.50~40.71	4700×5600
8	24004	ALPSRP240040600	2010-07-27	36.48~40.70	4700×5600
9	24675	ALPSRP246750600	2010-09-11	36.48~40.69	4700×5600
10	25346	ALPSRP253460600	2010-10-27	36.47~40.69	4700×5600

数据级别：L1.5，标准地理编码；轨道：上升轨道数据；双极化：HH 和 HV
方位向视数：4；距离向视数：1；方位向间隔：12.5 m；距离向间隔：12.5 m

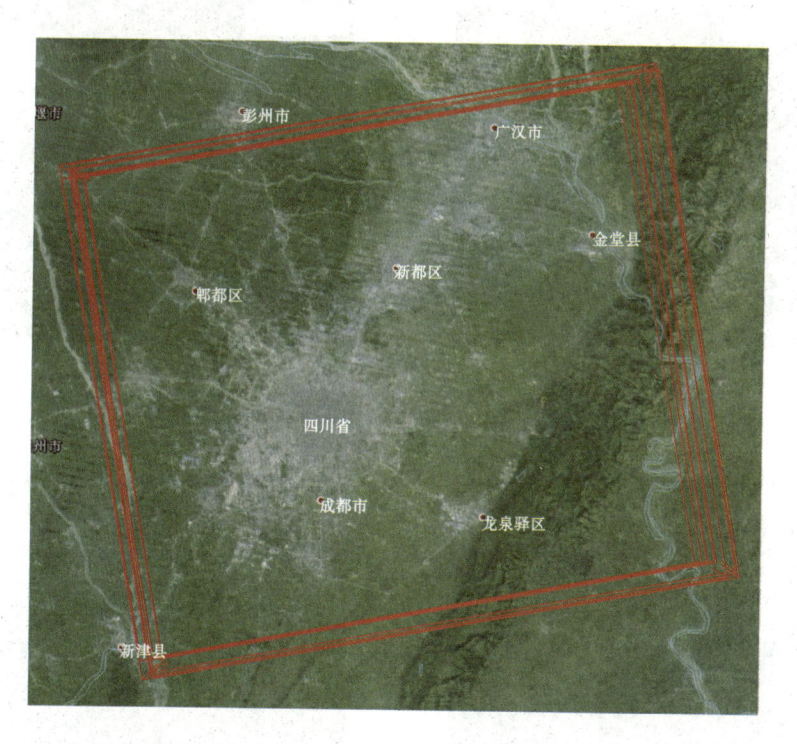

图 9.11 成都地区的多时相 ALOS PALSAR 双极化 SAR 数据在 Google Earth 示意图

以幅度、纹理、极化熵 H 和散射角 α、DSM 数据为特征参数，以 SVM 为分类器，分别对 10 个时相的 SAR 数据进行建设用地的提取。由于 SVM 是监督分类方法，所以首先提取建设用地的训练样本数据。在选定的子区域建设用地样本主要针对的是道路和建筑，非建设用地主要针对的是农田用地。图 9.12 中给出的是 10 个时相 SAR 数据上选择的训练样本数据。

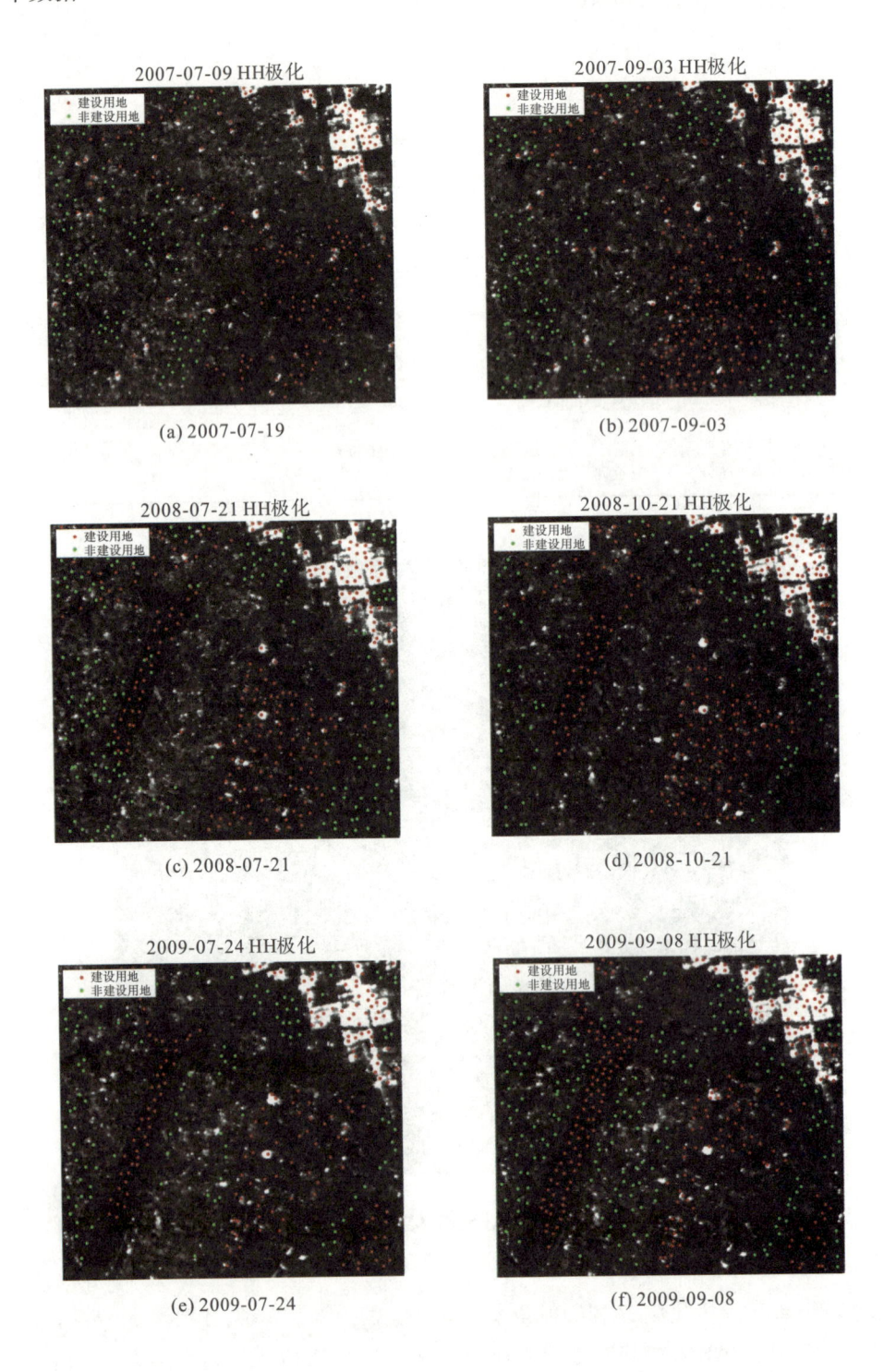

(a) 2007-07-19

(b) 2007-09-03

(c) 2008-07-21

(d) 2008-10-21

(e) 2009-07-24

(f) 2009-09-08

(g) 2009-10-24

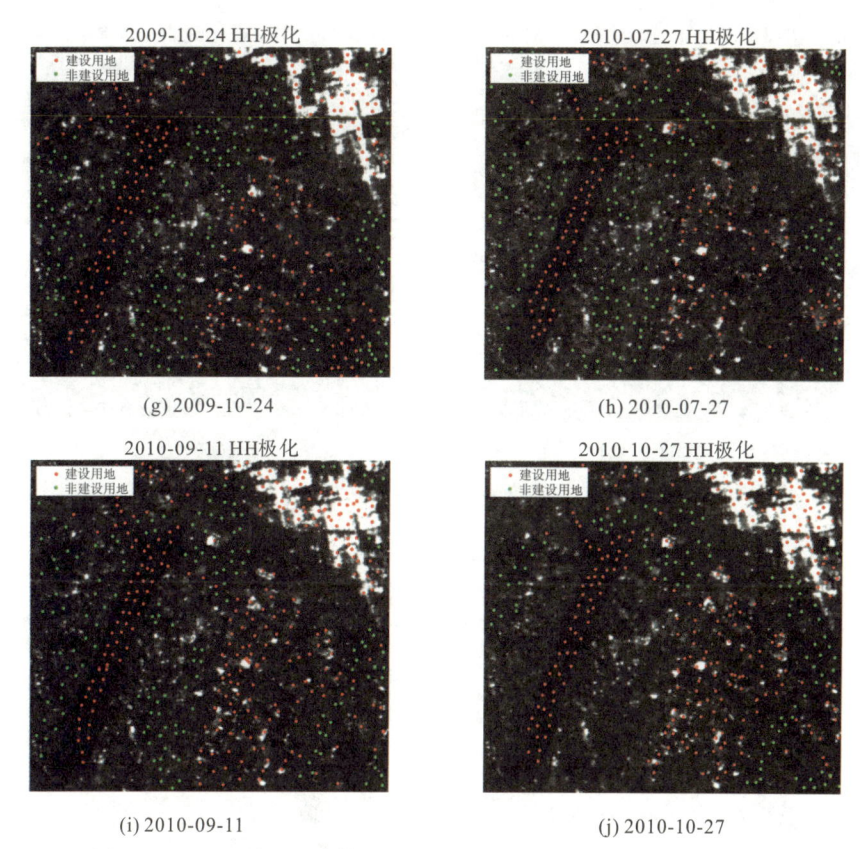

(h) 2010-07-27

(i) 2010-09-11

(j) 2010-10-27

图 9.12　不同时相 SAR 数据的建设用地与非建设用地训练样本选取

9.2.1　基于单时相 L-SAR 数据的建设用地提取（幅度）

为了分析不同特征参数对利用 SAR 图像提取建设用地的有效性，首先选择只采用幅度特征参数进行实验。因为选定的 SAR 数据是双极化数据包含 HH 极化和 HV 极化两个通道数据，所以分别对 HH 极化、HV 极化和 HH+HV 极化进行建设用地提取实验。实验结果参见图 9.13～图 9.15。

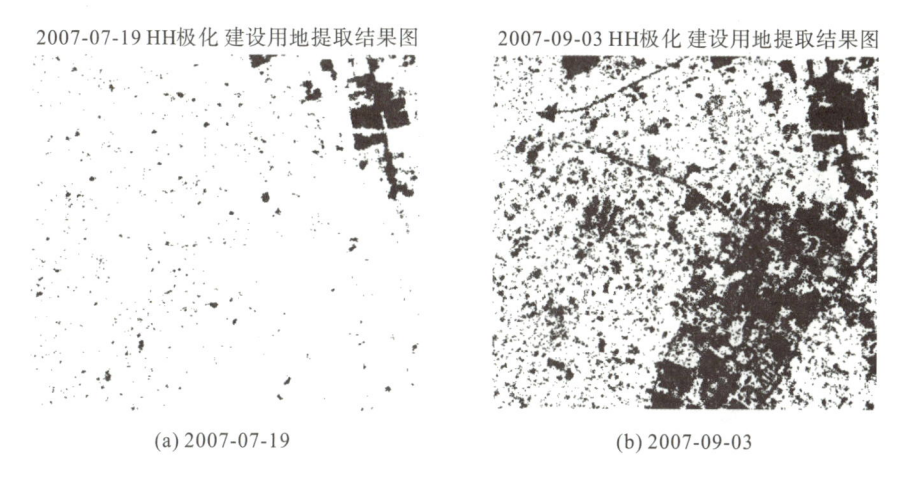

(a) 2007-07-19

(b) 2007-09-03

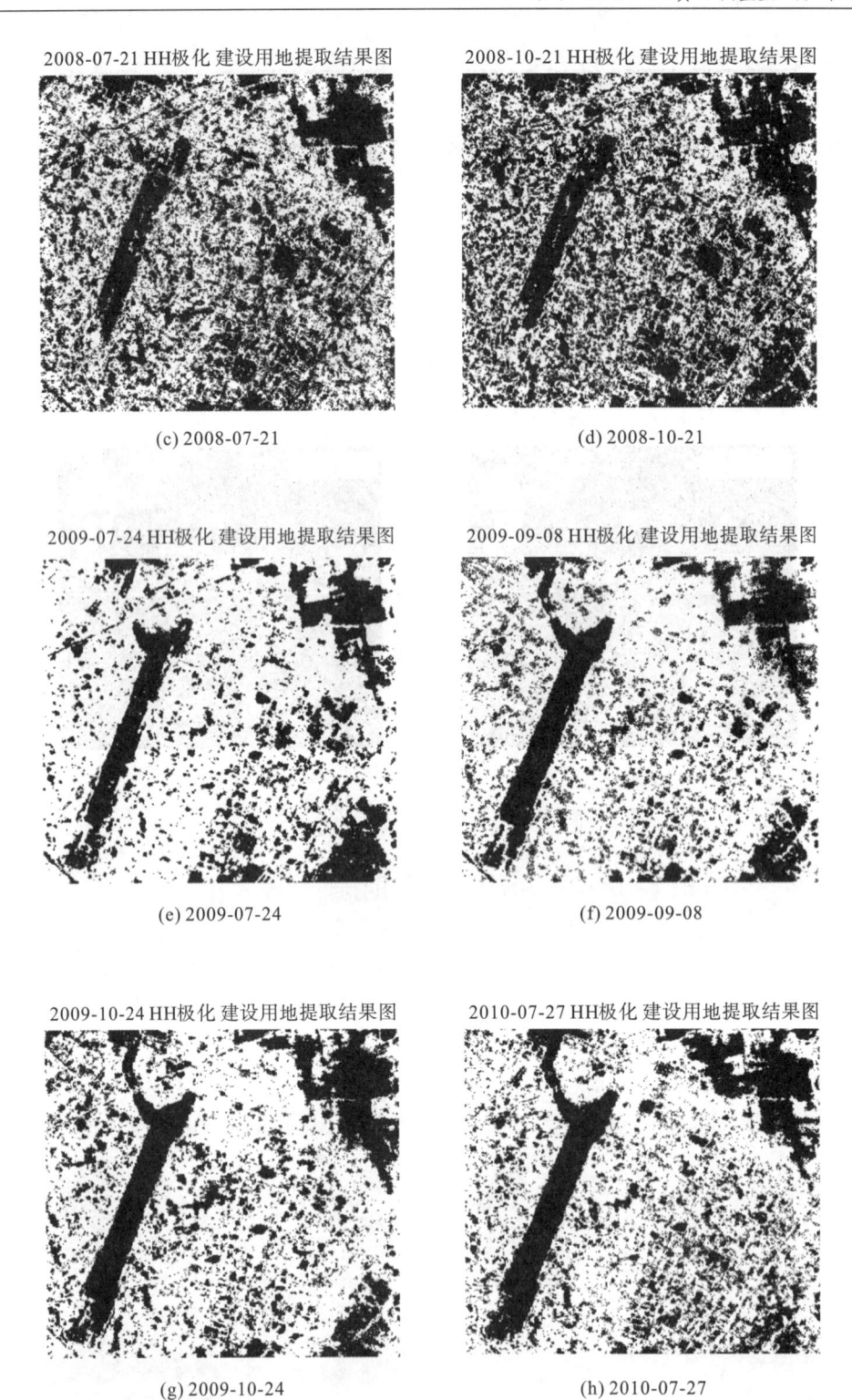

(c) 2008-07-21

(d) 2008-10-21

(e) 2009-07-24

(f) 2009-09-08

(g) 2009-10-24

(h) 2010-07-27

第 9 章　典型案例应用

2010-09-11 HH极化 建设用地提取结果图　　2010-10-27 HH极化 建设用地提取结果图

(i) 2010-09-11　　(j) 2010-10-27

图 9.13　不同时相 SAR 数据的建设用地提取结果图(幅度 HH 极化)

2007-07-19 HV极化 建设用地提取结果图　　2007-09-03 HV极化 建设用地提取结果图

(a) 2007-07-19　　(b) 2007-09-03

2008-07-21 HV极化 建设用地提取结果图　　2008-10-21 HV极化 建设用地提取结果图

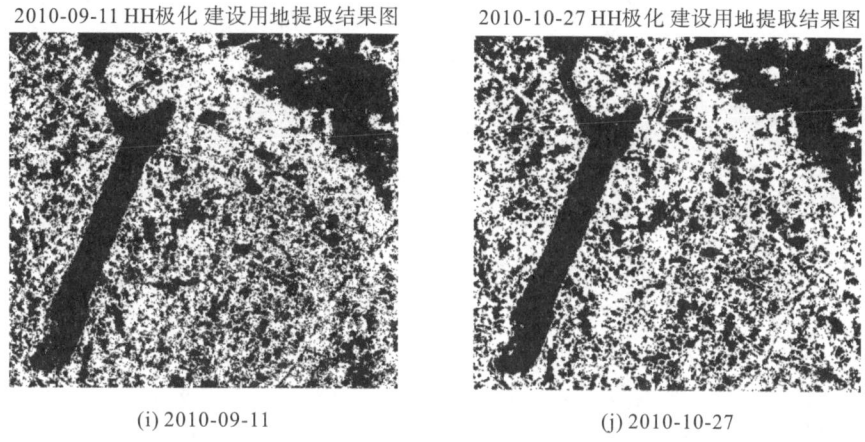

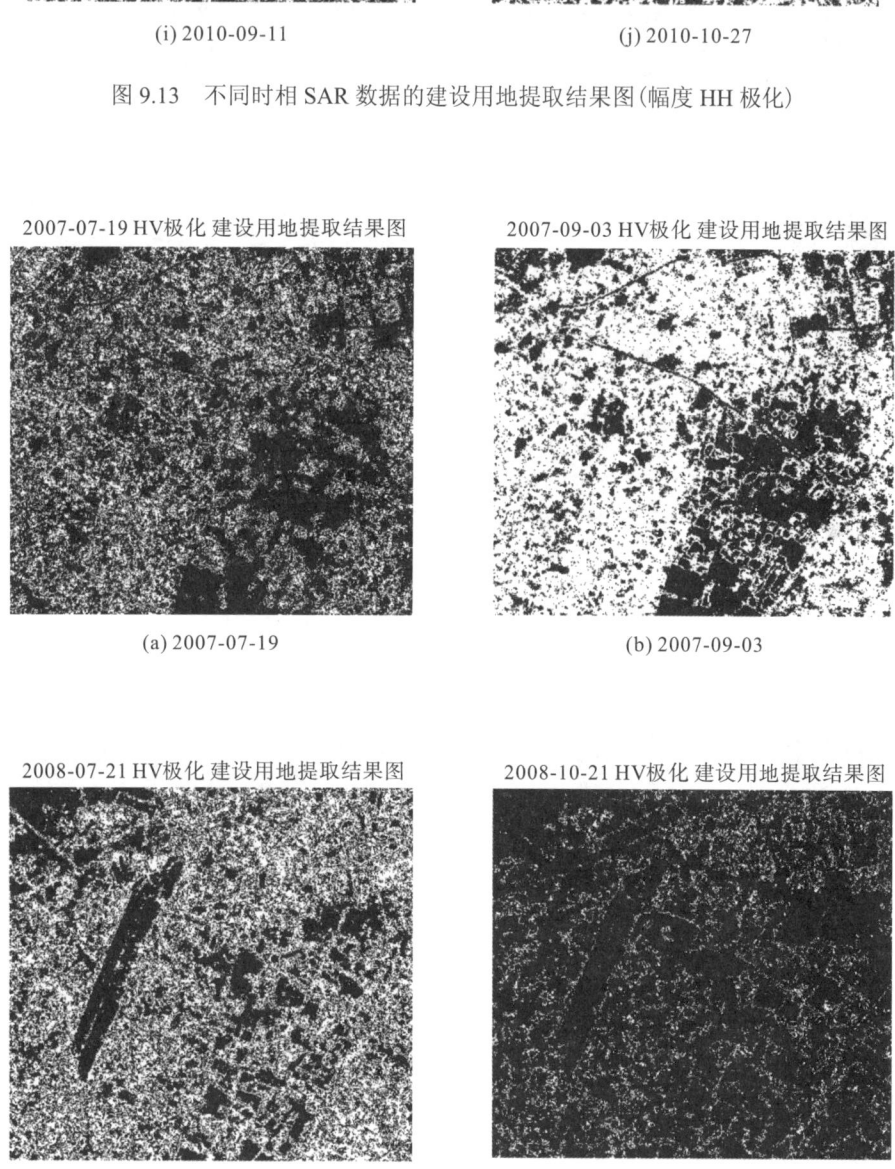

(c) 2008-07-21　　(d) 2008-10-21

(e) 2009-07-24

(f) 2009-09-08

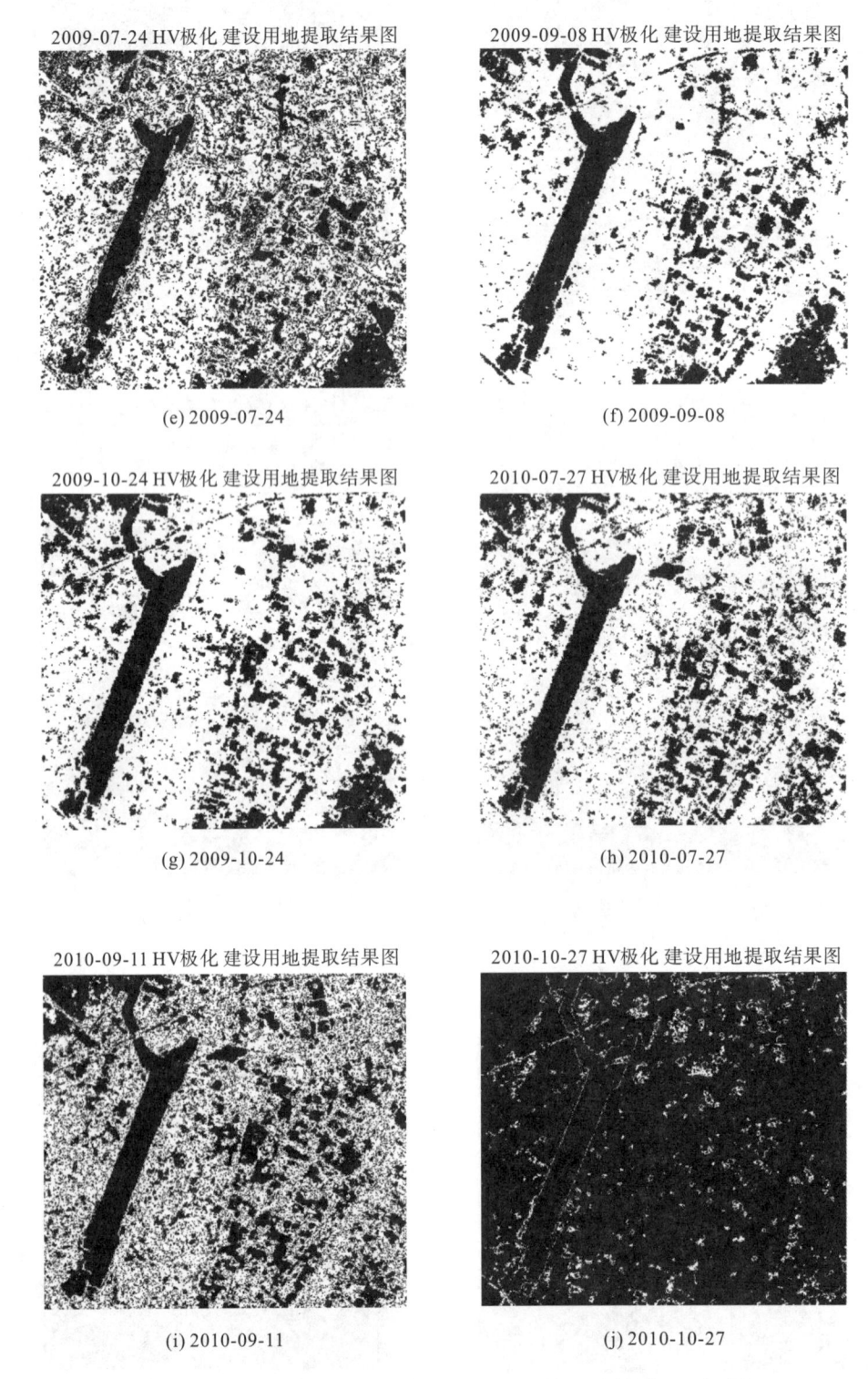

(g) 2009-10-24

(h) 2010-07-27

(i) 2010-09-11

(j) 2010-10-27

图 9.14 不同时相 SAR 数据的建设用地提取结果图(幅度 HV 极化)

第9章 典型案例应用

2007-07-19 HH&HV极化 建设用地提取结果图

2007-09-03 HH&HV极化 建设用地提取结果图

(a) 2007-07-19

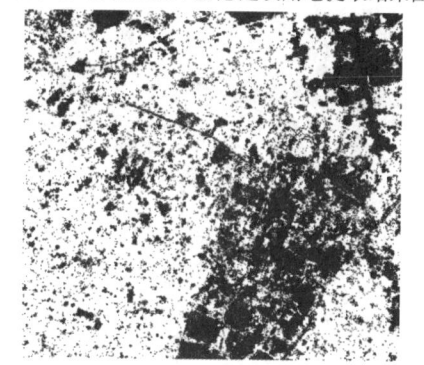

(b) 2007-09-03

2008-07-21 HH&HV极化 建设用地提取结果图

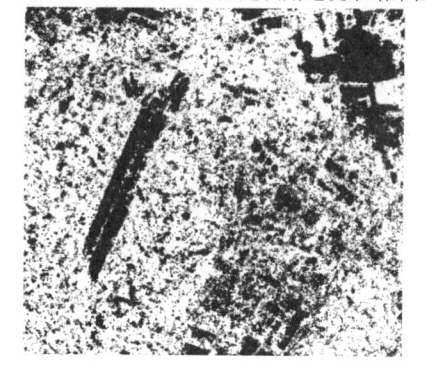

2008-10-21 HH&HV极化 建设用地提取结果图

(c) 2008-07-21

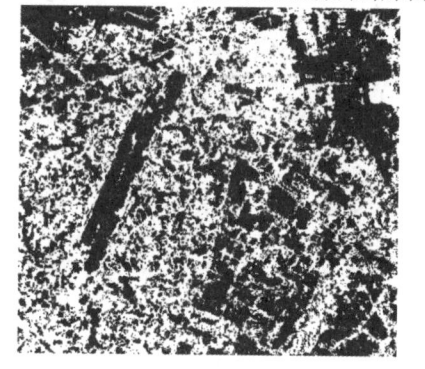

(d) 2008-10-21

2009-07-24 HH&HV极化 建设用地提取结果图

2009-09-08 HH&HV极化 建设用地提取结果图

(e) 2009-07-24

(f) 2009-09-08

2009-10-24 HH&HV极化 建设用地提取结果图　　2010-07-24 HH&HV极化 建设用地提取结果图

(g) 2009-10-24　　(h) 2010-07-27

2010-09-11 HH&HV极化 建设用地提取结果图　　2010-10-27 HH&HV极化 建设用地提取结果图

(i) 2010-09-11　　(j) 2010-10-27

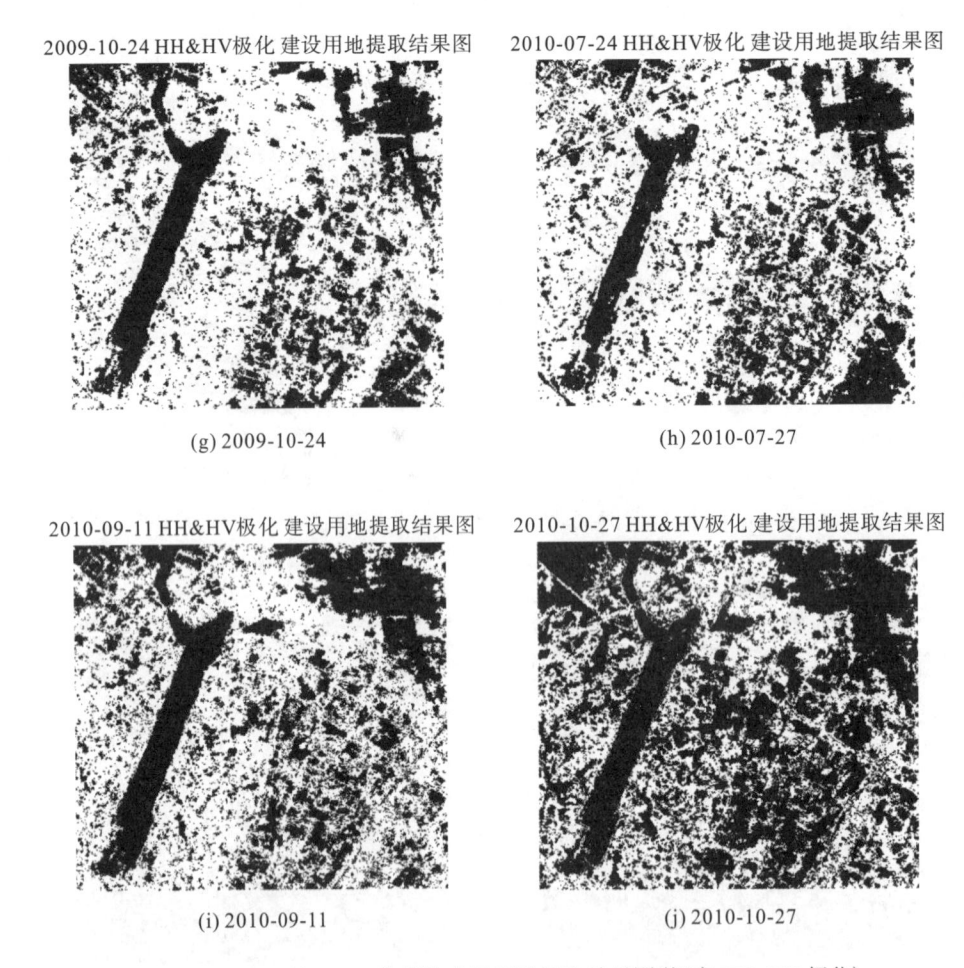

图 9.15　不同时相 SAR 数据的建设用地提取结果图（幅度 HH+HV 极化）

从实验结果可以看出 HH 极化可以区分后向散射比较强的建筑区域，而 HV 极化对乡村建设用地提取效果好，对于机场区域的识别 HH 极化和 HV 极化都取得较好的效果，HH 极化同 HV 极化结合可以提高检测的精度，因此后续的实验中将 HH 和 HV 双极化数据都用于建设用地的提取。

9.2.2　基于单时相 L-SAR 数据的建设用地提取（幅度+纹理）

对 SAR 图像分类或目标识别而言，纹理特征是必不可缺的一类特征参数。在本实验中总共提取了 8 个特征参数，分别为均值、方差、反差、同质性、异质性、熵、角二阶矩和相关性。图 9.16 为结合幅度和纹理特征的建设用地提取结果图。

(a) 2007-07-19

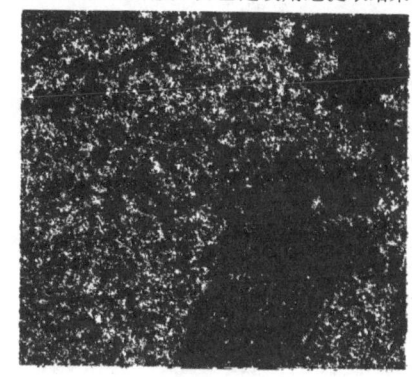

(b) 2007-09-03

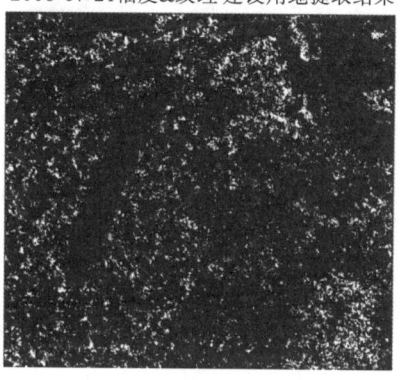

(c) 2008-07-21

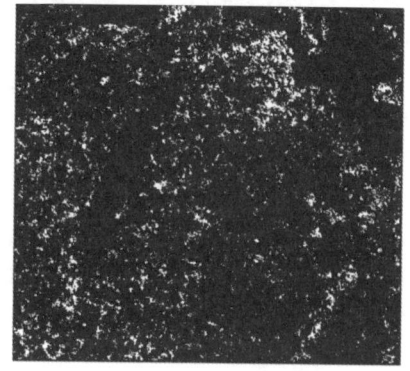

(d) 2008-10-21

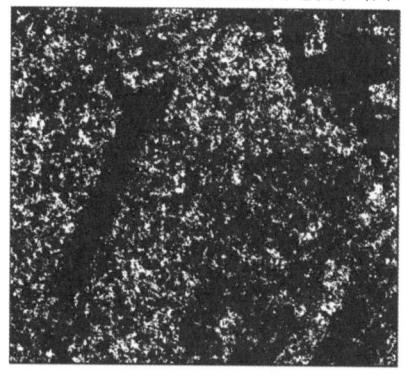

(e) 2009.07.24

(f) 2009-09-08

2009-10-24幅度&纹理 建设用地提取结果　　2010-07-27幅度&纹理 建设用地提取结果

(g) 2009-10-24　　(h) 2010-07-27

2010-09-11幅度&纹理 建设用地提取结果　　2010-10-27幅度&纹理 建设用地提取结果

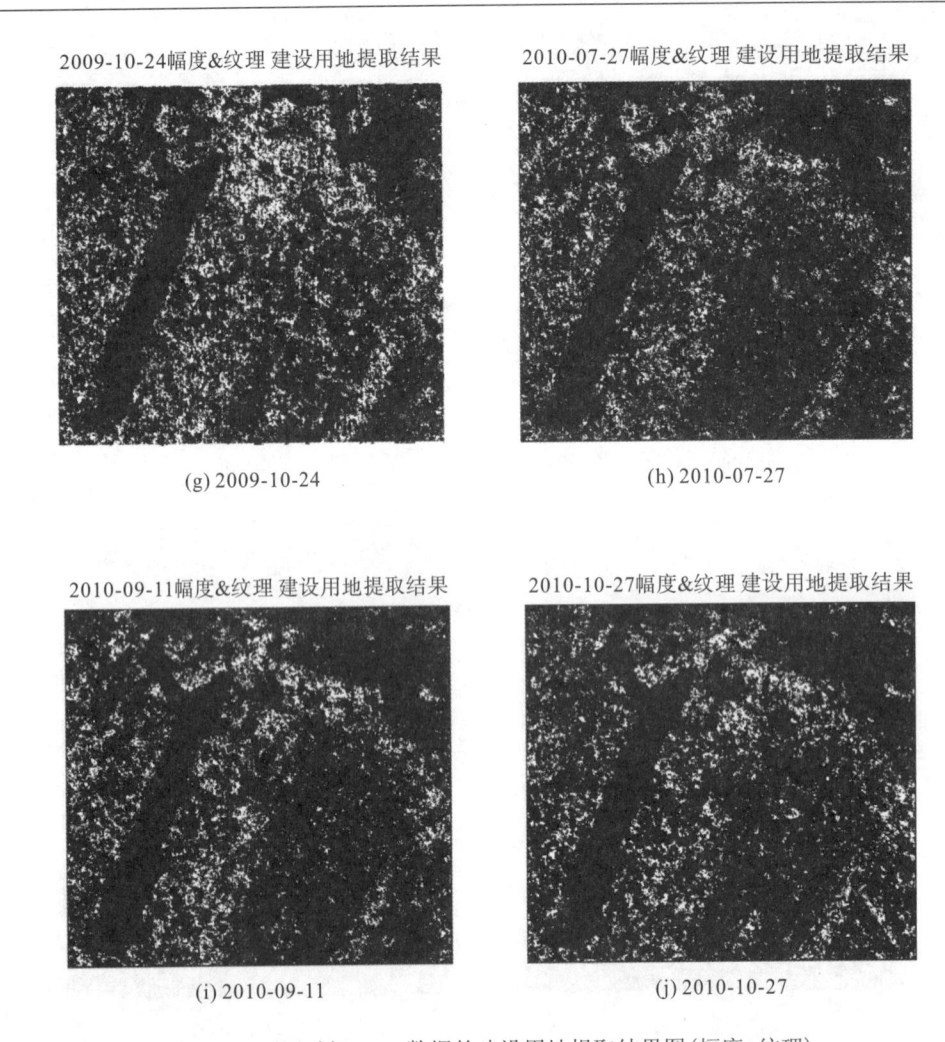

(i) 2010-09-11　　(j) 2010-10-27

图 9.16　不同时相 SAR 数据的建设用地提取结果图(幅度+纹理)

SAR 图像的幅度值与均值的相关性为 0.94~0.97，与方差之间的相关性为 0.71~0.78，因此均值和方差没有采用。反差、同质性、异质性纹理特征反映影像的对比度特性，从三者的计算公式来看，相互之间有一定的相关性，反差和异质性之间的相关性为 0.90~0.94，因此反差没有采用。角二阶矩与熵是反相关关系，表征了纹理的复杂程度，角二阶矩与熵之间的相关性为 0.64~0.90，因此角二阶矩也没有采用。因此初步选定的纹理特征参数包括同质性、异质性、熵和相关性。下面给出结合幅度与同质性、异质性、熵和相关性的建设用地提取结果图(图 9.17)。

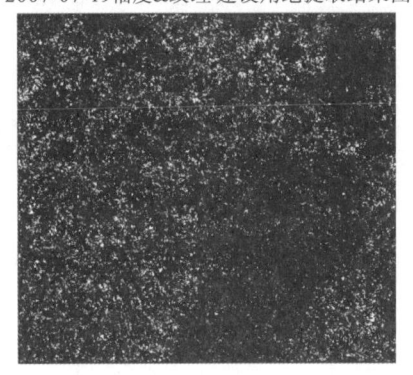

第 9 章 典型案例应用

2007-07-19幅度&纹理 建设用地提取结果图

(a) 2007-07-19

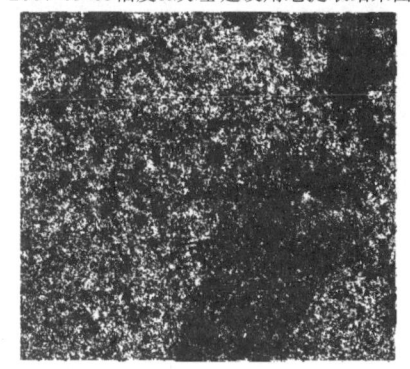

2007-09-03幅度&纹理 建设用地提取结果图

(b) 2007-09-03

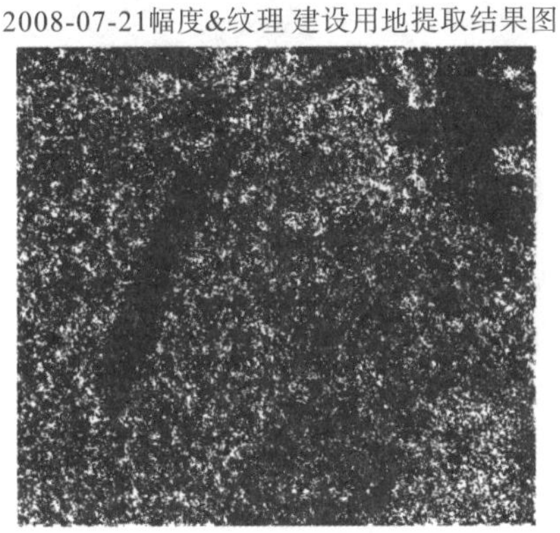

2008-07-21幅度&纹理 建设用地提取结果图

(c) 2008-07-21

2008-10-21幅度&纹理 建设用地提取结果图

(d) 2008-10-21

2009-07-24幅度&纹理 建设用地提取结果图

(e) 2009-07-24

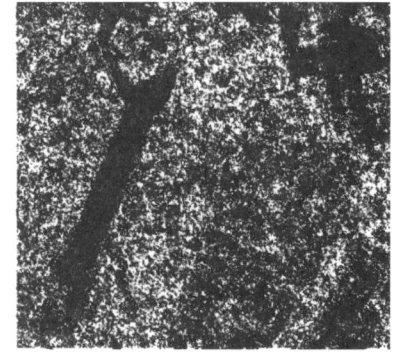

2009-09-08幅度&纹理 建设用地提取结果图

(f) 2009-09-08

(g) 2009-10-24

(h) 2010-07-27

(i) 2010-09-11

(j) 2010-10-27

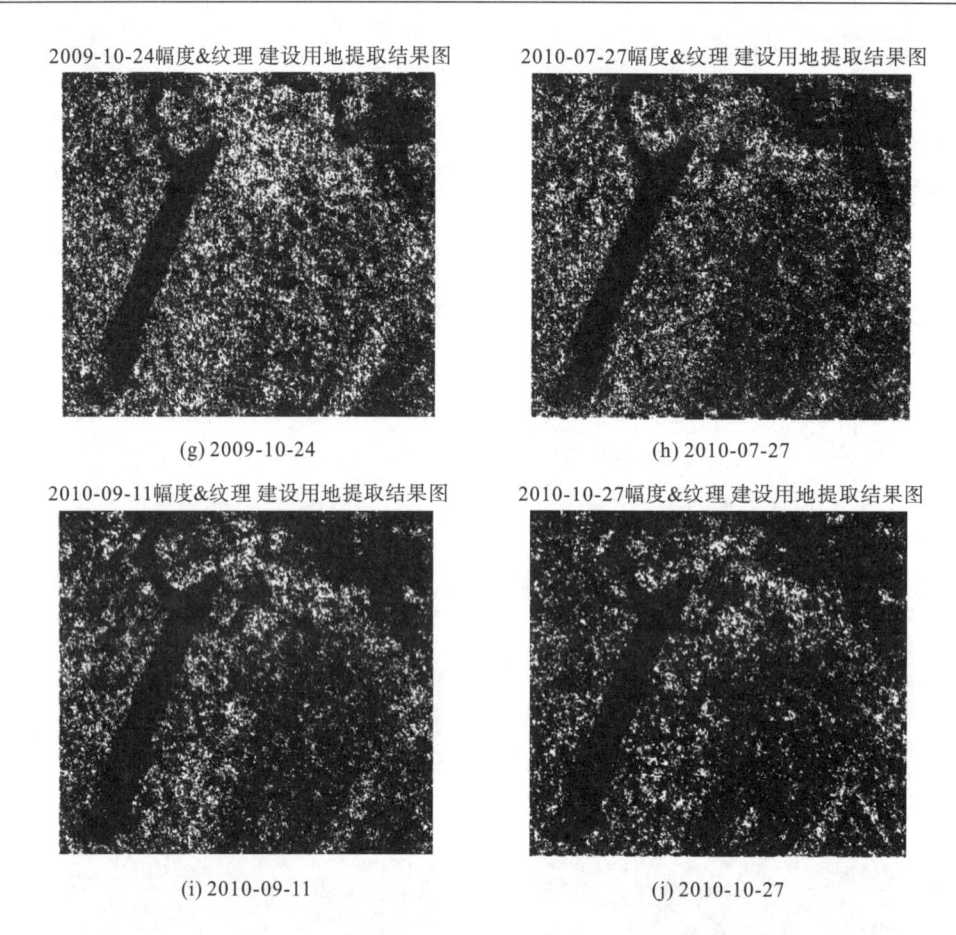

图 9.17　不同时相 SAR 数据的建设用地提取结果图(幅度+纹理)

从实验结果可以看出,纹理特征的加入可以提高建设用地的检测,但是也可以看出该参数在一定程度上过多地检测了建设用地,出现了不少误检的情况,因此还需要进一步选择合理的纹理特征参数用于建设用地的提取。

9.2.3　基于单时相 L-SAR 数据的建设用地提取(幅度+分解参数)

目标分解理论是为更好地解译极化数据而发展起来的。目标分解参数可以用于提取目标的极化散射特性,从而实现全极化数据的分类、检测和识别等应用。基于相干矩阵的特征矢量分析,Cloude 提出了能够包含所有散射机理的分解定理,并提出了两个重要的特征参数,即极化熵和散射角。极化熵表示散射媒质从各向同性散射到完全随机散射的随机性。散射角的值与散射过程的物理机制相互联系,对应着从奇次散射(表面散射)到偶极子散射(体散射)再到偶次散射(二面角散射)的变化。极化熵和散射角明显刻画了媒质的散射特征。最初的 Cloude 分解是针对全极化数据而言的,随后发展到双极化数据。本实验就是采用双极化 SAR 数据进行 Cloude 分解并选择极化熵和散射角用于建设用地的提取(图 9.18~图 9.20)。

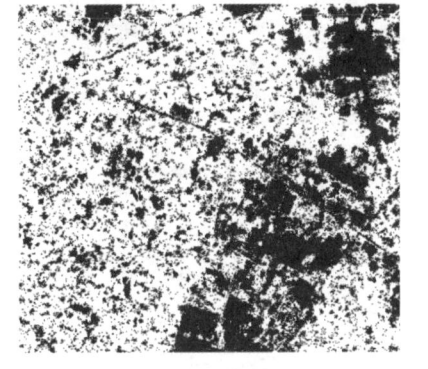

第 9 章 典型案例应用

(a) 2007-07-19

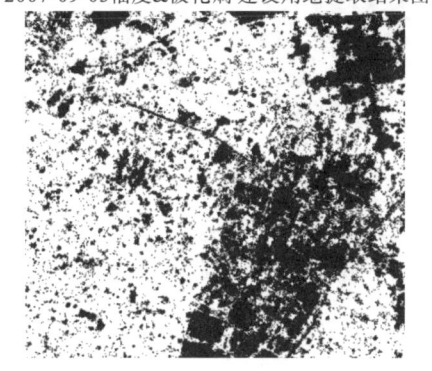

(b) 2007-09-03

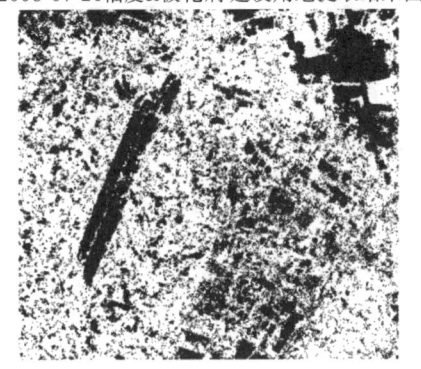

(c) 2008-07-21

(d) 2008-10-21

(e) 2009-07-24

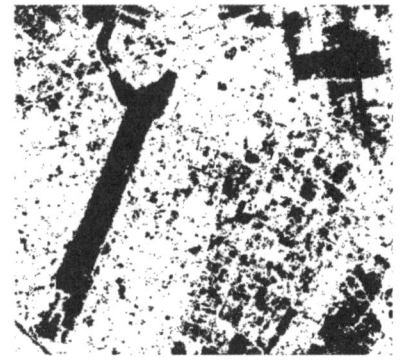

(f) 2009-09-08

2009-10-24幅度&极化熵 建设用地提取结果图　　2010-07-27幅度&极化熵 建设用地提取结果图

(g) 2009-10-24　　(h) 2010-07-27

2010-09-11幅度&极化熵 建设用地提取结果图　　2010-10-27幅度&极化熵 建设用地提取结果图

(i) 2010-09-11　　(j) 2010-10-27

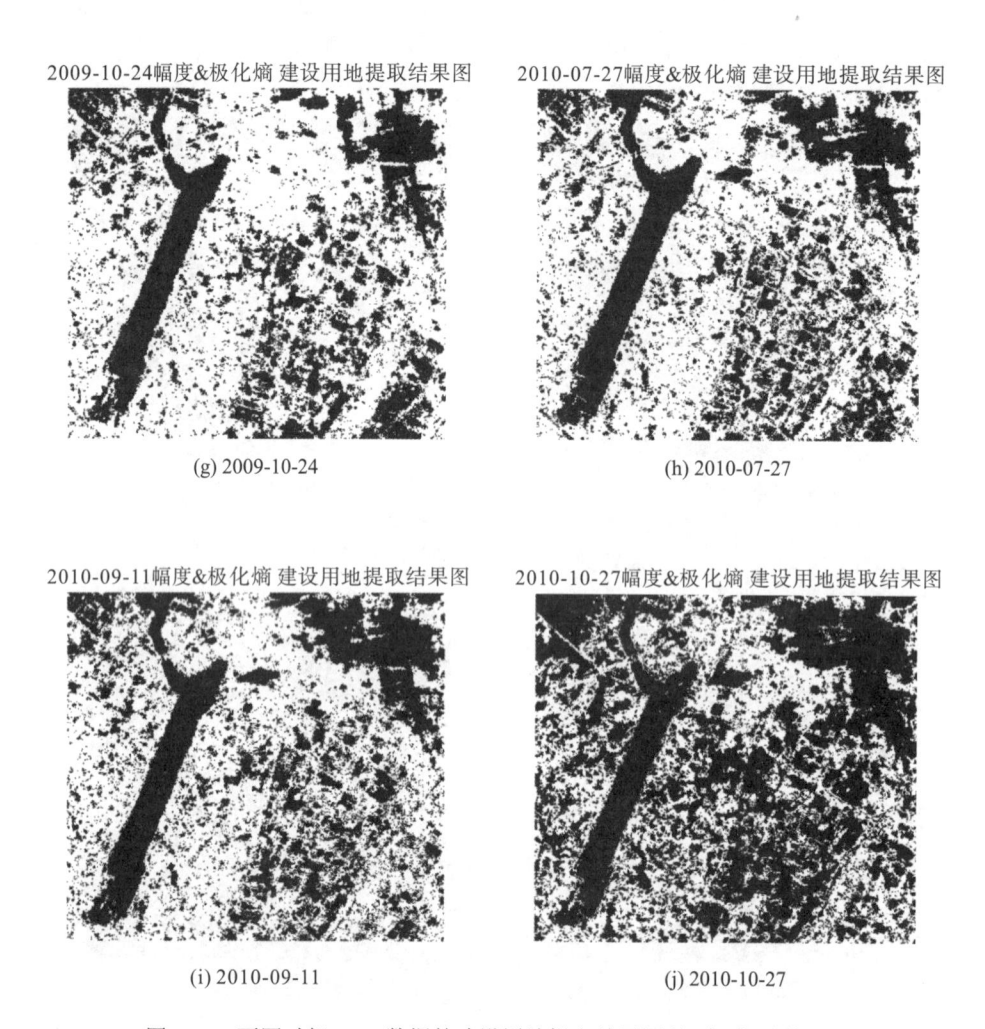

图 9.18　不同时相 SAR 数据的建设用地提取结果图(幅度+极化熵 H)

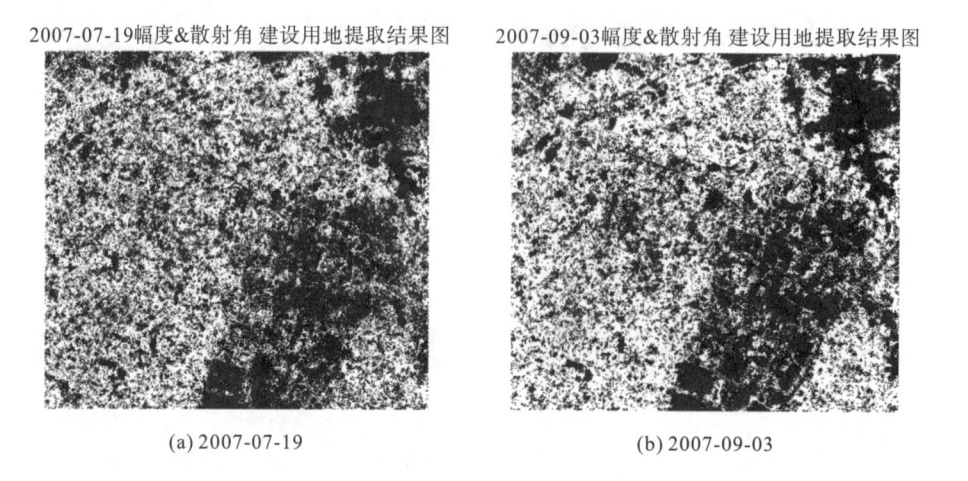

2007-07-19幅度&散射角 建设用地提取结果图　　2007-09-03幅度&散射角 建设用地提取结果图

(a) 2007-07-19　　(b) 2007-09-03

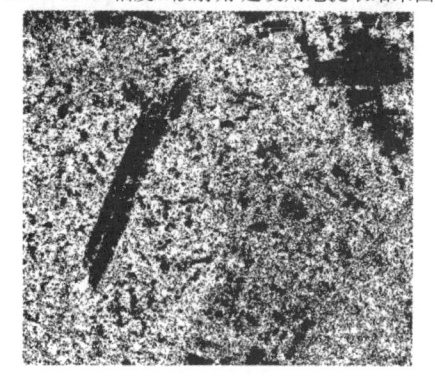

2008-07-21幅度&散射角 建设用地提取结果图　　2008-10-21幅度&散射角 建设用地提取结果图

(c) 2008-07-21 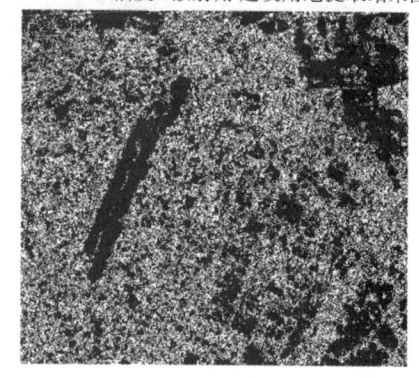　　(d) 2008-10-21

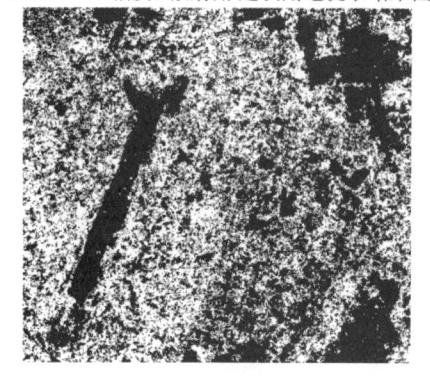

2009-07-24幅度&散射角 建设用地提取结果图　　2009-09-08幅度&散射角 建设用地提取结果图

(e) 2009-07-24 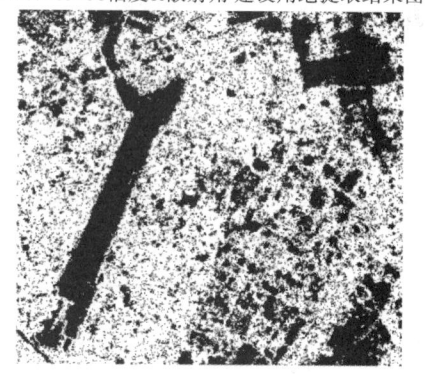　　(f) 2009-09-08

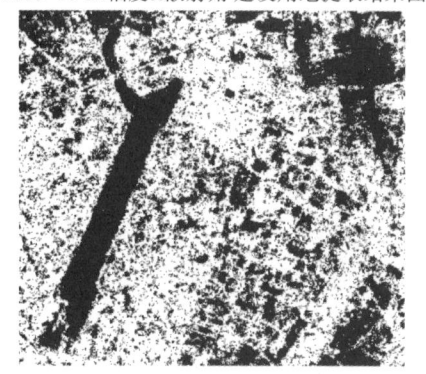

2009-10-24幅度&散射角 建设用地提取结果图　　2010-07-27幅度&散射角 建设用地提取结果图

(g) 2009-10-24 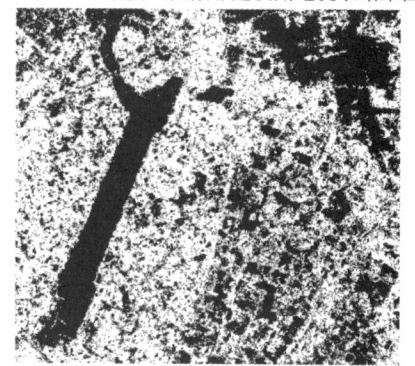　　(h) 2010-07-27

2010-09-11幅度&散射角 建设用地提取结果图　　2010-10-27幅度&散射角 建设用地提取结果图

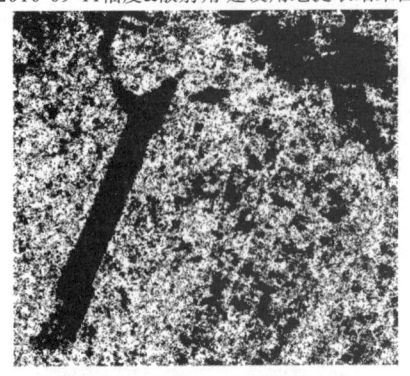

(i) 2010-09-11

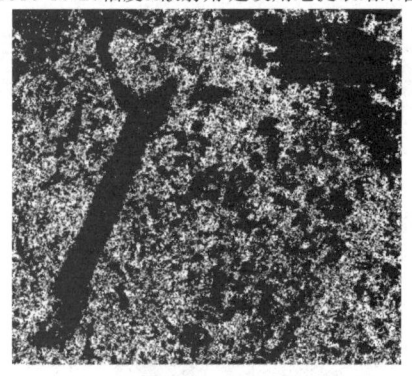

(j) 2010-10-27

图 9.19　不同时相 SAR 数据的建设用地提取结果图(幅度+散射角 α)

2007-07-19幅度&极化熵&散射角
建设用地提取结果图

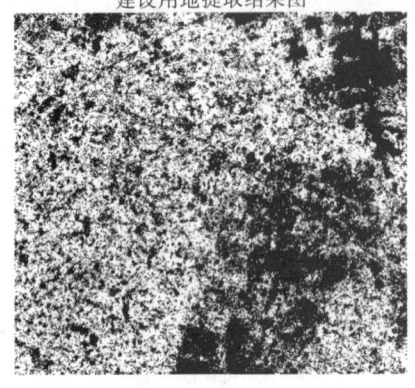

2007-09-03幅度&极化熵&散射角
建设用地提取结果图

(a) 2007-07-19

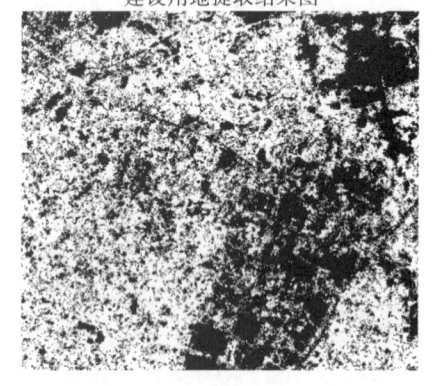

(b) 2007-09-03

2008-07-21幅度&极化熵&散射角
建设用地提取结果图

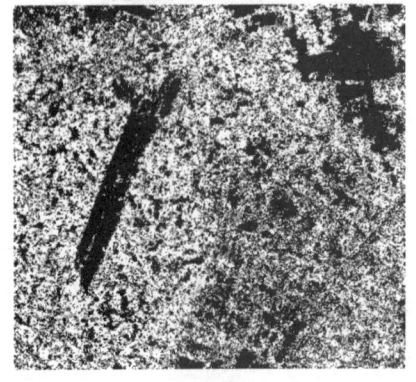

2008-10-21幅度&极化熵&散射角
建设用地提取结果图

(c) 2008-07-21

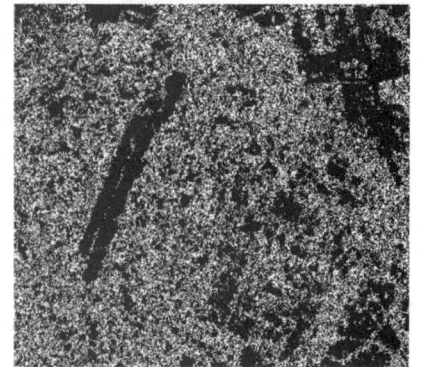

(d) 2008-10-21

第 9 章 典型案例应用

2009-07-24幅度&极化熵&散射角
建设用地提取结果图

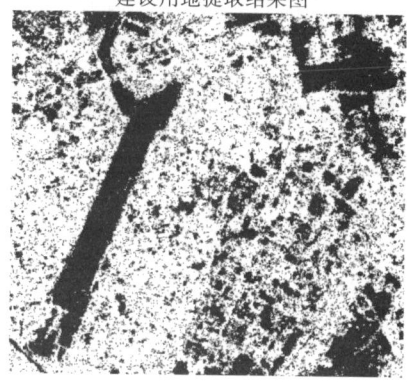

(e) 2009-07-24

2009-09-08幅度&极化熵&散射角
建设用地提取结果图

(f) 2009-09-08

2009-10-24幅度&极化熵&散射角
建设用地提取结果图

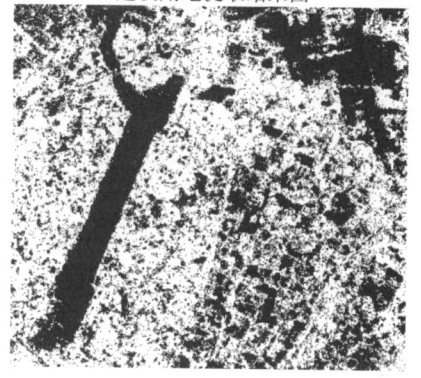

(g) 2009-10-24

2010-07-27幅度&极化熵&散射角
建设用地提取结果图

(h) 2010-07-27

2010-09-11幅度&极化熵&散射角
建设用地提取结果图

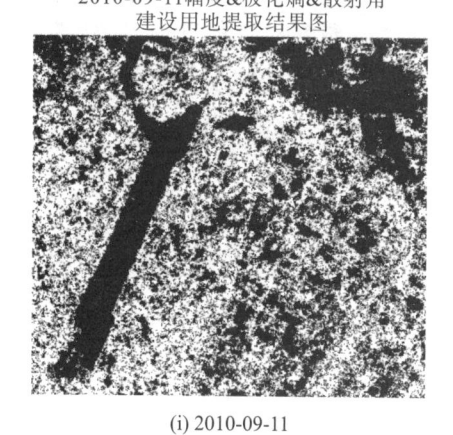

(i) 2010-09-11

2010-10-27幅度&极化熵&散射角
建设用地提取结果图

(j) 2010-10-27

图 9.20 不同时相 SAR 数据的建设用地提取结果图(极化熵+散射角)

从实验效果可以看出，Cloude 分解参数可以提高建设用地的提取，同时还发现，极化熵对建设用地的提取要优于散射角。

9.2.4 基于单时相 L-SAR 数据的建设用地提取（幅度+DSM）

地物目标的高度信息也是一个重要的特征参数。利用干涉 SAR 技术可以提取地表的高程数据，但是该高程数据包含了地物的高度信息，因此结合 DEM 数据可以在一定程度上估算地物的高度信息。本实验尝试将干涉 SAR 技术获取的 DEM/DSM 数据与 SAR 的幅度特征结合用于提取建设用地。

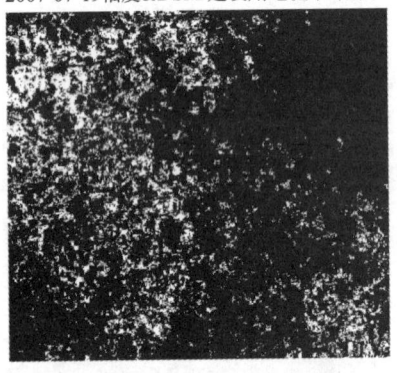

(a) 2007-07-19

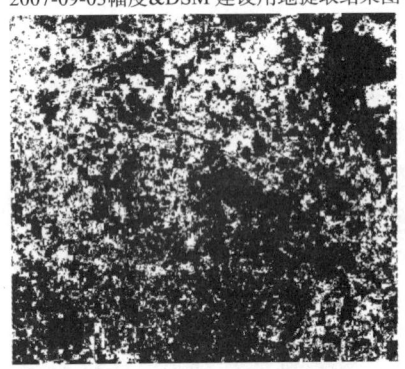

(b) 2007-09-03

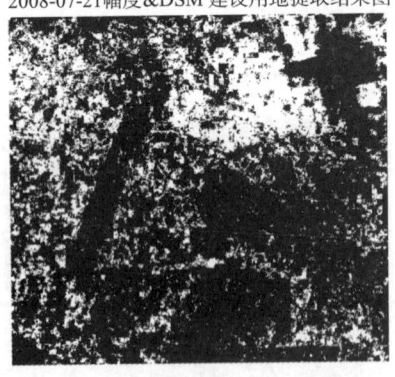

(c) 2008-07-21

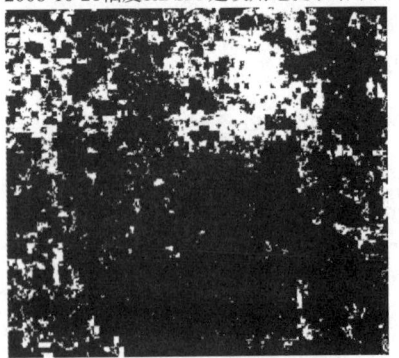

(d) 2008-10-21

(e) 2009-07-24

(f) 2009-09-08

(g) 2009-10-24

(h) 2010-07-27

(i) 2010-09-11

(j) 2010-10-27

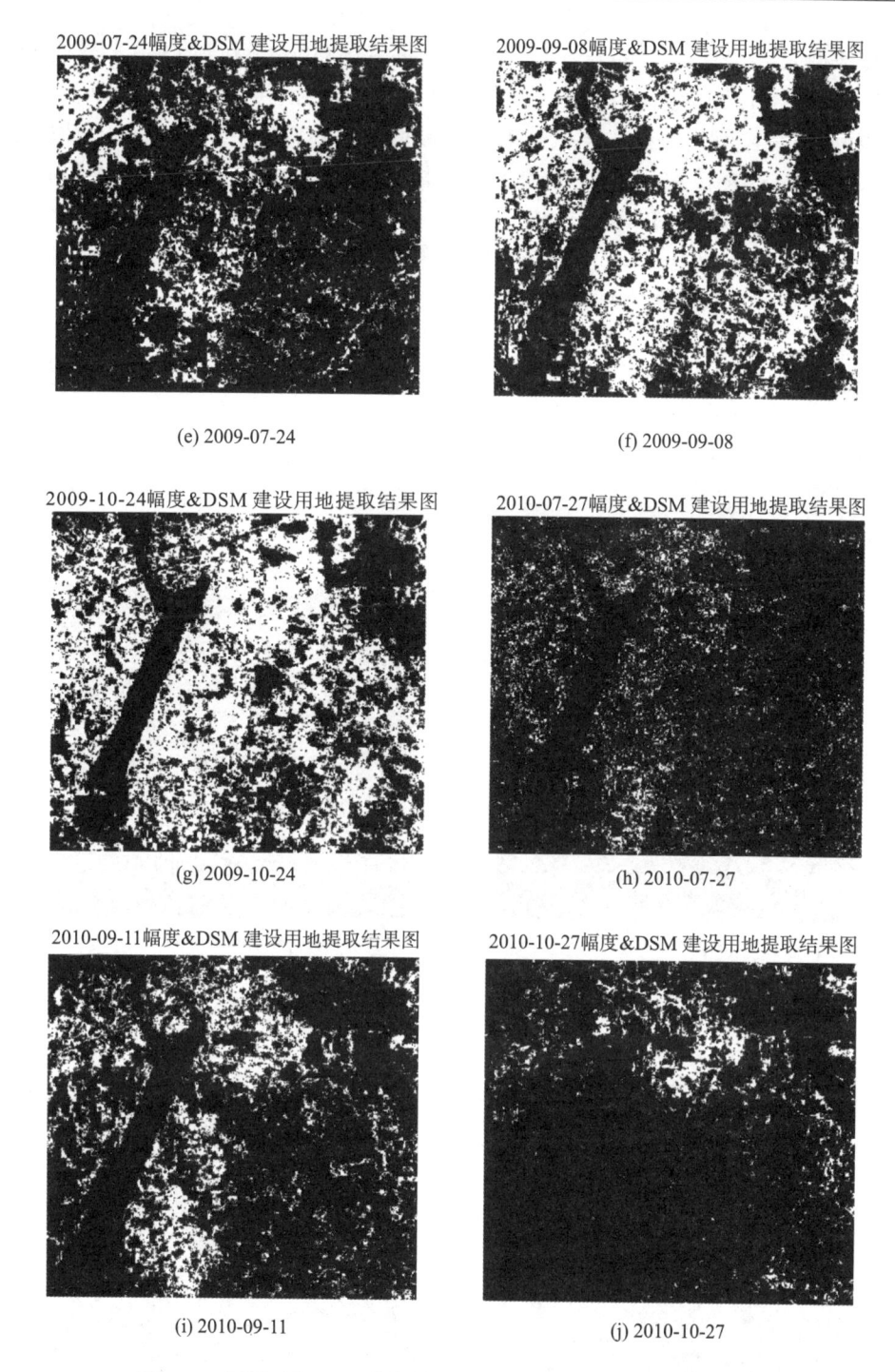

图 9.21　不同时相 SAR 数据的建设用地提取结果图(幅度+DSM)

从实验结果(图 9.21)可以看出,DEM/DSM 数据的加入并没有提高建设用地检测的精度。究其原因,主要有三个方面:一是由于相邻时相的数据时间基线比较长,导致相干性比较差;二是本实验采用软件进行干涉处理,对于提取的 DSM 数据的精度无法有效保证;

三是幅度数据采用的是 15 m 的分辨率，DEM 数据是从 90 m 采样到 15 m，而 DSM 数据是从 25 m 采样到 15 m，空间分辨率的差异也是导致建设用地提取效果差的原因之一。从该实验也可以看出，利用单极化干涉 SAR 技术获取的 DSM 数据提取精度还是比较低，应该发展极化干涉 SAR 技术，采用全极化或者双极化 SAR 数据进行高程数据的提取。前期的基于短时间基线干涉 SAR 极化开展的高程数据提取效果较好，而对于长重访周期星载 SAR 用于干涉测量，由于受时间去相干的影响，干涉相干性大大降低，这也是利用常规的单极化干涉测量方法提取的 DSM 的精度比较差的原因。

9.2.5 基于单时相 L-SAR 数据的建设用地提取（幅度+纹理+分解参数）

从以上的实验可以看出，幅度特征、纹理特征和 Cloude 分解参数都可以提高建设用地提取的效果，下面将这三类特征综合应用于实验（图 9.22）。

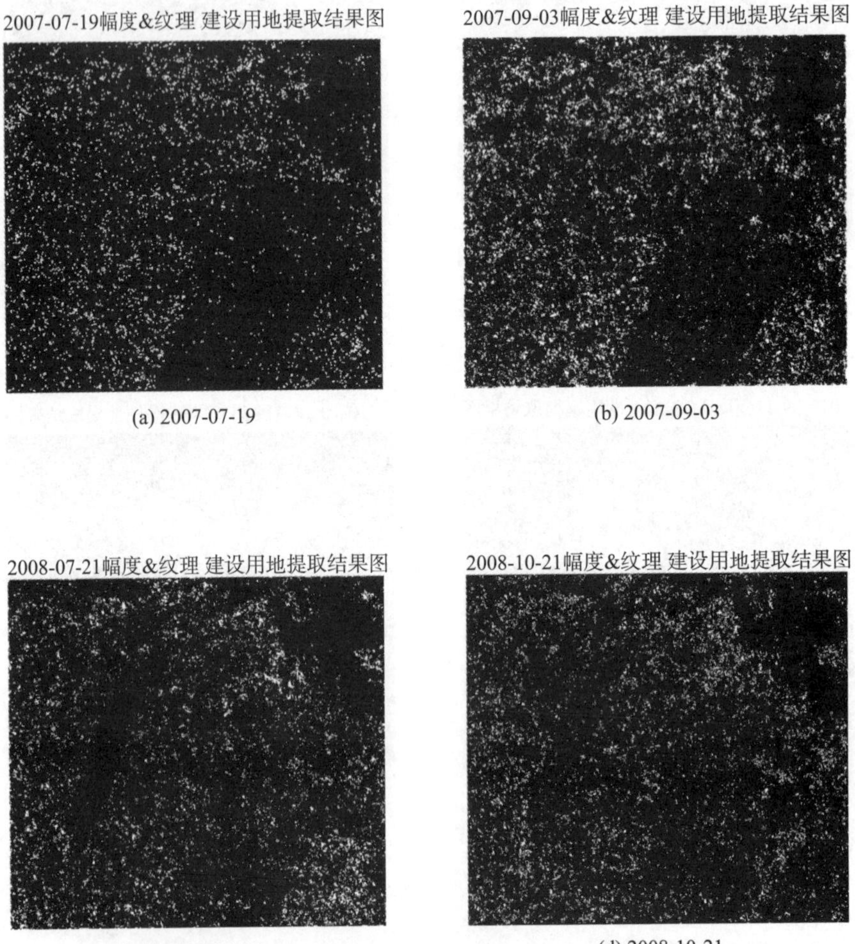

(a) 2007-07-19

(b) 2007-09-03

(c) 2008-07-21

(d) 2008-10-21

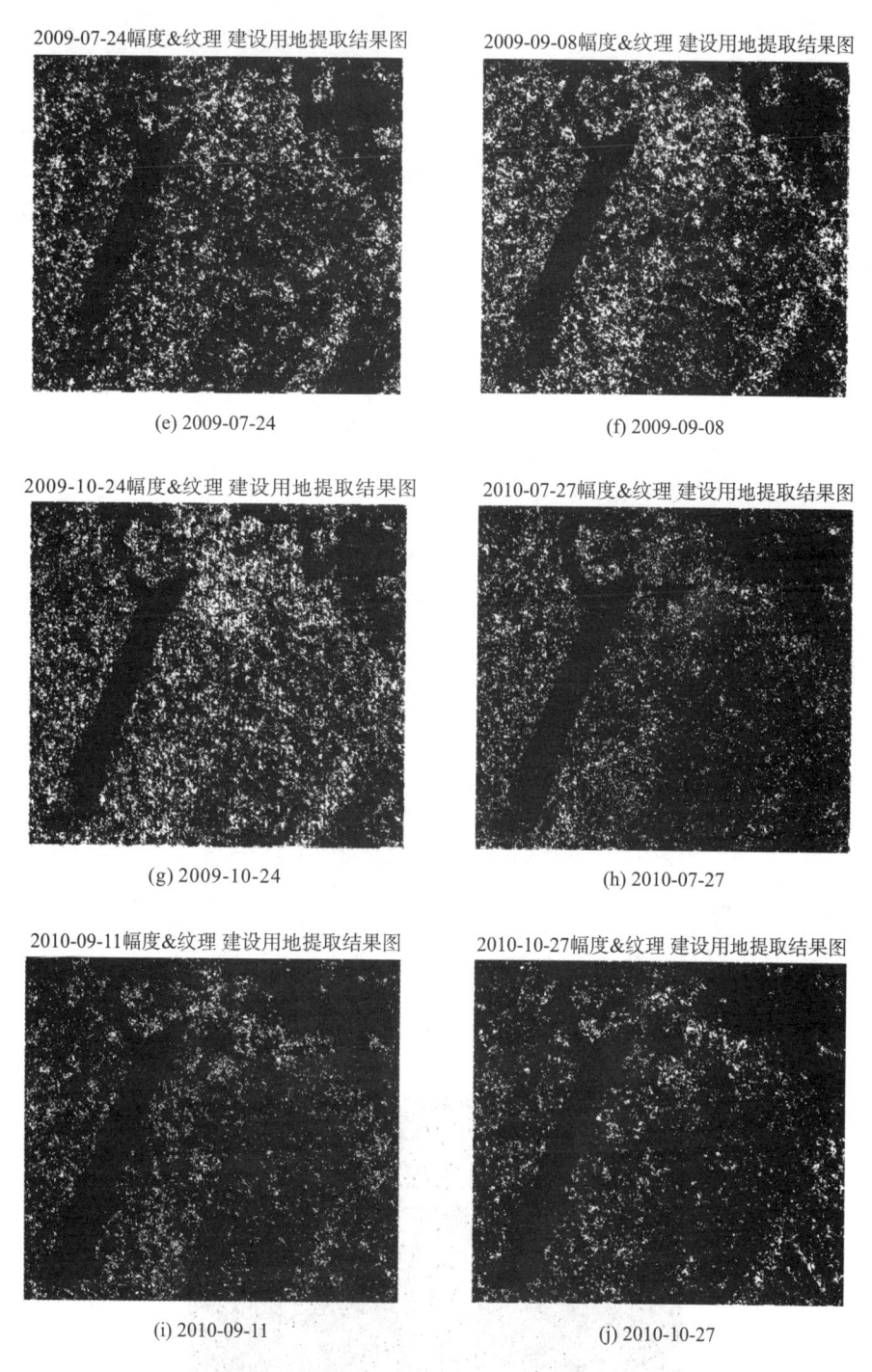

(e) 2009-07-24　　　　　　　　　　　　(f) 2009-09-08

(g) 2009-10-24　　　　　　　　　　　　(h) 2010-07-27

(i) 2010-09-11　　　　　　　　　　　　(j) 2010-10-27

图 9.22　不同时相 SAR 数据的建设用地提取结果图(幅度+纹理+分解参数)

从实验结果可以看出,三类特征参数的综合应用并未提高建设用地提取的效果,因此,还需要针对建设用地检测的特征参数进行有效地筛选。

9.3 基于多时相的新增建设用地提取

上述实验针对的是单时相 SAR 数据提取建设用地。对于新增建设用地的提取，需要用到多时相数据进行分析。同样采用幅度、纹理、Cloude 分解参数以及 DSM 数据，以 SVM 为分类器进行新增建设用地提取。

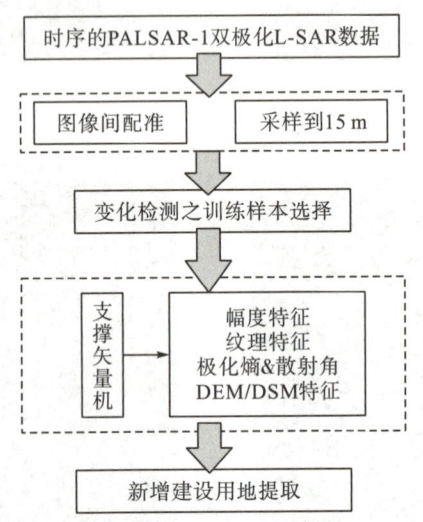

图 9.23　基于多时相的新增建设用地提取流程图

首先选定训练样本，主要针对由农田变成的建设用地，以及未发生改变的样本。从选定的子区域可以看出，部分的农田变成了建筑、机场、道路，而大多数的农田还保持不变，本书要做的工作就是将 10 年间新增的建设用地提取出来（图 9.24）。

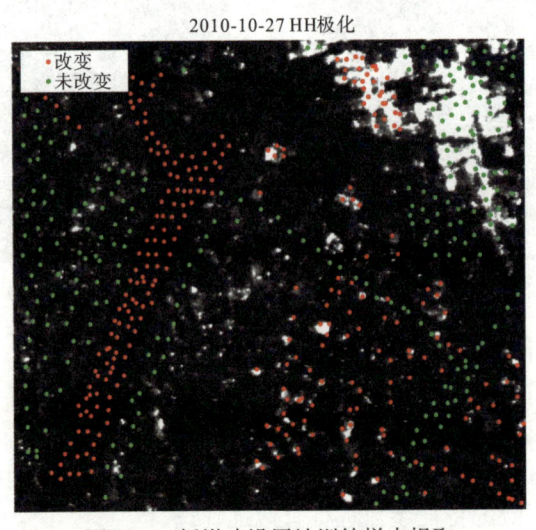

图 9.24　新增建设用地训练样本提取

9.3.1 基于多时相 L-SAR 数据的新增建设用地提取（幅度）

首先采用 10 年的 SAR 数据的 HH 极化和 HV 极化的幅度特征进行新增建设用地的提取如图 9.25～图 9.27 所示。从实验结果可以看出，HH 极化对建筑群的变化检测较好，而 HV 极化对乡村零星新增建筑的检测效果好，且 HH 极化和 HV 极化都能很好地检测出农田变为机场的区域。

图 9.25 基于时序 SAR 数据的新增建设用地提取结果（幅度 HH 极化）

图 9.26 基于时序 SAR 数据的新增建设用地提取结果（幅度 HV 极化）

图 9.27　基于时序 SAR 数据的新增建设用地提取结果(幅度 HH+HV 极化)

9.3.2　基于多时相 L-SAR 数据的新增建设用地提取(幅度+纹理)

在利用单时相进行建设用地提取时，选型的纹理特征参数包括同质性、异质性、熵和相关性。首先采用 10 个时相的幅度数据以及纹理特征参数进行新增建设用地的提取，结果发现效果很差，基本上全部的区域都被认定为变化的区域，这与实际情况是不相符的(图 9.28)。

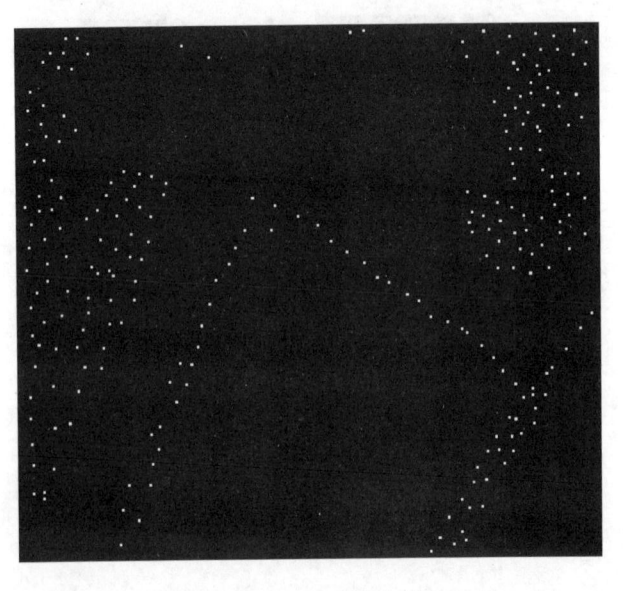

图 9.28　基于时序 SAR 数据的新增建设用地提取结果(幅度+同质性+异质性+熵+相关性)

第 9 章 典型案例应用

为了选择有效的纹理特征参数与幅度特征综合用于新增建设用地的提取，下面将均值、方差、同质性、反差、异质性、熵、角二阶矩和相关性分别与幅度数据组合用于新增建设用地的提取(图 9.29)。

新增建设用地提取结果图幅度&纹理–均值

(a)均值

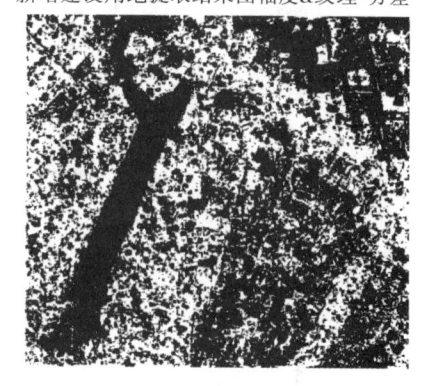

新增建设用地提取结果图幅度&纹理–方差

(b)方差

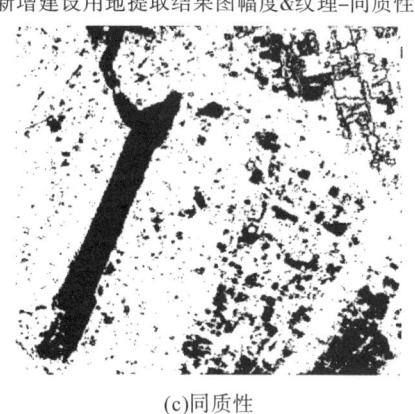

新增建设用地提取结果图幅度&纹理–同质性

(c)同质性

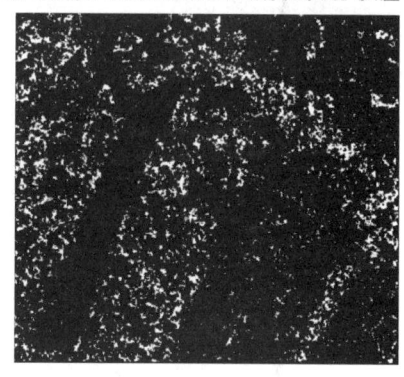

新增建设用地提取结果图幅度&纹理–反差

(d)反差

新增建设用地提取结果图幅度&纹理–异质性

(e)异质性

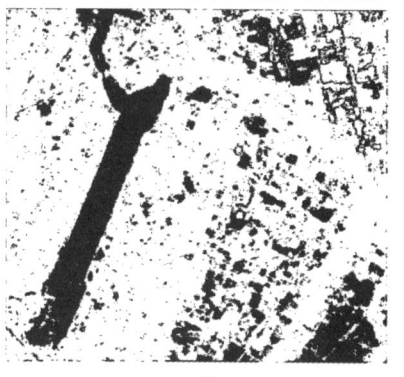

新增建设用地提取结果图幅度&纹理–熵

(f)熵

新增建设用地提取结果图幅度&纹理-角二阶矩　　　新增建设用地提取结果图幅度&纹理-相关性

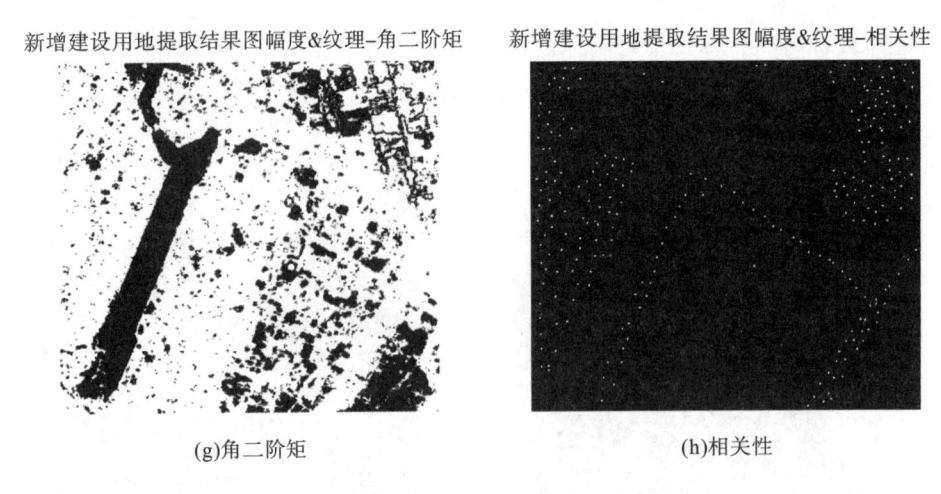

(g)角二阶矩　　　　　　　　　　　　(h)相关性

图 9.29　基于时序 SAR 数据的新增建设用地提取结果(幅度+纹理)

从实验结果可以发现，同质性、异质性、熵与幅度数据结合的实验效果较好，而相关性的效果比较差。下面分别采用这三个纹理特征参数与幅度数据进行结合用于新增建设用地的提取(图 9.30～图 9.33)。

图 9.30　基于时序 SAR 数据的新增建设用地提取结果(幅度+同质性+异质性+熵)

图 9.31　基于时序 SAR 数据的新增建设用地提取结果(幅度+同质性+异质性)

图 9.32　基于时序 SAR 数据的新增建设用地提取结果(幅度+异质性+熵)

图 9.33　基于时序 SAR 数据的新增建设用地提取结果（幅度+同质性+熵）

9.3.3　基于多时相 L-SAR 数据的新增建设用地提取（幅度+分解参数）

分别对 10 个时相的双极化 SAR 数据进行 Cloude 分解，并提取时序的极化熵和散射角，结合 Cloude 分解参数与幅度数据用于新增建设用地的提取。结果发现，极化熵与幅度数据的结合提取的新增建设用地的效果较好，而散射角的效果比较差（图 9.34～图 9.36）。

图 9.34　基于时序 SAR 数据的新增建设用地提取结果（幅度+极化熵+散射角）

图 9.35　基于时序 SAR 数据的新增建设用地提取结果（幅度+极化熵）

图 9.36　基于时序 SAR 数据的新增建设用地提取结果（幅度+散射角）

9.3.4　基于多时相 L-SAR 数据的新增建设用地提取（幅度+DSM）

采用相邻两个时相的 SAR 数据提取 DSM 数据并与该区域的 DEM 数据结合，大致估算时序的地物的高度信息，并与时序的幅度数据结合用于新增建设用地的提取。从实验结果发现，DEM/DSM 数据的加入并没有提高检测精度（图 9.37）。

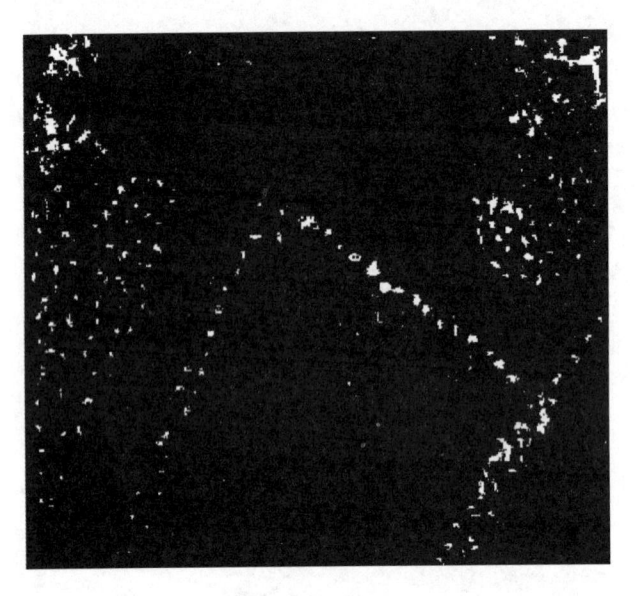

图 9.37　基于时序 SAR 数据的新增建设用地提取结果(幅度+DSM)

9.3.5　基于多时相 L-SAR 数据的新增建设用地提取(幅度+纹理+极化熵)

从前面的实验可以看出,纹理特征参数同质性、异质性和熵,Cloude 分解参数极化熵与幅度数据结合可以提高新增建设用地提取的效果,下面采用这三类特征参数重复进行实验(图 9.38)。

图 9.38　基于时序 SAR 数据的新增建设用地提取结果(幅度+同质性+异质性+熵+极化熵)

本实验将 ALOS PALSAR 图像的幅度特征、纹理特征、Cloude 分解参数以及干涉生成的 DSM 数据特征组合起来用于城市建筑区域的提取,实验数据选取四川省成都地区的

L 波段双极化数据，实验区域包括自然植被、田地和人造目标（如建筑、机场等）。首先提取 SAR 图像的幅度特征，然后提取 HH 和 HV 通道图像的纹理特征，再次提取 Cloude 分解参数极化熵和散射角，最后利用极化干涉技术提取 DSM 数据，采用 SVM 方法对城市建筑区域进行提取。通过不同的实验对比发现，将散射特征、纹理特征结合起来对城市建筑进行提取是有效的，但是在该分辨率下，将 DSM 数据考虑进来对结果影响不是很大，同时也证明了用 SVM 进行城市建筑区域提取的有效性和可行性。

参 考 文 献

Arnone R A, 2013. On the eigenvalue analysis using HH-VV dual-polarization SAR data and its applications to monitoring of coastal oceans[C] //International Society for Optics and Photonics, 87240G.

Frate F D, Schiavon G, Solimini D, et al, 2003. Crop classification using multiconfiguration C-band SAR data[J]. IEEE Transactions on Geoscience & Remote Sensing, 41: 1611-1619.

Lee J S, Grunes M R, Pottier E, 2001. Quantitative comparison of classification capability: fully polarimetric versus dual and single-polarization SAR[J]. IEEE Transactions on Geoscience & Remote Sensing, 39: 2343-2351.

Liesenberg V, Gloaguen R, 2013. Evaluating SAR polarization modes at L-band for forest classification purposes in Eastern Amazon, Brazil[J]. International Journal of Applied Earth Observation & Geoinformation, 21: 122-135.

Sugimoto M, Ouchi K, Nakamura Y, 2013. On the similarity between dual- and quad-eigenvalue analysis in SAR polarimetry[J]. Remote Sensing Letters, 4: 956-964.

XIE L, ZHANG H, LI H, et al, 2015. A unified framework for crop classification in southern China using fully polarimetric, dual polarimetric, and compact polarimetric SAR data[J]. International Journal of Remote Sensing, 36: 3798-3818.

陈亮, 杨康, 张大伟, 2003. 一种基于灰度偏差的快速指纹识别算法[J]. 沈阳理工大学学报, 22: 23-25.

焦李成, 屈炳云, 周伟达, 2002. 一种基于支撑矢量机的多用户检测算法[J]. 电子学报, 30: 1549-1551.

焦李成, 张莉, 周伟达, 2001. 支撑矢量预选取的中心距比值法[J]. 电子学报, 29: 383-386.

梁路宏, 艾海舟, 肖习攀, 等, 2002. 基于模板匹配与支持矢量机的人脸检测[J]. 计算机学报, 25: 22-29.

吴永辉, 计科峰, 郁文贤, 2008. 利用 SVM 的全极化、双极化与单极化 SAR 图像分类性能的比较[J]. 遥感学报, 12: 46-53.

叶青, 2002. 图象几何畸变的校正技术及其在汽车牌照识别系统中的应用[D]. 保定: 河北大学.

张楠, 2010. 基于支持向量机的车牌汉字识别方法的研究[D]. 长春: 长春理工大学.

邹斌, 张腊梅, 裴彩红, 等. 2007. 基于 SVM 的 POL-SAR 图像分类研究[J]. 遥感技术与应用, 22: 633-636.